外国语言文学研究丛

U0500358

外语课堂中的教与学

徐锦芬 著

TEACHING AND LEARNING IN THE
FOREIGN LANGUAGE CLASS

知识产权出版社
全国百佳图书出版单位
—北京—

图书在版编目（CIP）数据

外语课堂中的教与学/徐锦芬著. —北京：知识产权出版社，2019.12

ISBN 978-7-5130-6510-8

Ⅰ.①外… Ⅱ.①徐… Ⅲ.①外语教学—教学研究 Ⅳ.①H09

中国版本图书馆 CIP 数据核字（2019）第 297420 号

内容简介

本书聚焦外语课堂，从理论与实证两个方面考查外语课堂中教学与学习过程的一系列重要问题。全书共有三大部分组成，分别为理论综述篇、实证研究篇和回顾展望篇。希望本书能为我国外语课堂研究者提供内容和方法上的参考，同时为外语教师进行课堂教学设计和教学实践提供指导。

责任编辑：徐　凡　　　　　　　　责任印制：孙婷婷

外国语言文学研究丛书

外语课堂中的教与学

WAIYU KETANG ZHONG DE JIAO YU XUE

徐锦芬　著

出版发行：知识产权出版社 有限责任公司	网　　址：http://www.ipph.cn
电　　话：010-82004826	http://www.laichushu.com
社　　址：北京市海淀区气象路 50 号院	邮　　编：100081
责编电话：010-82000860 转 8533	责编邮箱：laichushu@cnipr.com
发行电话：010-82000860 转 8101	发行传真：010-82000893
印　　刷：北京九州迅驰传媒文化有限公司	经　　销：各大网上书店、新华书店及相关专业书店
开　　本：720mm×1000mm　1/16	印　　张：27.5
版　　次：2019 年 12 月第 1 版	印　　次：2019 年 12 月第 1 次印刷
字　　数：434 千字	定　　价：88.00 元

ISBN 978-7-5130-6510-8

前言

在中国，外语课堂是外语教学与学习的主要场所，外语课堂研究就是对发生在课堂内的教与学的实践以及指导这些实践的理论进行系统研究，其目的是详细描述课堂行为，以便充分了解课堂的真实情况。具体来说，就是如实记录课堂里发生的一切，将此作为研究教与学的一种手段，从而确认促进或阻碍课堂学习的现象。朗（Long）（1980）把外语课堂比喻成一个"黑匣子"，为了揭开"黑匣子"之谜，外语教育研究者需要把注意力从结果转向过程，积极开展课堂研究。然而，长期以来专门针对外语课堂的专著极为匮乏。由此，本书聚焦外语课堂，从理论与实证两个方面考查外语课堂中教学与学习过程的一系列重要问题。

首先，就理论而言，它对课堂教学实践和研究具有重要作用。一方面，理论影响课堂实践，没有理论指导的课堂教学很难意识到课堂外语教学生态中多因素的相互交织作用；另一方面，理论影响外语课堂研究的路径和方法以及数据收集方式的选择，一定程度上决定着研究过程和研究步骤，尤其会影响研究者看待研究问题的方式。此外，研究者在阐释研究结果并得出研究结论时也需要理论的支撑，否则我们很难超越现有研究数据从而得出更具说服力的结论，拓充现有知识。理论还决定着研究关注点，针对同一现象，使用不同理论会让研究者看到该现象的不同方面。例如，探讨计算机辅助语言学习（CALL）环境中的互动，从互动假说、社会文化理论和加工水平理论三个不同理论视角出发，其研究重点就不同。在互动假说指导下，CALL 能强化输入；社会文化理论视域下，CALL 能为学习者使用语言提供支架；加工水平理论参照下，CALL 能使学习者对语言倾注更多注意。

其次，课堂研究强调"实证性"，课堂实证研究发现能够帮助教师更好地反思教学实践以及隐藏在其后的理论，实证调查还能够发现那些可能不会被注意的问题，而且有时还能为这些问题如何在具体教学环境中得以解决提供证据。

　　本书共由三大部分组成，分别为理论综述篇（第1～15章）、实证研究篇（第16～28章）和回顾展望篇（第29章）。第一部分首先从不同理论视角宏观上探讨外语课堂中教与学的相关问题，如社会文化视角下的外语课堂研究、动态系统理论视角下的课堂二语习得研究、社会认知视角下的外语学习者投入研究；然后就外语课堂中的两个核心要素课堂互动和纠正性反馈进行了详细论述；随后又进一步从不同理论视角阐述阅读、视听说和写作等具体问题，如基于动态系统理论的外语阅读策略教学、基于多视角的大学英语视听说教学。另外，鉴于教师是决定外语课堂教学成败的关键，第11～13章分别就外语教师教育、外语教师语言意识、外语教师研究方法进行论述。最后结合当前信息技术发展为外语创新教学与研究带来的机遇与挑战，分析了信息技术运用给外语教学范式、语言观、教学目标等方面所带来的变化，总结信息化外语教学的研究重点和未来趋势，以进一步促进信息技术与外语教学的深度融合。第二部分为实证研究篇，研究主要围绕课堂环境中的学习者、教师、教材等三个核心要素展开，例如，学习者的阅读、听力、口语能力及英语学习焦虑自我调节策略、语法教学、教师发展等。这些实证研究向读者展示了不同的研究方法，并表明研究方法本身无好坏之分，具体研究方法的使用取决于具体的研究目的和研究问题。第三部分为回顾展望篇，首先回顾外语课堂相关研究内容及不同时期的研究热点，然后介绍课堂实证研究主要方法，最后从宏观和微观两个层面对未来外语课堂研究提出展望。

　　外语课堂中的教与学是一个系统，学是这一系统的中心，而学生是学习的主体，教师的主要职责即教的主要作用就是如何为学生的成功学习创造各种有利条件（如学习内容的选择、学习环境的创建、学习方法的引导等）。本书作者多年来一直热衷于外语课堂研究，本书是作者及其研究团队长期从事外语教学理论与实践研究的结晶。希望本书的出版一方面能为我国外语课堂研究者提供内容和方法上的参考，同时为外语教师进行课堂教学设计和教学实践提供指导；另一方面能促进国内外语课堂教学与研究者更多更深层次的思考，吸引更多一线外语教师、研究生以及广大外语教学研究爱好者致力于探索外语课堂"黑匣子"之谜，从而在基于大量实证研究基础上逐渐形成能体现我国特色的外语教学理论体系。

　　本书的出版首先要特别感谢华中科技大学外国语学院领导的支持，还要感谢我的博士研究生李斑斑、范玉梅、文灵玲、雷鹏飞、朱茜、陈聪、聂睿、李昶颖、李霞、刘文波等，以及我的硕士研究生李红、程相连、秦凯利、潘晨茜等。本书的顺利完成与他们的努力是分不开的。

　　由于作者水平有限，书中难免有疏漏和不足之处，敬请专家同仁和广大读者批评指正。

华中科技大学外国语学院　徐锦芬

目录

第一部分　理论综述篇

第二部分　实证研究篇

第三部分　回顾展望篇

第一部分

理论综述篇

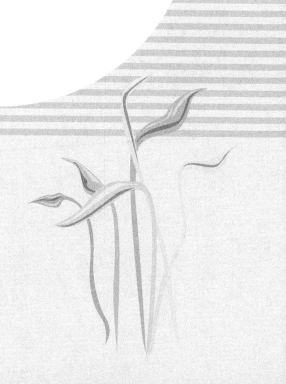

第1章 社会文化视角下的外语课堂研究

1.1 引　言

外语课堂教学是相对于自然状态下二语习得而言的外语习得形式，外语课堂研究始于 20 世纪 60 年代，其初衷是为了回应人们对二语习得中教学作用的质疑（Ellis，1990）。国内外学界对课堂教学的作用已达成共识，认为课堂不同于自然的交际互动，它可以提供正规的语言教学（formal instruction）（Ellis，1990），外语课堂教学不仅为学习者接触和实践目的语创造条件和机会，改善学习效果（Loewen，2015），同时还是教师实践教学理念和教学方法的场所，是外语教学改革的策源地之一。我国外语课堂研究稍晚于西方，最初的研究大多是在心理语言学的相关理论指导下进行的。但是，随着人们对外语课堂情境中语言学习的复杂性及其影响因素的多变性等有了更多的观察和了解，基于该理论的外语课堂研究对教学实践指导作用的局限性也越来越凸显。自 20 世纪 70 年代末以来，二语习得领域出现了大量以社会文化理论（sociocultural theory，SCT）为框架的研究（Frawley，Lantolf，1985；Lantolf，Peohner，2014），进入 21 世纪以后，SCT 研究转向了二语教学，这一转向体现了维果茨基（Vygotsky）（1978）强调的教育改革中理论与实践辩证结合的实践论（praxis）观点。兰托夫（Lantolf）和他的研究团队发表了大量相关研究成果（Lantolf，2006，2012a；Lantolf，Thorne，2006），成为推动 SCT 指导下二语教学研究的主力军。尽管国内的二语习得研究也呈现出 SCT 视角的转向，但相关研究成果与国际相比存在较大差距，结合外语课堂的 SCT 应用和实践研究更是匮乏。基于此，本章尝试对 SCT 的主要理念、基于 SCT 的外语课堂研究主题和研究方法进行梳理、阐释与探析，以激发广大国内学者对 SCT 视角下外语课堂研究的兴趣，并为推动国内该领域的相关研究提供参考和指导。

1.2　多层面的核心理念

SCT 是关于个体认知发展的理论，来自著名心理学家维果茨基（Vygotsky）所创立的文化历史心理学（cultural-historical psychology），兰托夫（Lantolf）和索恩（Thorne）（2006）等学者将其引入到应用语言学领域，经过学者们不断拓展与深化，形成了较完整的新 SCT 体系。就外语课堂而言，中介、内化、最近发展区、支架、活动理论和能动性等是文献中较为常见的核心理念。

1.2.1　中介与内化

维果茨基（Vygotsky）（1978）认为，所有的高级社会历史的心理活动形式，首先都是作为外部活动的形式，而后内化为在头脑中进行的内部活动。学习者的外部活动（个体间活动）是以社会文化的产物为中介，使用物理工具（如物质媒介）改造外部世界，使用心理工具（如语言符号、概念）认识世界；而学习者的内部活动（个体内活动）需要经历从依赖外部文化产物或他人（more competent ones）帮助完成活动发展到不依靠外部帮助、独立运用智力完成任务的过程，即逐步内化的过程。这既解释了学习的本质，同时也揭示了学习者个体与外部环境间的互动关系。维果茨基（Vygotsky）将中介和内化按照心理机能发展过程由低到高分为三个阶段：客体调节（object regulation）、他者调节（other regulation）和自我调节（self regulation）。

研究者基于中介与内化理论对课堂物质和人文环境的有效性做了大量探讨。例如，奥塔（Ohta）（2001）将课堂二/外语学习过程划分为客体调节、他者调节和自我调节三个阶段，并发现各个阶段所存在的现象符合维果茨基（Vygotsky）提出的高级心理机能发展的特征；蒋荣（2013）在探讨学习者外语词汇习得的认知机制时也发现，低水平学习者倾向于采用客体调节和他者调节，中等水平者使用他者调节和自我调节时词汇产出最理想，而高水平者则能够自如使用三种调节方式。康（Kang）和皮尤（Pyun）（2013）在研究中还发现，学习者在外语写作中使用调节方式（工具）的策略受学习者外语水平和社会文化背景影响。

研究者使用"内化"概念对课堂教学模式（Ellis，2014；Lantolf，Thorne，2006）的解读也较有说服力。SCT 视角下的课堂外语学习被认为是学习者在反思性实践基础上将课堂互动中获取的语言知识、信息资源等外部支持和互动所带来的感悟逐渐融入其自身认知系统的内化过程：水平较低学习者在课堂中借助于他物或能力强或经验丰富的他人等外在媒介，逐步实现内化，最终实现自我控制，即实现学习目标；但一旦课堂学习难度加大，超出学习者能力范围，他便又会重新借用客体调节或他者调节，如求助他人、查阅参考书籍等，个体心理过程重新转为人际社会过程——内化过程具有动态、螺旋式发展的特征。这为 SCT 视角下的课堂互动教学模式提供了极有力的理据。文献分析表明，互动协商、创造性模仿和私语等是学习者较常见的学习内化手段（Schwartz，Gorbatt，2017；Lantolf，Thorne，2006）。

不过总体上看，学界对外语课堂中的中介与内化研究相对较少，有些基本问题尚处在探讨阶段，如：调节的三个阶段该怎样界定或可操作化？调节工具的使用与学习效果之间相关性如何？调节方式对课堂教学手段的选择有什么影响？如何通过教学提供高质量的 L2 概念性知识以调节学习者建构意义的能力？内化如何在实证研究中得到体现？

1.2.2　最近发展区与支架

最近发展区是指实际发展水平与潜在发展水平之间的距离（Vygotsky，1978），实际发展水平指学习者独立解决问题的水平，潜在发展水平指学习者在外界中介工具的指导下完成任务的水平。学习者在抵达潜在发展区过程中所依仗的来自父母、教师、同伴以及他人提供的中介辅助物就是"支架"。最近发展区和支架揭示了认知发展的社会性和文化性特征，表明教学和合作对学习具有重要意义。

外语课堂教学的主要目标应该是尽可能为学习者提供支架，帮助其成功跨越最近发展区而到达潜在发展水平，因此最近发展区与支架理论常被用来解释外语课堂中的同伴/师生互动现象。文献表明，对教师或同伴的支架研究较多且多集中于对支架功能的探讨（Guk，Kellogg，2007；Storch，2011；李丹丽，2012）。如李丹丽（2012）的研究显示，教师的支架作用更多地表现为维护既定目标、示范理想解决方案和反馈等；徐锦芬（2016）发现，同伴支架作用主要表现在提高参与度、提供词汇、提供观点、纠正错误表达等 7 个方面。总之，支架可以帮助学习者选择或改变任务呈现的环境条件，降低任务难度，减轻学习者认知负荷等，从而提高学习效果。

尽管最近发展区和支架理论对课堂互动有较好的解释力，但现有研究常把最近发展区预设为早就存在于学习者心智中，而最近发展区的始点与终点特征如何，怎样测量，几乎没有实验研究涉及，这应该是后续研究的方向之一。此外，在外语课堂实践中，支架可分为以人际关系为媒介的交互性支架和以技术或工具为媒介的工具性支架（比如电脑多媒体），但工具性支架的研究在文献中几乎没有，这显然不符合当下网络多媒体广泛应用的趋势。

1.2.3　活动理论与能动性

基于维果茨基（Vygotsky）的个体认知发展与社会实践这一核心思想，活动理论将社会文化环境中各要素整合为一个包含三个核心要素（主体、客体和共同体）和三个次要成分（工具、规则和劳动分工）的活动系统（Engeström，1987）。如图 1-1 所示，主体为了实现目标，在工具、规则和劳动分工等构成的社会文化环境中，通过具体的中介形式作用于客体（目标），最终将目标转变为成果。能动性指参与社会活动、寻求个体发展的主体的意志、动机和选择等，是主体在追求自身目标时选择、控制及自我调节的能力的体现（Duff，2012）；能动性让人能够想象、接受、执行新的角色或身份并采取具体行动来追求自己的目标。

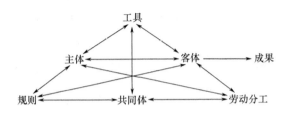

图 1-1　活动系统结构图（Engeström，1987）

外语课堂教学具有上述活动系统的主要特征。作为课堂活动主体的学习者将外语学习目标作为客体，在师生和生生组成的学习共同体中按照课堂规则和分工，以教材、媒体设备、各类语言等工具为媒介，从事学习活动。文献梳理发现，国外相关研究集中于学习者参与活动的动机（Yu，Lee，2015）、活动的取向（Tocaimaza-Hatch，2015）、活动的使用策略（Park，De Costa，2015）、活动的社会环境、教师能动性（Feryok，2012）、教师的反馈手段（Lee，2014）等，而且多为实证研究；国内相关实证研究较少（杨鲁新，2016）。不过我国外语课堂中任务型教学活动较为普遍，因此基于活动理论对外语课堂任务进行探讨，应该是较新颖的视角。

尽管外语课堂研究社会文化转向的历史并不长，但 SCT 为外语课堂研究打开了全新的视野，SCT 视角下的外语课堂研究主题呈现出多维性的态势。

1.3　多维度的研究主题

我们认为，外语课堂是一个复杂的、动态的系统，学习者和教师构成了系统中人的因素，而人际（师生、同伴）关系和规则制度组成的社会环境以及教材资源、多媒体设备等构成的物质环境则组成了系统的环境因素。教师、学习者和课堂环境（社会环境和物质环境）是 SCT 视角下外语课堂研究的三个常见主题。

1.3.1　教师研究

文献表明，SCT 视角下外语教师研究主要涉及课堂教学中的教师角色和教师专业素养。

1. 教师角色：重要他者

在 SCT 研究者看来，外语学习的本质在于其社会实践性，即学习者通过课堂活动提高其外语认知机能，作为学习者课堂学习过程中的主要中介，教师既是目标语和目标语文化的输入输出的监督者、课堂社会关系的构建者和维护者，又是课堂活动的设计者和课堂效果的评价者。不管学习者外语水平如何，教师在促进其语言能力形成和发展过程中都扮演着"重要他者（significant others)"的角色（周燕等，2013），这是对课堂环境中外语教师身份的恰当定位，也是对"学习者为中心"教学理念的注解。文献显示，教师的"他者调节"在课堂活动设计、实施、监督和评价上主要体现为维护既定目标、示范理想解决方案和教师反馈等"支架"功能。一般来说，教师的"他者调节"可以提供多方位的支持及反馈（Lee，2014），对学习者而言具有积极作用（Mackey，2012；徐锦芬，2016）。但教师的他者调节作用如果发挥过度，不仅会使学习者陷入被动学习状态，还会剥夺其独立思考的机会，使其产生依赖感，不利于其认知和能力的发展，学习者也就难以实现其自我调节的目标。

费尔斯坦（Fuerstein）（1988）的中介学习体验（mediated learning experience）理论对外语课堂中教师"重要他者"的角色提供了进一步的依据。外语课堂学习属于典型的中介学习情境，学习者无法直接体验到目标语者的学习环境，教师通过为学习者选择、改编以及解释学习内容和过程，向他们提供目的性强、有意义且可以迁移到其他情境的中介学习体验，以解决学习者无法直接接触目标语的难题。教师还可以通过营造支持性的情感环境帮助学习者实现从他者调节到自我调节的转变。

可见，外语教师是学习者活动系统中的"中介"而非主体，这为外语教师在课堂中的角色定位带来有益的启示：教师在设计课堂活动、营造外语课堂社会文化环境时应遵循学生的"主体"地位，不宜"反客为主"；课堂中意义协商、形式协商和内容协商等教学形式应该相得益彰，充分发挥教师"重要他者"的调节作用。

2. 教师素养：知识与能力

教师作为课堂教学实践的引导者和参与者，其专业素养是影响课堂教学质量的关键。因此 SCT 视角下的教师研究依然重视如何提高教师素养，但却更加关注社会文化环境对教师素养提高的作用。基于 SCT 相关研究，教师知识和教师能力是两个较常见的主题。

约翰逊（Johnson）（2009）认为，教师知识主要由基础性知识和实践性知识构成，前者包括外语教师教育项目的内容、教学法知识，以及内容与教学法知识的传授方式等，它与教师认知相关，具有静态性、理论性、系统性和客观性等特征；后者是教师在课堂教学实践和情境中不断反思产生的知识，具有建构性、社会性和情境性等特征；两者对课堂教学同样重要。兰托夫（Lantolf）和约翰逊（Johnson）（2007）认为教师知识由社会文化环境建构，由教师与客体或他人交互，不断内化而形成。具体来说，在教师知识形成初期，教师所具有的对语言、语言学习过程和语言判断的"日常概念"具有自发性、碎片性特征，但经过实践、学习等调节方式这些概念便能够内化成结构科学、系统有序的"科学概念"，从而具有理性指导教学实践的功能，影响教师整个职业生涯（Borg，2003a）。较常见的知识建构途径有：职前教师和师范生培训、在职教师教育项目、教师课堂学习等（Tasker，2011；陈向明，2013）。约翰逊（Johnson）和哥伦贝克（Golombek）（2016）强调正规教师培训项目是培养"有心的（mindful）"且积极应对型（readily responsive）教师的必要途径，教师发展不能只寄希望于"做中学（learn on the job）"，那只能使教师知识停留在"日常概念"的层面，难以形成"科学概念"。

教师能力不仅是传统上所指的应用外语知识进行教学的能力，在 SCT 视角下还包括教师与学习者交流沟通的能力、自我反思的能力等（Clark et al.，2015）。换言之，设计并实施课堂活动，与学生进行互动和协商，为学生学习过程搭建支架，判断学生最近发展区等能力都是教师能力，这无疑大大拓展了教师能力的内涵。就教学能力培养途径来说，社会文化学者发现教师发展共同体是一种较理想的教学能力培养模式（Vescio et al.，2008；郭燕、徐锦芬，2016），教学反思日志也是提高教学能力的有效方法，因为它所具有的中介功能（外化功能、言语化功能和系统建言功能）能够有效激发教师的认知（Johnson，Golombek，2011）。

国内关于 SCT 视角下教师知识和能力的研究在广度和深度上都有待提高，针对我国大学英语教师学习、研修现状所做的本土化研究较少。一些实践性强的具体问题可以在 SCT 框架中重新思考，比如：教师发展环境该如何为教师知识和能力发展提供调节工具？哪些培训活动可以促进教师"科学概念"的形成？

1.3.2　学习者研究

学习者是外语课堂的主体，学习者个体差异作为外语学习的初始状态会对外语学习效果产生重要的影响，学界基于 SCT 已经开始对包括学习者能动性（Lantolf，2013）、学习者身份（Vélez-Rendón，2010）、学习动机（Lori，Al-Ansari，2001）、学习策略（Behroozizad et al.，2014）等个体因素进行了探索。囿于篇幅，本章仅以学习者的学习动机和学习策略为例对这一趋势做解读。

1.　学习者动机

学习者动机一直是外语课堂研究的热点之一，传统的二语动机研究多在认知心理学框架下进行，忽视对语言社会文化环境因素的探讨，缺乏对动机形成机制的整体性解读。但近年来，学者们开始关注动机所具有的社会性、历史性和发展性特征，将个人具体的、独特的学习经历和所处的社会文化环境也纳入到动机研究范畴中，动机研究开始出现社会文化转向的趋势。

文献梳理发现，基于 SCT 的动机研究尚处于起步阶段，相关研究涉及 SCT 视角下学习动机的影响因素、效果和发展特征等。萨尔瓦（Salwa）（2016）对 132 名沙特公立中学的女学生调查后发现，其外语学习动机受文化、日常生活、本地身份和语言共同体等影响。安（Ahn）（2016）基于活动理论对学习者动机的研究发现，学习者参加共同体进行语言交互活动的动机越强，他们参与课堂任务的数量和质量就越理想，学习效果也更好。桑普森（Sampson）（2015）的研究发现，当学习者所处的课堂环境发生变化时，比如小组讨论分组方式发生变化，其学习动机的强度也会产生变化：可能增长，也可能衰退（demotivation）。秦丽莉、戴炜栋（2013）从理论上探讨了活动理论与二语动机自我系统之间的相关性，并通过实证调查发现，大学英语课堂教学并没有为学习者二语动机提供充分的给养。

我们认为，SCT 视角下学习者动机的研究将学习者所处的社会文化环境和历史经历作为动机系统的组成部分加以考量，这更加符合外语学习者的生态环境。在我国外语课堂环境下，更多现实问题会在动机研究的各个层面出现，比如，学生进行有意义交流的机会不多，学生对教材内容不感兴趣等。因此未来研究应该结合我国课堂实际加强理论和实践层面的本土化研究。

2. 学习策略

外语学习策略的早期研究关注学习者在外语学习中的编码、记忆或信息加工中所采用的行为和行动，但这些研究主要是在认知心理的理论框架中进行的。随着 SCT 影响的扩大，学者们开始关注外语学习策略的社会文化特征。多纳托（Donato）和麦考密克（McCormic）（1994）发表在 *Modern Language Journal* 上的论文可以被认为是基于 SCT 研究外语学习策略和课堂教学的代表。

在 SCT 研究者看来，外语学习者的社会文化背景及学习环境对其认知能力和语言能力的培养与发展会产生重要影响，学习者学习策略意识的形成及选择使用都应该是学习者与社会文化环境相互作用的结果。高（Gao）（2008）对 14 名高职学生学习策略使用情况调查后发现，学习语境对学习者的策略使用有深刻影响，数据显示在竞争激烈的环境中，参与者为了追求理想的身份不得不在学习中采用应试导向的学习策略。德拉赫蒂（Derakhti）（2015）的实证研究表明，外语课堂中的学习策略受到专业课堂环境、学习主体和学习伙伴等因素的影响，且学习者所使用的策略具有动态性，在策略类型和使用方式上会不断发生变化。

基于 SCT 的外语学习策略研究使我们的视野更加开阔，但相关研究成果也较为有限。未来研究同样面临着如何在 SCT 框架中界定外语学习策略，如何融合学习策略的认知特性和社会特性等具体问题。

1.3.3　课堂环境研究

外语课堂环境主要包括以师生和同伴之间人际关系为特征的课堂软环境，以及多媒体设备、教材资料等组成的硬环境。文献显示，相关研究集中在对课堂互动（软环境）的探讨，而对硬环境（如教材）的研究则较少。

1. 课堂软环境

SCT 学者通常将课堂软环境研究具体化为对不同类型的师生/同伴互动或

协商的研究。课堂互动协商的最终目的是为学习者提供足够的言说（langua-ging）机会，促进学习者语言的发展以及思维、自主性和合作性的发展（Swain，2010），互动研究主要涉及互动方式和内容两个方面。就互动方式来说，师生互动研究主要对课堂活动中产生的师生话语结构进行分析。调查表明，"诱导-应答-反应"仍然是课堂中最为常见的互动模式，占课堂互动总类型的80％以上（张紫屏，2015）；但卡什（Cash）和皮安塔（Pianta）（2014）发现，由于课堂中存在权势关系不对等、互动情境缺乏真实性等社会文化原因，师生互动并未达到令人满意的效果。同伴互动模式较为复杂，主要有互动结对的类型与学习效果间的相关性等问题。徐锦芬、曹忠凯（2012）对三种不同结对模式下学生语言输出的数量和质量进行对比分析发现，学生自由结对的固定模式更有利于提高语言输出的数量和质量；寇金南（2016）基于活动理论对课堂同伴互动的用时、互动发起方式探讨后发现，合作型和专家/新手型比轮流型和主导/被动型用时更多，提出要求或问题的发起方式在合作型中的比例远高于轮流型。

在互动内容方面，学界多侧重于在 SCT 视角下探讨意义协商、形式协商和内容协商。意义协商是指课堂活动参与者为确保相互理解而努力做出积极话语修正及互动的过程，形式协商指当言者话语出现形式错误时，听者不直接纠错而采用疑问式重复或请求澄清等方式引起言者注意以帮助其自我纠错的互动现象，内容协商指为消除信息差而进行的内容上的沟通。实证研究表明，无论是同伴互动还是师生互动，参与者在互动协商中均会使用澄清请求、确认核查、理解核查以及元语言反馈等手段对语言学习者进行纠正性反馈、对学习者的理解做回应（uptake）或语言修正（赵雷，2015）。文献梳理发现，学界基本认可课堂互动中意义协商的主体地位（高瑞阔、唐胜虹，2014；Philp et al.，2014）。

课堂软环境，尤其是课堂互动研究，虽然取得了很多有意义的成果，但互动研究不能仅限于互动方式和内容，课堂中的权势关系、课堂文化与角色分工等课题都需要学者们做更多的研究投入。

2. 课堂硬环境

课堂硬环境主要是指教材、网络设备、多媒体课件等教学硬件。SCT 研究者认为，这些教学硬件作为学习者重要的客体调节工具，为学习者参与课堂活动、实现语言知识和技能的内化提供了必要条件。在教学现代化背景下，外语课堂基本上实现了教材使用的自主化、教学工具的多模态化，这可以为学习者学习活动提供更多样态的"给养（affordances）"（van Lier，2000）。但基于SCT 对课堂硬环境的研究非常匮乏，何克抗（2017）在探讨课堂信息化发展趋势"Web2.0 应用"时将 SCT 作为其理论基础之一，强调 Web2.0 应用必须既能支持学习者自主又能满足合作学习从而实现共同进步，必须提供文本、声音或视频等各种形式以便学生交流思想，还必须有利于促进学习共同体成员之间的沟通及其互动能力的提高。这既指明了外语课堂硬环境建设未来的发展趋势，但更重要的是对网络多媒体课堂提出了要求。此外，约翰逊（Johnson）和哥伦贝克（Golombek）（2016）在其著作中也探讨了教师培训课堂中多种课堂硬件的功能，并坚定地认为，对话录像协议（dialogic video protocol）、博客、日志等都是实现教师高级认知机能发展的有效方式。

课堂硬环境对学习者的支架作用研究应该成为未来研究的重点之一，比如怎样充分利用多媒体的多模态特征营造能够涌现出更多"给养"的课堂学习环境，怎样在 SCT 指导下编纂外语教材，如何开发教材之外的学习调节工具以增加内化手段等，都是今后值得关注的议题。

1.4　多元化的研究方法

外语课堂研究的跨学科性决定了其研究方法的多元化。从文献统计看，SCT 视角下的研究者虽然也采用实验研究收集数据，但他们更推崇质性研究方法，常见数据收集方法有日志/日记、个人叙事、个案历时研究法，数据分析方法有社会文化话语分析法等。

日志/日记。舒曼（Schumann）（1998）认为，日志/日记本身也可以成为辅助语言学习的工具。研究者可以从学习者的日志/日记中详细了解其对学习过程的反思，学习者在日志/日记中自然流露的对不同社会语境的态度和情感也可作为研究社会和个体变量的证据。约翰逊（Johnson）和哥伦贝克（Golombek）（2016）在研究中将受训教师所撰写的日志作为调节工具，为培训导师和教师学习者本人分析心理发展区（inter-mental development zone）提供了重要信息，也促进了教师学习者对"科学概念"的内化。

个人叙事。该方法注重社会情境及其影响，关注被试内心的声音，贴近被试的真实体验，非常契合 SCT 所倡导的从日常实践和个体经验中发现高级心理机能规律的理念，它不仅追溯发展，而且本身也蕴含了发展。在叙事探究方法中，除了沿用课堂观察、访谈等传统手段外，研究者也开始探索使用历时追踪访谈（学习历史陈述）、个人通讯等相关资料分析来呈现被试的学习和发展历程。叙事探究法是社会文化视角下外语课堂教学研究最常用的方法之一（秦丽莉、戴炜栋，2015）。

个案历时研究法。该方法是将被试个体放在不同时间段考查，实验者可跟踪记载其变化的完整过程，将学习过程中交流互动、共同或独立完成课堂任务的过程记录下来，形成数据，绘制出该被试的认知心理机能发展的轨迹图。如范·康佩诺尔（van Compernolle）（2011）用个案法分析了一位法语学习者社会语用的科学概念发展的规律。

社会文化话语分析法（sociocultural discourse analysis，SCDA）。该方法是研究者在探索课堂话语的本质及其教学意义时采用的数据分析方法（Littleton，Mercer，2013），与话语分析不同，SCDA 关注语言在教与学、构建知识、产生想法、共享理解以及合作解决问题等活动中的工具性特征，它更加侧重对语言内容（而非语言结构）和对话语境的历史、文化、社会和制度等相关的信息进行分析约翰逊（Johnson）和哥伦贝克（Golombek）（2016）。对基于 SCT 的外语课堂研究者而言，该方法最重要的价值在于它既能够对课堂教学的结果进行分析，也可以通过数据分析探讨课堂教学的过程。

我国基于 SCT 的外语课堂研究方法尚处于探索和发展阶段，相关研究多限于访谈和个案研究，方法较为单一。未来研究可以逐步拓展研究方法的范围，使研究结果更具可信度和推广性。

1.5　结　　语

SCT 视角下的二语研究在国际上已趋于成熟，而在我国尚处于引进和初步探索阶段。本章通过对 SCT 视阈下外语课堂研究近年来的文献进行梳理，重点介绍了外语课堂研究中常用的 SCT 相关理论，探讨了相关研究主题和常见研究方法。但囿于篇幅，仍有许多相关问题未能深入探讨，希望未来有更多学者和教师投身于 SCT 在我国外语课堂环境下的应用和实践研究，丰富 SCT 在我国的本土化研究内容。

第 2 章　动态系统理论视角下的
课堂二语习得研究

2.1　引　言

随着学者围绕"教学是否会对二语习得（second language acquisition，SLA）起作用"问题研究的深入，课堂二语习得的研究逐渐受到学界重视。奥尔赖特（Allwright，1988）将课堂 SLA 研究对象界定为"课堂过程"，认为这类研究旨在"从中发现促进或阻碍语言学习的行为和事件"。显然，将课堂作为观察对象来研究 SLA，与我国英语作为外语（English as a foreign language，EFL）的课堂环境更加吻合。但若指导观察、解释和分析的理论框架不科学，研究方法不恰当，其解释过程及研究结论必然与我国学生的二语发展规律违背，可见理论和方法对课堂 SLA 研究的重要性。

课堂 SLA 研究理论框架的构建始于 20 世纪 90 年代（刘学惠，2005），其中埃利斯（Ellis）提出的理论框架较为系统，该框架融合自然语言习得理论和学习理论的核心概念，将课堂 SLA 研究置于"课堂即互动"和"课堂即形式教学"的分析框架当中（Ellis，1990：91），并对课堂 SLA 研究内容进行了规划。

但经过梳理课堂 SLA 研究的文献，我们发现传统研究多以寻求课堂 SLA 的普遍规律为宗旨，以期能够预测学习者的语言发展趋势。这些研究多预设语言发展具有线性的特征，认为其进程是可以确定的，而且课堂 SLA 中各子系统界限分明（如语音系统、词汇系统等），鲜有交融。在方法上，实证研究所收集的数据样本很大，数据分析以均值、标准差为主要手段；将 SLA 过程中边缘变量当作"噪声（noise）"处理而不予考虑（Larsen-Freeman，Cameron，2008a：40）。

拉森·弗里曼（Larsen-Freeman）（1997，2006）在研究中注意到了传统课堂 SLA 研究的局限性，对语言和语言/二语习得本质做了重新思考，她秉持"基于使用"的语言观，认为 SLA "并不是掌握了这个项目，再转向下一个项目"的线性过程，甚至单个项目学习的曲线也不呈线性，而是呈 S 形或 U 形特征，"布满了峰和谷，进步和倒退"。此外，将变量做均值化、噪声化处理，注重群体而忽略个体的研究方法也不科学——可能正是这些差异和个体才是解释学习过程的关键。她因此倡导用动态系统理论（Dynamic Systems Theory, DST）对二语发展的轨迹做反思性（retrospective）、回测性（retrodictive）解释，为 SLA 及课堂 SLA 研究展开了一个新的视角。

迄今基于 DST 的 SLA 研究较有影响的国外学者除拉森·弗里曼（Larsen-Freeman）外，还有范·格特（van Geert）（2008）、五校十人研究小组（Five Graces Group，2009）、德·博特（de Bot）等（2007）、德涅（Dörnyei）（2014）等，主要分布在英美、荷兰等国家，研究议题涉及语言、语言使用、母语/二语习得、DST 视角下 SLA 研究方法等，但专门研究课堂语境下的 SLA 文献很少（Larsen-Freeman，Camerson，2008a：198）。该理论引入我国时间更晚，外语类核心期刊上相关论文数量也极其有限，主要有沈昌洪、吕敏（2008），王涛（2014），李兰霞（2011），郑咏滟（2015）以及贾光茂（2015）等。综合来看，国内相关研究尚属起步阶段，理论引介居多，原创性研究、实证研究较少。而国内尚未有 DST 视角下探讨课堂 SLA 的文献，本研究将对理论框架和研究方法等领域中的一些基本问题进行探讨。

2.2　基于 DST 的课堂 SLA 研究理论框架

DST 是研究系统连续性或离散性变化规律的理论，它认为系统具有异质性、动态性、非线性、开放性和适应性等特征（Larsen-Freeman，Cameron，2008a：26）。在 DST 视角下，语言/第二语言被看作是动态、混沌、复杂的系统。这从根本上动摇了因果律、简化论在 SLA 研究中的主导地位，体现了维特根斯坦（Wittgenstein）（1953：20）的"意义即使用"的语言哲学观。从教育学角度看，课堂本身也是一个完整系统，系统各变量间有机联系，动态交互，为学生学习提供物质环境和社会心理环境（魏晶、陈慧，2008）。课堂

SLA 系统便是课堂系统和 SLA 系统的有机整合，因此，该系统的特征、外在表现及内在运行机制便构成了课堂 SLA 研究理框架的核心内容。

2.2.1 课堂 SLA 系统是动态复杂系统

课堂 SLA 变量具有异质性、复杂性特征。首先，变量层次多、数量大，按照研究目的，学生、教师和教材等都可作为同一层面研究变量，而各变量又可在不同层面继续细分，如学生变量可进一步分为学习动机、学能、学习策略等。其次，变量复杂，各变量间完全联结（all inter-connected），交互作用，使课堂 SLA 变成立体多维度、有无数结点的网络系统，如学习者课堂自主学习能力受元认知策略、失败的归因、目标定向、认知策略、信息媒介动机等多个变量的影响（徐锦芬等，2014）。因此，在课堂 SLA 研究中，变量的选择和处理就变得异常重要，我们不仅要处理好系统的核心变量和边缘变量关系，还要设计出能够反映系统变化的集合变量。

课堂 SLA 过程呈现非线性特征。课堂 SLA 系统中各变量相互作用、相互适应，运行的结果表现为学习者语言水平的发展，但这种发展变化并不具有线性规律，而是常常以突现（emergence）的形式出现（如突然学会新的语言结构、特征、语法规则），具有不可预测性，典型的案例就是拉森·弗里曼（Larsen-Freeman）（1997）经常提及的英语初学者对不规则动词过去式的习得过程（如 slept-sleeped-slept）。而且，系统运行时表现出对初始状态/反馈的敏感依赖性，也会使其轨迹呈现出非直线型特征，即所谓的蝴蝶效应（the butterfly effect）。

2.2.2 课堂 SLA 系统的外在表现（manifestation）——稳定性与变异性

DST 视角下，课堂 SLA 系统存在于一个多维发散的状态空间（state space）中，其运行有时处在相对稳定状态，有时又处在变异状态，DST 将它们分别称为"吸态（attractor state）"和"斥态（repellor state）"，并将系统运行轨迹隐喻为地貌（landscape），由"山谷"和"山脊"表示，如图 2-1（Larsen-Freeman，Cameron，2008a：46）所示。

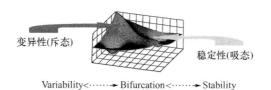

图 2-1　系统状态空间地貌图

该地貌图表明，处在"山谷"时系统呈现出暂时稳定状态。但如果接受到合适的能量和资源，该系统依然能跃出"山谷"，继续进行相位移动，到达"山脊"。DST 将系统在相位移动时发生状态交替的临界期称为"动荡分岔期（bifurcations）"，此时系统对变化极为敏感，即便是很小的变化也可能促使系统发生突现，进入到新的状态（van Geert）（1998）。系统的稳定性可通过测量系统偏离稳定性状态的"扰乱度（perturbation）"来评估，因为系统越是偏向稳定性，摆脱扰乱趋向稳定性的回归力度就越大；而要预测系统的"动荡分岔期（bifurcations）"，则可通过观察系统的"行为引子（behavioral attractor）"来判断，即计算偏离稳定性的中位数的变异程度，若在某个时刻变异性增加的同时伴随着稳定性降低，就表明系统可能开始进入变化状态，并向新相位移动（Thelen，Smith，1994：86－87）。

探讨课堂 SLA 系统稳定和变异状态有助于学者和教师从学习者学习表现了解其稳定状态和变化状态的特征，并通过其发展轨迹预测其学习趋势；对"动荡分岔期"的判断应该是教师设计课堂教学以促进学习者学习产生变化的重要依据和指导思想。不过目前将系统稳定性和变异性特征、"动荡分岔期"理念用于课堂教学的研究仍乏善可陈。

2.2.3　课堂 SLA 系统的内在运行机制——共同适应和自我组织

SLA 系统在课堂环境中对资源和能量是开放性的，系统中各因素在相互作用中彼此适应，内外部资源得到"软整合（soft assembly）"，系统重构，呈现自组织性。从宏观上看，课堂 SLA 系统进行"相位移动（phase shift）"，不受外界环境的干扰，形成有序的学习过程；从微观上看，各变量均在系统中发挥作用，并且形成或联合生长（connected growers）或相互竞争或充当先兆

(precursors) 等较稳定的相互关系 (Schmid et al.，2011：48)。

就课堂 SLA 系统而言，其各层次的变量及变量间（如师生、生生、教材与学生）的关系不断发生互动和变化，从而营造出动态的、充满意义潜势 (potential meanings) 的学习环境，涌现出大量可能稍纵即逝的供给 (affordances)，正是这些由于变量间相互适应和自我组织所产生的语境供给催生了学生使用语言进行交际的意愿和动机；同时，学习者也会根据语言信息资源的输入特征在频繁的重述 (iterations) 中主动地调整发展，甚至重构自己的中介语系统，使其适应课堂语言使用语境，并成为课堂语言资源的一部分，为其他学习者提供供给。徐锦芬 (2016) 发现，学习者会基于对课堂变量的判断，灵活使用"提高参与度""简化任务"等 7 种支架手段营造合适的互动语境。

因此，课堂 SLA 的变化发展是系统各层面变量间调整适应和互动重组的结果。作为系统的内在运行机制，共同适应和自我组织是解释课堂 SLA 中各种现象内在运行机制的钥匙。

2.3 DST 视角下课堂 SLA 研究的方法

DST 视角下课堂 SLA 研究倾向于实证的方法，但在方法论原则、变量的选择与处理、研究维度、实验设计与数据收集、处理和分析方法等方面与传统实证研究均有所不同。

2.3.1 方法论原则

DST 理论持基于使用的语言观，DST 视角下 SLA 研究关注的是学习者语言动态发展的具体特征及系统规律。拉森·弗里曼 (Larsen-Freeman) 和卡梅伦 (Cameron) (2008b) 认为，研究者在变量选择、维度确定和研究方法的选取上需遵循一系列原则：生态性、复杂性、自组织性、反馈敏感性、突现性、非线性、非二元论思维、互动性、关联性和变异性等。概言之，就是要坚持系统各要素互动的整体观，关注系统的动态性和变异性，遵循系统非线性发展规律，体现系统的互动性、共同适应性和自我组织性等特征。

2.3.2　课堂 SLA 研究的变量选择与处理

首先，确定核心变量与边缘变量。课堂 SLA 系统的异质性和复杂性决定了要对系统做研究，就要选择合适的核心变量。与传统视角类似，不同的研究目的决定了变量选择的维度及内容；但 DST 强调，系统运行中参与度较低的边缘变量不能作为背景"噪声"被忽视，在解释变量运动轨迹时需考虑这些变量所起的作用（de Bot，Larsen-Freeman，2011：21）。

其次，对变量进行处理，形成集合变量。DST 视角下，集合变量是系统各变量间相互关系的体现，反映系统发展的轨迹，可以揭示系统状态发生变化的节点（Larsen-Freeman，Cameron，2008a：61）。但集合变量的赋值必须以系统内各变量值为依据，可以按照一定方法进行量化（Thelen，Smith，1994：251）。

最后，探索系统控制参数（control parameter）。系统控制参数是一个能描述影响系统轨迹运行走向的参数，系统中其他变量都直接或间接地与该参数产生联系，对其进行改变、调整或干扰就可使整个系统的运行轨迹发生变化。可见，设计系统控制参数是研究能够成功的关键。

显然，无论是基于 DST 理论，还是研究实践，课堂 SLA 系统变量都异常复杂。Dörnyei（2014）经过实践提出的"回溯定性建模法（retrodictive qualitative modeling）"有重要的借鉴意义，其核心思想为"基于系统运行突显出的结果来追溯某变量运行轨迹的成因"，其做法为：依据系统运行突显的结果确定系统原型（prototype）变量，从而减少变量个数，然后再对该原型变量进行研究。这样可使问题相对简化，增加了研究的可行性。

2.3.3　DST 视角下课堂 SLA 研究维度

Ellis 认为课堂中发生的一切都可理解为某种形式的交际，同一组教学行为可以从两种角度来看待：作为互动和作为教学（Ellis）（1990），并在随后的研究中提出语言教学需遵循 11 个原则，包含了多个课堂 SLA 研究的关键领域，如中介语、输入与互动、输出、意义与形式、外显知识与内隐知识、社会视角、二语教学和个体差异等（Ellis，Shintani，2014：22）。

综合埃利斯（Ellis）的观点（Ellis，1990，2013）、课堂学习的特征以及二语习得研究的相关成果，我们认为，基于DST的课堂SLA研究可在四个维度上展开：语言维度、认知心理维度、社会文化维度和个体差异维度，它们不仅由各自变量构成子系统，而且各维度间、各变量间交互联系，构成复杂的课堂SLA系统，如图2-2所示。囿于篇幅，本章不作详细展开。

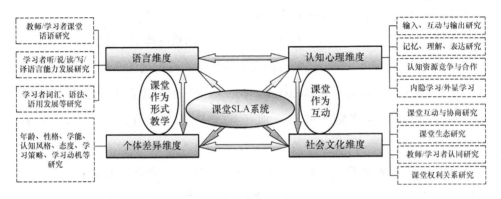

图 2-2　DST 视角下课堂 SLA 研究维度

2.3.4　数据收集方法

课堂 SLA 目的性很强，且具有交际性、合作性等特点，我们依据拉森·弗里曼（Larsen-Freeman）等学者的建议，结合课堂 SLA 的这些特点，对 DST 视角下常用的收集研究数据的实验设计和方法进行分析。

1. 形成性实验、设计性实验和行动研究

形成性实验法通过动态系统视角观察记录课堂真实情境，关注系统潜在因素以及系统各因素之间的联系对实现教学目标的影响（Reinking，Watkins，2000）；设计性实验法关注学习变化过程，通过教师灵活多次改变课堂学习环境来收集真实环境中的数据；而行动研究则有意设置"噪声"干扰项，并引入课堂系统以观察结果的改变，利用勒温（Lewin）的螺旋循环模式（即诊断-规划-行动-评估-确定学习方案的循环模式）找出学习中出现的问题。这些方法优势在于：实验中尽可能还原课堂原貌，减少人为控制或干扰，最大程度地保证收集数据的真实性。

2. 纵向个案法、时间序列法和微发展法

纵向个案法和时间序列法是将学生个体放在不同时间段考查，DST 视角下，学生二语发展的路径和速度是动态的，实验者可跟踪记载其变化的完整过程，将学习中交流互动、共同或独立完成课堂任务的过程记录下来，形成数据，这样就可以绘制该学生的二语发展轨迹图。微发展法可在相对较短的时间段内明显增加取样频次获取数据，并据此以推断其后较长时段可能发生的行为变化和可能发展路径产生的原因。

3. 语篇分析、会话分析和语料库方法

这些应用语言学研究的常用方法可以在 DST 指导下经过重新设计，与上述各方法综合使用，收集课堂环境下学习者群体或个体的共时或历时数据。但需要指出的是，语料库方法尽管有很多优势，但要使用该方法将海量数据的特征展现出来并进行有目的的研究，目前相关研究还极少，学界仍需要做更多的探索，例如，课堂环境下如何借鉴语料库的语料进行教学。

2.3.5　数据处理与分析方法

DST 视角下 SLA 研究在数据处理和分析上有别于传统研究。除了有选择性地使用多因素方差分析、相关性分析等传统方法之外，DST 还采用了一系列自然科学的研究方法。

1. 绘制趋势线法

趋势线（trendline）是 Excel 软件中的基础方法，既可呈现原始数据的整体发展趋势，也可以反映某些局部的发展特征。图 2-3 是范·迪克（van Dijk）等（2011）对 1978 年坎·奇诺（Cancino）、罗森斯基（Rosansky）和舒曼（Schuman）关于"英语中否定的习得"经典研究数据的再分析结果，被试乔治（Jorge）和阿尔贝托（Alberto）在"don't ＋ V"否定结构的使用上呈完全相反趋势。

2. 移动极小-极大值图表法

任何动态系统都存在不同程度的变化，只不过变化规律性存在强弱差别而已，使用移动极小-极大值图表法（moving min-max graph）就可形象地反映

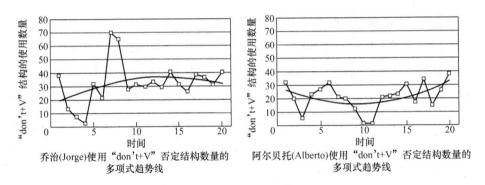

乔治(Jorge)使用"don't+V"否定结构数量的
多项式趋势线

阿尔贝托(Alberto)使用"don't+V"否定结构数量的
多项式趋势线

图 2-3　数据中的趋势线

系统变化的差异（van Geert ， van Dijk，2002，van Dijk et al. ，2011），其做法如下：先设计移动窗口大小（如以 5 次测量点作为一个移动窗口），然后在极小值运算公式下，在原始数据列移动窗口（如 1-5，2-6，3-7 等，相邻窗口间有数据重叠），即可得到一组极小值数据；同理可得极大值数据。将这两组数据绘成线性图就能反映指标与时间波动变化的规律，如图 2-4 所示。两条折线间带宽（bandwidth）表明变化幅度：带宽越大，变化幅度越大。可以预测，随着学习者语言水平的提高，其变化趋于相对稳定状态，带宽趋于减小。

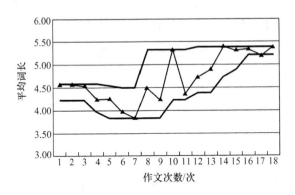

图 2-4　Verspoor 等（2008）实验中英语写作词长的极值图

3. 再抽样和蒙特卡罗模拟法

　　DST 视角下课堂 SLA 研究所收集的样本数据通常都较小，难以排除统计中的偶然性，影响了数据的信度和效度。为了解决该难题，DST 学者引入再抽样（resampling）和蒙特卡罗（Monte Carlo simulations）仿真法。这种方法可在安装 add-ins Poptools 插件的 Excel 软件中操作，具体做法为：首先定义原始小样本间关系（如差异或相关性等），作为实验原检验标准（testing criterion），然后基于零假设对原始数据进行几千次（如 5000 次）随机再抽样，重新模拟计算数据间的关系，事实上每次抽样后得到的新样本间关系值都和原检验标准进行比对。最后，将模拟数据中得到的相关关系数值大于或等于原检验标准的相关系数的次数除以模拟的次数计为 p 值，只有 p 值小于 0.05，才能拒绝零假设，即验证原假设成立。若某 5000 次再抽样实验中 p 值为 0.23（大于 0.05），即零假设成立，同时也表明共有 23% 次再抽样计算结果与原检验标准相似。

4．移动均值法

移动均值法（moving averages）是使用数据来探讨分析变量间相互关系的方法，可反映的常见关系有：支持性（supportive/connected growers）、竞争性（competitive/competitors）和条件性关系（conditional/precursors）等，具体做法是：将变量数据按照统一依据进行标准化处理（如 Z-scores，或在 Excel 中设计特殊的函数式），使变量间具有可比性，再加入时间变量，并在同一坐标系中绘制各变量折线图，变量间变化关系就变得很直观。如图 2-5（Larsen-Freeman，2006）所示，二语习得者的流利度与准确度就明显呈竞争性关系。

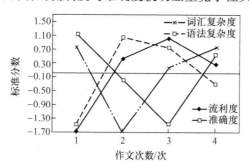

图 2-5　二语习得者二语体系的多维度发展

此外，二语习得研究中所使用的大脑成像、计算机建模等方法，是否适用于课堂环境下的 SLA 研究，还有待进一步探讨。

2.4　DST 视角下课堂 SLA 研究的实例

DST 视角下对课堂环境中的 SLA 研究比较少，通过梳理国内外相关文献，我们选择当前学者关注较多的两个领域——课堂师生互动和课堂学习动机，作为课堂 SLA 研究代表，用 DST 理论对其进行分析，为后续的课堂 SLA 研究实践提供借鉴和参考。

2.4.1　课堂师生互动研究：以"学生反应最小化"为例

教学实践中，教师经常遇到这样的情况：不管提问什么问题，学生的回答都倾向于尽可能短——几个单词或干脆沉默，这其实就是所谓的"学生回应最小化"现象。教师多将该现象归咎于学生，诸如"学生不积极""学生语言能力差"等。

但 DST 学者经过课堂观察研究发现，情况并非如此。他们做出的解释是：教师发出提问邀请时，他/她对相关知识已有充分准备，而对学生而言，互动问题多数为即席性的，他们难以在短时间内激活相关知识并进行有条理的表述，因此学生在互动中的表现往往难以令教师满意。随着互动的进行，教师在学生沉默后即表现出不耐烦，倾向于结束互动，或转向其他学生。久而久之，这种"老师提问-学生简短问答/沉默-教师终结互动"模式在师生相互适应和自我组织的作用下，就变成相对稳定的吸态，互动开始后，师生间的耦合（coupling）使互动轨迹朝该吸态趋近，如不加干扰，便进入吸态，"回应最小化"现象便由此产生（Larsen-Freeman，Camerson，2008a：214）。

定量研究也支持这种解释。Cameron 设计师生话语差异值（interactional differential）作为集合变量，将教师话语长度减去学生话语长度（如 7－0＝7，7 表示教师语句为 7 个单词，0 表示学生沉默）作为该集合变量的赋值，并加入时间变量（话轮），绘成运动轨迹图，如图 2-6 所示。他们发现，大多数教

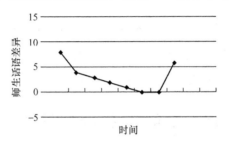

图 2-6　课堂互动教师-学生话语差异图

师-学生会话轨迹都呈现出如下特征：教师在师生互动中话语量比例大，处于主导地位，最终也是教师总结评价，结束互动。

针对这种现象，DST 认为，教师如果能够选择合适的系统控制参数，并对其调整、干扰，互动系统或可绕过"吸态"，或从吸态跃出，进入到"斥态"，继续运行。有研究表明，若将"等待时间"作为控制参数，延长从发出提问到放弃或给出提示或自己回答问题之间的间隔，可改变系统轨迹。对学生而言，这是一段思考问题、组织语言、使用语言的时间。问题越复杂，所需等待的时间应该越长。教师等待时间越长，课堂互动话语的质量会越高，学生语言能力也会发展得越快（Rowe，1986）。当然，等待时间是否是师生互动系统中的最佳控制参数，仍需要更多的研究来验证。

2.4.2　课堂学习动机研究

动机是激励人们行动的内部力量和动因，包括个人意图、愿望、心理冲动和目标等，二语习得动机受探索世界、学习知识、提高自我等各种需要影响。加德纳（Gardner）和兰伯德（Lambert）（1972）在研究中将动机视为稳定的心理特征。事实上，若着眼于微观层面如课堂时，学生的学习动机则更明显地呈现出动态系统的特征。

学习动机是具有异质的、复杂构成的系统。国内外文献关于学习动机内涵的研究繁多，较具代表性的有八维度说（Ushioda，2001）、动机组合体（Dörnyei，Ushioda，2009）等，且多数学者认为学习动机的各维度、各类别相互影响，并与外部环境如课堂环境互动（许宏晨等，2011）。可见研究者对学习动机内涵的异质性、复杂性并无异议。

学习动机时刻都在发生着动态变化。瓦宁格（Waninge）等（2014）通过对四位学生课堂观察得出，即便在极小时间跨度内，学生的课堂学习动机也经历着起伏变化的过程，如图 2-7 所示。当学习环境发生变化（如在不同小组讨论），动机强度与类型也会产生变化：可能增长，也可能衰退。桑普森（Sampson）（2015）使用德涅（Dörnyei）推荐的"回测质性建模法"对日本一年级在校大学生的学习动机研究后发现，在班级系统中，学生学习动机具有合作形成的特征，也就是说，课堂环境中学生之间的互动和共同适应会促成学习动机的异常突现（novel motivational emergence）。

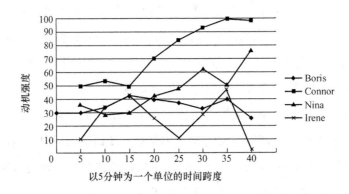

图 2-7　四位学习者课堂学习动机的变化轨迹（Waninge et al.，2014）

学习动机系统各变量相互适应，自我重组，表现出吸态趋向性。德涅（Dörnyei）、乌希德（Ushiod）（2009）以及德涅（Dörnyei）等（2015）将二语动机自我系统框架中的理想二语自我、应该二语自我和二语学习经验视作三个吸引盆（attractor basins）："理想二语自我"体现学习者内在需求，"应该二语自我"反映学习者外在压力，"二语学习经验"即为学习者实际的学习体验。三大引力互相作用、转化，形成合力，为学习者提供长久动力。学习动机系统在三个吸引盆相互作用下自我重组成更稳定的吸态，即外在表现为学习者所具有的相对稳定的动机类型。

可见，课堂二语学习动机构成复杂，且处于不断地波动变化之中，其本身作为子系统可以通过共同适应和自我组织形成相对稳定的状态。在课堂 SLA 研究中，学习动机可能会成为一个重要的控制参数，影响着系统的运行轨迹。

2.5　结　　语

本研究基于 DST，对课堂 SLA 研究的理论框架和研究方法进行了深入探讨与剖析，改变了课堂 SLA 研究传统的线性简化论思维模式，还原了课堂 SLA 的动态非线性发展的本质，尝试提出的课堂 SLA 研究新的范式，在理论上和方法论上都具有一定的意义。此外，将课堂 SLA 视作动态系统在二语的教与学上也具有实践意义：教师教学时需尽可能创造联接性生长点，遵循系统"共同适应、自我组织"原理设计课堂任务等；学生也可对习得过程中"峰谷"现象做合理解释，重视重述的作用，正确认识系统的初始状态/反馈敏感性对 SLA 的影响等。

当然，新视角下课堂 SLA 的专门研究才刚刚起步，很多问题亟待探讨解答。但这种新的研究范式已为越来越多的学者所重视。可以预见，在未来的研究中学者们将更注重立足于我国本土二语学习的课堂特征，在 SLA 研究的广度和深度上取得更多更新的成果。

第 3 章　社会认知视角下的
外语学习者投入研究

3.1　引　　言

学习者投入（Learner Engagement/Student Engagement）是国际高等教育研究领域的热点问题，近年来也日益受到国内学者的关注，产出了一批重要的研究成果，但总体看来，研究的广度和深度都有待加强，特别是涉及外语教育领域的研究还很鲜见。学习者投入反映学生真实学习状态，是衡量学生学习过程质量的重要指标，也是预测学业成就的重要指标（张娜，2012）。因此，其对学生的学习和发展起着重要作用，是任何教育环境下都必须要关注的关键问题。

中国的英语学习一直广为诟病，普遍认为英语学习投入成本高而收效少，投入产出不成正比（陈伟，2013）。外语界对这一问题进行了大量研究，提出了一些改进措施和建议。我们认为，对学习者投入的研究可能为我们解决中国英语学习的"顽症"提供新的视角。学习者投入这一构念关注学习者的学习过程，认为只有学习者全身心地投入到英语学习过程中去，才能收获好的成效，体现了《国家中长期教育改革和发展规划纲要（2010—2020 年）》中"以学生为主体，以教师为主导，充分发挥学生的主动性"的要求。

本章从学习者投入的内涵入手，在综述教育心理学和二语教学相关文献的基础上，提出从社会认知视角对学习者投入进行研究和分析，并展望未来值得研究的主题，以期对中国外语环境下的学习者投入研究带来更多的启发和思考。

3.2　学习者投入的内涵

3.2.1　教育心理学中的学习者投入

学习者投入这一概念来自教育心理学，指的是"学生在学习活动中积极参与的程度"（Reeve, 2012: 150）。学生以最佳状态投入到学习中时会积极参与任务、不断思考并且享受学习的过程。相反，没有学习投入，最终结果则不尽如人意，可能出现退学或学业失败等问题。所以教育心理学领域围绕学习者投入这个概念开展了大量研究（Christenson et al., 2012; Fredricks et al., 2004; Skinner et al., 2009）。虽然学习者投入的重要性已得到普遍认同，但对于具体包含哪些维度观点不一。一些学者提出了包括行为和情感的二维投入模型（Finn, 1989; Marks, 2000）。也有学者提出三维模型（Fredricks et al., 2004; Lam et al., 2014）。其中，弗雷德里克斯（Fredricks）等研究者（2004）在文献综述基础上提出的三维模型得到了许多研究者的认可并被广泛应用在实证研究中。这一模型中的三个维度包括行为投入（如任务中的注意力、努力、坚持等）、情感投入（如兴趣、热情、愤怒、焦虑等）以及认知投入（如运用成熟的学习策略和积极的自我调节等）。后来又有学者在弗雷德里克斯（Fredricks）等研究者的三维模型基础上增加了第四个维度，例如，阿普尔顿（Appleton）等（2006）增加了"学术投入"（academic engagement）维度，指学生在任务上所用时间、获得的学分、家庭作业的完成等；里夫（Reeve）和曾（Tseng）（2011: 258）提出加入"能动投入"（agentic engagement）维度，指的是"学生对接受的教学指导所做出的建设性贡献"。由此可见，学习者投入是一个多维构念，融合了学生的行为表现、认知状况以及感受体验等多个方面，对二语教学领域学习者投入研究有重要的借鉴作用。

3.2.2　二语教学中的学习者投入

在二语教学领域中，虽然研究者很少对"投入"进行明确定义，但在研究中采用了其他术语表达了类似的概念。例如，一些研究（如 Guilloteaux, Dörnyei, 2008; Yu, 2018）用动机性行为（motivated behavior）来描述学生在课堂中的行为；也有研究采用行动阶段（actional phase）来描述学习者积极参与某项任务的状况（Dörnyei, 2000）；另有研究用"努力"（effort）一词形容学习者的投入情况（Taguchi et al., 2009）。而值得一提的是，斯托奇（Storch, 2008）用"投入"来"形容学习者元话语的质量"，与注意力的质量相关。由上述可见，所有围绕这一概念开展的研究都将投入视为一个单维度概念。斯瓦尔贝格（Svalberg）（2009）曾指出，斯托奇（Storch）对投入的定义虽然"有用"，但将其"仅限于产生元话语的情况，忽略了除认知外还有其他维度的可能性"。因此，专门针对语言学习，斯瓦尔贝格（Svalberg）（2009）提出了语言投入（Engagement With the Language，EWL）的概念，包括认知、社会和情感三个方面。在进一步阐述投入对语言学习特别是任务型语言学习重要性的基础上，菲尔普（Philp）和杜谢恩（Duchesne）（2016）综合分析了教育学及二语习得领域的相关研究成果，提出了较为全面的研究学习者投入的模型，将投入（engagement）定义为"高度注意和参与（involvement）的一种状态，这种状态下的参与（participation）不仅反映在认知层面，也反映在社会、行为以及情感层面"。与教育心理学领域的模型相比，这一定义突显了语言教学环境下互动的社会维度（Philp，Duchesne，2016；Svalberg，2009），是迄今为止二语教学领域中最为全面的学习者投入概念框架。

3.3　学习者投入实证研究

3.3.1　教育心理学领域中的学习者投入研究

1. 学习者投入与学习成果

教学实践者充分体会到投入行为对学习至关重要，可能会影响最终的教学成果。研究者围绕学习者投入与学习成果之间的关系开展了相关研究，证实了上述判断，得出了较一致的研究结论，即学习者投入能有效预测学生的学习成绩和行为表现（Hu，Mccormick，2012；Jang et al.，2012；Reeve，Lee，2014）。也就是说，学习者在校投入的程度越高，学业表现越好。相反，不够投入的学生就有可能面临各种长期的不良后果，可能出现课堂违纪行为、旷课甚至退学。

2. 学习者投入的影响因素

研究者围绕哪些因素对学习者投入可能产生影响开展了大量的研究，主要有以下几个方面。①学生先天性因素，包括性别、种族和家庭背景（Fowler，

Walberg，1991；Sirin，Rogers-Sirin，2005；Tison et al.，2011）。例如，Si-rin，Rogers-Sirin（2005）的研究发现，学生的性别、认知能力和母亲受教育的程度与学习者在校的投入密切相关。②教育性因素，包括学业挑战、学校环境等（Reyes et al.，2012）。有研究发现，学生自述的投入程度之间所存在的差异，有相当一部分可以用师生关系或教师的支持来做出解释（Furrer，Skinner，2003；Murray，2009）。③学习者个人因素，包括兴趣、自我效能感和动机等因素都对学习者投入有显著影响（Ainley，Ainley，2011；Ouweneel et al.，2013；Siu et al.，2014）。其中研究者们就学习者投入与动机之间的关系开展了大量研究。里夫（Reeve）和李（Lee）（2014）的研究发现，学习者投入能预测动机。他们考查了韩国高中学生一个学期内的表现，发现学习者投入能积极地预测动机的各种变量，比如自我效能感、掌握目标和心理需求满意度等。其他教育环境下的研究也有相似的发现（Pekrun，Linnenbrink-Garcia，2012；Skinner et al.，2008）。另外，也有研究进一步表明学习者投入可能是动机和成绩之间的调节变量（Jang et al.，2009；Skinner et al.，2008）。

3.3.2　二语教学领域中的学习者投入研究

学习者投入近几年才开始得到二语教学研究者的关注，因此相关实证研究还很少。菲尔普（Philp）和杜谢恩（Duchesne）（2016）对语言课堂环境中的学习者投入进行了定义，认为学习者投入是由认知、行为、社会和情感四个部分组成的多维构念。根据这一概念框架，国外一些研究者开始对二语课堂中的学习者投入展开实证研究。这些研究者重点考查了任务设计的特点对学习者投入的影响。例如，邱（Qiu）和罗（Lo）（2017）分析了内容熟悉度和任务重复对英语学习者在口语表现中投入程度的影响。研究发现，对于熟悉的话题，学习者在行为和认知上更加投入，情感反应也更为积极；而重复任务虽然会让参与者更加放松、更有信心，但降低了他们在行为和认知上的投入程度。兰伯特（Lambert）等（2017）对比研究了由学习者发起和教师发起的任务中学习者的投入表现。研究结果表明，学习者发起的任务对投入的各个方面（行为、认知、社会和情感）有更加积极的影响。其他因素，如学习者对任务的偏好也引起了研究者的关注。冯（Phung）（2017）研究了学习者对二语任务的偏好与对二语使用投入之间的关系。研究发现对于自己更喜欢的任务，学习者二语使用的认知投入更高。

以上研究基本上都是探讨学习者在完成语言学习任务时在四个维度上的投入情况。而奥布里（Aubrey）（2016）的研究只考查了学习者投入的一个维度，即行为投入以及行为投入与"沉浸"（flow）之间的关系。"沉浸"指的是一种完全参与、高度集中的一种状态，在这种状态下学习者的任务表现得到提升（Csikszentmihalyi，1975，1990）。奥布里（Aubrey）的分析结果表明，跨文化小组在二语运用上的行为投入（话轮数）高于同文化小组；跨文化任务互动中的"沉浸"与话轮之间存在显著的正相关关系。

由上述可见，学习者投入正受到越来越多研究者的关注。奥加·鲍德温（Oga-Baldwin）和中田（Nakata）（2017）运用"自我决定理论"（Self-determination theory）考查了日本小学自然课堂环境下英语学习者的投入与动机之间的关系。研究发现，学习者投入能显著预测内在动机，负向预测外在动机，证实了教育心理学领域的研究结果（Reeve，Lee，2014）。

我国外语教育研究领域近几年也开始关注学习者投入的研究，并产生了一些相关研究成果。例如，郭继东和刘林（2016）阐述了外语学习投入的内涵、结构及研究视角；吕中舌和杨元辰（2013）探索了大学生英语动机自我系统及其与学习投入程度的相关性。该研究发现，学习者的"理想二语自我"（由内在兴趣、文化交流、辅助工具和个人发展动机构建）与学习投入程度呈正相关，而"应然二语自我"（由外部要求和社会责任动机构建）贡献越大，学习投入程度反而越低。张丽梅（2016）调查了日语专业学生的学习者投入，发现上游学习者与下游学习者在行为投入、情感投入和认知投入上存在着明显差异。该研究认为学习者投入的不同是导致学业表现差异的重要原因。

前述理论和实证研究让我们对二语教学领域的学习者投入有了初步的理解，也为开展相关研究提供了启示。学习者投入是外语学习过程中关键的一步（Dörnyei，Ryan，2015；Svalberg，2009），有利于促进学生的二语学习，激发学生内在动机，提升学生学业成绩。因此，如果我们能对学习者投入有更深人的了解，就能更好地研究如何让学习者投入到学习中。研究者们认为，学生投入是所有的学习者都可以做到的，它并不是一种特质，而是一种可改变的存在状态，这种状态很大程度上取决于学校、家庭和同伴能否持续地为其学习提供支持（Christenson et al.，2012；Reschly，Christenson，2006）。作为外语教育研究者，我们有责任对学习者投入进行深入科学的研究，提出切实可行的措施，帮助每一位学习者投入地学习，提升语言学习效果。为推动学习者投入研究的发展，亟须就这个概念和可能涉及的变量进行更深入的探讨。

3.4　社会认知视角下的学习者投入研究

多年来二语学习尤其是课堂学习的研究大多基于认知视角，忽略了语言学习的环境或个体差异。随着人们对语言学习的认识不断深入，越来越多的研究者对此提出了批判。他们认为，认知理论仅仅体现了语言习得复杂性的一面（Palincsar，1998）；知识并非独属于学习者，知识也是社会环境的一种资产，是人与社会环境之间的接口（Foster，Ohta，2005）。因此，他们提倡从社会文化视角研究语言学习。根据社会文化理论，认知和知识本身就具有社会性质，因为它们是通过对话构建的（Lantolf，2012b）。在一些社会文化研究者的倡导下，从社会文化理论视角开展的研究显著增加（Feryok，2017；Lantolf，Thorne，2006）。但是，这两种视角的研究要么强调认知要么侧重社会，都存在一定的局限性。正如佐藤（Sato）和巴林格（Ballinger）（2016）所指出的，这两种视角在进行数据分析和阐释结果时都存在一定的局限性。而且，如果将两种研究范式分割开来，"将二语研究结果付诸实践时最终会出现问题"，因为"教育工作者们关心的不是某个问题存在不同的理论研究方法，他们需要的是经过科学论证的切实可行的教学法"（Sato，Ballinger，2012）。另外，要充分理解语言的学习和发展，就必须认识到语言的学习和发展是一个复杂的过程，其中社会因素和认知要素相互联系。因此，要充分探究语言学习的复杂性，研究者应该努力将社会和认知两个视角结合起来而不是争论两种视角的优劣长短（Atkinson，2002；Batstone et al.，2010）。

一些研究者顺应这一趋势开展了相关研究。例如，埃利斯（Ellis）（2010：

163）从社会认知角度探究了纠正性反馈的认知、社会和心理维度，并简述了如何根据学习者最近发展区调整反馈以促进"互动中的学习"。斯托奇（Storch）和威格尔斯沃思（Wigglesworth）（2010）采用混合研究法从社会认知的视角考查了间接反馈和直接反馈对学习者二语写作所产生的不同影响。两位研究者分析了学习者根据反馈修改作文时出现的"语言相关片段"（language-related episodes，LREs），并将其与修改后的文章中对这些语言相关片段的吸收（uptake）以及此后的作文中的吸收进行了比较。研究者首先统计了语言相关片段的数量以及产出语言相关片段的话轮数，来分别确定学习者对错误的注意程度和对反馈的投入程度。然后，研究者定性分析了语言相关片段中的互动情况以确定影响学习者吸收反馈的其他因素。通过对语言相关片段进行认知分析和定量分析，他们发现，对于这两种方法提供的反馈，学习者并不能连续吸收。进一步分析学习者的互动后发现，吸收程度取决于学习者是否认为反馈有助于实现自己的目标，是否符合他们对语言运用的理解和认识。因此，正是通过社会认知视角，斯托奇（Storch）和威格尔斯沃思（Wigglesworth）为间接反馈和直接反馈比较中经常出现的各种差异提供了可能的解释。

总之，社会认知视角下的二语学习研究涵盖了认知和社会环境因素，认为语言的认知与个人经历、文化知识、情感和社会身份紧密交织、不可分割（Atkinson，2002）。而且，"要理解认知过程，就必须仔细考查认知如何在各种社会环境的共同作用下形成和变化，这个过程中认知和社会因素紧密关联、共同发生作用"（Batstone et al.，2010：ix）。社会认知视角日益受到二语教学研究者的关注（如，Ellis，2010；Cao，2014）。

鉴于近年来同伴互动研究越来越受到研究者的广泛关注，我们所在的研究团队围绕外语课堂中的同伴互动做了一系列相关研究，其中对大学英语课堂同伴互动中的学习者投入研究就是从社会认知视角展开的，具体探究学习者在课堂同伴互动中的投入度是否会受到同伴熟悉度（熟悉结对和不熟悉结对）和任务类型（决策性任务和自由讨论任务）的影响。

基于菲尔普（Philp）和杜塞斯内（Duchesne）（2016）的概念框架，我们

认为，同伴互动中的学习者投入是一个包含认知、行为、情感和社会多个维度
的构念；二语学习者的语言发展在很大程度上取决于学习者在这些维度上的积
极投入。与社会认知的观点一致，学习者投入不仅与学习者的认知加工有关，
还受到环境中社会因素的影响。正如一些研究者所指出，投入反映了个人与环
境之间的互动（Fredricks et al.，2004）。换言之，个体的学习投入与所处的
环境密不可分。就课堂学习而言，学习投入产生于个体与课堂情境的交互中。
因此，课堂中的同伴、教师、课堂任务设计、某些课堂惯例以及课堂中的社会
文化都可以为学生的投入创造机会（Christenson et al.，2012；Gresalfi et
al.，2012；Wubbels et al.，2006）。因此，我们将学习者投入这一多维度概
念引入到英语课堂的同伴互动研究中，并通过具体的指标对每个维度进行测
量。我们的研究发现，任务类型和同伴熟悉度对学习者投入的各个维度均有一
定显著影响，但受到影响的具体指标存在差异。例如，从社会投入来看，任务
类型对同伴使用"合作完成句子"（社会投入的一个测量指标）没有显著影响，
而同伴熟悉度对其有显著影响，熟悉的同伴之间使用了更多的合作完成句子。
合作完成句子代表的是学习者之间的相互性（mutuality）（Damon，Phelps，
1989），体现了合作性心态（Sato，Viveros，2016）。这一结果表明，对子之
间的熟悉程度以及由此而衍生的社会关系对学习者的社会投入维度有重要影
响，进而会影响同伴互动的结果。我们将另外撰写论文汇报本研究的其他
发现。

3.5　结　　语

在外/二语教育研究中，学习者投入是一个新兴的研究领域，需要进行更
多开拓性的研究。未来研究可以从以下几个方面开展。

1）开展纵向研究，探究学习者投入的模式和影响因素。基于学习者投入
这一多维度构念，值得研究的一个重要问题是不同层次的学习者是否会在学习
者投入的各个维度上以及在不同的学习阶段中呈现不同的发展模式。此外，在
我国外语环境下，应进一步探究影响学习者投入的环境因素。

2）开展学习者投入对学习者语言发展的影响研究。相关的教育心理学研

究表明，学习者投入是学业表现的一个预测因子。那么，在二语教学中是否也是如此？可以开展相关研究来探讨学习者投入的各个维度是否与学习者的语言发展有关联以及有怎样的关联。

3）开展学习者投入各个维度间的相互关系研究。教育心理学的研究表明，学习者投入的各个维度不是相互独立的，它们相互重合、相互依赖（Christenson et al.，2012）。二语研究者们也越来越认识到需要考虑这些维度之间的相互依赖性（如，Larsen-Freeman，Cameron，2008a）。因此，有必要开展实证研究来考查各维度之间的关系，从而更好地提升学习者在二语学习中的投入。

4）开展课堂内外的学习者投入研究。课堂内外的学习都能促进学习者的语言发展，因此，两种情境下的学习者投入都值得研究。"学生是如何投入到课堂学习和课外学习的"，"两种情形下的学习者投入有何区别"，"学习者如何看待这两种情境下的投入"，以及"课堂内外的学习者投入如何促进他们的语言发展"等都是值得研究的重要问题。

第4章　外语教学中的课堂互动

4.1　引　　言

课堂互动是交际型语言教学的重要特征。20世纪70年代后期，随着语言学界将目光从"教"转向"学"，课堂互动研究受到许多关注，一直是外语/二语研究者关注的焦点。二语/外语课堂互动是指课堂教学中师生或学生之间围绕教学内容所进行的交互活动，它是师生共同参与的面对面的人际互动，是一种语言交际活动，对于学生来说是很好的语言学习与实践机会（Allwright，1984），因此对于外语环境下的语言学习者尤为重要。

在中国外语环境中，学习者缺乏实际使用语言的外部环境，主要依赖课堂进行语言学习。因此，外语课堂过程对学习者的学习效果具有重要意义。正如奥尔赖特（Allwright，1984：166）所说，"课堂教学只有通过互动过程才能进行"，语言教师的一切课堂教学计划也必须通过课堂互动才能最终影响到学生（Allwright，Bailey，1991）。而我国的外语教学长期以来形成了"教师讲授语言知识、学生被动接受知识的单向教学模式"，师生之间缺乏沟通与互动。这样的课堂教学形式不仅"费时低效"，而且培养出来的学生也与社会需求严重脱节。在经济全球化的背景下，国家之间的交流与合作迅猛增长，对学生的外语综合应用能力及交际技能提出了新的要求。因此，为满足社会对人才培养的需求，改革以教师为中心的传统外语课堂教学模式，推行课堂互动教学，以教师为主导、学生为主体，创造双向交流机会，提升课堂语言学习效果是亟待解决的问题。

4.2　课堂互动对二语学习的促进作用

4.2.1　理论阐述

20世纪80年代以来，互动一直是二语学习及教学的中心，课堂互动教学得到认知互动理论和社会文化理论的支持。首先，从认知互动视角看，"互动假设"和"可理解性输出"为开展互动教学提供了理论依据。朗（Long）（1985）认为在互动过程中，任何一方有理解障碍时，可以与对方进行意义协商，促使对方做出相应的语言调整以提高话语的可理解性，实现交际目的，从而促进二语发展。这些调整使输入更具可理解性，也使学习者注意到其输出，通过求助于中介语系统对其输出进行修正（Allwright，Bailey，1991）。朗（Long）（1996）改进后的"互动假设"强调了负面反馈和修正后输出对二语学习的促进作用。奥尔赖特（Allwright）（1984）持同样的观点，认为交往双方通过言语互动所创造出来的可理解性语言输入方能有效地促进语言习得。斯温（Swain）（1985）提出的"可理解性输出"假说是对克拉申（Krashen）"可理解性输入假说"的补充，他指出，虽然可理解性输入对语言习得非常重要，但是仅有"可理解性语言输入"对语言学习是远远不够的，还需要对目的语进行有意义的输出与运用。斯温（Swain）（1995）进一步从注意功能、假说检验功能以及元语言意识功能三个方面论述了输出对二语学习的促进作用。具体来说，输出会帮助学习者注意到他们中介语的缺口（gap），给学习者提供机会检验他们对目的语的假设，并且当学习者谈论或反思他们的语言输出时有助于他们发展对目的语规则的元语言理解。当学习者注意到自己中介语与目的语之间的差距时，会借助第二语言知识来调整之前的输出，从而产出更加准确和更加复杂的语言（Swain，1995）。斯温（Swain）反复强调，语言输出必须是有意义的，只有学习者在真实的交往中感受到言语交流需求的情况下所进行的语言输出才有助于提高语言水平，而无意义的、机械的语言运用练习则无助于习得。

基于上述理论，埃利斯（Ellis）（1997）和加斯（Gass）（2003）等学者指出，对于课堂教学来说，有意义的、涉及修正性的、可理解性输入，有目的性的输出以及针对形式准确性提供反馈的互动是二语/外语发展的必要因素。

其次，社会文化理论也为课堂互动提供了重要的理论支持。社会文化理论强调互动的社会性以及学习的共同构建性质，认为学习是"参与"而非"习得"；所有学习都是一个共同发展的过程，是人们在社会大背景下参与互动过程中产生的。在师生互动过程中，教师通过给学生搭建"支架（scaffolding）"来提供合适的帮助，满足学生的学习需求。随着研究的深入，研究者发现非专家之间（学生与学生之间）的支架也能促进二语发展（例如，Donato，1994；Swain，Lapkin，1998）。无论是专家"支架"还是非专家"支架"，最终的目的是帮助学习者在最近发展区中由他人调控（other regulation）发展到自我调控（self-regulation），这样学习者最终能够在不借助外力的情况下正确运用语言特征（Aljaafreh，Lantolf，1994；Sato，Ballinger，2012 等）。斯温（Swain）在 2000 年发表的一篇文章中质疑了启发她早期研究的输入-输出模型，而从社会文化理论视角重新诠释了输出在二语习得中的作用，并提议将"合作性对话（collaborative dialogue）"替换"输出"这一术语。她认为合作对话具有社会及认知功能，是语言学习的重要工具，合作对话中同伴之间的言说（languaging）是学习者共同构建学习的重要方式。

4.2.2　实证发现

大量实证研究也显示，课堂互动是一项非常有效的课堂组织方式，对二语学习有很大的促进作用。

1. 师生互动

（1）师生 IRF 互动模式

师生互动的一个典型特征是发起-回应-反馈（Initiation-Response-Feed-back，IRF），这反映了师生课堂话语的机构性质（Hall，2007；Tognini，2008）。在 IRF 结构中，教师发起并结束一个回合的话语，学生的话语产出仅限于第二话轮中的回应。因此，教师与学生的话语时间是不对等的，教师控制着课堂上发生的交互数量和类型，体现了教师的特权地位。这一结构是"封闭的而非开放的话语形式"（van Lier，1996：152），会降低课堂的互动性，限制学生对话轮的贡献，减少学习机会。因此，从认知互动视角进行二语习得研究的学者认为，由 IRF 主导的课堂不利于二语习得（Ellis，Shitani，2014）。不过，基于社会文化视角的二语课堂研究引发了研究者们重新去思考 IRF 互动模式在学习中的作用。研究表明，IRF 模式的局限性是可以克服的。比如纳萨吉（Nassaji）和威尔斯（Wells）（2000）指出，如果教师通过'协商性问题'发起会话，学生参与互动的积极性就会大大提高。奥塔（Ohta）（2001）的研究发现，日语二语学习者在后来的小组活动中使用了他们在 IRF 模式中接触到的语言。还有学者主张扩展 IRF 结构（Hall，Walsh，2002；van Lier，1996），即教师在第三话轮的反馈中鼓励学习者进一步反应，从而引出扩展回合的交流，使学习者有更多机会进行意义协商，增加语言学习机会。另外，沃尔什（Walsh）（2002）认为 IRF 结构是否会限制学生参与互动主要取决于教师的语言行为。他通过对 8 位教师的研究发现，一些语言行为，如开放、直接的错误纠正，给予反馈时恰当使用现实生活中的会话语言，给予足够的等待回应时间，提供关键词汇"支架"等对减少教师的主导地位、增加学生参与互动起着重要作用，而与学生抢话轮，全部或者部分重复学习者话语，打断学习者使其失去话语线索等言语行为则会阻碍学习者语言使用。最后，IRF 结构是否能促进语言学习与教师的提问类型有关。一般认为，参考性问题（或开放性问题）比展示性问题（或封闭性问题）对二语发展更有利，因为前者可以增加学习者在课堂上的语言输出，而且当教师使用参考性问题时，学生能使用较为复杂的语言以及更真实的话语（Nunan，1987）。范·里尔（van Lier）（2001：96）也认为参考性问题引发的 IRF 模式能为学习者起到搭支架的作用，帮助其在最近发展区内发展认知结构，使其尽可能清晰地表达自己的想法。例如，安东（Antón）（1999）指出，IRF 在预期教学（即教师预测学习者可能遇到的困难并试图解决）中起重要作用。她所考查的教师在 IRF 模式中使用了开放性问题帮助学习者反思语言形式，使他们能够用言语表达规则。安东（Antón）认为这种预期教学构成了"有效帮助（即支架）"（Antón，1999：308）。

（2）纠正性反馈与重形式教学

师生互动的另一个重要特征是提供纠正性反馈。虽然研究者对何种反馈类型最有助于二语发展还存在分歧，但大量实证研究表明，二语/外语教师提供的多种反馈类型都有助于学习者的二语发展（如 Dilans，2010；Rassaei，2014）。例如，迪兰斯（Dilans）（2010）考查了提示（prompt）和重述（recast）对二语词汇发展的影响。研究结果显示，两种反馈类型都促进了词汇发展，而且两者的效果从短期来看基本相同，但是提示的长期效果稍有优势。纠正性反馈也是教师实施重形式（focus on form）教学的主要手段。重形式指的是在以意义为焦点的互动课堂中使学习者注意语言因素（Long，1991）。这些语言因素可以是教师在教学之前预选的（计划重形式，planned focus on form），也可以是在完成交际任务中附带出现的（附带重形式，incidental focus on form）（Ellis，2001）。"重形式教学为学习者提供了暂时停止关注信息构建、转而注意特定语言形式以及形式所要表达的意义的机会"（Basturkmen et al.，2002：2）。从关注意义转向关注语言使学习者能注意到输入中的语言形式，促进了中介语发展（Basturkmen et al.，2002）。在以意义交流为主的互动课堂中开展关注形式的教学活动已经得到了外语界的广泛认同（Ellis，2001）。例如，麦基（Mackey）和奥利弗（Oliver）（2002）报告称，在即时及延时后测中，给予重述的学习者表现优于未给予重述的学习者。麦基（Mackey）和西尔弗（Silver）（2005）在新加坡开展的一项研究也证实了这一结果。洛文（Loewen）（2006）考查了新西兰私立语言学校的自然课堂中"附带重形式"对促进二语学习的效果。即时和延时后测都表明重形式教学能促进二语发展，而且成功的领会能预测考试成绩。研究结果说明当学习者将目标语言形式融入自己的语言产出时，"附带重形式"对学习者尤其有益。

近几年来，研究者就采取何种方式开展互动才能收到更好的效果开展了一系列研究，以期既不影响学生在课堂上的意义交际互动，又使他们关注语言形式，最终促进学生语言能力的发展（徐锦芬、曹忠凯，2010）。阿尔孔·索勒（Alcón-Soler）（2009）的研究考查了"附带重形式"、学习者领会以及学习者词汇发展之间的关系。研究结果表明领会受到反馈类型及协商复杂性的影响，即显性反馈和互动的复杂性更能促进领会的发生，显性反馈和隐性反馈都为学习者提供了注意的机会。中司（Nakatsukasa）和洛文（Loewen）（2015）考查了以西班牙语为外语的课堂中教师在"重形式片段"（focus-on-form episodes）中使用一语的情况。研究结果表明教师语言与"重形式片段"中的语言密切相关，即当"重形式片段"是有关词汇和语法方面时，教师使用的一语和二语数量基本相同，而当"重形式片段"是有关语义时，教师或者以一语为主或者以二语为主。质性分析表明教师语言的选择可能取决于互动模式以及语言结构的复杂性。从这些研究不难发现，重形式教学对二语学习的促进作用毋庸置疑，而重形式教学的效果取决于如何实施纠正性反馈，因此未来研究应该继续在如何实施纠正性反馈以提高教学效果方面进行大量的实证研究（Saito，Wu，2014）。

2. 同伴互动

（1）同伴互动中的意义协商及反馈

虽然一些教师对同伴互动对学习语言的作用仍持不确定的态度（Carless，2007；Tognini，2008），但同伴互动确实是交际型课堂的典型特征（Mitchell，Martin，1997；Tognini，2008）。有证据表明，在基于任务的互动中学习者会进行意义协商，并给彼此提供各种类型的反馈。例如，麦克唐纳（McDonough）（2004）调查了成年英语学习者反馈后的修正输出以及改进的目的语形式输出情况，研究发现学习者在涉及使用信息沟和意见交换的任务中经常使用澄清请求以及重述。加斯（Gass）等（2005）的研究表明西班牙语学习者经常使用协商话步，如澄清请求、确认核实以及重述等。另一些研究表明，虽然学习者会进行意义协商，但总体来说意义协商非常有限（Foster，1998；Gagné，Parks，2013）。加西亚·马约（García Mayo）和皮卡（Pica）（2000）比较了英语学习者和本族语者、学习者与学习者结对完成信息沟和做决定任务中的表现，研究发现，跟本族语者与学习者的对子一样，学习者与学习者对子也能为彼此提供语法准确的反馈，而且会根据反馈修正产出，但是这些特征出现的频率较低，而且很少协商。但令人欣喜的是，福斯特（Foster）和奥塔（Ohta）（2005）的研究发现，虽然学习者之间并没有进行太多的意义协商，但他们却能够在未被催促的情况下修正自己的话语。这通常被认为是自我发起的修正并且也是在麦克唐纳（McDonough）（2004）等研究中观察到的最频繁的修正类型。

（2）合作性对话

社会文化视角的同伴互动将语言视为在合作活动中共同构建意义、解决语言问题的中介工具。大量实证研究表明，学习者以小组或对子形式完成合作性任务时可以为彼此提供支架（scaffolding）（Storch，2001；Gagné，Parks，2013）。例如，加涅（Gagné）和帕克斯（Parks）（2013）调查了六年级学生在完成合作性任务时是如何给彼此提供支架的。研究发现，与成年学习者一样，儿童也有能力提供语言方面的支架，使用最频繁的支架策略为提供帮助和他人纠正。合作性对话是学习者完成合作性任务过程中出现的一个普遍特征，兼具认知性和社会性功能。通过合作性对话，学习者的语言使用与语言学习同时发生（Swain，2000）。甘尼姆·古铁雷斯（Gánem Gutiérrez）（2008）采用微变化法（microgenesis），通过研究互动中语言学习发生的实例，调查了参与者是如何通过合作性对话共同构建知识、促进语言发展的。阿尔孔（Alcón）（2002）的研究表明同伴互动中的辅助性表现（assisted performance）有助于表示请求的语用知识的发展，但是合作性对话与学习者语用知识的发展并不一定是即时见效的，而且语言发展也不一定是线性的。合作性对话对二语发展的促进作用也得到了其他实证研究的支持（Ohta，2001）。这些基于社会文化理论的研究详细展示了学习发生的过程以及学习者是如何通过合作性对话从他人调控过渡到自我调控的，为课堂小组互动提供了重要参考。

上述研究表明，无论是师生互动还是同伴互动都能促进学习者语言发展。鉴于师生互动和同伴互动是两种不同的互动模式，有研究者对它们进行了对比研究。研究表明，两种模式对学习者语言发展所起的作用有所不同。例如，阿尔孔（Alcón）（2002）比较了师生与同伴互动对语用知识发展的作用。研究发现，师生互动中出现了更频繁的目的语纠正性反馈（如重述），而同伴互动更多采用合作对话共同构建知识。托斯（Toth）（2008）分析了教师引导和学生引导的话语对二语形态句法发展的影响，发现教师通过引导学生持续关注目标结构和为学习者提供句法形态方面的"程序性帮助"（procedural assistance）而促进了二语发展。这些话步是同伴互动所没有的，因此研究者认为，教师可以利用其独特的话语角色促进学习者二语发展，而且基于任务的二语教学应该有条理地安排教师引导和学习者引导话语。社会文化视角的研究同样证实了教师与学生之间的支架不同于学生与学生之间的支架（Gagné，Parks，2013；Guk，Kellogg，2007）。例如，古克（Guk）和凯洛格（Kellogg）（2007）的研究发现同伴互动中有关元语言的话语比例、一语使用比例、产出话语的准确率等都要少于师生互动。

4.3 课堂互动研究对我国高校外语教学的意义

我国的外语学习者人数众多，而且主要依靠课堂学习外语。因此，课堂教学效果从某种程度上决定着学习者学习外语的效果。为提高外语课堂教学质量，互动教学模式得到国内外语界人士的广泛提倡（李秀英等，2000；刘学惠等，2007）。随着交际型教学日益深入人心，以及微课、翻转课堂等新型教学模式的出现，课堂互动作为外语教师组织课堂教学的主要形式其重要性将更加凸显。而目前我国高校的外语课堂教学仍然没有脱离传统的以教师为中心的模式，教学过程形式单一，基本上还是由"导入"开始，然后是教材讲解和语言知识或结构的练习，最后是布置作业（束定芳，2014）。课堂上的师生互动大多还是以教师为主导，学生只是被动地应答教师的提问。虽然小组互动已是课堂活动中常见的形式之一，但实际互动效果不容乐观，学习者在进行小组互动时普遍存在以下问题：大多数学生只顾陈述自己的观点，而不关注其他小组成员的反应，更确切地说，小组成员只是轮流在"说话"（monologue），而不是在"交流"（communication）；小组活动中并不是所有成员都参与了讨论，有些学生一直保持沉默；即使发现同学的话语有错误或者自己不太理解时，也极少有人主动纠正或提出疑问；在小组互动过程中遇到困难通常借助母语（徐锦芬等，2011）。这样的小组互动表面上看似乎很热闹，但实际的有效性受到质疑。要解决以上问题，提高课堂互动质量是关键，而提高课堂互动质量的前提是广大学者尤其是一线教师进行系统深入的课堂互动研究。

特别需要指出的是，虽然课堂互动得到了大量理论及实证研究的支持，但是已有研究大多是在国外的二语环境下开展的，国内的课堂互动研究无论在研究范围、研究方法和手段还是研究内容等方面都与国外研究有很大差距（徐锦芬等，2010）。李昇飞（2014）对国内课堂互动研究的综述也有类似发现，即我国外语教学课堂互动研究理论探讨与经验总结居多，实证研究较少，研究方法单一。国内外语课堂互动实证研究的严重不足表明，当前的相关研究发现还不能为教师进行有效互动教学实践提供系统的指导，我们的外语课堂还如同一个"黑匣子"，有太多神秘和未知的东西需要我们去探究。比如，我们需要弄清楚在我国高校外语环境下各类外语课堂的互动过程、特征、影响因素等，我们还需要进一步了解具体互动特征对学习者外语学习的影响，以及它们是如何与具体课堂教学环境和具体语言特征（语法、词汇、发音）等相互作用的。总之，我们急需本土化的、系统的课堂互动研究成果，这对指导我国高校的外语课堂教学意义重大。

4.4　如何开展外语课堂互动研究

本节就如何有效开展外语课堂互动研究提出建议，以便更好地发挥课堂互动对我国外语学习者的作用。

首先，认知互动理论和社会文化理论考查互动在语言学习中所起作用的视角不同。前者认为，互动中产生的输入和输出与一些内在过程（如 noticing）相关联促进中介语的发展，而后者认为，语言发展是一种社会过程，受到人际互动和个人内在互动的调节。认知视角下的研究只关注学生个体内部的认知发展，忽略了社会环境和人与人之间的交流对学生二语习得的影响，具有一定的片面性；社会理论将学习看作是简单的社会交际心理间到个体心理内的单向线性过程，但实际上学习是从内到外、从外到内，不断互动、循环的过程，而且社会文化理论也很难解释，为何在最近发展区研究中学习者帮助他人时可能会产出他们独立表达时无法产出的句子。这两种理论各有优势，也各有其局限性，因此要充分理解或解释课堂互动对二语发展的影响，这两种视角应该互为补充，即研究者既要将学习视为个体心智所特有的东西，是与他人进行互动的结果，又要将其视为一个共同发展的过程，是在参与互动过程中产生的（Philp et al.，2013）。当然，我们也可以根据具体的研究目的选取相应的研究视角。

其次，可以从宏观和微观两个层面展开课堂互动研究。宏观研究包括课堂互动（细分为师生互动与同伴互动）的性质、功能、组织以及质量的评估等。师生互动与同伴互动各有其优点与不足，因此应着重研究中国外语环境下如何尽可能发挥两种互动方式的优势，而避免其劣势，使两者互为补充。例如，师生互动中，教师能提供规范的目的语形式，但是容易出现教师话语过多而减少学生练习语言的机会；而小组互动中，学生尝试使用语言的机会增多，但可能会因为有非目的语形式的输入影响同伴的语言发展。

在微观层面上，采用多种研究方法考查师生互动中的教师话语（如纠正性反馈）如何影响学习者话语的产出，同伴互动中学习者如何相互提供支架，以及影响课堂互动效果的因素等。虽然国内近几年的实证研究比例有所上升，也通过课堂观察、课堂录音等手段获取课堂互动状况的真实材料，但语料通常是在短时间内收集的，数量少且比较零散，因此基于这些语料进行的相关研究结果其代表性和概括性如何是值得商榷的。未来研究需要基于纵向的大样本的语料，定量与定性研究相结合，描述性与实验性研究相结合，只有这样才能全面考查我国高校外语课堂的互动状况，更清楚地了解具体互动过程中存在的问题，探明各种因素（如任务，教师与学生对互动的态度、信念、语言项目等）对互动的影响。

最后，未来研究应该鼓励或倡导重复性研究。学习者的个体差异（如学习者的学习动机、语言天赋和对目标语的态度等各不相同）以及学习者所处教学语境的不同（如听说课堂、读写课堂）需要我们通过重复性研究调查互动对不同语境下的不同学习者的影响。

4.5   结   语

本章从课堂互动的理论阐释和实证研究两个方面讨论了课堂互动对二语学习的促进作用，并针对我们目前课堂教学中存在的一些突出问题探讨了课堂互动研究对我国高校外语教学的意义，最后，就如何开展课堂互动研究给出了建议。课堂互动是一个高度动态复杂的过程，作者希望未来有更多业界人士关注这一问题，并切实推动这一领域有系统有规划的研究，为解开我国外语课堂这个"黑匣子"之谜而共同努力。

第5章 外语教学中的纠正性反馈

5.1 引　　言

随着外语/二语教学理论逐渐由传统的以教师为中心转向以学习者为中心，课堂互动一直是国外语言学界关注的热点。朗（Long）（1996）的互动假说认为互动有利于二语发展，而纠正性反馈（corrective feedback）作为课堂上教师和学生互动的一种重要体现形式，被认为是发挥这种作用的关键。因此，自肖德龙（Chaudron）（1977）首次提出纠正反馈这一概念以来，学者们对纠正反馈的研究热情日益增长，仅 2006—2010 年间，就出现了 4 篇专门关于纠正性反馈研究的元分析文章（如 Mackey，Goo，2007；Li，2010）。另外，据徐锦芬、寇金南（2014）基于词频的国外互动研究热点分析，纠正性反馈一直是国外互动研究的热点，相关理论探讨和实证研究成果丰富。学者们普遍认为，教师通过纠正性反馈能够引起学生对自身中介语系统的重新分析和反思，在以意义为中心的语境下运用目标语言知识，在交流的过程中习得目标语言形式，从而使中介语发生重建，使其更加接近目标语（Sheen，2011）。

我国关于纠正性反馈的研究远远落后于国外，尤其是高质量的实证研究非常匮乏。而在我国外语教学环境中，教师如何在课堂活动过程中有效地进行反馈，使学生在关注意义交流的同时提高语言的准确性，是亟待解决的问题，因此本章拟对纠正性反馈的类型、理论基础、以及国外学者就语言教学中实施纠正性反馈的关键问题进行的讨论进行综述，希望对我国的外语教学有所启示。

5.2 纠正性反馈的类型

纠正性反馈是指学习者错误使用第二语言进行口语或书面语产出时接收到的他人提供的提示错误的反馈信息（Sheen，Ellis，2011），包括口头纠正性反馈和书面纠正性反馈两类。

5.2.1 口头纠正性反馈

口头纠正性反馈包括即时和非即时反馈，即时反馈是指当学习者在口语表达中出现错误时老师立刻指出，而非即时反馈则是指学习者表达出现错误后，老师会等其参与的交流活动结束后才指出。口头纠正性反馈可以是输入式的（即给学习者提供正确的表达形式），也可以是输出式的（即引导学习者给出正确答案）；口头纠正性反馈可以是隐性的（如老师仅针对学习者的错误表达进行说明），也可以是显性的（如老师直接纠正学习者的错误）。纠正性反馈可以进一步分为显性纠错、重述、要求澄清、引导、重复及元语言反馈六种类型（Lyster，Ranta，1997：45）。口头纠正性反馈策略的分类可见表5-1。

表5-1　口头纠正性反馈策略的分类

	隐性纠正反馈	显性纠正反馈
输入式纠正反馈	会话式重述（也就是说，这种类型的纠正包括为交谈的顺利进行而重新组合学习者的话语；这类重述通常会在话语重组之后附加一个疑问句以确保无误，例如"啊，所以你说你生病了，是吗?"）	说教式重述（即使没有出现任何交流问题，也要对学习者的话语进行重组）
		只显性纠正（发出明确信号指出学习者出现了错误，并给出正确表达形式）
		显性纠正且伴随元语言解释（除了发出学习者犯错误的信号及提供正确形式之外，还作了元语言评论）
输出式纠正反馈	重复（即单纯重复学习者的错误语句，而没有对错误本身加强语调）	元语言提示（通过一段简短的元语言陈述引导学习者给出正确表达形式）
		诱导（尝试通过口头刺激，例如提问等方式从学习者处得到正确表达）
	澄清请求（即关注说话人的问题语句说明他/她并不明白这句话）	元语言信号（即尝试用非口头刺激的方式引导学习者处给出正确形式）

资料来源：Sheen，Ellis，2011

5.2.2 书面纠正性反馈

书面纠正性反馈在纠正学习者文本中出现的错误时，几乎都是非即时（即延迟）地纠正。与口头纠正性反馈一样，书面纠正性反馈也包括输入纠正性反馈（通常指"直接纠正"）与输出纠正性反馈（指"间接纠正"）。直接纠正是指向学习者呈现正确的表达形式或对学习者的整个文本进行重组；间接纠正是指在文本空白处或者在文本中错误出现的地方指出错误。直接与间接书面纠正性反馈可能包含元语言信息，也可能没有。然而，与口头纠正性反馈不同的是，书面纠正性反馈没有隐性与显性之分，所有书面反馈都必须是显性的（即学习者知道自己的错误已经被纠正过来了）（Sheen，2010）。书面纠正性反馈的分类详见表 5-2。

表 5-2　书面纠正性反馈策略的分类

	直 接 纠 正	间 接 纠 正
元语言信息	提供正确形式并简要解释语法	运用错误代码（例如，用 VT 来表示动词时态错误或用 WO 来表示词序错误，且此类符号穿插在文本中使用）
		进行简要的语法解释（例如，将文本中的错误类型进行编号，并在文本后对每一种错误类型都作简短的解释）
无元语言信息	只给出正确形式	指出有错误但不标明具体哪个地方错了，且不提供正确形式（例如，在出现错误的那一行句子旁边的空白处打个"×"）
	重写整个句子或段落	指出并定位错误的位置，但不提供正确形式（例如，在文中出现的错误下边画横线）

资料来源：Sheen，Ellis，2011

5.3　纠正性反馈的理论基础

5.3.1　认知理论

认知理论的主要观点有互动假说（Long，1996）、输出假说（Swain，1985）和注意假说（Schmidt，1990）。互动假说认为，在交际过程中当对话双方不能相互理解时，通过意义协商进行互动修正将给学习者提供学习二语所需的输入；输出假说认为，当学习者为达到交际目的而"被迫输出"（pushed output）时，学习者也可以从自己的输出中得到学习；注意假说则认为，当学习者有意识地注意输入中的特定语言形式时，其二语学习已经得到了提高。

认知理论强调，当参与者主要关注意义、出错以及接收他们认为正确的反馈时，纠正性反馈将有助于二语习得。这样，学习者获得的信息不仅与语言形式有关，而且还涉及形式-意义的映射，即学习者能知道某个特定的语言形式在语境中的特定含义。

例1：

S1：What do you spend with your wife?

T：What?

S1：What do you spend your extra time with your wife?

T：Ah, how do you spend?

S2：How do you spend.

资料来源：Ellis, Sheen, 2006

例1中，学习者1（S1）问老师他与他妻子在一起是如何消磨时间的，但是他把"how"误用成了"what"。这就引发了老师（T）的澄清请求（即老师没听明白意思而提出的疑问），这时S1拓展了他原话的内容，但是出现了同样的错误（把"how"误用成"what"）。然后，老师（T）重述了学习者1所讲的话，最后学习者2（S2）领会了这句话正确的表达。这样，学习者就会意识到若要在这一语境中表达自己想要的含义，就必须运用"how"而不是"what"这种语言形式。

例1中，由于交际中断而产生了纠正性反馈。也就是说，纠正性反馈会涉及"意义协商"。然而，当老师（或另一个学习者）关注形式时，即使此时会话没有中断，纠正性反馈也会出现。

例2：

S：I think modesty is need today. It is still need today.

T：Needed.

S：Oh, yes, *needed*. It is still needed today.

例2中，学习者犯了一个被动语态方面的错误"is need"。老师明白学习者所说的意思，但还是对错误进行了纠正，直接给出正确的形式（"needed"），随后学习者作了更改（"Oh，yes，*needed*. It is still needed today."）。例 2 中出现的纠正性反馈是说教式的而非会话式，涉及"形式协商"。

　　在上述两个例子中，纠正性反馈是通过引起学习者注意所犯错误来发挥作用的。这样的纠正性反馈使学习者有机会注意到"差距"，即将自己的输出与纠正后的表达进行对比。如果学习者有机会在获取纠正性反馈后对原先的错误进行修正，那么纠正性反馈也可能有助于二语习得。这被称为"领会（uptake）"，是一种"修正输出"，可以帮助学习者在他们的短期记忆中练习正确的形式，巩固形式-功能映射并使学习者将修正后的特征充分融入中介语中。然而，关于领会/修正输出的作用仍有争议，一些研究者（如 Lyster，1998）认为它是有益处的，而也有研究人员（如 Long，2007）认为，纠正性反馈是通过它提供的输入而非通过修正输出的机会来促进习得的。

　　认知理论在最有可能促进二语习得的纠正性反馈策略类型方面存在分歧。例如，朗（Long）（1996，2007）认为重述这一过程尤其有益，因为它不仅给学习者提供显示犯了错误的负面证据，而且还给他门提供正确的正面证据。这一过程给学习者提供辨别正误的积极依据以及证明错误存在的负面依据，并尽可能地不影响学习者把注意力放在交际上。利斯特（Lyster）（2004）做了理论阐述，提出他所说的"提示性语言（prompts）"（即引发学习者自我修复/修正的纠正性反馈策略）要比重述更加有效。其他学者则认为显性反馈（例如，包括元语言信息）尤为有效，因为它不仅可以引起学习者对错误和其正确形式的关注，还能提高学习者对错误本质的认识。

　　认知理论力求解释在互动中纠正性反馈如何促进语言习得。尽管"意义协商""形式协商"等概念主要应用于口头纠正性反馈中，但认知理论同样适用于书面纠正性反馈。例如，正如希恩（Sheen）（2010）解释的那样，"输入式"与"输出式"纠正性反馈之间的区别同样适用于口头与书面纠正性反馈，类似地，"注意"与"注意到差距"这两个关键性概念当然也适用于口头与书面纠正性反馈。如果学习者有机会将他们的书写文本进行修正，那么"领会/修正输出"也可以应用到书面纠正性反馈中。

5.3.2　社会文化理论

社会文化理论认为，学习是"参与"而非"习得"。因此，要了解社会文化理论如何看待纠正性反馈，我们就有必要弄清楚参与互动如何促进学习。根据社会文化理论的观点，没有哪一组单一的社会互动特征能够促进所有学习者的学习。更确切地说，这种促进学习的动力来源于互动是否适合个体学习者的发展水平。当互动能促使学习者构建"最近发展区"时，这种动力就会产生——也就是说，当谈话者无法独立运用某个语言特征时，可以通过对话者给他们提供的支架完成这一语言特征。互动（包括纠正性反馈）的目的是帮助学习者在最近发展区中由他人调控发展到自我调控，这样学习者最终能够在不借助外力的情况下正确运用语言特征（Aljaafreh，Lantolf，1994；Sato，Ballinger，2012 等）。基于纠正性反馈的这一观点，某些纠正形式对学习者甲有帮助，却未必有利于学习者乙，原因可能是学习者自身的水平与这差距太大，也可能是因为这对学习者来说毫无挑战。

阿尔贾夫雷（Aljaafreh）和兰托夫（Lantolf）（1994）的研究向我们展示了如何发挥纠正性反馈的中介作用。他们建立了一个"调控量表"，以此来判断老师对学习者在书写中出现的错误进行的口头反馈程度是显性还是隐性的。例如，让学习者自己去发现并改正错误是隐形策略，而老师提供正确的范例则是高度显性的反馈。如果老师只指出错误的性质，却没有为学习者把错误指出来，这属于中等级别的调控。阿尔贾夫雷（Aljaafreh）和兰托夫（Lantolf）的研究还显示，老师为学习者提供的帮助随着时间的推移越来越隐性。这种情况是可能的，因为学习者对二语的掌控能力加强了，他们所需的帮助也就变少了。阿尔贾夫雷（Aljaafreh）和兰托夫（Lantolf）还确定了保证纠正性反馈有效的几条规则：①必须阶段化——在任何一个时间只提供必要的帮助；②必须视情况而定——必须反映客观需求，如果学习者有能力独自完成，那么纠正性反馈即可取消；③必须是对话模式的——涉及对学习者最近发展区的动态评估。

珀纳（Poehner）和兰托夫（Lantolf）（2005）对法语作为第二外语的高

水平学习者研究的一些案例也反映了社会文化理论关于纠正性反馈的观点。他们让学习者在看完一段短片后用法语作一段过去时态的口头叙述。在这一首次任务中，学习者并没有获得反馈或干预。接着学习者在观看第二条短片后重复这一任务，这一次，"学习者与干预者进行了交流，干预者也给出了建议，提出了问题，做了纠正并引导学习者思考如何选择词汇、动词时态以及其他语言难点等"珀纳（Poehner）和兰托夫（Lantolf）（2005：246）。这种产生于学习者与干预者互动中的用英语提供的互动帮助"极为灵活"。例如，以一个学习者为例，当老师首次遇到语言问题时，会用非常直接的暗示（例如，"在过去"），当再次遇到这一问题时，老师则会使用较为间接的提示（例如，"这个动词有点问题"）。

在社会文化理论中，纠正性反馈被视作老师（或其他同学）如何帮助学习者通过自我纠正实现自我调控并最终学到如何在没有帮助的情况下正确使用语言特征的关键性因素。最后需要说明的是，社会文化理论不同于认知理论关于纠正性反馈的一个观点是，认知理论认为，确定一些对促进学习最有效的具体的纠正性策略是可能的，而社会文化理论则强调，纠正性策略必须多样化以适应学习者的发展水平。另外，阿尔贾夫雷（Aljaafreh）和兰托夫（Lantolf）（1994）以及珀纳（Poehner）和兰托夫（Lantolf）（2005）的研究清楚地表明，社会文化理论框架下的纠正性反馈从本质上来说是口头的。书面纠正性反馈是如何根据学习者的发展水平进行调整的目前尚不清楚，因为如果老师修改完学生的书面作业后仅仅是返还给学习者，那么学习者通常是没有机会参与社会互动的。

5.4　语言教学中实施纠正性反馈的观点

纠正性反馈在语言学习中的作用已不容置疑，那么如何在语言教学中有效地实施反馈呢？国外的二语习得研究者、教师教育者以及教师对纠正性反馈在课堂教学中的实施持有不同的观点。

5.4.1　是否应该纠正错误

亨德里克森（Hendrickson）（1978）认为老师应当明确地纠正学习者在口

语中所犯的错误。这一结论既有理论支持（纠正性反馈有助于学习者参与到假说验证过程中来），也有实证支持（研究表明学习者希望老师给予纠正）。然而，并非所有的语言教学方法都如此看好纠正性反馈。例如，听说法主张错误应当被严格制止以避免养成坏习惯，而且，正因为这个原因，"负面评估"在学习中几乎不起作用，因此应该避免"负面评估"。从人文主义方法来看，"评估应该是积极的或非评判性的"，这样才能"促使学习者无论是作为人还是语言学习者都保持积极的自我形象"（Ur，1996：243）。在后方法时代，教学法专家们更倾向于口头纠正性反馈，一方面肯定这种反馈有利于认知发展，但同时又指出，它也可能会带来潜在的情感危害。乌尔（Ur）（1996）总结道，"纠正确实有些作用，但我们不能高估其作用"（p. 255），因为纠正性反馈通常不能根除错误，因此她自己宁愿把时间用在避免错误上，也不愿花在纠正错误上。

类似的意见分歧也发生在特鲁斯科特（Truscott）和费里斯（Ferris）之间（Truscott，1996，1999，2007；Ferris，1999，2004），双方对书面纠正性反馈持不同意见。特鲁斯科特坚决认为纠正学习者在作文中的错误能使学习者在随后的草稿中消除这些错误，但在新的写作中并不能提高作文的语法精确性，也就是说，纠正学习者的错误并不能促进语言习得。费里斯（Ferris）（1999）反驳了特鲁斯科特（Truscott）的观点，他认为一般来说放弃纠正是不可能的，因为这取决于纠正的质量——换句话说，如果纠正是清晰并前后一致的，那么它是有助于语言习得的。特鲁斯科特（Truscott）（1999）反驳称费里斯（Ferris）（1999）没有任何证据来支撑其观点。写教师手册的作者们几乎无一例外地采纳了费里斯（Ferris）（2004）的观点，认为老师有必要纠正学习者书面作业中的错误。然而，他们也指出过度纠正的危害性，并强调既要对作文的语言问题也要对其他方面（例如，内容与文章结构）进行反馈。就写作而言，如何平衡内容纠正与纠正性反馈是一个主要问题。事实上，正如费里斯（Ferris）（2004）指出的，老师们通常过度纠正语言错误，而忽略了内容与结构方面的错误。尽管类似的分歧一直存在，但大量实证研究（如 Doughty，Varela，1998；Saito，Lyster，2012）显示，在课堂教学中有纠正性反馈的效果要胜于无纠正性反馈。

5.4.2 何时纠正错误

在口头纠正性反馈中，老师们可以选择要么在学习者出现错误话语时立刻加以纠正，要么延后纠正。教师教育者们经常区分"精确性"与"流畅性"这两个概念，他们认为纠正性反馈对前者重要，对后者却无益。例如，哈默（Harmer）（1983）认为学习者在进行交际活动时，老师不应该加以干涉，如"告诉他们犯错了，坚持追求精确性并要求学习者重复等"（p. 44）。巴特拉姆（Bartram）和沃尔特（Walt）（1991）也持相似的观点，认为老师不应该在学习者讲话时打断他们。赫奇（Hedge）（2000）列举了很多可以用于延迟纠正性反馈的技巧，例如，对一个活动进行录音，然后让学习者辨认并纠正自己的错误；或者在学习者执行活动时仅记录下他们所犯的错误，事后再查看这些错误。老师们似乎喜欢在流畅性活动中选择延迟纠正。巴斯图克曼（Basturk-men）等（2004）发现，语言教师们认为在交际活动中最好不要纠正学习者的错误，但在实际的纠正性反馈中，他们往往很难做到这一点。罗琳·伊恩扎特（Rolin-Ianzati）（2010）发现，二外法语老师们在学习者完成角色扮演活动后给他们提供延迟反馈时会用到两种不同的方法——要么让学习者自行纠正错误，要么仅仅把学习者所犯的错误回顾一遍。她认为，学习者自行纠正错误更为有效，因为这样可以引发学习者更多的自我修正。

在书面纠正性反馈中，何时纠错不算什么问题，因为从某种程度上说书面语中的纠错几乎都是延后的——除非如阿尔贾夫雷（Aljaafreh）和兰托夫（Lantolf）（1994）的研究，老师们让学习者朗读自己的写作文本，并口头纠正学习者作文中的错误。然而，在过程写作教学中，学习者产出多个文本，这就出现了时间安排的问题。老师们需要决定是否分阶段给予不同的反馈，先关注作文的内容与结构，然后再针对文本中的语言错误给出反馈。麦加瑞尔（McGarrell）和韦贝姆（Verbeem）（2007）认为，纠正性反馈应该延后，因为它建成了一种评估方式，可能会阻碍学习者修改文章的观点与结构。

5.4.3 纠正哪些错误

老师们应该纠正文本中出现的所有语言错误还是部分错误？总体来说，选择性纠错得到语言教学法专家的广泛推崇（如 Edge，1989；Ferris，1999）。在口头与书面纠正性反馈中，学者们就哪些错误需要纠正提出了不同的意见。一些教学法专家认为老师们应该只注重"错误（error）"，忽略"失误（mistake）"。还有学者推荐老师们纠正"整体性错误"而非"局部性错误"（Burt，1975），因为，前者更容易妨碍会话的进行。克拉申（Krashen）（1982）提议，纠正性反馈应该力求简单而方便。

选择性纠错从理论上讲是一个理想的建议，但实施起来却不是那么简单。首先，"错误"与"失误"、"局部"错误与"整体"错误之间的区别并不总是那么分明。其次，我们还没有一个被广泛接受的语法复杂性理论可以帮助老师们分辨哪些规则既简单又方便，因此教师们可能很难辨别哪些特征是有问题的。正如特鲁斯科特（Truscott）（1996）所说，我们有足够理由怀疑教师们是否有能力系统地进行选择性纠正。

但有一种选择性纠正方法是值得提倡的。老师们可以选择将注意力集中在某一特定类别的错误上，也就是希恩（Sheen）等（2009）所说的"集中纠正性反馈（focused corrective feedback）"。例如，他们可以一次只集中修改过去时态的错误，下一次则集中修改冠词的错误。希恩（Sheen）等（2009）的研究已经证实了这一方法的有效性。

5.4.4　如何纠正错误

研究显示，老师们在如何纠正学习者错误方面存在不一致性，反映出纠正性反馈的复杂性（Lyster，Ranta，1997）。一方面，不一致性表现在老师对同一个班的不同学习者所犯的相同错误态度不同，可能纠正了某些学习者却忽略了其他人；另一方面，老师们纠正性反馈的做法各不相同。吉田（Yoshida）（2008）通过刺激性回忆访谈了解老师选择的修正性反馈类型以及学习者对不同纠正性反馈的偏好，结果揭示了老师运用重述、诱导以及元语言反馈的时间以及原因。例如，老师们声称他们运用重述是因为课堂时间有限，也是为了应对学习者不同的认知风格。老师们还表示当他们确定学习者有能力进行自我纠正时，就会使用提示手段（例如，诱导或元语言暗示）。当然，老师们在纠错方面的不一致性不一定是有害的，因为不一致性可能反映出老师们尝试着去迎合学习者的个体差异。

鉴于纠正错误的复杂性，教师教育者认为没有必要规定老师应该运用哪些策略，因为"寻找最有效的纠正性策略可能根本就是错误的"（Ellis，2012：263）。老师们需要根据语言目标、互动情境、学生的年龄及语言水平、课堂的交际取向、课程目标等选择运用哪种或者哪些策略（Lyster et al.，2013）。乌尔（Ur）（1996）采用的方法是向老师们提出一系列问题供他们思考，然后再给出基于她自己实际教学经验的答案。

5.4.5　谁来纠正错误

在以学习者为中心的课堂教学中，老师们通常会给学习者机会进行自我纠正。例如，在口头纠正性反馈中，教师通过澄清请求或仅仅重复错误话语的方式来暗示错误的存在；在书面纠正性反馈中，老师通常进行"间接纠正"，例如，暗示有错误存在却不给出正确形式，或者运用错误代码系统来标记错误的常规分类。这意味着老师承担了纠正错误的部分责任，实际的纠正则由每个学习者自己去完成。然而，学习者的自我纠正还存在很多问题：第一，学习者通常喜欢老师来纠正他们的错误；第二，学习者只有具备了必要的语言知识才能进行自我纠正；第三，尽管输出式纠正性反馈策略能够显示学习者话语有问题，但是它们并不能确定这一问题是语言错误而不是交际性错误。因此，这就给老师们出了一道难题——他们应该鼓励学习者自我纠正还是直接给出正确答案？解决这一问题的方法是将纠正性反馈分割成两个阶段：先鼓励学习者自我纠正，如果学习者失败了，再给出正确答案。这一方法符合社会文化理论视角的纠正性反馈观点。

另一种方法是同伴纠正。尽管教学法专家们普遍认可给学习者机会为同伴纠正口语错误的重要性，但目前同伴纠正更广泛地用于写作中。研究者发现，在同伴互动中学习者很少去纠正彼此的语法错误，因为他们通常更相信来自老师的纠正性反馈，他们对同伴的语言能力缺乏信心（Yoshida，2008；Philp et al.，2010）。亚当斯（Adams）（2007）、佐藤（Sato）和利斯特（Lyster）

（2012）等学者对同伴纠正与学习者二语发展之间进行的相关性研究发现，同伴反馈频率与学习者二语发展水平呈正相关关系。学者们建议要加强对学习者进行纠正性反馈的培训，佐藤（Sato）和利斯特（Lyster）（2012）的研究证明了培训的有效性，接受此类培训的大学生在语言的精确性和流利性方面都有所提高。

5.5　结　　语

本章通过阐述纠正性反馈的类型、理论基础，以及国外学者对纠正性反馈在课堂教学中实施的不同观点，得出对外语教学实践有指导意义的启示如下。

1）纠正错误是一个非常复杂的过程，涉及很多因素，因此，不管是口头还是书面纠正性反馈都没有一套单一的准则适用于所有教学环境，如何才能最好地进行纠正性反馈应该视所处的语境而定。

2）纠正性反馈的一个功能是帮助学习者进行自我修正（即通过改正错误来领会正确知识）。尽管自我纠正在口语和写作中的作用还有待于证实，越来越多的证据显示，学习者自我纠正时，更可能促使学习的发生。因此，老师要系统地探索能使学习者自我纠正的纠正性反馈形式。

3）至今还没有明确的证据表明即时完成和延迟完成纠正性反馈哪个更有效，但已有研究表明，不管是即时纠正性反馈还是延迟纠正性反馈都能促进语言发展。

总之，纠正性反馈是外语教学中促进二语习得的关键因素，是外语教学尤其是互动性外语教学中不可或缺的重要环节。希望本章能引起我国广大外语教师对纠正性反馈的高度重视并根据自己的教学语境进行相关实证研究。

第6章 基于动态系统理论的外语阅读策略教学

6.1 引　　言

外语阅读能力是学习者外语能力的重要组成部分，教育部门在制定各项外语教育政策时都极为重视。对外语学习者而言，阅读是获得外语语言输入、获取域外信息、开阔文化视野、提高外语知识应用能力和人文素养的重要路径。外语阅读能力已成为外语人才素养的主要内涵。我国《义务教育英语课程标准（2011年版）》《普通高中英语课程标准（实验）》和《大学英语教学指南（征求意见稿）》（以下分别简称为《标准（2011版）》《标准（实验）》和《指南》）等纲领性文件均对阅读能力的培养提出了明确的分级发展标准，《标准（2011版）》中就学生各个分级的课外阅读量做出了明确的要求。2017年8月《全国中小学生英语课外阅读领读计划倡议》在京发布，以真正落实《标准（2011版）》对中小学生阅读量的要求。因此，从个人发展和国家外语教育要求来看，外语阅读能力的培养都至关重要。

外语阅读教学是我国外语环境下不同水平课堂中主要的外语教学模式，从某种意义上说，阅读教学质量的高低决定着外语教育的成败。外语教师以阅读文本为依托，传授词汇、语法、修辞、篇章结构等语言知识，培养学习者跨文化交际、批判性思维、人文性赏析等外语能力，提高学习者阅读、写作、翻译等外语技能。不过，即便外语教学已进入后方法时代，但在课堂观察中我们还是发现，教师倾向于将外语阅读方法具体化为彼此独立的阅读技巧，要求学生操练直至能够使用，行为主义思维指导下的外语阅读策略教学使教师将策略技术化和简单化，认为策略使用与阅读能力提高之间具有简单的线性关系。外语阅读策略的系统性、动态性和复杂性等特征并没有在教学实践中得到足够重视。

从文献梳理看，外语阅读策略研究既有关注阅读策略的功能和应用等技术性层面，也有探讨外语阅读策略的认知机制和社会文化影响因素，但将阅读策略所包涉的各变量及其联系与变化特征结合起来做系统研究的学者并不多见。约翰逊（Johnson）等（1998：333）认为外语阅读策略是"学习者为解决阅读中的困难而采取的行为过程"，该观点已获得普遍认同。根据这一定义我们可以推断，学习者个体语言水平、认知风格不同，在阅读中所遇到的困难自然也会存在差异，所采用的阅读策略必然会有所不同；此外，小学、中学和大学阶段的阅读实践会因为学习者语言水平的不同而不同，阅读策略在内容和形式上也会发生变化。因此，阅读策略的动态性和环境依赖性、对个体初始状态的敏感性等将赋予外语阅读策略教学研究以更大的挑战。

鉴于此，我们引用动态系统理论，将外语阅读策略视为动态、开放、复杂的系统，对研究文献中相关结论或论证过程进行重新解读，以探讨该系统中各个变量的特征及相互之间的复杂联系，为我国外语阅读策略教学和"一条龙"的外语教育理念提供新的理论参考。

6.2　外语阅读策略系统

参照约翰逊（Johnson）（1998：333）等的定义，我们认为二语阅读策略是二语学习者有意识地解决二语阅读中问题的认知过程。阅读策略的使用可以提高学习者外语阅读成绩（Phakiti，2003；Zhang，Seepho，2013；刘慧君，2004）。从理论上说，外语阅读策略的功能不可能独自实现，而是在由学习者、教师、教材、教学环境和阅读策略本身构成的外语阅读策略系统中才能完成。我们先对前人就外语阅读策略系统各变量的研究做一梳理，在此基础上，尝试探讨外语阅读策略系统的特征。

6.2.1　个体学习者差异与外语阅读策略

个体学习者差异所包含的内容较多，研究目的不同，取舍也有差异。在二语阅读策略研究中，研究者关注较多的有外语水平、学习风格、学习动机等。

外语水平不同的学习者在二语阅读策略的识别和使用上是否存在差异，不仅为教师所关注，也是学者感兴趣的课题。研究者经过实证研究发现，高外语水平的学习者更加关注篇章层面，善于区分主次观点（Hosenfeld，1977），这类学习者常采用自上而下的阅读策略（Carrell，1989），或着眼阅读材料全局的策略（Block，1992）。杨芳等（2013）经过实证调查发现，与低水平学习者相比，成功学习者运用阅读策略的频率较高且效果较好。在具体阅读策略的使用上，不同水平的外语学习者也存在有差异：比如在遇到词汇障碍时，高水平学习者会更频繁地运用猜测策略，而低水平学习者更青睐于使用帮助策略（马宁等，2015）。对外语教师而言，这样的研究结论对外语阅读策略教学有两点含义。第一，策略教学需要以学习者个体水平差异为选择依据；第二，阅读策略教学需具有连贯性，当低外语水平学习者经过学习提高水平后，相应的阅读策略教学也应该改变。

学习风格由学习者特有的认知、情感和生理行为构成，它是反映学习者如何感知信息、如何与学习环境相互作用并对之做出反映的相对稳定的学习方式（Keefe，1979）。如果将外语阅读看作是信息加工的方式，认知风格与外语阅读策略显然具有密切的关系。扬塔斯卡（Jantarska）（2006）发现场独立的认知风格与阅读理解呈正相关。王瑛（2013）通过实验研究发现，对中国英语学习者而言，认知风格对词义猜测这项阅读策略使用的成功率影响显著，场独立型学习者的整体猜词成功率高于场依存者。诚然，教育难以改变学习者的认知风格，但认知风格本身并无优劣，在不同学习环境中总能发挥其功能。外语教师如果秉持系统的思维来拓展学习者学习环境，将阅读策略教学从课堂延伸到课外，那么这两种认知风格的学习者都会有所获益：课堂学习有利于场依存型学习者互动，而课外学习则有助于场独立型学习者反思。

学习动机主要区分为融入型学习动机与工具型学习动机（Gardner，Lambert，1972）。动机不同，学习者阅读策略的选择和使用方式也会不一样。周艳琼（2017）在调查中发现，融入型学习动机的学习者主要是出于对目标语文化、社会的欣赏而积极选择社会文化交互的阅读策略；而阅读目的主要是为了通过考试或因老师要求的学习者更多体现的是一种工具型学习动机，在策略选择上则较为单调，应试的目的性更明显。

6.2.2 教师、教材和教学环境与外语阅读策略

教师、教材和教学环境是外语阅读策略学习过程中的重要元素，不断与学习者发生互动，影响着策略学习的发展轨迹，它们与外语阅读策略发展之间的关联也是学者们的重要研究课题。

教师作为外语策略学习过程中的重要主体，对学习者策略发展的影响不容忽视。赛勒（Sailors）和普赖斯（Price）（2010）对比两组教师，一组参加常规为期两天的在职培训，另一组接受专业阅读教练的训练，结果发现第二组教师所教授的学生最终阅读测试的成绩更好。可见，教师专业发展水平会影响他们的策略教学，进而影响学生的策略发展和阅读水平。研究还发现，教师的策略教学方式也会对学生阅读水平产生影响，比起教师直接讲解陈述性元认知知识，基于计算机的指导性操练更能提高学生的阅读理解能力（Lenhard et al.，2013）。

此外，阅读过程中，学习者不断与阅读文本发生互动，所以阅读文本的类型、难易度等对学生阅读策略发展的影响也是研究的重要内容。束定芳（2008）强调大学英语阅读教材的编写不仅要考虑可读性，更要设计好阅读练习帮助学生掌握阅读技巧。

除了教师和教材，师生共同所处的教学环境也是外语阅读策略系统不可或缺的部分。德雷尔（Dreyer）和奈尔（Nel）（2003）在南非开展的教学实验表明在信息技术支撑的教学环境下开展策略性阅读教学，学习者的阅读策略和阅读能力有明显提升。国内学者也通过教学实验证明利用互联网资源开展英语阅读教学，学生在浏览、略读、预测等方面的能力训练可以得到明显加强（张海峰、江帆，2005）。基于学生需求，依托微信公众平台向学生推送经过设计的阅读材料和阅读技巧指导，也有利于保证学生阅读的数量和质量，提高他们的阅读能力（蒋银健，2016）。也就是说，教学软件、硬件环境的变化会对策略教学的效果产生直接的影响。

6.2.3 动态系统理论视角下的外语阅读策略系统

拉森·弗里曼（Larsen-Freeman）（1997）首次将动态系统理论引入到二

语发展研究领域，其初衷是为了克服传统二语习得研究的简单、线性、割裂和静态的思维方式所带来的各种弊端，以便能更真实地呈现二语发展的全貌。以动态系统理论为视角，二语发展被视为一个复杂、动态和系统化的过程，其运行轨迹具有非线性特征，既有"吸态"（attractor states），也有"斥态"（repellor states），而且二语发展系统对环境中的物质、资源和能量具有开放性。

基于前文分析可知，探讨外语阅读策略，不能仅仅将其视为策略清单的集合体，策略功能的发挥，是学习者、教师、阅读文本和学习环境等多个变量有序与无序、平衡与失衡过程相互转换的动态整合，孤立地谈论阅读策略，对学习者和教师而言，都没有太大的意义。因此，我们认为，外语阅读策略是一个动态的复杂系统。

该系统由不同要素组成，各要素之间存在全方位的联系（all-connectedness）。除了阅读策略这个主要变量之外，该系统还包括教师、学习者、阅读文本、教学环境等变量，每个变量又由其构成的子系统组成，如学习者系统包含外语水平、认知风格和学习动机等，教学环境有课堂环境和课外学习环境等。各变量之间相互联系，构成了复杂的关系网络。

该系统各变量之间具有动态的、自我组合、相互适应的关系。外语阅读策略、教师的策略教学方法、学生的策略学习和使用、阅读文本、外语学习环境等各变量一直处在相互运动之中。每次具体阅读实践中，学习者自身的外语水平、认知风格和学习动机以及文本特征与阅读策略组合、适应，课堂或课外学习环境及教师在动态组合和适应中扮演提供条件（supportive）或竞争资源（competitive）的关系，学习者策略系统运行达到相对稳定的状态，即最佳阅读理解状态；随着学习者外语水平的提高，或阅读文本变得相对简单，学习者策略系统各变量将会进入重新组合的不稳定状态，直至到达下一个相对稳定的最佳阅读状态。

该系统具有开放性特征。阅读对象的变化，阅读环境的不固定，都表明阅读本身不具有封闭性，惟其如此，阅读者才能有收获，因此阅读策略系统同样也具有开放性特征。在小学到中学到大学的外语学习历程中，阅读策略系统各变量的内涵在广度和深度上都在发展，其外在表现就是：学习者外语水平提高，阅读能力增强，阅读策略知识增多。这是该系统之外的信息、能量和物质通过环境不断与系统发生交换，不断为系统发展提供给养（affordances）的结果。

综上，我们将学习者外语阅读策略看作开放的复杂动态系统，该系统由多个变量组成，变量间关系处在持续的动态变化之中；当变化促成变量间关系达到相对稳定的状态时，阅读策略对学习者具有最佳的效果；外语阅读策略系统在不断地与系统之外环境进行着物质、信息和资源交换。我们将外语阅读策略系统及变量间关系用图 6-1 表示。

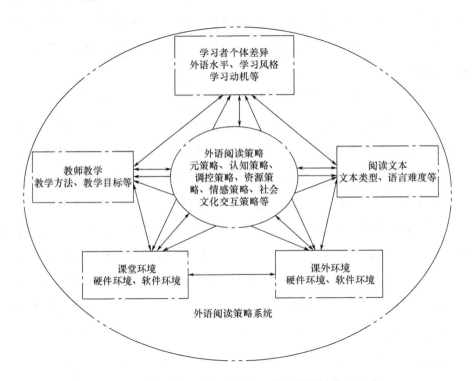

图 6-1　复杂动态系统理论视角下的外语阅读策略系统

6.3　外语阅读策略教学

6.3.1　外语阅读策略的内涵

探讨外语策略教学，对策略内涵的理解是基础。李炯英、秦智娟（2005）综述相关文献后认为，阅读策略就是"阅读者在阅读活动中进行有效阅读或解决阅读问题而采取的方式、技巧或行为。阅读策略既是内隐的规则系统，也是外显的操作程序或步骤"。该定义将外语阅读策略理论化，指出其本质是规则系统和操作程序。

霍森菲尔德（Hosenfeld）（1977）是较早研究二语阅读策略的学者，他分析了学习者的二语阅读策略，认为阅读者使用的策略主要有：边阅读边思考意义并预测意义、通过上下文猜测词义、对已读过的内容作标记来解释生词、研究图解并使用其中的信息来帮助理解、阅读题目并从中做出推论、参考注解、辨认同源词、使用常识来解释不熟悉的单词和跳读等。很显然，该研究中阅读策略仅被解读为具体的阅读技巧，理论性不强。

随着研究的深入，阅读策略研究从阅读技巧的探讨逐渐上升为理论层面，如布洛克（Block）（1986）从策略使用层次和方向，依据"自上而下"和"自下而上"的阅读模式，将阅读理解过程中所使用的策略分为全局策略（global strategies）和局部策略（local strategies），前者与篇章整体理解有关，包括预测内容、识别篇章结构、整合信息、阐释文本等，后者则与理解具体的语言单位有关，包括改述、重读、解决词汇难题等。牛津（Oxford）（1990）将阅读相关的策略归纳为认知策略、记忆策略、补偿策略、元认知策略、情感策略和社会策略等，理论性更强，但同时也暗示阅读策略是一个涉及学习者个体差异和社会因素等的复杂系统。

国内对阅读策略内涵较权威的探讨应该体现在国家对义务教育和高中阶段外语教育的两个纲领性文件（《标准（2011 版）》《标准（实验）》），以及大学阶段英语阅读部分的参考性要求（《指南》）中，我们对其做简单梳理后用图 6-2 做具体呈现。

6.3.2　外语阅读策略的可教性

尽管两个《标准》和《指南》都对策略的教学提出了明确目标和要求，但阅读策略是否具有"可教性"，是我们探讨策略教学实践的理据。梳理文献我们发现，大量研究结果已经肯定了阅读策略教学的可行性和有效性。德雷尔（Dreyer）和查尔·奈尔（Charl Nel）（2003）通过实验证明在信息技术支撑

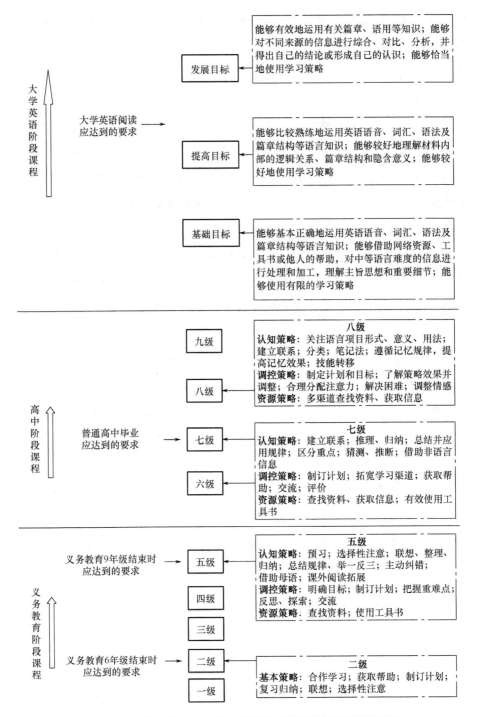

图 6-2　义务教育阶段、高中阶段及大学阶段外语阅读策略要求

的学习环境中开展策略化阅读教学可以提高学习者的阅读能力。吴静（2006）通过实验证明了"第二语言教学中的策略阅读"教学模式对于改正学生不良阅读习惯、提升阅读能力均有所帮助。刘莺（2009）对水平较差的大二非英语专业学生进行短期元认知策略培训，研究结果表明策略培训对加强元认知及元认知阅读策略的使用有效果。达巴拉拉（Dabarera）等（2014）也证明了元认知策略性支架和监控策略能提升阅读的理解程度，从而论证了元认知策略教学的有效性。马诺利（Manoli）等（2016）对以希腊语为母语的英语学习者开展为期三个月的多项阅读策略培训，结果也发现接受培训的实验组比起控制组在阅读能力上有所提升。

　　研究肯定了策略教学效果，认为外语阅读策略教学能有效提高学生的策略运用能力，从而提高学生的外语阅读水平。但同时也为我们提出了非常实际的问题：针对处于不同学习环境中的不同外语水平学习者而言，策略教学的内容、方式和方法等是否存在差异？对一位从小学三年级开始学习外语直到大学毕业的学习者而言，他所受到的阅读策略教学如何才能体现出连贯性，如何才能与其不断提高的外语水平和变化的外语学习环境想适应？这些是外语阅读策略教学的教师必须正视的问题。外语教师如果能够基于学习者个体特征、教学环境等因素来设计策略教学方案，使学习者能够自我重组本身已有的策略系统，适应新学的策略，最终形成动态的、个性化的外语阅读策略系统，那么，阅读策略教学的内容和形式将不再局限于对某些具体的阅读技巧的机械操练。

6.3.3　外语阅读策略教学现状

　　阅读策略教学在我国不同学段的外语教学实践中尚未受到足够重视。基础教育阶段的英语教学偏重知识传授，而忽略了学习策略的指导（陈俭贤，2015），阅读教学在多数情况下演变为词汇语法教学（王冬兰、黄雪祥，2009）。大学英语教学中教师虽然提供阅读策略指导，但停留在举例和演示层面，给学生的实际操作机会较少（夏甘霖，2008），且系统性不强。因此我国的外语学习者使用阅读策略的能力和意识普遍比较薄弱（熊欣，2008），学习者不良阅读习惯较多。

此外，外语阅读策略在不同学段之间的联系性和差异性也尚未引起教师的关注。外语水平不同、学习环境发生变化、学习方式在改变，阅读要求和目的也在逐步提高，外语阅读策略教学理应要随之变化。如郭燕（2007）指出，学习者从高中步入大学时，很难实现自然的衔接，而是"被强迫从中学时代的依赖性学习快速过渡到并适应大学时代的自主性学习"；曲卫国等（2017）认为，英语本科专业的阅读教学应该以培养学习者的人文性和思辨能力为要旨，而不能还是停留在阅读技巧的培训上。由此可见，我国学习者的不同学段外语学习在方式和目标上都存在很大程度的"脱节"：中学阶段与大学阶段学习目标的连贯性不强，课堂学习与课外学习（自主学习）的融合性较差。但是，如果我们能将学习者个体差异、学习环境、教师和教材等考虑进外语阅读教学中，就有可能弥合这种脱节，"一条龙"式外语教育就能落到实处。

戴炜栋和杨凡（2002）认为"一条龙"的英语教学体系建设过程中要坚持三个行动原则：一是系统化，做好整体设计和阶段衔接；二是层次化，充分考虑到地区差异度；三是复合化，避免单一的语言教学。这一倡导与动态系统理论的核心理念不谋而合。基于此，我们认为，外语阅读策略教学在指导思想和方法论上应该以动态系统理论为指导。

6.4 动态系统理论视角下的外语阅读策略教学

6.4.1 动态系统理论视角下的外语阅读策略教学观

外语阅读策略是一个复杂动态的系统，由阅读策略、学习者、教师、阅读文本和学习环境等变量构成，且变量之间存在完全的联系。系统中各变量在自我组合和相互适应中经历从不平衡到相对平衡、再到不平衡等过程，使系统发展具有动态复杂性、非线性、初始状态/反馈敏感性、开放性等特征。基于动态系统理论，外语阅读策略教学需要关注以下几点。

第一，外语阅读策略教学的复杂性。外语阅读策略功能的发挥是策略系统各变量相互作用的过程和结果，外语阅读策略的教学因此具有复杂性。如前文所述，个体在外语水平、学习风格和学习动机等方面差异对学习者阅读策略的学习和使用都会产生影响，因此有心的（mindful）教师在策略教学中也需要"因材施教"；而且课堂学习环境和自主学习环境、浅易的文本和难懂的文本等也会影响学习者阅读策略的学习，教师还需要"因地施教"；如果教师再考虑自己的教学风格和教学需要达到的目标，外语阅读策略教学将会变得更加复杂。当然，如果以系统观为前提，阅读策略教学复杂性并不意味着教学实践的不可操作性，相反，它会为教师的教学提供更开阔的教学思路和更多的教学良机：策略教学在场所上可以从课堂延伸到课外，因为，课外环境也是阅读策略系统的重要部分；策略教学在形式和内容上应该实现从小学、中学到大学的流畅衔接，因为学习者的认知水平和外语水平都在不断变化。

第二，外语阅读策略教学的非线性。依据动态系统理论，系统发展的过程不会呈线性发展，而是呈 S 形或 U 形等非线性特征，"布满了峰和谷，进步和倒退"（Larsen-Freeman，1997，2006）。非线性对策略教学意味着三点含义。首先，个体学习者在策略的掌握和使用上不太可能一蹴而就，有时甚至会产生倒退的状态。基于动态系统理论来解释，这是学习者学习系统中各变量相互作用的暂时性的"吸态"（attractor state），并不表明学习者无法学会。其次，初始状态对策略学习的轨迹会产生巨大影响，即系统的初始状态敏感性，也称为蝴蝶效应。尽管初始状态的定义至今较为模糊，但蝴蝶效应为策略教学提供的启示在于：不仅要关注教什么，更要关注怎么教。策略教学的对象是具有不同初始状态的学习者，教师在各学段教学之初对此置之不理，那可能的结果会远非预期。再次，系统的发展对与策略学习相关的反馈具有敏感性。一个典型的例子便是某次偶然同外国人交流让学习者从此迷恋上学习外语。因此，教师在策略教学时需要关注反馈对学习者学习轨迹的影响，适时进行合理的反馈。

第三，外语阅读策略教学的绝对变化性、相对稳定性。对于阅读策略教学来讲，围绕阅读策略这一主要变量，师生、生生、学生与阅读文本、学生与学习环境、教师与阅读文本等变量之间均存在互动过程。各变量间的互动为学习者营造出充满意义潜势的学习机会，使学习者系统处在不断的发展变化之中；但系统本身具有的自组织性和相互适应性又会使系统在运动中达到暂时性的稳定平衡状态。尽管各变量间或表现为相互支持，或表现为相互竞争，但就系统整体而言，变化是其常态，正因为如此，学习者的阅读策略系统才会不断发展。对教师而言，只有具备关注阅读策略系统变化性特征的意识，才能在系统变化进程中主动发挥作用。此外，利用系统各变量间互动具有相对稳定的属性，教师就能够依据其阅读策略的教学知识和教学经验，为学习者设计合适的教学方案，促进学习者阅读系统的发展。

结合已有相关研究成果，针对我国目前小学、中学与大学外语阅读教学衔接不畅的现状，我们认为，教师如果在外语阅读策略教学中以动态系统理论为指导思想来设计和实施教学，课堂学习与课外自主学习相融合的理念就有望变成现实，"一条龙"式外语教学设想也不会是空中楼阁。

6.4.2 动态系统理论视角下的外语阅读策略教学实践原则

那么如何从动态系统理论角度来设计外语阅读策略系统的教学呢？

第一，开展外语阅读策略教学前调研。动态系统理论关注个体差异和系统的初始状态。在外语阅读策略系统中，学习者外语水平、学习风格、学习动机等都可能存在差异，因此从小学进入初中、初中进入高中、高中进入大学等各个转折时期，外语阅读教师需要在开展策略教学前进行充分的调查，了解学生的个体差异和策略掌握情况。教师可以借助学生学习日志、问卷、访谈、有声思维等方式分析学生阅读策略掌握特点，比照《标准》和《指南》的分级标准和要求，有针对性地设计策略教学方案，实施策略教学过程。当然，前人相关经典研究，如牛津（Oxford）（1990）的语言学习策略量表（SILL）和莫赫塔里（Mokhtari）、谢莉（Sheorey）（2002）的阅读策略调查问卷（SORS）等，都可以为教师的阅读策略调查提供参考。

第二，关注学习者策略发展轨迹，并适时干预其策略学习进程。学习者从稳定的"吸态"进入变化的"斥态"是学习机会发生变化的表现，具体来说，就是学习者有可能会掌握新的阅读策略。但这种"相位移动"的过程并不是自发产生的，而是系统外部和内部力量共同作用才能完成。教师是学习者系统之外的重要力量。因此，教师如果敏锐发现学习者的"分岔点"，并适时干预，就能够对学习者阅读策略系统发展产生事半功倍的效果。"相位移动"过程中的分岔点往往具体化为学习者的一些表现，比如某次阅读测试中对阅读策略作用的顿悟，或者是体会到阅读策略促成的某次学习优越感等。

第三，实施形成性阅读策略教学评估。外语阅读策略的习得是一个非线性过程，形成性评估更符合策略发展的规律，也更能够帮助教师形成合理的判断，并相应做出教学调整；同时，教师不能仅凭某一次阅读测试下定论，在评估中要尽量避免线性思维，不能以前测和后测来简单评估策略教学效果。

第四，实现外语阅读策略教学和实践在课堂环境和课外学习环境的融合。课堂环境与课外学习环境共同构成了复杂系统的一部分，都对外语阅读策略的教学和学习发生作用。教师的课堂教学可以为学生提供策略学习的机会，而课外阅读为学生提供针对性策略演练的机会，进一步对策略进行巩固和加强；或者对于场独立型学习风格的学习者而言，课外环境督促其探究阅读策略，课堂环境让其练习检验。总之，教师要针对具体的学习者特征，综合利用课堂和课外两种环境所能够提供的学习给养，设计策略教学，实现课堂教学与课外学习融合，实现课堂内外有效对接。

第五，实现策略输入形式多样化。学习者外语阅读策略系统是一个动态、开放的系统，策略的教学不必拘泥于传统课堂和传统的教师教授、学生接受的教学模式。科恩（Cohen）早在 1998 年就归纳出多样化的策略输入形式，如技能课程、讲座讨论、讲习班、同伴辅导、策略教科书、录像微型课和策略指导等；在信息技术如此发达的今天，教师可供选择的形式更多，如线下、线上学习社区。

第六，实现策略内容衔接的连贯性。对于个体学习者而言，其外语学习是一个连贯的过程。大学阶段的阅读策略教学在形式和内容上应该与小学和中学阶段有所不同，这从两个《标准》和《指南》对阅读策略的要求上可以看出。当然，基于策略发展的非线性特征来说，个体在策略的掌握及转化为阅读能力的程度上可能并不遵循这种要求。但这并不意味着教师可以忽视外语阅读策略系统在各学段中所表现的衔接连贯性，即所谓的"一条龙"教学设计。惟其如此，阅读策略教学才能实现外语教育全局上的高效性和系统性，而不是教给学习者以反复的、凌乱的策略碎片。

6.5 结　　语

本章基于复杂动态系统理论讨论外语阅读策略系统，从复杂、动态、非线性的视角来解读和分析学习者外语阅读策略的发展；分析了外语阅读策略教学的必要性，整合了不同学段外语阅读策略教学的内容与目标，就外语阅读策略教学的实施和评估方式提出了阅读策略教学实践的相关原则。

但目前较少有从复杂动态系统理论视角开展的外语阅读策略发展研究，在具体的研究操作和教学实践中，还需要多采纳历时性研究视角；更需要一支衔接小学、初高中和大学的研究队伍和教师队伍来共同探讨解决可能遇到的问题。

第7章 基于多视角的大学英语视听说教学

7.1 引　　言

在"一带一路"倡议的构想下，我国急需大量专业水平高并具有跨文化交际能力的人才。研究者在培养非通用语人才和外语专业人才方面提出了很好的建议（文秋芳，2016；徐飞，2017），而对非语言专业大学生的关注相对较少。作为在校大学生的主体，非语言专业大学生的英语水平和跨文化交际能力关系到"一带一路"构想的建设。

为了贯彻党的教育方针，适应社会需要，教育部近年来先后两次修订大学英语教学大纲，旨在深化大学英语教学改革，提高大学英语教学有效性，增强大学生的英语应用能力。听和说的能力一直是我国大学生的两大难点。虽然高校普遍为学生开设了视听说/听说课，但收效不大。因此，基于大学生的听说能力现状及原因分析，本章拟从教育心理学、语言学、二语习得等多视角探讨实现大学英语视听说有效教学的理论依据，并对教学实践提出建议。

7.2　大学生英语听说能力现状及原因分析

尽管我国大学英语教学越来越重视听说教学，但大量实证研究显示，我国大学生的听说能力一直未能得到根本性的提高。如杨惠中（2008）的研究表明，大学生英语听说能力相对较弱，尚不能从连贯的英语口语语流中获取信息，更难用英语准确、流利、得体地表达自己的思想。我们对 2014 级重点大学新生的调查结果显示，听力是所有测试项目中得分最低的部分。另外，外语课堂上学生小组互动的数据表明，学生口语表达时普遍存在以下问题：语言表达缺乏正确性和流利性，所用词汇过于简单，语法问题多，内容没有深度，等等（徐锦芬等，2016）。

大学生听说能力低下主要由两方面原因造成。一方面是大学英语视听说教学的基本形式过于僵化（鲁俐等，2015）。纵观多年来我国大学英语听说教学，其模式基本如此：听音频/看视频—做练习—对答案—再听音频/看视频。在这样的教学模式中，教师不是在教听力，而是在测验听力。结果只能是使学生处于被动、消极的状态之中，他们的听力能力根本无法得到应有的提高。口语训练也只是流于形式，缺乏系统性。另一方面，大学英语听说教材存在明显不足。大学生对大学英语（视）听说教材普遍不满，主要原因为内容趣味性差（赵庆红等，2009）。此外，教材还存在内容时效性差、不能激发学生的学习兴趣、缺少语言情境、缺乏互助合作活动等问题（郭燕等，2013）。

7.3 实现大学英语视听说有效教学的理论探讨

7.3.1 大学英语视听说课程的性质和目标

大学英语课程兼具工具性和人文性，大学英语视听说课程是大学英语课程的一部分。就工具性而言，视听说课程的主要目的是提高学生的听说能力（基础阶段）以及学术英语听说能力（高级阶段）；就人文性而言，视听说课程的一个重要任务就是要进行跨文化教育。人文性的核心是以人为本，弘扬人的价值，注重人的综合素质培养和全面发展。

大学英语视听说课程的目标是培养和提高学生的日常和学术英语听说能力，使学生在今后的学习、工作和社会交往中能用英语进行有效交流。

7.3.2 实现大学英语视听说有效教学的理论依据

我们拟从教育心理学理论、语言学理论、二语习得理论等多个视角探讨视听说有效教学的理论依据。

1. 教育心理学理论：认知主义与人本主义

认知主义强调学习是一种主动的、有目的的信息加工过程，主要表现为认知的建构与重组，其代表理论有皮亚杰特（Piaget）的个人认知建构主义、布鲁纳（Bruner）的发现学习理论以及维果茨基（Vygotsky）的社会建构理论。

皮亚杰特（Piaget）认为认知结构通过个人与环境互动过程中的同化与顺应建构起来，强调学习是一个能动的过程，以认知主体的主动建构为前提。在皮亚杰特（Piaget）的理论基础上，布鲁纳（Bruner）进一步指出教育要以发展学习者的认知能力为目的，强调学习过程以及学习者的内在动机。维果茨基（Vygotsky）的社会建构理论则重视社会和文化在个人认知过程中的重要作用，强调有效学习的关键在于"中介人"（教师与同伴）在学习者"最近发展区"内通过互动提供的帮助。认知理论最大的贡献是把教育关注的焦点从教师的"教"转移到学生的"学"上，强调学习者的主体地位，重视学习者主动学习的过程，反对简单的知识传授。

人本主义理论强调人的自我实现，认为发展自己的潜能是人的本能。具体来讲，人本主义关注人的整体发展，特别是情感和价值观的发展；推崇体验式学习，认为体验式学习融合了学习者的兴趣和需求，能有效促进个人发展；强调引导学生学会如何学习，提倡自主学习，重视培养学生的自我意识和自我概念。基于人本主义理论，外语教学要尊重学习者的情感需求，注重调动学生的积极情绪，推崇发展学习者自主，倡导在真实的语境中进行"做中学"。

2. 语言学理论：系统功能语言学与认知语言学

外语教学是一种建立在语言学理论基础上的实践活动。系统功能语言学和认知语言学是当今语言学界的两大主流学派，它们对语言本质和语言学习过程的认识为语言教学实践带来很多新的思考。系统功能语言学关注语言的社会功能与实际使用，强调语言是形式和功能的统一，并以功能、语义和语境作为研究重点（束定芳等，2008）。把语言视为社会交际工具的观点意味着我们不能把外语当作需要死记硬背的静态知识来教，而是要创造真实的交际场景让学习者在交流互动中、在运用语言的过程中掌握语言。认知语言学则强调语言基于使用，重视学习者的能动性和社会环境的影响。认知语言学认为，二语通过互动体验学会，是学习者从输入中接触语言实例、加工归纳并形成概括性强的抽象语言形式的过程。强调语言是在具体的社会环境中通过学习者自身的参与、与他人或环境真实互动的过程中学会的。这种观点与任务型教学理念不谋而合。

3. 二语习得理论：输入假设、输出假设、互动假设和注意假设

克拉申（Krashen）的"输入假说"认为"可理解性输入"是二语习得的必要条件。同时他还提出了"情感过滤假说"，强调只有当情感过滤低，即学习者学习自信高、兴趣浓、动机强时对输入的吸收才会更多，学习效果才能更好。斯温（Swain）的"输出假设"认为，仅仅有可理解性输入还不足以保证二语学习的成功，还需要"可理解性输出"。朗（Long）的"互动假说"侧重研究如何使输入具有可理解性，认为以意义协商为形式的言语互动能够修正并调整互动结构，使语言输入成为可理解的，从而促进语言习得。施密特（Schmidt）的"注意假说"从认知心理的角度指出在语言习得的输入—吸收—输出环节中，"注意"是"输入"转化为"吸收"的必要条件。很多研究证明"注意"有利于二语习得，比如能加快句法、词法的学习进程；在词汇习得方面，学习者注意程度越深越能牢固掌握其含义（范烨，2009）。

由此可见，优质的外语教学要致力于为学习者创造大量语言输入、输出和互动的机会，引导他们"注意"语言形式和意义，同时要关注学习过程中学习者的情感因素。

7.4 实现大学英语视听说有效教学的实践体现

1. 编写高质量的教材

视听说教材是视听说教学的重要组成部分，提高英语听说能力首先要有优质的教材。根据大学英语视听说课程的性质和目标，教材的编写理念应以培养人文素质和科学素质为核心，以语言能力、思辨能力和自主学习能力共同提高为目标。

一方面，力求将优良品格的塑造和人文素养的提高融入教材编写中。比如，教材的每个单元以名人名言为导入，而且名言的选择要与单元话题紧密相关，同时要经典、励志、富有哲理性。引导学生在讨论个人、社会、文学、文化话题时思考并学习重要的生存和发展技能，如如何缓解压力、与他人相处、获得并保持成功等，以便在潜移默化中提高学生的人文素养，塑造健康的个性品质并培养社会责任感和使命感。另一方面，要重视科学素养的培养，除了基

本的听说技能外，还要强调学术英语听说能力训练。教材的总体目标应该是促进学生获得高等教育环境下进行专业学习所需要的语言知识、语言技能和语言策略，帮助他们理解并应对学术任务及其相应过程中的各种要求。

视听说课程作为大学英语教学体系的一个重要环节，基本任务是培养学生用英语听和说的能力，因此促进学生增长英语知识、提高听说技能是教材最基本的目标。在此基础上，强调培养学生的思辨能力和自主学习能力，并把能力的培养渗透在教材编写的各个方面。例如，为了培养学生的思辨能力，首先在单元选材时，要注意材料内容的丰富性及材料之间的相关性，单元中的各个材料在内容上或互补或对立，以此拓展学生的思维，引导他们从多角度思考问题，提高思维的广度与灵活性。其次在练习和任务设置方面，在兼顾传统的听力理解练习基础上，要设置有认知挑战性的任务，引导学生学会从多渠道获取信息、对信息进行批判性思考和加工。

2. 培养高素质专业化的教师队伍

《指南》指出，要按照"造就一支师德高尚、业务精湛、结构合理、充满活力的高素质专业化教师队伍"的要求建设大学英语教师队伍。很显然，教师的素质、水平和能力是影响视听说教学质量的关键因素。具体来讲，高素质专业化的大学英语视听说教师队伍必须具备以下核心素质：掌握各种与视听说教学相关的理论知识，了解《指南》并吃透教材，了解学生，了解听力理解的认知过程和口语特点，具备教学研究能力。

由于篇幅限制，以上素质无法一一展开进行详细阐述，但我们必须强调，了解学生是保证视听说课堂教学有效性的前提，因为只有在充分了解学生的基础上我们的课堂教学设计才能有针对性。比如，当我们了解到语音分辨、听力词汇及语速对学生的听力理解有很大的制约作用，那么我们在教学过程中应训练学生学会利用句法结构来识别词与词之间的联系，使句子在短时记忆中保持较长的时间，以便大脑记忆系统对这些信息进行整合加工，成为可理解性输入。另外，作为视听说教师，我们必须清楚，听力理解并非是一种被动地、消极地接受语言刺激的过程（传统意义上的"授受性技能"），而是一个非常积极的、主动加工的过程，是接收者对存储在大脑中的已有知识与新知识进行重新构建的过程，这一过程反映了信息接收者对输入语言进行认知加工的主动参与。

最后，教学研究能力也是当代外语教师必须具备的核心素质之一。长期以来，大学英语教师普遍只满足于教学而忽略了科研。而实际上，课堂教学与科学研究之间应该是一种互动关系，即没有科研支撑的教学是肤浅的，因为教学从研究中得到理论支撑，找到解决问题的方案、质疑的依据以及困惑的解答；反过来，没有教学依托的科研是空泛的，因为研究从教学中获取素材、数据、问题与案例。总之，只有当我们做到了"课堂教学研究化，学术研究课堂化"，我们才能从真正意义上保证课堂教学的有效性。

7.5 结　　语

本章首先分析了我国大学生英语听说能力的现状以及导致大学生听说能力低下的原因，然后针对大学英语视听说课程的性质和目标，从认知主义与人本主义等教育心理学理论、系统功能语言学与认知语言学等语言学理论以及输入假设、输出假设、互动假设和注意假设等二语习得理论探讨了实现大学英语视听说有效教学的理论依据，最后从高质量优秀教材的编写和高素质专业化教师队伍的培养两大方面论述了将大学英语视听说有效教学落到实处的有效途径。

第8章 新时期大学英语视听说教材编写理念

8.1 引 言

教材是外语教学的基本要素，是教师组织课堂活动的重要依据和学生学习的主要内容。教材质量的好坏，很大程度上影响着一门课程的教学效果。我国自古就有重视教材的传统，国人习惯把教材称为"课本"。"本"是根本的意思，"课本"即是一门课的根本，由此可见教材在中国人心中的地位。

我国教育行政主管部门一直很重视大学英语教材建设。从20世纪60年代初至今，特别是进入21世纪之后，各大出版社相继出版了一系列大学英语教材，为我国大学英语教学事业的发展做出了重要贡献。然而，随着大学英语教学改革的不断深入，现有大学英语教材的一些不足也不可避免地显现出来。比如，根据赵庆红等（2009）的一项实证调查，一些大学生对现有教材不满，甚至不满"广泛而且较为强烈"。在崔敏和田平（2010）的调查中，50％以上的学生要求"对所用英语教材进行颠覆性的改革"。此外，很多高校外语教师也对所使用的教材不满意（刘润清等，2003），认为教材内容时效性差，缺少语言情境，互助合作活动缺乏，等等（国红延等，2011）。我国外语教学研究者也明确指出目前的大学英语教材编写还存在明显不足，不少教材在实际使用上并没有达到教学改革的目标（陈坚林，2007），表现为带有明显的应试倾向（蔡基刚，2011；郭燕等，2013）、练习设计枯燥、无法"激发学生的内生表达动力"（王初明，2014：43），等等。

《国家中长期教育改革和发展规划纲要（2010—2020年）》（以下称《纲要》）提出，高等教育应"适应国家经济社会对外开放的要求，培养大批具有国际视野、通晓国际规则、能够参与国际事务和国际竞争的国际化人才"。要实现这一目标，学生的英语应用能力和跨文化交际能力无疑是一个重要的先决条件。由此，指导我国新一轮大学英语教学改革的最新的纲领性文件《指南》明确指出，"大学英语的教学目标是培养学生的英语应用能力，增强跨文化交际意识和能力，同时发展自主学习能力，……"。而教材作为教学内容的主要载体，是实现教学目标的基本保证。因此，为顺应时代发展潮流，满足新时期国家、社会、学校和个人发展的需要，我们有必要更新教材编写理念，继承传统又开拓创新，开发体现新时期外语教育特色的高质量的大学英语教材。

8.2 教材编写理念

《新目标大学英语视听说教程》（以下简称《视听说教程》）在理论上兼容并蓄，以我国大学英语教学实际为基础，吸收当代教育心理学、语言学和二语习得理论的合理部分，在保留和继承以往大学英语教材优良传统的基础之上开拓创新，以满足新时代国家对高素质人才培养要求和学习者英语学习需求为目标编写而成。

首先，任何教材都应服务于培养国家和社会所需的人才，国家政策对外语教材建设具有宏观指导作用。近几年来我国高等教育突出强调要以"能力"培养为重，特别是思辨能力和自主学习能力。因此，新一代大学英语教材要以培养能力为目标。

其次，《指南》是指导我国大学英语教学的纲领性文件，是新一代大学英语教材编写的直接依据。在对大学英语课程性质的定位上，《指南》明确指出，大学英语课程"兼有工具性和人文性双重性"。"工具性"是指学生通过学习学术英语或职业英语，获得在学术或职业领域进行交流的相关能力。"人文性"则要求外语教材要重视学生人文素养的提高，促进全面发展。

最后，教材应该充分满足学习者的需求（Cunningsworth，1995；程晓堂、孙晓慧，2011）。提高学习者的学术英语能力，使他们在以后的学习和工作中能用英语进行有效交际是当今大学生学习英语的客观需要。那么他们的主观愿望是否也是如此？实证调查结果显示，我国大学生在主观上已经有了一定的学习学术英语的愿望（例如，赵庆红等，2009；郭燕、徐锦芬，2013）。因此，大学英语教材作为我国大学英语学习者英语学习最重要的物质条件，应该为提高他们的学术英语能力提供支持和帮助。

鉴于此，《视听说教程》确定了以下两大编写理念。

1. 以培养人文素质和科学素质为核心

与目前一些优秀的第四代教材一样，该教材也以实现"人的发展"为依据，但与它们单纯侧重人文素养不同，我们提倡人文素养与科学素养协同发展。一方面，我们重视学习过程中的情感因素，力求将优良品格的塑造和人文素养的提高融入英语教学之中。教材的每个单元都以名人名言导入。对于名言的选择，我们坚持与单元话题紧密相关，同时要经典、励志、富有哲理性。此外，单元话题和主题两条线互相交织，引导学生在讨论个人、社会、文学、文化话题时思考并学习重要的生存和发展技能，如如何缓解压力、与他人相处、获得并保持成功等，希望在潜移默化中提高学生的人文素养，塑造健康的个性品质并培养社会责任感和使命感。另一方面，我们重视科学素养的培养，强调学术英语能力训练。教材的总体目标是培养学生获得一定的学术英语能力和国际交流能力，即通过教材学习促进学生获得高等教育环境下进行专业学习所需要的语言知识、语言技能和语言策略，帮助他们理解并且能够应对学术任务及其相应过程中的各种要求。教材从第二册开始由通用英语向学术英语过渡，以帮助学生了解、熟悉学术英语的使用环境，并初步实践和提高学术英语听说能力，以及通过英语获取与专业学习相关的信息、表达与专业学习相关思想的能力。第三、四册注重学术英语学习和训练，包括理解学术讲座，学习做学术报告等，主要涉及高级认知技能如分析、综合、评价能力的训练，并进一步培养学生在学术环境中取得成功所必备的技能和情感特质。

2. 以语言能力、思辨能力和自主学习能力共同提高为目标

视听说课程作为大学英语教学体系的一个重要部分，基本任务是培养学生用英语听和说的能力，因此促进学习者增长英语知识、提高听说技能是本教材最基本的目标。在此基础之上，我们还强调培养学习者的思辨能力和自主学习能力。思辨能力的培养不能流于形式，而要渗透在教材编写的各个方面。第一，在单元选材时，我们注意材料内容的丰富性以及材料之间的联系，单元中

的各个材料在内容上或互补或对立，希望以此拓展学习者的思维，引导他们从多角度思考问题，提高思维的广度与灵活性。第二，在练习和任务的设置方面，我们兼顾了传统的听力理解练习，并设置了有认知挑战性的任务，引导学生学会从多渠道获取信息，对信息进行批判性思考和加工。第三，项目学习是培养学习者思辨能力的一个有效方式（高艳，2010）。学生完成项目的过程是发现、分析、解决问题的实践过程，涉及分析、推理等思辨技能的综合运用。项目的挑战性和探究性有利于激发学习动机。合作学习方式为学习者提供了互相学习、取长补短的机会，有利于培养他们积极开放的思辨品质。同时，口头展示形式的语言输出有利于提高他们思维的清晰性和逻辑性。最后，项目学习通常是在课后完成，是课堂教学的自然延伸，有利于思辨技能的迁移，巩固训练效果并真正意义上实现思辨能力培训的目的。

最近十年的大学英语教学强调培养学生的自主学习能力，一些教材也进行了相应的调整，如在学生课本上提供详细的单词释意、难句解释，推出内容详尽的网络版以供学生自学等。正如蔡基刚（2011）指出，当前很多教材的做法没有真正把握自主学习的内涵，"自主学习不是无教师学习"（Crome et al.，2009：111），而是一种掌控自己学习的能力，表现在确立目标、制订计划、选择材料、监控过程和进行自我评估等几个方面（Holec，1981），具有合作性、批判性（徐锦芬，2012）和探究性。我们在教材编写过程中以自主学习的内涵为宏观指导，希望通过以下措施切实提高学习者的自主学习能力：①在学生用书中显性地呈现单元重点学习方法和策略，并设置相关练习以帮助学生掌握；②在任务和项目活动中引导学生搜集、整理、组织信息，挑战认知局限，在与他人合作中成长进步；③设计单元自我评估表，引导学生对单元学习所得进行反思和自我评估。

8.3 教程的内容编排及任务设计

《视听说教程》在内容的选择上以全球化和教育国际化为大背景，对接当代大学生的兴趣和性格特点，考虑他们认知水平和情感能力发展需求，兼顾素材的人文性和育人功能。教材通过围绕主题的各种任务训练学生在真实语境中运用英语进行交流的能力，并注重引导和帮助他们对信息进行批判性思考，听与说有机结合，相互呼应。《视听说教程》的任务设计以任务型语言教学理念为指导，并在预备任务、正式任务和后期任务（Ellis，2003）的基础之上增加了目标检测板块，便于教师组织课堂教学活动，也利于学生课下进行自主学习和个人反思，将语言教学中的自主学习能力培养落到实处。

8.3.1　单元主题广泛有趣，启迪思考

教材基于主题（theme-based）进行编排，全套教材 1～4 册围绕着四大主题展开，包括了解自我、了解环境、了解人际关系、了解科学与文化。基于教材的分级，每一级有其侧重点，因此在主题编排上总主题一致，每一册在总主题下的分主题有区别，体现难度的进阶以及从通用英语到学术英语的过渡。每个单元的主题生动有趣，契合大学生的学习心理，激发他们的探究欲望。以第一册为例，各单元主题如下：

Unit 1 Embracing College Life

Unit 2 Learning：In What Way?

Unit 3 Games：Too Much of a Good Thing?

Unit 4 Education：Crossing Borders

Unit 5 Reaching out to People：Social Networking

Unit 6 Let's Go Party

Unit 7 Everyone Lives by Selling Something

Unit 8 Smarter World! Better World!？

该册书围绕四大主题展开，"了解自我"包括迎接大学生活（Unit 1）以及学习方式（Unit 2），"了解环境"涉及游戏（Unit 3）和跨国学习（Unit 4），"了解人际关系"涵盖社会网络（Unit 5）和参加聚会（Unit6），"了解科学与文化"从成功推销新产品和推销自己的秘诀（Unit 7）到现代技术的利与弊（Unit 8）等各个方面。这种贴近学生生活的主题有利于激发学习兴趣，促进从语言学习到语言使用的迁移和转化，也利于通过视听材料和师生讨论寓品格教育于外语教学之中，发挥外语教学的育人功效。

8.3.2 任务设计层次清晰，类型多样

教材任务设计层次清晰，1～4 册每个单元遵循同样的体例，包括以下八个部分内容：

1）Famous Quotation

2）Unit Goals

3）Lead-in

4）Active Listening，Speaking I

5）Active Listening，Speaking II

6）Supplementary Listening，Speaking

7）Putting into Practice：Project

8）Goal Checking

第 1～3 部分是预备任务阶段，通过名人名言激发学生对本单元主题的兴趣和思考，在此基础上明确单元学习目标，并通过各种轻松的视听材料，如幽默小故事、歌曲、看图说话等引入单元话题。第 4～6 部分是每个单元的主体部分，第 4 部分中引进视听说技能，如发音、听力、做笔记和演讲技巧等训练；第 5、6 部分强化学生对本单元所学技能的掌握。第 7 部分则是项目学习，让学生以小组或独立方式完成与单元主题相关的一个项目，引导他们复习巩固所学的语言知识、语言技能、语言策略和思辨技能，并以过程为导向提供大量书面或口语输出机会帮助学生运用所学知识，发展语言综合运用能力、思辨能力和自主学习能力。第 8 部分是目标检测，是教材的特色之一，旨在通过引导学生每单元总结和反思学习所得来监控学习过程，进行自我评估，培养他们的自主学习能力，促进思辨能力的提高。

第 4～6 部分的视听材料包括校园环境、日常生活、工作场景等，形式丰富多彩，有独白、电影片段、演讲片段、访谈节目、纪录片等。每个部分都包含以下三个层次的练习：

1）Listening as Comprehension：理解听力材料，包括理解主旨和理解细节；

2）Listening as Acquisition：在理解材料内容的基础上注意和掌握重点语言形式及结构；

3）Further Development：Speaking：强化口语输出，通过输出加强目标语言形式和结构的习得，提高思维的清晰性和逻辑性。

《视听说教程》中的任务类型多样，富有变化。我们同样以第一册为例。导入部分（Lead-in）的任务包括看图（表格、海报）说话、头脑风暴、歌曲欣赏和学习、看视频（商业广告、电影片段）讨论、完成内容摘要、进行信息配对等。听力理解部分（listening as comprehension）包含选择、正误判断、简答等常见题型，还有要点记录，依据材料内容填写表格、流程图、大纲、联想图表（word map），以及利用信息点口头描述听力材料主要内容等较为新颖的练习。听力语言习得部分（listening as acquisition）更是通过听写、造句、翻译短语并完成句子、用材料中的关键词或短语完成摘要等多种练习方式来引导学生注意并掌握重点语言结构。延伸的口语活动部分（Further Development：Speaking）在传统的小组讨论、角色扮演等基础上，增加了如宾戈纸牌游戏（bingo card game）、学习风格调查、按照预设情景和角色组织小组讨论会（discussion panel）等新型有趣的口语活动，激发学生口语输出兴趣，促进语言能力的提高。

8.4　教材特色

《视听说教程》的最大特色是整个编写过程是基于研究的动态互动合作过程，体现了严谨的科学研究态度和团队合作精神。在编写过程中，举行过数十次国内外权威专家、学者以及教学经验丰富的一线教师参加的研讨会；教材编写人员认真学习国内外优秀英语教材并研读相关理论成果，在外语类核心期刊上发表相关论文《我国大学英语教材使用情况调查研究》（郭燕，徐锦芬2013）、《国外优秀英语教材词汇和语法的布局、复现及练习方式》（朱茜，徐锦芬 2014）、《德国英语教材思辨能力的体现及对我国英语专业教材编写的启示》（徐锦芬，朱茜，2015）等。教材具有以下特色。

8.4.1 传统与创新相结合的视听练习

现有很多视听说教材往往仅仅将听力看作一种语言技能，侧重训练学生对听力材料所含信息的理解能力（listening as comprehension）。而依照理查兹（Richards）（2008）的观点，我们应该重视传递信息的语言形式，因为听力同时也是一种语言习得方式（listening as acquisition）。特别在我国英语作为外语的学习环境下，教材中的那些演讲片段、访谈节目等真实的语言材料通常是学习者学习地道英语表达方式的主要来源，因此，强调听力的语言习得功能具有十分重要的意义。施密特（Schmidt）（1990）的"注意假说"指出，在语言习得的输入—吸收—输出环节中，"注意"是"输入"转化为"吸收"的必要条件。换言之，注意是学习者掌握目标语言结构的前提条件。以此为基础，教材专门设计了帮助学生习得听力素材中一些重要语言形式的练习，即由理查兹（Richards）（2008）提出的听力语言习得（listening as acquisition）的练习，具体分两种形式：Noticing Activities 和 Restructuring Activities。前者引导学生关注听力素材中的语言本身，后者是前者的进一步拓展和延伸，训练学生灵活运用所学语言的能力。例如，第一册第一单元 Embracing College Life 中有这样两个练习：

Task 1

The following are some phrases and sentences taken from the video clips and translated into Chinese. Please translate them back into English. Then watch the clips again and compare your English version with the original ones.

1）适应大学
2）不要伤感
3）为你送行
4）过好每一刻
5）抓住每个机会

6）享受你做的每件事

7）大学里的朋友将是你一生的伙伴

8）政府的最终表现形式

9）低估了民众

Task 2

How are you going to spend your college life? Tell yourself the guidelines you may follow and use the words and expressions in Task 1 as you like.

Task 1 要求学生翻译短语，是引导他们注意重点语言结构。将自己的翻译与原文对比（Then watch the clips again and compare your English version with the original ones）则有利于学习者发现自己的表达方式与目标语言结构之间的差距，以强化注意。研究表明在词汇习得方面，学习者注意程度越深越能牢固掌握其含义（范烨，2009）。

Task 2 则是在此基础之上设置情景提供学生使用这些短语的机会，通过输出促进语言习得。

8.4.2 重视创造真实语境，强调"做中学"

教材以当今语言学界的两大主流学派系统功能语言学和认知语言学为指导，在任务设置时重视创造真实的语言环境，通过任务型口语练习和项目学习引导学生在做中学，在使用语言的过程中内化语言知识，巩固学习技能，培养他们探索、思考、解决问题以及与人协作的能力。

系统功能语言学关注语言的社会功能与实际使用，以功能、语义和语境作为研究重点（束定芳，庄智象，2008）。这种把语言视为社会交际工具的观点意味着我们不能把外语当作需要死记硬背的静态知识来教，而是要使用真实的语言材料创造真实的交际场景让学习者在交流互动中、在运用语言的过程中掌握语言。认知语言学强调语言基于使用，重视学习者的能动性和社会环境的影响。在二语习得方面，认知主义指出二语是通过互动体验学会，是学习者从输入中接触语言实例，加工归纳并形成概括性强的抽象语言形式的过程。因此，在这个过程中，主观因素如学习者的动机和注意（Hudson，2008），以及客观因素如语言输入的质和量特别是输入频率至关重要。鉴于此，在二语习得和教学中要重视语言在具体情景中的用法，要调动学习者的认知和情感因素，加强结合语境的练习。这种强调语言是在具体的社会环境中、通过学习者自身的参与、在与他人或环境真实互动的过程中学会的观点与任务型教学理念不谋而合。

教材在 Lead-in 和听力活动之后，设计了围绕主题的各种任务来引导和帮助学生在真实的语境中运用目标语进行思想交流，听与说有机结合，相互呼应。真实的语境和基于听力输入的口语活动激发学生与同学交流的欲望，并让学生有话要说、有话可说。任务是交际性的，项目则具有探究性，更利于培养学习者的思辨能力和自主学习能力。教材的项目设计充分考虑学生的语言水平和认知水平，并注重趣味性、创造性，充分调动学生的积极性和参与热情。教材在每个单元听说活动基础上设计一个需要通过小组协作完成的项目，其基本理念是创造一个理想的环境，使学生在真实的语境中把本单元所学知识和技能应用于实际任务，这样不仅有利于他们内化语言知识、巩固学习技能，还有助于培养探索、思考、解决问题以及与他人协作的能力。项目学习通常在课后协作完成，是课堂教学的自然延伸，有利于学习者将课堂所学的语言知识、学习策略和思辨能力迁移到实际生活中，是建设有效课堂的一个重要环节。

8.4.3　教学内容灵活、丰富，具有可拓展性

教材在内容编排上充分考虑到不同地域、不同学校之间的差异，考虑到课堂教学的实际学时，提供了体例相同但难度不同的视听材料和相应的口语活动（分别为 Active Listening，Speaking Ⅰ、Active Listening，Speaking Ⅱ 和 Supplementary Listening，Speaking），各学校可以根据实际情况选择使用，以满足不同层次学生的需求。例如，对于学生英语基础比较薄弱的学校，课堂上可以多花些时间基于 Active Listening，Speaking Ⅰ 进行各项技能的操练，引导学生理解各种技能并通过运用技能理解听力素材，在理解听力内容的基础上通过 Listening as acquisition 练习进一步习得与主题相关的语言形式，最后

让学生以小组为单位完成口语活动。Active Listening，Speaking Ⅱ作为课外必须完成的任务，而 Supplementary Listening，Speaking 的完成由学生自主决定。对于学生英语基础较好的学校，如果时间允许，Active Listening，Speaking Ⅰ和Ⅱ都可以在课堂上完成，Supplementary Listening，Speaking 作为课外必须完成的任务。

在设置单元内容时，我们借鉴认知建构主义的主张，力争为学习者提供建构理解所需的基础，同时又要留给他们广阔的建构空间，保证有足够的空间来发展思维，拓展对社会、文化的认识，拓展对语言的使用以及拓展综合运用目的语实现跨文化交流的能力。

8.4.4　立体型、互动型、动态型结构

纸质教材作为链接学生与学习目标、学习内容和学习方法的支点，重在实现课堂教学的五大功能：激发兴趣、提供优质教学资源、训练学习策略、解决学习困难、课堂（学习成果）展示。多媒体版在纸质版的基础上拓展，增加相关视听材料以及互动功能。网络资源库的内容与纸质教材形成对应、补充和动态的关系，是提供学生检测和展示自己学习成果的平台，也是学生之间、师生之间互动的平台。

8.5　结　　语

《新目标大学英语视听说教程》以新时期国家和社会对高素质人才培养要求为背景，以当代教育心理学、语言学和二语习得理论为指导，在吸收国内外优秀英语教材编写经验的基础上，立足于我国大学英语教学实际和学习者需求继承创新而编写的新一代大学英语教材，在编写理念和主题设计以及任务设置等具体方面具有鲜明的特色，以此希望能为改革大学英语教学模式、优化教学手段并提高教学质量做出一定贡献。

第9章 国际二语写作研究动态分析

9.1 引　　言

二语写作一向是我国外语教育关注的焦点和难点，它已发展成为一个独立的学科，其研究主要涉及写作过程分析、结果分析、反馈分析、写作教学等。近年来，国际二语写作研究进入了前所未有的高速发展期，研究成果空前繁荣，已经形成了比较成熟的理论体系，研究对象及研究语种多样，研究方法复杂，研究队伍也日益壮大。王立非、孙晓坤（2005）基于 2004 年之前的文献对国际二语写作研究的发展和现状作了简要回顾。那么，经过了十几年以后，国际二语写作研究现状如何呢？哪些是近年来国际二语写作研究的核心领域和热点话题？其中起核心作用的作者和文献是怎样的？鉴于我国相关研究多是对国内二语写作领域的综述和总结，且研究方法多为单一的描述性统计分析，较深入的基于文献计量学的研究基本没有，本章运用 CiteSpace 的信息可视化技术，对 2004—2014 年间国际二语写作研究内容进行系统的梳理和分析，以期帮助国内二语写作研究者厘清学科发展的动态和方向，从而促进我国二语写作研究更好的发展。

我们采用美国 Drexel University 陈超美教授开发的可视化软件 Citespace Ⅱ，该软件被广泛应用于分析文献期刊和作者之间的共被引关系，绘制科学知识图谱（Chen，2006）。数据来源是美国科学情报研究所（ISI）的网络数据库 Web of Science。我们以 "second language writing" 为检索主题词在 SSCI、A&HCI 及 SCI-EXPANDED 数据库中进行主题检索，时间跨度为 2004—2014 年，文献类型限于 "论文"（article）和会议论文（Proceedings Paper），并将期刊限定在与二语写作密切相关且发文量较高的 21 种期刊，即 *Journal of Second Language Writing*，*System*，*Language Learning*，*Modern Language*

Journal，*Foreign Language Annals*，*Canadian Modern Language Review*，*Reading and Writing*，*TESOL Quarterly*，*Language Testing*，*Language Teaching Research*，*Computer Assisted Language Learning*，*Studies in Second Language Acquisition*，*Language Learning*，*Technology*，*Journal of English for Academic Purposes*，*Second Language Research*，*Language Assessment Quarterly*，*English for Specific Purposes*，*Applied Linguistics*，*Language and Education*，*Applied Psycholinguistics*，*ELT Journal*，最终得到 433 篇文章，文献数据包含全文本与引用的参考文献。

我们首先利用聚类分析从宏观上梳理国际二语写作研究核心领域，然后利用关键词词频，分年度考查具体研究热点的变化，最后通过分析中心性最高的文献以确定国际二语写作研究中起核心作用的作者及文献。

9.2　二语写作研究核心领域

CiteSpaceⅡ可以根据文献共被引关系通过自动抽取施引文献的关键词或名词短语产生聚类（Cluster）标识，用以归结研究聚焦点，每一个聚类可以被认为是一个联系相对紧密的独立研究领域（Chen，2006）。

我们采用聚类分析方法，绘制国际二语写作研究核心领域知识图谱，具体操作为：将 CiteSpaceⅡ设置"时间"为"2004—2014"，以 1 年为一个时间切片，在"Term Source"中选择"Title""Abstract""Author Keywords"和"Keywords Plus"，"Term Type"中选择"Noun Phrases"，"Node Types"中选择"Cited Reference"和"Terms""keyword"，其他参数不变，选择最小生成树算法（MST），由软件自动抽取聚类，得到 20 个共被引文献网络聚类（聚类 0-19），如图 9-1 所示，其中聚类值 Modularity Q 为 0.9049，聚类内部相似度指标 Silhouette 值为 0.416，说明聚类内节点联系比较紧密，聚类内节点的主题关联性比较强，结果有参考价值。

聚类 3 语法纠正和聚类 10 错误纠正标签名称类似，我们将这两个聚类统一归并至聚类 3；聚类 9、11、14 的标签均为 planning，我们将这三个聚类统一归并至聚类 9。归并后共有 17 个聚类，从大到小依次为：自动（cluster 0）、

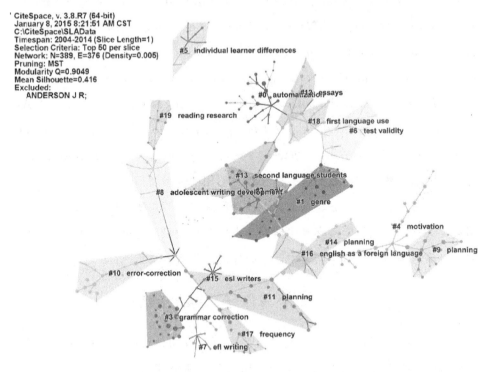

图 9-1　国际二语写作权威期刊论文共被引网络

聚类知识图谱（2004—2014 年）

体裁（cluster 1）、结对（cluster 2）、语法纠正（cluster 3）、动机（cluster 4）、个体学习者差异（cluster 5）、测试效度（cluster 6）、EFL 写作（cluster 7）、成人写作发展（cluster 8）、计划（cluster 9）、论文（cluster 12）、二语学生（cluster 13）、ESL 写作者（cluster 15）、英语作为外语（EFL）（cluster 16）、频率（cluster 17）、一语使用（cluster 18）、阅读研究（cluster 19）。

受篇幅限制本章只对最大的前 8 个聚类进行详细讨论。鉴于聚类 0（自动）主要涉及写作中的工作记忆，聚类 4 是关于动机，而工作记忆和动机都属于个体学习者差异范畴，将这两类归并至聚类 5 个体学习者差异进行讨论，聚类 6（测试效度）属于语言测试领域，聚类 7（EFL 写作）过于宽泛，我们将重点讨论 4 大核心领域：体裁、结对、语法纠正、个体学习者差异。归并后的 4 个聚类标签及描述如表 9-1 所示。

表 9-1　国际二语写作权威期刊论文的 4 大主要聚类及标签（2004—2014 年）

聚类号	大小	剪影度	标签（TFIDF）	标签（LLR）	标签（MI）
1	24	0.576	(5.88) genre;	genre;	Authorial presence; explicit instruction; pronouns; second language writing; research articles; genre; identity; stance; authority; voice; text; model
2	23	0.659	(7.05) pair;	L1 collaborative interaction;	language; L2 writing; error correction; revision; lexis; grammar; self-explanations; attention; learners; students; task; acquisition; proficiency; dialogue; feedback; working
3	23	0.636	(7.51) grammar correction;	error correction;	content and language integrated learning; second language writing; secondary school; development; register; coherence; language; demands; history
4	21	0.667	(10.92) individual learner differences;	perspective;	reading fluency; reading comprehension; reading in foreign language programs; word recognition; readers fluency; language; automaticity; classroom; learners; children

1. 体裁分析研究

体裁是"具有共同交际目的的一组交际事件"（Swales，1990）。体裁分析的研究思路大致为"回顾体裁分析模式，选择分析文本，推敲文本产生的情景语境，研究规约语境，剖析语言修辞层面，探讨语篇的区别性结构特征及其交际目的"（梁文花，秦洪武，2009）。

体裁分析由斯瓦利斯（Swales）发起，以语步（move）和步骤（step）作为语篇分析的基本方式，他对科研论文引言部分的体裁特征提出了 Introduction-Method-Result-Discussion（IMRD）的模式（Swales，1990），后又提出 Create A Research Space（CARS）的三语步模式，即确定研究领域、指出研究空白和填补研究空白。后续研究主要包括：①对特定学科语篇模式的探讨，这些学科包括语言学、经济学、生物、医学、新闻、法律、高等教育等（Hyland，2007）；②对学术论文中某一部分的语步分析以及对某一特定语步的分析，如引言部分、问题提出部分、结果及讨论部分等（Lim，2012），如林

(Lim，2014) 对应用语言学博士论文的问题提出部分的语步分析；③对一语写作者和二语写作者的学术文章之间体裁差异的分析（Soler-Monreal et al.，2011），如容克伊拉（Junqueira，2013）对比分析了母语为英语的作者与母语为巴西葡萄牙语的作者写作的书评，发现学术书评基本遵循三语步模式，但是母语为英语的作者在书评写作中批判性更强，而母语为巴西葡萄牙语的作者更倾向于避免冲突，这一倾向不仅存在于书评写作中，在其他学术文章中同样存在。

2. 以结对为主要形式的合作写作研究

合作写作的主要理论基础是社会文化理论，其中的支架（scaffolding）、最近发展区（ZPD）、动态评估（DA）等概念为合作写作提供重要依据。结对是合作写作的主要形式，相关研究有两类：一类是考查结对写作方式的有效性，主要通过对比分析个体写作和结对写作最终产出文本的准确性、流利性和复杂性。大部分研究发现结对写作对产出文本的准确性有积极影响，对流利性有消极影响，而对复杂性的研究结果不统一（Dobao，2013；Wigglesworth，Storch，2012）；另一类研究强调合作写作过程中的互动对话对写作的积极影响，这种影响包括促进语言输出、增强读者意识、合作构建语言知识并产出语言更准确的文本（Storch，2005）等。主要分析方式是对合作写作过程中的同伴互动进行录音或录像并进行转写，调查其中产生的语言相关片段（LRE），探讨这些 LRE 对产出的文本质量的影响，并在写作后通过对学习者进行问卷调查和访谈了解同伴反馈对作文修订和最终文本的影响。斯托奇（Storch）（2005）的研究发现，合作写作给学习者提供了与他人就写作的不同方面进行互动的机会，尤其是在产生观点阶段，并使学习者能够即时给予和接受反馈，而这是学习者单独写作时无法做到的，因此合作写作的最终文本准确性和复杂性均更高。

随着现代信息技术的进步，除了课堂合作写作研究，近年来涌现了大量基于维基（Wiki）的合作写作研究，包括这种写作方式下的互动模式分析（Li，Zhu，2013）、这种网络合作写作方式对写作质量的影响（Mak，Coniam，2008）、学生对这种写作方式的感知和看法（Miyazoe，Anderson，2010）。例如，凯斯勒（Kessler）等（2012）对 38 名学生基于网络的多对多合作学术写作过程进行了研究，发现在网络合作写作环境下学生更关注意义而不是形式，关注写作过程和修改过程；在对语法准确性的修改中大部分结果（79%）是正确的，因此语法准确性提高；并且使用各种网络工具帮助写作，写作的自主性增强。

3. 语法纠正

语法纠正，又称纠正性反馈，是指对学习者含有语法错误的文章所提供的反馈（Ellis，2007）。特鲁斯科特（Truscott）（1996）认为，纠正性反馈对二语写作不仅无用，反而会妨碍写作流利性，应该放弃，从而引发了一系列关于纠正性反馈的讨论及研究，使纠正性反馈成为二语写作的核心研究领域之一。相关研究采用准实验研究法观察纠正性反馈是否有效以及哪种类型的纠正性反馈更有效，具体有三类：①研究纠正性反馈对学习者修正文本的影响；②比较不同类型的纠正性反馈——例如，形式反馈与内容反馈、直接纠正性反馈与间接纠正性反馈、错误编码与错误下画线等；③研究经过一段时间后纠正性反馈对写作的影响。但遗憾的是这些研究因为没有设立控制组无法表明纠正性反馈是否促进了二语习得。近期许多研究（如 Bitchener，2008；Sheen，2007）开始探讨集中纠正性反馈，并在课前检测/课后检测环节设立控制组。这些研究表明，集中纠正性反馈有助于提高语言精确性，而且，反馈越明显，学习者获得的益处就越多。需要说明的是，当把注意力集中在单个语言特征上时纠正性反馈是有效的，但能否据此认为学生写作的准确性整体得到提高仍值得商议。

关于书面纠正性反馈价值的辩论还会继续下去。一两项显示集中型纠正性反馈可以促进二语习得的研究成果并不能令人信服，需要开展更多实证研究。此外，我们还需要证据证明书面纠正性反馈不会对学习者写作的流利性产生负面影响，以此反驳特鲁斯科特（Truscott，1996；2007）的观点。

4. 个体学习者差异

个体学习者差异对二语写作水平和能力发展产生巨大影响，大部分研究关注的因素包括：外语学能、工作记忆、写作动机等。研究者大多采用基于问卷和量表的数据统计分析方法，分别将这些因素与学习者写作水平进行相关或回归分析，以及结构方程建模等，探索这些因素与写作水平之间的相关性，或者对写作结果的预测力 (Ortega, 2012; Sparks et. al., 2011)。

另外，从以写促学角度看，虽然写作从注意、内化、假设检验等方面普遍促进二语习得和发展，但个体差异因素导致学习者对写作过程所投入的注意力和对教师反馈的认知处理深度等均有差异，从而影响学习者从中获益的程度 (Williams, 2012)。此外，近年来学习者个体差异的研究逐渐由简单趋向复杂，由单一因素对写作结果及写作行为的研究逐渐转变为探讨多因素融合对写作的影响，这些因素不仅单独对写作发生影响，且彼此间互相影响 (Kormos, 2012)。

外语学能主要由 4 部分组成：语音解码能力、语法敏感度、语言归纳能力、联想记忆能力 (Carroll, 1981)。探索外语学能与写作水平之间关系的研究显示，外语学能各组成成分的能力越强，写作水平越高。语法敏感度及语言归纳能力主要影响写作文本的准确性和复杂性 (Kormos, Sáfár, 2008)。如科默斯 (Kormos) 和特雷比斯 (Trebits) (2012) 探索学能各成分与流利性、准确性、句法复杂性和词汇多样性之间的相关关系，结果发现语法敏感性越高，产出的从句越长，并将这种现象解释为语法敏感度高的学习者能够将注意力分配给句法复杂性。希恩 (Sheen) (2007) 采用回归分析方法研究外语学能与写作中纠正性反馈之间的关系，发现语言分析能力越强的学习者越能够注意到教师给予他们的反馈，从而改正。

对二语产出而言，由于缺乏自动化知识，学习者需要在母语和二语之间频繁转换，在写前计划、翻译、表达和监察等各阶段间切换，因而需要更多努力，并因此更依赖于工作记忆资源 (DeKeyser, 2007)。大部分研究发现工作记忆容量与二语产出的准确性和复杂性呈正相关，即工作记忆容量大的学习者，短时记忆能力强，能即时提取的信息和知识存储多，写作准确性和复杂性较高 (Bergsleithner, 2010; Sprouse et al., 2012)。

二语写作动机研究多在二语学习动机研究框架下进行。大部分研究表明，动机与二语写作水平呈正相关关系，即动机越强，写作水平越高 (Csizér, Dörnyei, 2005)。此外，有研究者指出 (Pajares, 2003)，写作动机也受到社会环境和学习环境的影响。如佐佐木 (Sasaki) (2011) 为了研究国外学习经历对学习者写作动机和写作能力的影响，对 37 名在国外的学生进行了历时 3

年半的跟踪观察，结果显示，有国外学习经历的学生因为有融入目的语社团的需要，形成了二语相关的想象共同体，这激发了他们提高写作水平的动机，其写作水平也显著高于其在国内的同伴。

9.3 二语写作研究热点的变化

关键词作为文章的核心与精髓，是文章主题的高度概括和凝练，出现频次高的关键词通常被认为是该领域的研究热点。我们先利用 Citespace 抽取这些论文的关键词，绘制出国际二语写作研究的关键词共现知识图谱，如图 9-2 所示，然后将关键词按年份进行归类，以便清晰看出近十几年来二语写作研究的热点变化趋势。然后我们排除了关键词中诸如 writing、writer、learner、L2 writing 等较宽泛的名词，以及国别名词（如 Spanish、Japanese），提取每一年度出现频次最高的前 8 个关键词来代表该年度二语写作研究的热点话题（详见表 9-2）。

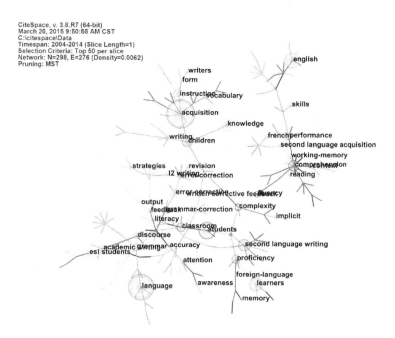

图 9-2 国际二语写作权威期刊论文的关键词共现知识图谱 (2004—2014 年)

图 9-2 显示，出现总频次超过 20 次的关键词依次为：acquisition，language，students，English，learners，second language writing，instruction，knowledge，feedback，accuracy，children，proficiency，grammar-correction，classroom，literacy。可见，近十几年来国际二语写作研究主要针对英语为第二语言的研究，研究对象包括成人学习者和儿童，特别关注写作与二语习得之间的关系，关注课堂写作教学以及学习者在写作过程中知识的构建和读写能力的培养。同时，强调给予学习者反馈和语法纠正，以提高文本的准确性。

表 9-2　国际二语写作权威期刊论文的研究热点话题（2004—2014 年）

年份	1	2	3	4	5	6	7	8
2004	acquisition	language	knowledge	feedback	accuracy	comprehension	children	proficiency
2005	grammar-correction	classroom	complexity	attention	context	awareness	patterns	corrective feedback
2006	Instruction	grammar	strategies	academic writing	plagiarism	computer-mediated communication	spelling	composing process
2007	Skills，	reading	form-focused instruction	coherence	lexical acquisition	academic language	assessment	cohesion
2008	revision	form	output	implicit	phonological awareness	access	activity theory	writer identity
2009	L2 error correction	vocabulary	writing assessment	written language	commun-ication	writing process	emergent literacy	program
2010	second language acquisition	recasts	interaction	L2 classroom	learner uptake	foreign language writing	L2 grammar	agreement
2011	working memory	genre	computational linguistics	dyslexia	time	mainstream	interlang-uage	high-school
2012	written corrective feedback	second language writing	motivation	identity	task	dialogue	aptitude	explicit instruction
2013	frequency	classrooms	Wiki	construction	language-acquisition	activation	intertextu-ality	collabor-ation
2014	meta-analysis	reactivity	morphological analysis	argumentative writing	CALL	planning time	peer feedback	English for Academic Purposes

表 9-2 显示，2004 年的研究重点是反馈对学习者写作能力及语言习得的影响，尤其是对产出文本准确性的影响。2005 年继续关注反馈，但重点探讨语法纠正或纠错性反馈对写作文本复杂性的影响。2006 年除了依然关注语法，对写作策略及写作过程的研究逐渐兴起，另一个特点是学术写作成为热点话题，学术写作中的一个重要现象——剽窃（plagiarism）成为研究焦点。2007 年延续了对学术语言的关注，并探讨作文的评估方式及写作中语篇的衔接与连贯，该年度另一个重点是注重形式的写作教学怎样促进词汇习得。2008 年关注修正对写作输出的影响，以及怎样修正能最大程度地促进隐性知识的发展。另外，写作研究的社会层面逐渐兴起，活动理论和写作者身份研究开始受到关注。2009 年的关注重点包括纠正性反馈、词汇、写作评价以及写作过程等。写作过程中的互动成为 2010 年的研究重点，主要包括互动怎样有利于学习者对输入的吸收，从而促进二语习得，哪种互动反馈最能促进写作准确性的提高，其中重述（recast）是研究最多的互动形式。2011 年开始了一些心理语言学层面的探讨，主要是工作记忆对写作能力的影响，同时，体裁分析和基于语料库的写作研究开始成为研究焦点。2012 年延续了写作研究中对纠正性反馈的重视以及基于社会文化理论的写作者身份的研究，同时对学习者个人因素的研究渐热，包括写作动机、语言学能等。2013 年的研究特别关注合作写作，尤其是基于 Wiki 的合作写作，包括合作写作模式对文本构建和语言习得的影响。2014 年的写作研究有方法论上的改变，研究者们开始重视元分析的研究方法，同时，学术写作及电脑辅助教学也是关注的焦点，另外，同伴反馈对产出文本的影响研究渐热。可见，国际二语写作研究热点主要是以元分析和语料库为方法的写作研究、合作写作研究、学术英语写作。

9.4　二语写作研究核心文献及作者

在 Citespace 分析中，一般以"中心性"（centrality）作为节点在网络图谱中连接作用大小的度量，中心性大的节点文献往往被视为在领域知识发展过程中的关键文献（Chen，2006）。我们提取中心性位于前 10 的文献作为关键文献，这些文献即为国际二语写作领域的核心文献（见表 9-3）。

表 9-3　中心性最高的前 10 位文献及作者

序号	文 献 名 称	作者	年份	中心性
1	Focus of form through conscious reflection	Merrill Swain	1998	1.11
2	Teacher response to student writing: Focus on form versus content	Fathman Ann & Elizabeth Whalley	1990	1.04
3	Reformulation and reconstruction: tasks that promote 'noticing'	Scott Thornbury	1997	0.98
4	Three functions of output in second language learning	Merrill Swain	1995	0.94
5	Salience of Feedback on Error and Its Effect on EFL Writing Quality	Thomas Robb, Steven Ross, Ian Shortreed	1986	0.89
6	Interaction and Second Language Learning: Two Adolescent French Immersion Students Working Together	Merrill Swain, Sharon Lapkin	1998	0.88
7	Problems in output and the cognitive processes they generate: A step towards second language learning	Merrill Swain, Sharon Lapkin	1995	0.88
8	Talking it through: two French immersion learners' response to reformulation	Merrill Swain, Sharon Lapkin	2002	0.88
9	Exploring the role of noticing in a three-stage second language writing task	Donald S. Qi, Sharon Lapkin	2001	0.88
10	Metalinguistic and ideational thinking in second language composing	Alister Cumming	1990	0.81

特别引起我们注意的是在这 10 篇文献中，斯温（Swain）有 5 篇入围，其中 1998 年发表的是中心性最强的文献，1995 年发表的位于第 4，另外斯温（Swain）和拉普金（Lapkin）合著的 3 篇文章位于第 6、7、8 位。

斯温（Swain）（1998）证明了有意识的反思对注意目的语形式的有效性，排名第 4 的斯温（Swain，1995）强调写作在二语习得中的作用，即引起学习者对中介语和目的语的对比。排名第 6 的斯温（Swain）和拉普金（Lapkin）（1998）通过计算两名浸入式法语学习者在合作完成写作任务过程中产出的 LRE 证实了对话的重要性，支持了对话既是交际手段又是认知工具的理论观点。这种基于 LRE 的分析模式成为后来合作写作研究的基本模式。

　　排名第 7 的斯温（Swain）和拉普金（Lapkin）（1995）通过实证数据支持了以下论点：学习者产出二语时会注意到自身的语言问题，从而逼迫他们修正输出。这种输出引发注意从而导致修正输出的过程正是二语学习发生的过程。排名第 8 的斯温（Swain）和拉普金（Lapkin）（2002）从社会文化理论视角讨论了学习者在写作过程中的协作对话对二语学习的促进作用。

　　位于第 2 位的安（Ann）和怀利（Whalley）（1990）对 72 名大学生的作文给予 4 种类型的反馈：无反馈、仅内容、仅形式、内容及形式。形式反馈主要是对所有语法错误画线，内容反馈主要是较宽泛的评论。通过对原始文本和修改后文本的整体评分发现，同时给予内容和形式的反馈与单独给予内容或形式的反馈效果相同，且多稿修订是不必要的。

　　排名第 3 的桑伯里（Thornbury）（1997）在强调注意对习得重要性的基础上发现，重写（reformulation）和重构（reconstruction）两种任务有利于提高学习者写作水平。随着以意义为中心的交际教学法和任务型教学模式的兴起，一时间对形式的关注相对受到忽视。这篇文章重新把人们的注意力引向形式，因为重写和重构都以意义为驱动同时注重形式（meaning-driven and form-focused），这种注意形式的过程有助于将输入转变为吸收。排名第 9 的齐（Qi）和拉普金（Lapkin）（2001）继续探讨学习者注意对写作的影响。研究发现，学习者注意的质量因学习者语言水平的不同而有差异，作者因而提出在二语写作教学中提高学习者注意的质量比促进学习者注意更重要。

　　排序第 5 的罗伯（Robb）等（1986）探讨教师反馈的明晰度对学生写作的影响，按照教师反馈凸显程度的差异划分了 4 类反馈形式：直接纠正、错误标注、无错误标注及每行错误总数提示，受试接受反馈后的文本按准确性、流利性和复杂性三个维度进行测量，结果显示四类反馈形式间无显著差异。

　　排名第 10 的卡明（Cumming）（1990）通过计算 23 名 ESL 学习者使用有声思维方式报告的完成任务过程中同时进行的元语言和概念思维片段，探讨写作对二语学习的价值。结果发现 3 种类型的思维片段对二语附带学习有潜在影响：①寻找合适的词语表达；②进行跨语言表达比较；③为二语语言选择做出解释。

　　总体说来，这 10 篇文章在两个层面对二语写作研究有重大意义：第一，强调了写作对二语习得的作用。写作作为一种输出活动，促使学习者对语言形式的注意，不仅对当前的写作，而且对未来的语言习得具有重要意义。因此对写作的研究除了学习写作（learn to write）层面外，另一个重要意义是探讨怎样以写促学（write to learn）。这也符合抽取的关键词词频分析结果，acquisition 和 language 为频次最高的关键词。第二，写作中的互动、反馈及协作对话不仅有利于提升写作水平，而且对二语学习也有促进作用。

9.5　结　　语

　　综上所述，国际二语写作研究特别关注体裁分析、以结对为主要形式的合作写作、语法纠正及个体差异，其中语法纠正一直是研究热点；另外，学术写作、基于语料库的写作、写作者身份以及基于 Wiki 的合作写作也渐渐成为研究热点；在二语写作研究的核心文献及作者中尤其突出的是斯温（Swain）及其相关文献。

　　虽然国内也越来越重视二语写作研究，研究成果也日趋丰富，但与国际二语写作研究相比，国内研究还存在诸多问题，如研究内容比较狭窄，重复现象严重，在研究方法上重定量，很少进行定性研究，而且定量研究缺乏严格的变量控制等。我们希望本研究能帮助国内二语写作研究者和教师及时了解国际二语写作研究热点和前沿，并结合国内情境确定自己的研究方向，提高研究质量。

第10章 外语课堂中的协作写作

10.1 引　　言

进入 21 世纪之后，国际外语教学在研究和实践方面都出现了新趋势。在理论研究方面，维果茨基（Vygotsky）的社会文化理论越来越受重视，一些学者开始积极思考它的核心命题"个体高级心理机能的社会起源"以及"语言是认知发展最重要的中介工具"在二语教学中的运用，这直接促成了斯温（Swain）（2006）"言说"（languaging）理论的提出，其核心思想是学习者互动中的协作对话（collaborative dialogue）有利于促进二语发展。伴随着理论的新发展，实证研究的重心也发生了变化，一个明显的趋势是从关注小组活动成果的合作学习（cooperative learning）转向重视小组活动过程特别是言语互动作用的协作学习（collaborative learning）研究。在实践上，一种新颖的协作学习活动"协作写作"（collaborative writing）开始在国外的二语/外语课堂中流行并引起了学者的广泛关注。很多研究（例如，Nassaji，Tian，2010；Shehadeh，2011）证明这种协作学习方式能够提高文本质量并有利于促进学习者二语发展。

然而在我国，协作写作还未引起教师和研究者的充分关注。我们尝试用"协作写作""合作写作""合作学习""小组合作写作教学"等为关键词查询中国期刊网，发现在写作教学中提倡进行合作或协作学习的文献很少，而且存在合作学习与协作学习概念混淆不清、理论探讨缺乏深度、实证研究匮乏而零散、总体研究质量亟待提高等问题。鉴于以上原因，本章系统地梳理了协作写作的相关概念与理论基础，并结合国外实证研究论述协作写作是促进学习者英语写作水平和语言能力发展的有效途径，以期对我国英语教学及研究有所启发。

10.2 协作学习、合作学习及协作写作的定义

10.2.1 协作学习与合作学习

要明确协作写作的含义，我们首先必须弄清楚协作学习与合作学习这两个概念以及两者之间的关系。我国学者很少对它们做严格区分，常常出现两者混用的现象。例如，马红亮（2003：16）明确指出"合作学习又称协作学习"；彭绍东（2010）认为二者的区别主要在于使用习惯方面，"协作学习"多用于教育技术学领域，而"合作学习"多用于教育学研究。

然而，西方国家对这两个概念的讨论与辨析一直是理论研究的重点之一。首先涉及"协作"与"合作"两个核心词汇的辨析。一种有代表性的观点认为其区别在于完成全部任务成员间劳动分工的程度（Dillenbourg，1999）。具体来说，"协作"是一种协调性的*、同步的活动，成员共同工作以完成全部学习任务。在此过程中，他们之间没有稳定的分工，相互间的角色也经常转换。但在"合作"模式中，成员之间的任务分工比较明确，他们往往将整体任务进行分解，每个个体（或子群）负责完成子任务，最后将各自的成果组合起来形成最终的成品。国外教育学领域的专家布鲁菲（Bruffee）（1995）、布罗迪（Brody）和戴维森（Davidson）（1998）等人（转引自Panitz，1999）还从两个概念的理论基础、所针对的知识类型、侧重点、教师课堂应用时需要考虑的问题等方面进行了系统性的辨析。在语言教学领域，牛津（Oxford）（1997）也详细讨论了协作学习、合作学习以及互动这三个交际语言课堂中的重要概念。由于篇幅问题，我们在此不作一一阐释，而是在总结以上文献主要观点的基础之上，将协作学习与合作学习两个概念的区别与联系归纳如表10-1所示。

从以上表格我们可以看出，协作学习和合作学习虽然都以小组为基本单位组织学习，但是由于对学习本质的不同认识以及针对不同类型的知识，它们在

---

* 此处及后文中的重点符号均为本章作者添加。

目的、任务性质、研究方法等方面各有侧重。简单来说，协作学习以社会建构主义理论为指导，强调"以学生为中心"，赋予他们对学习更大的掌控权，关注成员一起学习的过程，重视学生的口头或书面互动，认为这种互动能加深对问题的理解或促成问题解决。合作学习则以社会心理学和社会学理论为基础，重视促进学习者认知能力的发展和社会技能的提高。相对来说，这种学习方式更"以教师为中心"，强调教师对合作学习的设计、组织和引导，关注的重点是通过小组成员的共同工作和积极交互来实现明确的小组目标和预设性的任务。

表 10-1　协作学习与合作学习的区别与联系

区　别	协 作 学 习	合 作 学 习
主要理论依据	社会建构主义思想	约翰·杜威（John Dewey）强调学习社会本质属性的理论；库尔特·勒温（Kurt Lewin）的小组群动力理论
目的	使学习者适应知识社区的文化	通过一系列技巧提高认知和社会技能
结构性	结构性不强，更加"以学生为中心"，注重学生对知识的协同建构	结构性高，更加"以教师为中心"，注重教师对合作学习的设计、组织和引导
任务性质	开放性更强，适合非基础性知识（即需要更多推理和质疑能力）的学习和批判性思维能力的培养	开放性不强，主要适合基础性知识（即已被人们认可的事实）的学习
研究方法	倾向使用定性方法分析学生互动中的话语	注重使用量化方法评定所完成的任务
关注重点	强调一起学习的过程，关注学生的口头或书面互动，认为这种互动能加深对问题的理解或促进问题解决	强调一起学习的结果，关注团体是否完成既定目标
相关术语	最近发展区，认知学徒制，文化适应，脚手架，情境性认知，反思性探究，认识论	积极互赖，个人绩效责任式的团队，角色，合作学习结构
联系	都以小组为基本形式组织学习； 都有团体性的目标和预设性任务； 都重视通过小组成员之间的积极互赖、促进性互动和个体责任形成合作性的关系。	

10.2.2 协作写作

"协作写作"是一种特殊的协作学习形式，其定义有广义和狭义之分。从广义上说，只要存在成员之间劳动合作的写作活动都被称为协作写作。例如，同伴构思（peer planning）与同伴修改（peer editing）均属于广义上的协作写作活动。埃德（Ede）和伦斯福德（Lunsford）（1990）则从狭义上作了更为严格的界定，认为协作写作有以下三大显著性特征：①成员在写作过程的各个阶段进行大量互动；②成员对产出的文本共同享有决定权并共同承担责任；③共同产出一个书面文本。从以上三大特征来看，协作写作是一种与众不同的过程与成果。过程的特殊性是指成员在写作全过程都合作劳动并进行互动，在构思、产出观点、确定文本结构、进行文本编辑与修改等各个方面均做出贡献。这不仅仅是意见交换的过程，更涉及协商，即成员为了对写作的各方面达成共识而努力（Schrage，1994）。成果的独特性从表层上看体现为小组成员共同产出一个文本；从更深层次讲，成员共同产出的文本是集体智慧的结晶，不能简单地理解为是个体意见的集合（Stahl，2006）。

依据协作写作的狭义定义，同伴构思和同伴修改都不属于协作写作的范畴。一方面，以上两种活动中的同伴互动只出现在写作过程的某一个阶段而不是全过程中；更重要的原因是虽然有同伴讨论与互动，但最后的文本是由每个学习者个体产出，独自享有文本所有权。因此，希尔韦拉（Hirvela）（2007）用"写作协作方法"（collaborative approaches to writing）来描述这两种活动，以此将它们与狭义的"协作写作"区分开来。本章只涉及狭义的协作写作研究。

10.3 协作写作理论基础

协作写作活动有着坚实的理论基础，下面我们从认知理论和社会认知理论两大方面进行论述。

10.3.1 认知理论——朗（Long）的互动假说与斯温（Swain）的输出假说

朗（Long）在 20 世纪 80 年代初提出了互动假说，在 90 年代中后期进行了更新。早期的互动假说强调可理解性输入的重要性，致力于研究如何使输入可理解。他认为以意义协商为形式的言语互动能够修正并调整互动结构，使语言输入可理解，从而促进语言习得。然而斯温（Swain，1993）通过加拿大"沉浸式教学"项目发现，仅仅有可理解性输入还不足以保证二语学习的成功，还需要"可理解性输出"，并提出了"输出假说"，强调语言输出在二语习得过程中的重要作用。

后来，朗（Long）（1996）吸收了斯温（Swain）的"输出假说"、施密特（Schmidt）（1994）的"注意假说"以及皮涅曼（Pienemann）（1989）的语言加工能力理论的核心思想，对互动假说做了更新，指出意义协商是通过连接输入、学习者大脑机能，尤其是选择性注意以及输出来促进语言习得。更新后的互动假说更好地体现了对语言学习认知复杂性的认识，为语言课堂中的结对和小组活动提供了依据和支持。

在互动假说和输出假说的启发下，一些学者致力于调查怎样的语言学习任务更有利于促进意义协商以及哪种形式的语言输出更有助于二语习得（Alegría de la Colina，García Mayo，2007；Niu，2009）。在较长时期内相关研究一直偏重口语输出。但后来，随着研究视野的扩大，更多结果显示书面输出比口语输出更利于促进二语习得，因为学习者更倾向于在写作中使用新的句法结构（Weissberg，2000），更易于注意修正性反馈（Harklau，2002）并反思自己的语言（Adams，Ross-Feldman，2008）。融合了口语与书面输出的协作写作活动还为学习者提供了扮演多种角色的机会，如教师、合作者、被征询意见者，以及批判性的读者等，因此可能比独自写作更有助于语言学习（Weissberg，2006）。

10.3.2　社会认知理论——维果茨基（Vygotsky）的社会文化理论与斯温（Swain）的"言说"概念

1. 维果茨基（Vygotsky）的社会文化理论

维果茨基（Vygotsky）的社会文化理论是关于个体认知发展的心理学理论，因为强调个体心智发展的社会来源与文化中介而得名。维果茨基（Vygotsky）（1981）指出，人所有的认知发展特别是高级心理机能（如有意识的注意、语言学习等）都起源于社会活动，是个体通过与他人以及环境的互动从外向内逐渐内化的过程。他认为成人在与儿童互动中所提供的发生在儿童"最近发展区"内的帮助能促进儿童认知的发展。这种被称为"支架式"（scaffolding）（或脚手架式）的帮助通过语言中介发挥作用。

维果茨基（Vygotsky）强调成人与儿童的互动对儿童认知发展的作用，但二语习得领域的研究者发现在二语水平相似的对子/小组中，学习者也能为彼此提供"支架"（Ohta，2001）。多纳托（Donato）（1994）还发现在同伴互动中存在"集体支架"（collective scaffolding）的现象，即学习者汇聚各自的语言知识，共同解决单个成员无法解决的语言问题。

总之，维果茨基（Vygotsky）的社会文化理论视语言学习为社会活动和认知过程共同作用下的社会文化现象，认为专家（成人或能力更强的同伴）与新手（儿童或能力较弱的同伴）之间的言语互动对语言的发展起重要作用。这一理论极大启发了二语/外语教学研究，为二语课堂中的师生、生生互动活动提供了理论支持，也是后来斯温（Swain）"言说"理论的来源。

2. 斯温（Swain）的"言说"理论

受到维果茨基（Vygotsky）"中介说"的影响，斯温（Swain）逐渐由早期认知视角下的语言输出研究转到语言作为认知发展的中介工具方面的研究上来。她先后用"言语表达"（verbalization）、"协作对话"来取代"输出"这个概念，最终确定了"言说"这个术语，并将其定义为"通过语言来建构意义以及塑造知识和体验的过程"（Swain，2006：98）。换句话说，"言说"可以理解为个体"试图能够理解意思、解决问题以及表达意义而产出语言"（p.96）。在语言学习领域，"言说"往往出现在学习者碰到语言困难的情况下（例如，当他们试图理解一个语法规则或确定如何才能最好地表达观点），此时语言作为思维的中介能够协助他们解决语言问题。

"言说"有两种形式：自我中心语言和协作对话。自我中心语言是自我指向，通常表现为学习者遇到困难时的自言自语；协作对话则是他人指向，对子/小组成员通过协作对话与商讨试图解决在协作完成任务时所碰到的问题。斯温

（Swain）（同上）认为对语言进行"言说"是学习语言的一种方式。"言说"将学习者的思维言语化并以口头或书面形式呈现，有利于他们检查自己的语言使用。此外，"言说"也是进一步反思的手段，通过"言说"，学习者能产生对问题更深刻的理解或全新的认识。总而言之，在"言说"过程中，学习便发生了。

协作写作活动提供了大量协作对话形式的"言说"机会，这种"言说"能够帮助学习者共同解决所碰到的语言问题，同时也有利于他们各自的语言学习。一方面，当碰到语言问题时，以对子/小组模式进行写作的学习者可以借助同伴的知识来集思广益，通过"集体支架"来解决问题。另一方面，与他人的互动使学习者有机会接触到各种观点，当成员产生不同意见时，他们需要为自己的观点提出合理的解释和支撑。研究表明，这样可能会促使学习者在大脑中建构更加清晰、一致的知识表征，并在这个过程中促进理解能力（van Lier，1996）的提升。同时，接触到的新观点或知识也可能被学习者吸收内化成为自己的知识。

10.4　协作写作实证研究

在国外，协作写作最早出现于一语写作教学与研究领域，是伴随着美国20 世纪 80～90 年代写作教学结果法向过程法的转变而出现并发展起来。一语环境下的研究重视将协作文本与独自写作产出的文本进行对比，由于协作写作有利于培养读者意识（Bruffee，1984）、便于同伴及时给予反馈、鼓励学习者分享好的写作策略（Daiute，1986）并能促进学习者反思（Daiute，Dalton，1993），很多研究都证明学习者协作产出的文本整体质量更高（如，Daiute，1986；Hillebrand，1994）。

近年来，协作写作研究也逐渐成为二语/外语教学研究的一个重要话题。按照研究内容，这一领域的实证研究主要可以分为三大类：研究协作写作的成果、关注协作写作的认知过程及影响因素、调查学习者的态度和感知。与本章紧密相关的是第一类，即关注协作写作成果的研究。二语环境下的成果研究既关注协作写作对文本质量和学习者写作水平的影响，同时也关注其对二语学习的作用。

10.4.1　协作写作对文本质量及学习者写作水平的影响

关注协作写作对文本质量影响的研究相对较多。与一语环境下的研究类似，学者通常将学习者协作产出的文本与单独产出的文本对比，但不同之处在于一语环境下的研究多关注文本的整体质量，但二语研究则更关注文本中语言的使用，多从语言的准确性、流利性和复杂性方面进行评价。目前，研究者在协作写作促进语言准确性方面基本形成了共识，但在对语言流利性和复杂性的影响方面意见不太一致。

一般有两种方式开展这种对比研究：一是对比相同学习者在协作和独自状态下产出的文本（如，Storch，1999）；另一种是把学习者分为协作写作和独自写作两组，对比这两组在完成同一任务时的表现（如，Reinders，2009）。前一种方法的好处是能够减少个体差异对结果的潜在影响，可是要确保两种状态下的任务在考查的语言点和任务难度等方面有高度的可比性还是很有难度。因此多数研究采用了后一种方法。

事实上，一篇习作的好坏不仅涉及语言的使用，文章的内容、结构等也是非常重要的因素。因此，近几年二语环境下的研究视野也逐渐扩大，一些学者在重视分析文本语言使用的同时也开始综合考查文本质量。例如，斯托奇（Storch）（2005）不仅收集了语言的准确性、流利性和复杂性的数据，还使用五点量表从内容、结构和任务完成情况对文本质量进行整体评价。不管采用哪一种对比方式，也不论学者是关注语言还是文本整体质量，研究结果与一语环境下的结果相类似，即协作产出的文本比独自写作的文本质量更高（如，Reinders，2009；Wigglesworth，Storch，2009）。

与对文本质量影响的研究相比，协作写作对学习者写作水平影响的研究相对较少。研究者一般采用前测-后测的方法，对比试验组和对照组在前测和后测中的表现，多数研究结果显示在后测中实验组学生的成绩有了更显著的提高，从而证明协作写作更利于提高学习者的写作水平。例如，谢哈德（Shehadeh）（2011）对中下语言水平的外语学习者展开了为期16周的课堂实验研究，后测结果显示与单独写作者相比，结对写作的学习者在文章的内容、组织和词汇等三个关键方面有了更为显著的进步。问卷调查还显示实验组的学生认为协作写作活动不仅提高了他们的写作水平，还增强了他们的写作自信心。

10.4.2　协作写作对二语学习的促进作用

协作写作为学习者提供了在真实的语言环境中大量使用目标语以及使用目标语来满足不同的语言功能（如解释、提供反馈、反驳等）的机会。此外，如前所述，"言说"过程有利于学习者接触并学习不同的表达方式和组织方式，关注并反思自己的语言使用，这些都为语言发展提供了良好的环境。但协作写作是否能真正促进二语学习还必须通过实证研究来证明。斯托奇（Storch）（2013）总结了这类研究的三种研究设计："前测-后测"、通过量身定制测试将语言相关片段（Language-related episodes，简称 LRE）与学习者后续表现联系起来、使用"过程-成果"研究设计。

前测-后测的设计是指通过对比参与协作写作活动的学习者与独自完成任务的学习者在前、后测中的表现来衡量协作写作在提高学习者语言所得方面的作用。例如，金（Kim）（2008）采用此种方法对比了学习者协作与独自完成整体听写任务对二语词汇习得的影响。结果显示，不管是在即时后测还是延迟后测中，参与结对活动的学习者都表现得更好，而且差异具有较大的显著性。如前所述，谢哈德（Shehadeh）（2011）的研究也证明了协作写作模式对提高学习者词汇使用能力的优势。可是，纳萨吉（Nassaji）和田（Tian）（2010）以及奎肯（Kuiken）和维德（Vedder）（2002）等研究则显示协作完成任务在引发学习者的语言学习所得方面并不具有优势。正如斯托奇（Storch）（2013）指出，这种矛盾的研究结果是由多方面原因造成，例如各个研究在采用的测试以及目标语言结构的复杂程度上都有差异性。但最关键的原因涉及两个问题：学习者是否关注到了目标语言结构；在"言说"的过程中，他们是否得到了关于目标语言结构的正确解答。遗憾的是，前测-后测的研究设计无法回答以上两个问题。

"通过量身定制测试将语言相关片段与学习者后续表现联系起来"的研究

方法则在一定程度上避免了以上问题。语言相关片段（LRE）是指在尝试完成语言任务时学习者话语中对语言进行细致思考和讨论的片段（Swain，Lapkin，2001），是"言说"的具体操作。这种设计的基本原理是，测试中的语言点应该与学习者所关注到内容具有一致性，因此研究者需要首先分析学习者协作对话中的 LRE 来了解他们关注了哪些语言项目，据此再设计测试。该方法最大的问题在于实际操作难度较大。由于测试内容要根据每个对子/小组所讨论的内容进行量身定制，要在有限的研究时间完成测试项目的编制给研究者造成里很大的压力。因此这方面的研究屈指可数，有代表性的有斯温（Swain）（1998）以及斯温（Swain）和拉普金（Lapkin）（1998）等，研究结果都证明协作能够促使学习者学到他们所关注的词汇和语法结构。

"过程-成果"研究设计是维果茨基（Vygotsky）社会文化理论中的微变化研究法（microgenetic analysis）在语言教学研究中的应用。微变化研究法的最大特点是能记录认知能力在一段时间内的发展变化。具体到"过程-成果"法，它是指：在确定对子/小组在互动中创造的语言学习机会（体现为 LRE）之后，观察个体能否随着时间的推移在单独的任务表现中以目标语言的形式使用互动中关注过的语言项目。与前两种方法考查学习者外显的语言知识不同，"过程-成果"方法关注的是学习者的内隐知识，即使用目标语言结构的能力。多纳托（Donato）（1994）是使用该研究设计的一个典型例子。多纳托（Donato）要求学习者先以小组为单位准备一个口语陈述，然后进行独自口语陈述。她通过对比分析小组对话中体现"集体支架"的语言片段与学习者单独个人陈述中的语言，发现"集体支架"片段中涉及的 32 个语言结构有 24 个都能被学习者正确使用。多纳托（Donato）指出这是学习者内化社会性建构的知识的证据。斯托奇（Storch）（2002）调查互动模式对语言学习影响的研究就是以此为参考，选取了两对代表两种不同互动模式的对子即合作型和控制/控制型，对比分析他们单独完成任务和协作完成任务时的 LRE，结果显示只有合作型互动才利于学习者内化共建的语言知识，促进语言学习。

总的说来，二语/外语环境下的协作写作成果研究显示，与传统的单独写作相比，协作写作在提高文本整体质量、学习者的写作水平和写作自信心方面有较大优势。但关于协作写作促进二语学习的实证研究还是相对较少，规模也较小。我们需要更多这方面的实证研究来进一步增强在课堂中使用协作写作活动的信心。在进行这类研究时，我们要注意依据具体的研究目的和条件来选择合适的研究设计。以上三种研究设计各有优缺点。前测-后测的方法比较易于操作，适合较大规模的研究，但由于它只关注结果，缺少对互动过程的关注，脱离了互动时的具体情境，会得出有差异的研究结果。量身定制测试和过程-成果的研究设计通过对协作对话中 LRE 的分析加强了对互动过程与具体情境的关注，从而使得出的研究结果更为科学、更加可信，但操作起来较难，只适合小规模的研究，特别是个案研究。

10.5　结　　语

协作写作对国内广大教学研究者来说是一个比较新颖的话题，但在国外由来已久，目前已经被较为广泛地应用到一语写作、二语/外语写作及语言课堂。协作商讨的过程为语言学者提供了更多使用目标语的机会和真实的语言使用场景，这对缺乏语言学习和语言使用环境的中国大学生来说尤为重要。此外，无论是理论还是实证研究均显示协作写作在提高学习者英语写作水平和语言能力方面具有潜在优势，对提高学习者写作自信心也有帮助。因此，我们希望我国广大英语教师学习并了解协作写作的内涵和特点，能结合自己的实际课堂开展协作写作活动，对切实有效提高学生的英语写作水平和英语能力做出积极的、有意义的探索。

第11章 外语教师教育创新研究

11.1 引 言

国外普通教育领域的教师教育研究始于 20 世纪 80 年代中期，外语教师教育领域的相关研究则在 20 世纪 90 年代以后才出现。而我国的外语教师教育在 21 世纪之前尚未形成独立的研究方向（吴宗杰，1997），只是在进入 21 世纪以后才作为一个独立的研究领域越来越受到重视。在新的时代要求下，外语教师教育研究迫切需要创新。

随着 21 世纪信息技术的飞速发展和广泛应用，信息和知识的更新速度快得让人目不暇接，外语学习资源在网络上随处可见，从语音、词汇、语法到篇章每个方面都有，听说读写译无一不缺，文本、音频和视频多语态资料琳琅满目，其丰富程度和覆盖范围广度也创造了若干课外英语学习的广阔天地。这一切都给外语教师提出了比以往任何时代更高的要求，而在我们部分大学英语教师中存在一种惰性，不愿意尝试和自己学历背景不同的课程，甚至不愿意尝试一种新的大学英语教材（蔡基刚，2011），教学方法一成不变，教学内容更新速度慢，最终导致学生在课堂上表现出极大的懈怠和不满（刘润清，2010）。这样的时代背景和教师现状决定了外语教师教育的重要性和迫切性，即外语教师想要称职地完成工作，仅仅根据经验按照传统方法进行教学已经远远不能满足时代的需求，他们必须不断学习，主动寻求专业发展。《国家中长期教育改革和发展规划纲要（2010—2020 年）》也指出，"教育大计，教师为本。有好的教师，才有好的教育……严格教师资质，提升教师素质，努力造就一支师德高尚、业务精湛、结构合理、充满活力的高素质专业化教师队伍。"而如何开展外语教师教育研究直接关系到我国外语教师整体素质的提升，关系到我国外语教育整体质量的提高。

11.2　外语教师教育研究中的质化研究

在外语教师教育研究中提倡创新首先是研究方法的创新。在大量开展量化研究的同时，我们需要大力倡导开展外语教师教育的质化研究，这样就能保证我们既能从宏观上对外语教师发展中的各种现象和规律进行把握，也能从微观上观察到教师作为"人"在成长中的心路历程和情感变化。

长久以来我们一直呼吁在外语教育研究中要采用科学的研究方法，更多地都是在强调数理实证研究。数理实证研究的特点是运用数学计量工具将复杂的社会现象中的有关影响因素予以固定描述，通过大规模的调查获得数据，然后对数据进行数理统计分析，从而把握复杂现象之间的内在联系。但对于一种研究方法的过于偏重很容易导致我们走向唯它是尊的极端。具体到教师教育的领域里，我们尤其要注意这一点，既要进行数理实证研究，也要开展案例实证研究。外语教师教育研究中采用的研究方法的多样性充分体现了量化研究和质化研究的结合，特别是以人为本的质化研究的独特价值。

在实证研究中，基于问卷调查的定量分析和基于访谈、观察等的定性分析均在外语教师教育研究中发挥了重要作用。以教师的专业身份研究为例，关于教师专业身份的研究从一开始就比较注重实践探索，并且一直保持了这个趋势。这个现象恰好符合现实，因为在教师教育研究中，无论怎么讨论研究教师素质和知识的理论要求，这些教学知识和技巧都是不能与教师个人剥离开的（Kelchtermans，2009），是不能脱离教学实践的。因此对教师专业身份的研究也必定牢牢地扎根于教师的实际生活素材。在 Elsevier，EBSCO，Gale，SAGE，Wiley Online Library 等电子数据库中以 professional identity 和 teachers 为关键词进行检索得到的 SSCI 收录文献中，实证研究数量占绝大多数，而实证研究中质化研究数量又远远超过量化研究，起步阶段前者是后者的 3.2 倍，到发展阶段质化研究数量竟增长到量化研究的 6.7 倍。这种以质化研究为主的研究方法总形势也恰好符合教师专业发展的总体发展趋势：在 20 世纪 70 年代以前，基于富勒（Fuller）（1969）提出的教师职业生涯阶段理论（teachers' professional phases），关于教师专业发展的研究表现出以大规模调查为主要方法、以探讨教师职业生涯一般轨迹为主要目标的明显特征（仲丽娟，2010）；而 70 年代以后，教师专业发展研究转向"个体"，研究方法主要为叙事研究、话语分析和内容分析，搜集数据的方式包括半结构性访谈、人种志研究、课堂观察、反思日记或日志分析等。这是由于教师的成长经历、心理、社会文化和专业等诸方面相互交织，使得教师的专业发展路径呈现复杂的、动态的、多样化以及个体独特性态势，超越了过去"群体"式的轨迹描述。质化研究关注个体的经历、思想和情感及其变化，恰恰符合外语教师教育研究中对教师个体关注的需要。只有真正关注了外语教师在教学实践中遇到的问题和教师个人情感的微妙变化，我们才有可能在外语教师教育中取得一些突破和创新。

在质化研究中，尤以叙事探究为代表。叙事探究作为一种凸显人文关怀的研究方法在国外已经发展了几十年，最近几年在国内也开始得到广大教师教育研究学者的关注，涌现了一批对教师发展进行叙事探究的学者，一批相关学术论文（王栋，2007；许悦婷、刘永灿，2008；李晓博，2010）和专著（鞠玉翠，2004；顾佩娅，2009；刘熠，2011；李晓博，2011 等）也相继出版。这些论文的发表和专著的出版给国内的教师发展研究领域带来了一股清新的质的研究之风和亲切的人文关怀。其中最有代表性的作品是李晓博（2011）的《有心流动的课堂：教师专业知识的叙事探究》。该书清新朴实而又细腻的文风，充分地展现了一位研究者孜孜不倦地探寻问题答案的精神和对教师的心理世界中细微变化的关怀，也展示了一位普通外语教师在实现自己专业化过程中对人性关怀的光辉。李晓博（2010）还通过对自己学习并逐渐进入叙事探究经历的描述和反思，介绍了对叙事探究的一些误解，并阐释了她自己对叙事探究中的"事实"、价值和评价基准的理解。正如她在文中描述的，叙事探究的特点就是互动性，即要带给读者"情感性理解"。她也正是这样做的，采用了平实的语言，以叙事的方式对自己在博士学习阶段学习和了解叙事探究的过程进行了"深度叙事"，详细描写了作者以为自己了解了叙事探究的特点然而进入调查现场后又发现诸多的困惑和疑问，然后又反复阅读相关的著作和文章，继而再次探索、领悟到了叙事探究的真正价值，让读者在阅读的过程中能够"频频点头""会心地微笑"，不断地联想到阅读到的其他文献，最终感觉"得到了成长"。克兰丁宁（Clandinin）和康奈利（Connelly）（1996，2000）提出的"叙事探究"正是要求研究者"亲历现场故事、叙述这一经历、再经历现场故事、再叙述这一经历"。李晓博通过文献阅读和自己实践感悟到，他们所说的"体验和经历生活"就意味着研究者不是回避而是积极地"通过自己"去观察现场、记录现场、感受现场。换言之，在作者看来，"叙事探究"并不要求研究者如何地去保持"客观"地呈现"事实"，却恰恰强调这种"带有个人色彩的生活经历和生活故事是有意义和价值的，并且要做的就是带领读者一起去经历这样一种带有个人色彩的生活经历和生活故事"。因此叙事探究的价值在于克兰丁宁（Clandinin）和康奈利（Connelly）（2000）所说的"人们（包括研究者、读者）的生活故事里是否发生了变化和成长"。

在量化研究几乎占统治地位的今天，质性研究由于对丰富的经验积累和敏锐的洞察力的高要求，在国内外语教学研究领域还没有得到长足发展。而叙事探究也由于其作品呈现的文字风格的"反科学性"——说"反科学性"是因为深度叙事要求进行深度描写，使用的语言风格常常不同于科研论文的严肃语言风格，而是生动的叙事的，也因此不免在学术界遭到质疑。李晓博正是顶着这样的压力，坚持了敢于尝试新的方法和视角的精神，才使得我们有可能读到她的作品，从普通教师的日常教学故事当中看到了教师获取专业知识并将专业知识转化为教学行为的细节。这种在研究上的坚持探索、敢于创新、在科学研究中充满人性关怀的精神正是我们今天所倡导的。叙事探究作为一种凸显人文关怀的质性研究方法值得在教师教育和发展研究中大力推广。

11.3　跨学科理论在外语教师教育研究中的应用

外语教师教育本身就注定了这个研究领域的跨学科性，首先教育学本身就是一个高度综合性跨学科的科学，然后具体到外语这个学科领域，则更加拓宽了它的交叉范围。多学科知识和理论的应用为外语教师教育研究提供了全新的视角。外语教师教育研究要求我们以一种全方位的学科视角去看待和观察外语教师的知识发展、课堂行为、情感变化等，同时以科学和人文的视角去关注教师整个行业的发展和教师个体作为个人的成长。

1. 社会学习理论和组织学理论在外语教师合作与互动研究中的应用

我国外语教学一直在探索着能够真正有效地提高教学质量的方式和途径，经历了从混合班教学到分级教学/分层次教学的教学模式改革，也经历了从以教师为中心到以学生为中心的教学理念变革。但无论是教学模式的变化还是教学中心的转换，要想取得成功都必须以教师自身持续不断的发展为基础。教师的知识主要包括个人实践知识（Golombek，1998）、教学知识、科目知识等。据研究显示，长期以来，在职教师的知识来源主要依靠个人成长经历、职前教育和培训、在职研讨和培训项目以及与其他教师的交流和共享等（顾佩娅，2009；Golombek，Johnson，2004；Roberts，1998）。但是由于教学工作的相对独立性和外语基础课教学任务的繁重，外语一线教师的大部分工作时间都是在课堂这个相对孤立的环境中度过（Lortie，1975），参与教师集体备课和讨论的机会有限（Hargreaves，Dawe，1990），外语教师的专业发展主要依靠教师个人反思。因此现在高校外语教师队伍中凸显出来的问题是，研究人员和一线教学人员相互"隔绝"，研究和教学实践相脱节（文秋芳，任秋梅，2011），很多教师专业发展处于彷徨期，甚至面临"职业倦怠"。在这样的形势下，建设合理有效的外语教师团队，营造积极、开放、互助、互敬、好学的互动氛围和文化，形成一个牢固的"实践共同体"（Wenger，1998；Wenger，2002）对于促进教师的专业身份建构和持续不断的专业发展有着重要的作用（刘熠，2011）。然而要建立协作型文化也不是一件容易的事（Fullan，Hargreaves，1996），因为"协作规范不会自然发生，不会从教师的相互尊重和关怀中自然地迸发出来"（Rosenholtz，1989）。因此，对外语教师团队建设的模式和前提条件进行理论探讨并对提出的理论模式进行实证研究对于促进高校外语教师的专业发展和教学质量工程的实施有着根本性的决定作用。

在教师合作和互动的研究中，美国学者拉维（Lave）和温格（Wenger）（1991）合作提出的"实践共同体"（Communities of Practice）理论和"情景学习"（Situated learning）理论获得了广泛的应用。他们基于对非洲裁缝学徒学习过程的研究，提出了"实践共同体"的概念，指出比起向师傅学习来说学徒的学习更多地是发生在学徒之间——一个有着共同的关注，但更重要的是有着共同的实践活动、共同的经历、共同的工具和处理一些实践活动中常见问题的共同的方式的从业者的社区或共同体内部；这种学习他们称之为"情景学习"。"情景学习"发生的前提是实践共同体成员之间的相互交流。"实践共同体"描述的现象在人类社会存在已久，并且广泛地存在于各种组织中，在各个具体组织内部有着不同的名称，比如学习网络、技术俱乐部等，只是在最近被冠以一个统一的新名称。成员并不一定每天都在同一地点一起工作，他们参与共同体活动的方式包括具体参与、想象、结盟。成员在共同体中的地位有核心成员和边缘成员之分。该理论框架在教师教育研究中主要体现在对教师合作与互动以及教师专业身份建构的研究中。

中国香港著名教师教育研究学者崔（Tsui）（2007）基于这个理论框架，对内地一位英语教师的 6 年教学经历（其中主要是经历了交际教学法推广的改革）进行了叙事探究，从中观察该教师的身份形成过程。研究发现，该教师的专业身份形成是一个复杂的过程，中间涉及多种身份的较量和融合，涉及成员身份、业务能力和参与实践的途径（access to practice）之间，以及对意义的利用和拥有、参与的中央性（centrality）和权力关系在教师身份形成过程中的调解作用之间的相互关系。2010 年更是涌现了一批以实践共同体理论为框架的教师专业身份研究。如威廉姆斯（Williams）（2010）利用温格（Wenger）（1998）的实践共同体理论框架分析了一个从其他职业跳槽来的实习教师如何通过外围参与实现职业变换，成为一个实习教师的经历，得出在教师教育环境中要调合各种身份来建构教师专业身份的结论。莫顿（Morton）和格雷（Gray）（2010）在研究集体备课讨论会（Lesson Planning Conferences）在新手教师获取个人实践知识、建构专业身份过程中的作用时，也采用了实践共同体理论框架，对搜集到的集体备课讨论会的记录进行了话语分析。研究证明，集体备课是一项非常有利于新手教师获取个人实践知识、建构专业身份的有效策略。关（Kwan）和洛佩斯·里尔（Lopez-Real）（2010）还在共同体理论框架指导下对教师教育过程中实习教师的指导教师（teacher mentor）的专业身份形成进行了探究，结果发现学校文化、共同体内其他成员个性以及共同体的其他因素均是影响指导教师专业身份形成的重要因素。

由上可知，实践共同体和情景学习的理论框架对于研究在职教师的学习和发展来说是比较适合的。为了建设一个开放、互助、互敬、好学的高校外语教师团队，首先建立一个有效的教师团队理论模型至关重要。根据温格（Wenger）（2002）的组织学观点，一个成功的组织一定是一个开放的学习系统，是一个学习型的"实践共同体"，组织成员在实践共同体中通过参与、想象和联盟进行实践，在对实践的反思中进行学习。高校外语教师队伍，由于教学工作的独立性，充其量只能算是形式松散的"实践共同体"。教师团队建设，就是要对教学中现存的"实践共同体"进行有目标的明晰化建设，要对其目标、组织的中心、领头人物、成员角色等进行明确的定位，以期形成对共同体成员专业发展产生强大的推动力的集体。我国的大学英语教学目前正经历着课时缩减和课程重新设置的变革。因此，除了进行研究-教学人员的搭配建设外，以具体课程的建设为中心进行教师团队建设也具有重要的理论和现实意义。

在信息技术的广泛应用下，外语教师的互动从现实共同体范围内也扩展到了网络上的"虚拟共同体"上。电子邮件、博客、网络资源平台、数字大学城等虚拟空间都为教师互动提供了新的媒体和方式，有助于克服现实空间互动中的一些局限。充分地利用信息技术来增进高校外语教师在团队建设中的互动与协作必定能大大促进团队中和谐、互助、开放、共享氛围的营造和维持。未来的研究可以探讨教师在"虚拟共同体"上的合作与互动对其发展的影响。另外，要深入地了解在职教师在诸如集体备课之类的组织内的学习行为，还需要借助组织学中的显性知识（explicit knowledge）、隐性知识（tacit knowledge）和知识溢出（knowledge overflow）等理论；为了研究有效教学合作团队的建设，还需要从组织中成员的地位和权力关系等角度进行分析，这也需要借助管理学领域的博弈理论（game theory）。

2. 管理学绩效评估相关理论在外语教师评价中的应用

公正合理有效的评价机制是激励员工提高绩效、获得可持续性发展的关键手段，而高校外语教师由于其身份和地位的特殊性，目前在我国各大高校采用的评价体系处于良莠不齐、顾此失彼的状态。高校外语教师的身份特殊性首先体现在他们与中小学外语教师的不同。中小学外语教师的工作明确以教学任务为主，而教学则以中高考以指导，有着明确系统的评价指标；而高校外语教师处在高等教育的大环境下，工作任务不仅包括教学，还包括科研。其次还体现在他们与高校其他专业或科目教师的不同。通常，高校外语教师要面临大规模的日常教学任务，常年战斗在教学一线，这样导致他们从事科学研究的时间和机会相比其他专业教师要少很多，他们从事科研的方向也局限了很多，只有与教学实践紧密挂钩才能获得较高的效率和效益，才能促进他们的专业发展。这样对他们的评价就面临着一个问题：教学与科研分别占多大的比重才是最有效、最合理的？还有，评价主体应该是谁？学生、教师自己和单位领导的评价分别应该占多大比重？要找到这些问题的答案，必须要超越外语学科和教育学科本身，借用管理学中的绩效管理和评估，再结合对高校外语教师评估所涉及的多方主体进行访谈调查，才能制定出合理有效的评价机制，对高校外语教师达到理想的激励效果。据我们了解，目前许多高校为了追求评估的便利化和简单化，在评估制度的设计中存在只重结果不重过程的现象，造成了具体评估过程中重量轻质的现象，评估片面化，评估项目和比重设计不科学，对于外语教师日常工作的质量关注不够，对外语教师素质的考查也没有给予足够的重视，从制度上歪曲了教师绩效评估的方向原则，极大地削弱了绩效评估的作用（庞鹤峰，2006）。因此对高校外语教师的绩效评估系统进行研究是一项非常必要也很迫切的任务。2011 年上海外国语大学陈坚林教授的博士生张蔚磊的博士论文填补了这个空白。她综合了价值理论、人力资源管理理论、激励理论、系统理论、教学过程理论和教师评估理论，提出了大学英语教师绩效评估指标设计的具体结构和评分标准，另外还对大学英语教师绩效评估指标权重设计提出了建议。她还采用数据包罗分析（Data Envelopment Analysis-DEA）方法在大学英语教师绩效评估中的可行性和优越性进行了分析，另外还引入了标杆管理方法（Benchmarking Management Method），来弥补 DEA 方法的不足，尽量做到对教师绩效评估的科学化。这样的研究不可不谓是外语教师教育研究中的创新标兵。

3. 心理学理论在外语教师教育中的重要作用

心理学理论知识在师范生培养计划中是必修科目，因为它能帮助我们了解学习者的情感和心理，从而在教学设计上根据教学对象的特定情况制定出更适合的课堂方案。在教师教育研究中，心理学理论同样重要，因为它能带我们走进教师的心灵深处，了解教师作为"人"的个体性和独特性、真实性和发散性。尽管教师被认定为专业人士，要求有特定的专业知识和技能，但无论我们怎么研究何谓有效的教学方法和技巧，这些方法和技巧都不能与具体实施这些方法和技巧的教师个人剥离开来（Kelchtermans，2009）。因此在对教师发展的路径、发展的特点等进行研究时，我们不可避免地要从心理学的视角去挖掘。

美国心理学家马库斯（Markus）和努里乌斯（Nurius）（1986）关于"可能自我"（Possible Selves）的论述在二语习得动机系统中得到了广泛的应用，同时在教师身份的研究中也成为了一个新的焦点。他们将"可能的自我"概念引入关于自我认识的理论中，指出一个人的可能自我的集合可以被看作是他/她长期以来的目标、愿望、动机、担心和威胁的认知表现，而他/她通过对这些可能自我的选择和构建积极地实现自我的发展。我们的自我概念或自我形象集合中包含好的自我和坏的自我、希望的自我和害怕的自我、非我的自我、理想自我和应该自我等等。

弗莱彻（Fletcher）（2000）是应用"可能自我"探讨教师职业发展中的典型代表。她描述了教师的可能自我对于教师的自我转变（self-transformation）的作用，主要是通过对自己将来作为教师的具体样子（比如说一个关爱学生的教师，一个有效的教师）进行想象并且为实现自己的目标和期望而努力。另一个典型代表是康威（Conway）和克拉克（Clark）（2003），他们通过对一个两学期的实习项目中 6 个实习教师进行的访谈，搜集到能反映实习教师可能自我的资料——他们对自己未来的期望和预测，进而分析了实习教师的发展情况，重点集中在他们的关注点和志向的变化模式上。他们的研究结果支持并拓展了富勒（Fuller）（1969）提出的教师发展三阶段模型——从关注自身的能力和条件，到关注任务的实施，再到关注学生和教学对学生的影响。他们发现正如富勒（Fuller）预料的，实习教师的关注点经历了从"自我"到"任务"再到"学生"的向外迁移历程。但是，随着他们对教学和教学所涉及的一切的理解发生转变，他们的关注点和志向同时还经历了从他们控制课堂的个人能力到他们作为教师和人的成长的一个向内迁移旅程。康威（Conway）和克拉克（Clark）的研究结果表明，正如马库斯（Markus）和努里乌斯（Nurius）（1986）指出的，新任教师的可能自我的内容既反映了他们的个人目标（intrapersonalgoals），也反映了交际活动（interpersonalactivity）给他们的目标带来的变化。

哈曼（Hamman）（2010）在前人研究的基础上，进一步推动了可能自我理论在教师身份建构的作用的研究。他通过采用开放式封闭性结构问卷，对221 名教师，包括实习教师和在职教师的（与教学有关的）可能自我进行调查。教师反馈的期望成为的自我（expected self）和害怕成为的自我（feared self）主要表现为四类：人际关系，课堂管理，教学指导（教学过程和教学策略的使用），专业品质（个人的专业品质，比如有条理，有创造性，参与研讨会以提高教学等）。分析结果显示：教师的期望自我与害怕自我之间没有关联，说明两者是二分的，相对独立的；而侧重任务型和侧重品质型自我之间却有较强的相关性。实习教师与在职教师相比，在对可能自我的表达中更关注任务，而在职教师则表达出对品质的侧重，说明在不同阶段促进教师专业发展的动机有所变化，也说明可以通过采取不同的刺激来提高教师在不同阶段的发展动机。该研究揭示了教师在不同阶段的可能自我之间的区别，补充了康威（Conway）和克拉克（Clark）的研究。

国内公开发表的关于外语教师发展的文献中暂时还没有应用"可能自我"理论的研究，但要在外语教师心理研究上取得一些创新和突破，"可能自我"理论不免为未来的研究提供了一个方向。

11.4　结　　语

培养有创新精神的高素质外语教师是保证培养有创新精神的高素质拔尖人才的基本前提。这个前提赋予了外语教师教育创新研究极大的现实意义。面对新的时代需求，外语教师只有不断地寻求专业发展，提高自身学科知识和教育知识及技能，才能将我国的外语教学推向新的高度，才能获得持续性发展，在专业领域立于不败之地。富于人文关怀的叙事探究方法，以接近"故事"的方式和语言风格，为外语教师对教学实践中遇到的问题进行深度探索、获得新的认识提供了恰当的途径。社会学、管理学及心理学等相关理论则给外语教师教育提供了冲破本领域研究瓶颈的工具。外语教师及外语教师教育者和研究者只有真正做到对教学现象勤思多问，在研究方法上不拘一格，对人文和自然学科理论及思路兼收并蓄，才能把我国的外语教学和外语人才培养推向新的高度。

第 12 章　外语教师语言意识研究

12.1　引　　言

自 20 世纪 70 年代末英国兴起"语言意识"运动以来，学者们对"语言意识"越来越感兴趣，1992 年语言意识协会（Association for Language Awareness，ALA）的成立和 *Language Awareness* 期刊的创办意味着"语言意识"这一术语被正式列入国际语言教育议程。"教师语言意识"作为教师知识基础的核心组成部分（Andrews，2007b：200），在外语教师教育领域也越来越受到关注。"专业教师"意味着他们要在复杂多变的教学环境下做出周到而敏锐的决策，这些决策基于明确的专业标准，其内核是对学科灵活深入的认识（Shulman，1999：xiii）。教师语言意识研究正是从教师的学科认知切入，关注教师具备的或需要具备的学科知识，及其与教学实践之间的联系（Andrews，Svalberg，2017）。

尽管国外外语教师语言意识研究成果颇为丰硕，但该议题在国内尚未引起重视。国内学者大多探讨教师的综合性专业素质，具体某一方面知识或技能的研究非常有限（徐锦芬等，2014）。教师语言意识研究将拥有知识与运用知识区别开来，同时又将两者统辖为一体（Andrews，2007b）。在 2018 年第五届"全国外语教师教育与发展专题研讨会"上，安德鲁斯作为主旨发言专家，呼吁学者们通过研究外语教师身份的核心要素——教师语言意识，来应对教师教育所面临的诸多挑战。我们认为在中国外语教师专业发展亟待解决的环境下，探讨外语教师语言意识对于制定教师专业标准、提高教师专业素质与教学质量至关重要。

12.2 教师语言意识概念及评价指标

12.2.1 教师语言意识概念

桑伯里（Thornbury）（1997）将教师语言意识定义为"教师具备的、可提升其教学有效性的基本语言系统知识"（x）。该定义奠定了教师语言意识的概念基础，意味着教师语言意识本质上是关于学科知识及其对教学的影响。

安德鲁斯（Andrews）（1999a，1999b）从陈述性与程序性两个维度进一步阐释教师语言意识的概念。陈述性维度的核心是学科知识，程序性维度指的是教师在教学实践各个方面恰当地调用陈述性学科知识的能力。为了避免将教师语言意识误解为单一的陈述性知识，同时突出其浓厚的元认知成分，安德鲁斯（Andrews）（1999a）特意使用"教师元语言意识"以代替"教师语言意识"这一术语。安德鲁斯（Andrews）（2003）阐述了教师语言意识的三大特征：①语言水平与学科知识密不可分；②元认知属性，即对语言水平与学科知识的反思；③学习者视角的语言意识，包括学习者发展中的中介语意识、教材或课程语言内容对于学习者的难度意识等。这三大特征揭示了教师语言意识的复杂本质，后续研究在此基础上继续拓宽视角，丰富教师语言意识的内涵。

早期对教师语言意识的研究停留在语法层面（如 Andrews，1999a，1999b），之后的研究拓宽了语言学视角，从语用语言学、认知语言学、系统功能语言学等视角重新审视并扩大了学科知识及其运用能力的范围。如卡拉提佩（Karatepe）（2001）考查了教师语用语言学知识，提出语用语言学意识应当纳入教师语言意识，以提升教师和学习者运用语用语言学特征的能力。吉斯勒（Gießler）（2012）认为学科知识需要添加认知语言学知识，使教师了解词语的潜在语义，讲解语块搭配时更有说服力。桑斯特（Sangster）等（2013）结合当前语言教育的素养实践（literacy practice），从系统功能语言学角度提出，教师学科知识需要包含不同层级的文本理解，并且考虑到受众、语境和社会文化差异。其他研究基于二语教学视角，为教师语言意识的概念范畴提供了新的思考，如沃尔什（Walsh）（2006）从课堂话语出发，将教师互动意识纳入语言意识，包括元语言使用、批判性自我评价和互动决策意识。还有一些研究关注到教师对学习者的了解，其中涵盖对学习者元语言术语知识（Berry，1997）和词汇知识（McNeil，2005）等方面的敏感度，以及对学习者阅读过程中词汇和概念困难的诊断能力（Finkbeiner，Schluer，2017）等。

近年来多语种教育及其推崇的整体性多语教学方法（holistic approaches to multilingual education）如日方升，研究者们不再拘泥于单一的目的语，而着眼探讨外语教师多语言意识概念，以便教师能更透彻地理解语言和语言教学的本质，关注到学习者的全部语言资源。奥特温诺夫斯卡（Otwinowska）（2017）构建了教师多语言意识模型，包括元语言意识、心理语言学意识、社会语言学意识、跨语言意识四个部分，其中传统的语言意识包含在跨语言意识中。加西亚（García）（2017）把语言使用视作社会活动，认为教师还要具备批判性多语言意识，既要意识到多语体现的民主公民权利，又要意识到多语社会形成背后的殖民和帝国主义压迫历史，还要意识到语言是在社会中形成的，也会随社会发展而改变。

综上所述，迄今为止，学术界对教师语言意识没有形成统一的概念。时代的变迁、对学科知识和语言教学理解的深入拓展了教师语言意识的内涵。鉴于教师语言意识的具体内涵因语境不同而不同，研究者需要在国际视野下探讨适合本土语境的教师语言意识概念。

12.2.2 教师语言意识评价指标

相关研究主要从陈述性与程序性两个维度对教师语言意识进行评价。绝大多数研究通过定量测试从语法层面衡量教师的陈述性知识，如安德鲁斯（Andrews）（1999b）设置了 60 道测试题，具体测量以下内容：辨认元语言、产出合适的元语言术语、识别并纠正语法错误、解释语法规则。贝里（Berry）（2009）采用了贝里（Berry）（1997）的 50 道元语言术语测试题，涵盖基本词性（名词、动词等）、动词形式（现在时、不定式等）和偏专业语法术语（谓语、补语等），要求教师找出熟知的术语并举例说明。奥尔德森（Alderson）和哈德逊（Hudson）（2013）的元语言知识测试包括 15 道词性（动词、名词、副词等）辨别题和 4 道语法功能（主语、谓语、直接宾语和间接宾语）识别题。也有少数研究从语用层面测试，如卡拉提佩（Karatepe）（2001）通过单项选择题与话语填充题测量教师是否能识别、产出得体的话语。近几年陈述性知识测量开始转移到社会文化层面，通常从以下四方面测量教师语言意识：①对修辞手法的识别、讨论、分析和评价；②对目的语地理和社会知识的熟悉程度；③对口语与书面语差异的了解，以及对文本目的与读者需求的了解；④显性语法知识的掌握程度（Sangster et al.，2013）。

程序性知识主要采用质性评估范式，如在图泽尔（Tüzel）和阿克坎（Akcan）（2009）的研究中，研究者通过观察、访谈判断教师课堂学科知识运用或语言使用情况；莫克（Mok）（2013）研究团队通过研析实习教师电子学习平台主题讨论的内容、对该平台的口头评价及其参与情况的书面反思，判断这些教师是否将陈述性知识转化为程序性知识。也有一些研究综合评价陈述性知识和程序性知识。最为典型的案例是安德鲁斯（Andrews）（2006）采取混合研究范式调查 3 名没有接受过任何专业培训的新手教师 1996—2004 年语言意识发展的历程，研究者分别在 1996 和 2004 年两个时段收集数据，通过访谈、课堂观察、测试和教师自我汇报，评估每位教师语言意识的变化情况，并让教师对评估结果进行评价和修正。斯瓦尔贝格（Svalberg）（2015）也对教师的语法知识及其运用能力进行了双重评估，教师既要书面识别和分类文本语法特征，又要口头展示语法教学要点并给出将其教授给特定学习者人群的意见。

随着多语现象越来越普遍，出现了教师多语言意识评价研究（Scarvag-lieri，2017；Otwindowska，2014，2017）。例如奥特温斯卡（Otwindowska）（2017）通过 26 道调查问卷题，包括英语教师对于英语和文化教学、学习者英语学习动机、课堂上母语使用和其他外语使用的观念和看法，初步考查了教师的多语言意识。

总体说来，教师语言意识评估研究还没有引起足够重视，教师语言意识的核心——学科知识的测量大多仍停留在语法层面，视角实属狭隘。教师语言意识的程序性知识以及其他方面的评估常常是在研究教师语言意识与教学实践的关系或评价教师语言意识的培养成效时才有所涉及，鲜有研究对此做专题论述。因为没有规范、系统的评价体系，教师语言意识评价的内容与结果的效度均有待考究。

12.3　教师语言意识对教学实践的影响

作为教师语言意识研究领域最知名的学者，安德鲁斯（Andrews）（2007a：948－949）首先针对二语教学中出现的"全形式教学（focus-on-forms）""重意义教学（focus-on-meaning）"和"聚焦形式教学（focus-on-form）"三种模式，从宏观上探讨了教师语言意识对教学实践的影响。对于任何旨在提高学习者显性知识的全形式教学方式，教师语言意识的关键作用显而易见，具体体现在从备课到提供纠正性反馈的每一阶段；在聚焦形式教学中教师需要考虑诸如任务的潜在语言要求以及学习者应对这些要求的语言能力等因素，并且由于语言形式相关活动自发产生于交际任务，而非事先确定，教师必须具备即时、准确地判断是否，何时以及如何干预的能力，而这一能力很大程度上依赖于教师语言意识，因此这一教学模式实际上对教师语言意识提出了更高要求。重意义教学看似降低了教师语言意识的作用，实则不然。若教师希望课堂成为可理解性输入的主要来源，则需要了解学习者现阶段中介语发展情况，以此为基础选择可理解性文本、设计语言难度合适的任务，并将自己的语言控制在略高于学习者当前能力的水平上。所有这些任务的完成都离不开教师的语言意识。

安德鲁斯（Andrews）（2007b）又从微观上进一步探讨了教师语言意识如何贯穿于具体的教学流程。课前，语言意识较高的教师在备课时以学习者为中心制定合适的学习目标，并选择契合学习目标的教学材料与任务。课上，教师语言意识能够调节学习者接收的所有语言输入。安德鲁斯（Andrews）（2001）通过构建"过滤器"模型，阐明了教师语言意识如何调节学习者语言输入来源。二语课堂上语言输入的主要来源有教材、其他学习者和教师。它们可以不受教师语言意识的监控而直接输入给学习者，但教师语言意识能够"过滤"输入来源，保证学习输入的质量。语言意识强的教师会评判教材、修正或补充教学内容；对其他学习者语言输出做出积极恰当的反馈；确保自身语言表达（书面或口头）清晰、准确且得体。不仅如此，教师在课堂上经常会遇到实时挑战，语言意识高的教师能够自如调用学科知识库，灵活应对学科知识相关问题，增加学习机会。课后，他们会主动反思教学实践，并愿意投入时间以寻求自身学科知识及其运用能力的发展，进入良性循环。

也有一些学者就教师语言意识的某个方面展开研究，例如，柏格（Borg）（2001b）研究发现教师学科知识自我感知会从以下六个方面影响其教学实践：①语法内容的拓展度；②自发教授语法的积极性；③学生语法问题的反馈方式；④课堂语法讨论的拓展度；⑤语法解释被质疑时的解决方式；⑥提供给学生语法信息的性质。桑切斯（Sanchez）（2014）的研究表明，教师语法教学时的母语使用程度、对教学材料的依赖程度以及在多大程度上承认其语法解释的有效性等方面也会受到教师学科知识自我感知的影响。

虽然教师语言意识对教学实践的影响毋庸置疑，但其影响程度与教师的专业因素、态度因素和环境因素紧密相关（Andrews，2007b）。专业因素包括学科认知、语言水平、对学习者的了解以及教学经历等；态度因素主要是指教师对语法知识和交际语言能力的自信心、是否愿意投入语言知识的讲解等；环境因素即是教师对特定工作环境影响的感知，如时间压力、教学大纲的制约等。这三大因素相互作用，共同影响教师语言意识在教学实践中发挥的作用。但总体来说，这方面的研究理论阐释多于实证研究，后续应该加大实证研究的力度。

12.4　教师语言意识培养

12.4.1　研究对象

国外教师语言意识实证研究对象涵盖面广，包括职前教师、在职教师和混合教师群体，其中职前教师比率最大。职前教师研究内容既包括大规模语言意识测试（Berry，2009；Sangster et al.，2013），也包括课程学习或实习过程中研究者小范围了解职前教师语言意识相关方面的困难与挑战（Tüzel，Akcan，2009；Baecher et al.，2014），弥补他们学科知识的欠缺或是提升其教学能力（Svalberg，2015；Finkbeiner，Schluer，2017）。在职教师研究主要集中在基础教育阶段（小学、初中、高中），因为学科知识尤其是语法知识的教授大多集中在这一阶段，研究内容涵盖调查教师的学科知识水平，探讨教师教学经历以及内在学科认知等因素对教学实践的影响，引导他们主动反思语言教学方面存在的问题并加以解决（Andrews，2001；Sanchez，2014；Fajardo，Torres-Guzmán，2016）。混合教师群体研究旨在深入探究教师教学经历、身份认同等对发挥教师语言意识作用的影响，例如，安德鲁斯（Andrews）（1999b）对比研究非本族语在职与非本族语职前外语教师和本族语外语教师的学科知识水平；奥特温斯卡（Otwindowska）（2014）对比了职前和在职外语教师的多语言意识水平。针对不同群体进行的相关研究为促进外语教师专业发展和二语教育改革提供了宝贵的实证依据。

国外研究对象的多元化为国内研究带来重要启示，因为国内外语教师教育与发展研究中，基础教育阶段教师基本被忽视。另外，要保证教师队伍的可持续发展，必须关注职前教师或新手教师（徐锦芬等，2014），这些教师取得了相应学位，是否意味着他们就具备了充足的学科知识，具备学科知识是否又意味着能够将其直接转化为实际的教学能力？吕筠、董晓秋（2010）从 259 名学生视角评价 8 名新手教师，得到了否定的答案。因此提升职前教师语言意识以帮助他们实现零距离上岗显得尤为重要。

12.4.2　研究方法

教师语言意识研究方法多元互补。除了少量思辨型和文献综述类的非实证研究外（Andrews，2003；Andrews，Svalberg，2017），绝大多数为实证研究，类别有质化、量化和混合研究，其中质化研究比率最大。质化研究除了常见的个案研究方式外，还有行动研究、话语分析等，数据收集手段主要包括课堂或研讨会观察、课堂或研讨会录音录像、访谈、日志、现场笔记、电子平台的文本信息等。大多数研究采取三角验证以确保研究效度。例如，沃尔什（Walsh）（2006）采取行动研究和话语分析方式探讨教师互动意识的培养；在斯瓦尔贝格（Svalberg）及阿斯克哈姆（Askham）（2014）和斯卡瓦列里（Scarvaglieri）（2017）等个案研究中，研究者根据过程性评价，基于教师语言投入程度的描述性特征判断教师语言意识的提升情况。

量化研究常常采用测试和问卷调查的方式评估教师语言意识，研究对象数量较大。例如，安德鲁斯（Alderson）和哈德逊（Hudson）（2013）通过对726名职前教师进行测试收集数据，宏观把握职前教师学科知识的掌握情况，并与30年前的数据做对比探究职前教师的学科知识是否以及在何种程度上有所下降；桑斯特（Sangster）等（2013）通过测试和问卷调查分别考查307名职前教师实际学科知识水平和自我感知的学科知识水平；奥特温斯卡（Otwindowska）（2017）通过问卷调查探究233名教师的多语言意识水平。

为了避免单一研究方法带来的片面性与局限性，不少研究者使用质化与量化相结合的混合方法，并采取多样的数据收集方式。例如，安德鲁斯（An-drews）（2006）通过访谈、课堂观察、测试和教师自我汇报，细致地评价教师的陈述性和程序性知识；奥特温斯卡（Otwindowska）（2014）通过问卷调查和访谈，分析教师教学经历、掌握的语种数量及水平对教师多语言意识的影响。

12.4.3　教师语言意识培养内容与方式

研究者围绕教师语言意识的培养内容与方式展开了大量研究。不少研究通过培训职前教师的学科知识，提高他们的语言意识。培养方式并非单向传授知识，而是注重教师对学科知识的理解和感悟。例如，斯瓦尔贝格（Svalberg）（2015）认为语言意识在语言投入（engagement with language）的过程中形成，并且将语言投入视为认知、情感和社会因素的结合。斯瓦尔贝格（Svalberg）（2015）的培养方案包括语法主题讲座和与主题相关的研讨。斯瓦尔贝格（Svalberg）设置难度稍大的语法任务，使学生教师在研讨过程中因产生认知冲突而投入语言学习并积极构建语法知识。学科知识视角的扩充使得培养内容也随之进一步拓展，如吉斯勒（Gießler）（2012）通过短期培训让学生教师了解一些认知语言学知识及其在教学中的应用情况，以培养他们的认知词汇意识。

也有研究通过研究者（培训者）与教师、教师与教师之间的合作与讨论，引导教师主动反思自身实践时语言的使用或学科知识的运用等方面存在的问

题，并寻求解决途径，达到"授人以渔"的目的。例如，沃尔什（Walsh）
（2006）认为教师语言意识包括教师的话语互动意识，并可以通过话语分析得
到提升。沃尔什（Walsh）首先对教师教学进行录音，接着让教师参与研讨并
思考话语使用对学习机会和教学目的的影响，然后通过教师话语自我评估表让
教师分析他们自己的课堂话语，辨别出自己的话语模式和互动特征，并与研究
者交流反馈。培养过程旨在让教师认识到课堂话语决策对语言学习的重要作
用，从而提升话语互动意识。图泽尔（Tüzel）和阿克坎（Akcan）（2009）以
多重个案研究方式对职前教师进行 12 周的培训以提升他们的语言意识。每周
被试有一次授课机会，研究者观察授课并录像，课后就教授学科知识时的语言
使用情况与被试进行交流；被试与被试之间每周也互相分享授课经历，并挑出
共性的知识教授方面的困惑，再由研究者对这些困惑统一作答；最后被试观看
自己的教学录像，反思如何提升教学。随着教师情感和身份得到越来越多的关
注，培养方式更加人性化，比如，虽然让教师观看自己的教学录像是教师培训
的常用策略，但当哈菲特（Harfitt）（2008）发现一位 10 年教龄的教师不愿意
观看自己的课堂录像时，适时地调整了培养方案，即改为让这位教师阅读教材
和教学内容与她相同的其他教师的课堂录像转写，结果发现这一做法比观看自
己的课堂录像更能促进这位教师的自我反思并提升她的课堂语言意识。

现代信息技术的发展使培训方式更加多样化。例如，科尼安（Conian）
（1997）通过语料库培养教师语言意识。教师首先在一个语料库中检索某个词
语、相关词语和结构，再在不同的语料库中检索相同内容，比较差别，最后自
己操作探索不同的语料库，让教师对教材及其他来源的语言描述有批判性见
解。后来，科尼安（Conian）（2002）又运用软件程序呈现并分析电视节目材
料的语音波形图，以提高教师的超音段音位学意识。莫克（Mok）（2013）借
助互联网开放、轻松的环境优势，在学生教师教学实习时为他们建立电子学习
平台，以提升他们的学科知识、应用能力以及主动反思能力；芬克贝纳
（Finkbeiner）和施鲁尔（Schluer）（2017）利用二语阅读策略方面的视频语料
库培养职前教师对学习者阅读时词汇和概念难点的诊断能力。

教师多语言意识给教师语言意识培养内容和方式带来了新命题。奥特温斯

卡（Otwindowska）（2017）扩充了传统的教师语言意识模型，并建议依照该模型丰富教师多语言意识的培养内容，包括体验多语种学习、理解和反思跨语言影响及跨文化问题等。加西亚（García）（2017）认为应该加强对教师批判性语言意识的培养，具体包括以下环节：①观察并描述双语儿童的语言使用；②对社区实践做民族志研究，对语言图景做批判性社会语言研究；③观察并描述教学中的语言与素养实践；④阅读并产出多文化、多语言及超语言文本；⑤设计课程与教学实践；⑥成为语言和社会积极分子。

12.5　结　　语

外语教师语言意识研究近 20 多年来展现出了蓬勃发展的势头。展望未来，我们认为以下内容应该成为研究重点。

第一，未来需要构建一个教师语言意识的总体概念框架。虽然教师语言意识相关研究成果颇为丰富，但目前还没有一个统一的概念框架。语言教师的学科认知与其他认知和实践方面之间的关系非常复杂，概念框架的构建有利于探究这些复杂的关系。在这一框架下，结合具体教育教学背景，进一步探讨本土化教师语言意识的构成要素。例如，在"一带一路"倡议推动多语种教育发展背景下，我国外语教师应率先树立"多语言意识"，认识到语言的资源属性和外语教育的战略价值，使教师语言意识对接更广更高层次的国家语言战略。这样，教师语言意识在新时代又增添了新内涵。因此，未来需要研究者与教师协作，在充分调研的基础上，厘清教师语言意识概念，使教师语言意识研究在本土环境下有序展开。

第二，建构科学合理的教师语言意识评价体系。我们提倡遵循量化与质化相结合的原则，依据教师成长的动态过程，从陈述性和程序性两个维度综合评价教师语言意识。值得注意的是，教师语言意识评价体系如同概念体系一样不能一概而论，要破统一化体现差异性。另外，我们也要改变过去只将研究者视为评价主体的成见，使评价主体多元化。教师本人、学生、同行等都可以纳入评价主体，突出评价的全面性和客观性。

第三，深入挖掘教师语言意识与教学实践之间的动态复杂关系。教师语言意识研究常常忽视了其复杂性（Andrews，2007b）。安德鲁斯（Andrews）的系列研究开创了这一领域实证研究的先河，后续研究还应该关注不同语境、不同教学模式（如任务型教学、翻转课堂等）和教学环境（如传统课堂、网络课堂、慕课等）下教师语言意识与教学实践的关系。未来应该进行周期较长的跟踪性研究，全面挖掘教师语言意识的动态性和复杂性。民族志研究方法在这方面具有独特的应用价值。

第四，进一步完善外语教师语言意识培养方案。在培训课程的时长方面，现有课程大多时间跨度较小，而语言意识的提高是一个循序渐进的过程，需要在足够长的一段时间内逐步实现。培养内容上，有些课程没能引导教师将获得的学科知识迁移至实际课堂，只停滞于"纸上谈兵"的阶段。如何设计培养方案，帮助教师将知识与实践联系起来，达到"知行合一"的效果还需继续探索。培养方式上，将现代信息技术融入培训课程具有前瞻性，如语料库中丰富的描述性语言可以让教师对语言系统有更深入的理解，备课时也有充足的语料可供选择。如何指导教师使用这些技术提升语言意识是另一研究方向。

第五，探讨教师语言意识与学生学习成果之间的相关性。目前的实证研究几乎未涉猎这一议题（Andrews，Svalberg，2017），由于学习与教学过程中诸多因素不确定、不可控，该方面研究极具挑战性。但是教师语言意识研究归根究底是为了服务学生，我们不能只停留在研究教师语言意识本身，而不探究其与学生学习之间的关联性。因此这应该成为未来研究的努力方向。

第13章 二语教师研究方法

13.1 引　　言

中共中央、国务院印发的《关于全面深化新时代教师队伍建设改革的意见》明确指出，兴国必先强师，要求振兴教师教育，建设高素质教师队伍。我国是一个"外语教育大国"，二语教师发展微观上影响我国教育改革的顺利实施，宏观上有助于提升国家竞争力和可持续发展力，使我国能更好地应对新时代的各种挑战。目前，我国学术界不乏关于教师研究的综述文章来探讨其发展态势，它们多数着眼于从综合角度对研究现状进行评述（徐锦芬等，2014）和对教师发展某一层面如教师职业认同（刘熠，2012）、教师共同体（郭燕、徐锦芬，2016）、教师身份（文灵玲、徐锦芬，2014；寻阳、郑新民，2014）、教师信念（项茂英等，2016）、教师发展环境（顾佩娅等，2016）等进行介绍，而对影响教师发展研究总体水平的研究方法探讨却滞后。科学规范的研究方法不仅能保证正确的研究方向，使研究达到既定目标，还关系到学术研究的深度、广度和可信度。因此不少学者呼吁，要促进我国教师发展研究，必须对研究方法应给予高度关注（Burns，Richards，2009；Creswell，2014；杨鲁新，2013；刘润清，2015）。

目前国内对二语教师研究方法所做的系统考查相对匮乏，鉴于此，我们选取2000—2017年国内主要外语类核心期刊（CSSCI）和国际应用语言学期刊（SSCI）所刊载的教师发展研究文章进行分析统计。排除未发表与本研究主题相关的《外国语》及《中国翻译》后，选定9种国内期刊（见表13-2）以及9种国外期刊（见表13-3）。所选期刊影响力高，能较大程度上反映国内外教师发展的研究现状。

13.2　二语教师发展研究方法的总体分布情况

13.2.1　数据收集与分析

我们采纳当前国内外学术界较为常见的分类标准，将研究分为实证与非实证两大类，具体分类及特征见表 13-1。

表 13-1　研究方法类别与特征

研究方法	类　别	特　　征
实证	量化	主要建立在实证主义理论基础之上，强调研究者独立于研究对象，讲究严密、客观和控制，一般采用封闭式问卷、量表、实验等手段收集资料。使用演绎法分析资料，从特定假设出发，往往需要对数据进行量化或数理统计分析，验证或推翻研究假设。通常采用（准）实验、问卷调查、语料库等手段进行研究
	质化	主要基于后实证主义、批判理论和建构主义范式，强调研究者本人作为研究工具，在自然环境中通过与研究对象互动对其行为和意义建构并获得解释性理解。常采用访谈、观察、实物分析等手段收集资料。数据往往不易量化，使用归纳法分析资料。一般采用个案、访谈、话语分析、语篇分析等手段进行研究
	混合	主要遵循实用主义范式，研究者在同一研究中将量化与质化研究方法进行有机整合，两者彼此互补、相互验证以更好地理解并阐释研究问题。包括以质化为主的混合、量化为主的混合以及质与量基本均衡的混合
非实证	思辨研究	基于研究者个人经验和反思，通过逻辑演绎推理，对某一主题进行观点陈述、经验总结以及理论探讨或建构等
	文献综述	对某一主题的研究历史、现状、动态及发展前景等进行系统的综合、分析、比较、归纳及评论等
	评介	对书刊、课程、研究项目及论文等的评述和引介

然后通过目的性抽样和整群抽样在总体中选取研究样本。具体步骤如下。

在 CNKI 数据库检索出国内 9 种中文期刊后，对每本期刊通过如下组合：

（第二语言｜二语｜语言｜外语｜英语）＋（教师发展｜教师教育｜教师培训）进行主题、标题、关键词和摘要的系统检索，时间定为"2000—2017"。同样，在 Web of Science 通过（second language or language or foreign language or English) and（teacher development or teacher education or teacher training）组合在国外 9 种期刊中进行检索（"＋"或"and"表示不同检索词的连接，"｜"或"or"表示近义词替代），人工剔除与本研究不相关的文献后，共获论文 700 篇，其中中文 165 篇，英文 535 篇。

最后采用一级编码（open coding）、二级编码（axial coding）（Strauss, Corbin 1998）以及不断比较法（Glaser, Strauss 1967；Merriam 2002）对所收集的数据进行分析和解释。具体过程如下。

1）一级编码阶段：通过阅读国内外期刊论文题目、摘要，并对研究方法不明确的论文进行全文略读，将每篇论文的研究方法和主题分别进行编码。

2）二级编码阶段：对一级编码进行评估，并进行项目聚类。

3）不断比较阶段：将国内外研究方法进行国内及国际比较，寻求相似性和差异性。

整个分析过程并非一个线性过程，而是一个复杂的递归分类和解释过程。为确保研究信度，两位研究者分别评定每篇文章所使用的研究方法和主题。对分类有分歧的地方，通过不断回溯、讨论、反思和适当调整编码方案，确保最终分类一致（inter-coder agreement）（Nunan, Bailey, 2009）。

13.2.2　国内外各自的总体分布情况

表 13-2 显示，近 18 年来，我国外语类核心期刊在二语教师发展研究中发挥了重要作用。刊载量达 165 篇。以《外语界》刊载文章最多，共计 43 篇，占总数的 26％。表 13-3 显示国外期刊同时期所刊载的教师研究文章大大多于国内，达到 535 篇，其中 *ELT Journal* 的刊载数量远远领先于其他期刊，占总数的 25％。可见，国外对教师发展研究的重视程度要高于国内，但各期刊的重视程度不平衡。

表 13-2　不同研究方法在国内期刊中的分布　　　　单位：篇

期刊名称	实证			非实证			总计	比例/%
	量化	质化	混合	思辨研究	文献综述	评介		
外语界	5	4	4	22	4	4	43	26
现代外语	0	0	0	1	1	0	2	1
外语教学与研究	1	1	1	0	2	1	6	4
外语教学	1	4	1	5	0	0	11	7
外语研究	0	4	2	3	0	1	10	6
外语教学理论与实践	5	9	4	11	1	3	33	20
外语与外语教学	1	4	3	6	2	2	18	11
外语电化教学	0	6	4	8	1	0	19	12
中国外语	2	6	1	7	5	2	23	14
总计	15	38	20	63	16	13	165	100
	73			92				

表 13-3　不同研究方法在国外期刊中的分布　　　　单位：篇

期刊名称	实证			非实证			总计	比例/%
	量化	质化	混合	思辨研究	文献综述	评介		
Language Teaching	0	3	0	7	3	7	20	4
Language and Education	1	41	12	1	0	10	65	12
Applied Linguistics	0	5	3	4	0	3	15	3
Journal of Language, Identity, Education	0	12	1	0	1	4	18	3
ELT Journal	7	64	8	12	3	40	134	25
Language Teaching Research	6	42	16	3	12	15	94	18
The Modern Language Journal	3	10	1	13	3	13	43	8
TESOL Quarterly	1	39	4	8	7	8	67	13
System	10	47	13	6	2	1	79	15
总计	28	263	58	54	31	101	535	100
	349			186				

13.2.3　国内外研究方法的对比分析

经统计，我国二语教师发展以非实证性研究为主（56%），其中思辨研究占最高比例（38%）。在实证研究中，质化所占比例最大（23%），远高于量化研究（9%）。而国外以实证研究为主（65%），其中质化比例高达49%，而量化研究如同国内，所占比例不高，只占5%。显然国内外学者已经意识到，仅靠量化法研究教师发展难以揭示其复杂性及动态性。而质化研究也有一定缺点，将质化与量化有机整合的混合研究能使研究结果更具说服力。遗憾的是，国内外的混合研究数量总体偏少，分别只占 12％ 和 11％。就非实证研究而言，国外的文献综述比重（6％）低于国内（10％）。但国外更重视评介的方法，占 19％。对二语教师研究领域最新研究专著、论文等成果的评介，有助于读者快速系统地理解和把握其内容，具有很好的导读和信息功能，而我国评介类文章在所有方法使用中比例最低（8％）。

13.2.4 各类研究方法在不同研究主题上的分布情况

各类研究方法在不同研究主题上的分布见表 13-4。

表 13-4 国内外研究主题与研究方法分布

方法	教师现状与发展途径		教师认知		教师素养		教师身份与角色	
	国内	国外	国内	国外	国内	国外	国内	国外
量化	8 (8％)	8 (4％)	3 (11％)	17 (10％)	4 (11％)	3 (3％)	0 (0％)	0 (0％)
质化	16 (17％)	77 (39％)	10 (36％)	93 (55％)	11 (31％)	54 (48％)	1 (17％)	39 (70％)
混合	9 (9％)	9 (5％)	6 (21％)	30 (18％)	5 (14％)	18 (16％)	0 (0％)	1 (2％)
思辨研究	38 (40％)	22 (11％)	7 (25％)	9 (5％)	14 (39％)	16 (14％)	4 (67％)	7 (13％)
文献综述	11 (12％)	23 (12％)	2 (7％)	3 (2％)	2 (6％)	1 (1％)	1 (17％)	3 (5％)
评介	13 (14％)	59 (30％)	0 (0％)	17 (10％)	0 (0％)	20 (18％)	0 (0％)	6 (11％)
总计	95 (100％)	198 (100％)	28 (100％)	169 (100％)	36 (100％)	112 (100％)	6 (100％)	56 (100％)

本节通过一级编码、二级编码以及不断比较的方法将国内外教师发展近 18 年来的主题概括为教师现状及发展途径、教师认知、教师素养以及教师身份与角色共 4 种。国内对教师现状与发展途径的研究方法多样化，涵盖了所有

实证和非实证研究种类。除教师认知多以质化研究为主以外，其他 3 项主题均以思辨研究为最主要研究方法。而教师身份与角色只涉及质性、思辨研究和文献综述 3 种，显然缺乏多样性。混合研究在教师现状及发展途径、教师认知、教师素养主题上均有所涉猎，但比例都不高。与国内相比，国外的 4 个主题基本上都涵盖了 6 种研究方法，每种主题均以质化为主。另外，不同于国内研究，国外的每个主题都涉及评介这一研究方法。混合法虽然在教师认知和教师素养上占较大比例，但在其他两个主题的比例都非常小。总的来说，国内外教师发展各主题均采纳多元的研究方法，但每一主题研究方法的分布呈不均衡态势。

13.3　二语教师实证研究的常用方法

鉴于实证研究方法对教师研究的重要性，我们专门考查了教师研究常用的实证研究方法，并对其核心部分"数据收集方式"进行统计分析。由于篇幅有限，本章没有涵盖研究方法的其他方面，如数据整理、数据分析等。

13.3.1　实证研究常用的具体方法

统计发现，国内外均主要使用调查法进行量化研究（80％，68％），相关性研究占居第二位（20％，14％）。对受试干预的实验研究国内外使用比较少，分别为 13％和 11％，说明国内外学者已意识到选择社会的、有情感的人做实验的复杂性以及涉及的伦理道德问题。另外，与国外相比，国内尚未发现使用语料库方法进行教师发展研究。然而，建立在真实语言基础上的语料库在提升教师语言意识及能力等方面具有广阔的应用前景，未来研究可将语料库引入教师研究。在质化研究中，国内外研究者聚焦于单一/多重个案，分别占 63％和 75％。国内的叙事探究占 24％，而话语/文本分析只达到 5％，属非主流方法。国外的话语/文本分析和叙事研究比例相当（11％，10％）。就行动研究而言，国内外的比重都不太高（5％，6％），尚未在广大二语教师及研究者中广泛开展。行动研究具有"为教学行动而研究""由教学行动者研究"等特点。教师通过反思教学实践中存在的问题并探索解决途径，评价解决问题的效果，既解决了教学中的问题，也促进了教师自我知识更新，是促进教师发展的重要途径（Parsons，Brown，2002；Borg，2010；Edwards，Burns，2016）。由于这一研究方法需要教师对教学和理论保持高度敏感，并具备积极主动探索的能力，未来应加强对教师这一方法的介绍和培训。

国内外的混合研究均以调查占据绝对优势（79％，90％）。话语文本的方法均占据第二（42％，69％），实验（16％，10％）和相关研究（16％，2％）比重较低，从中可看出国内外更多采纳量化为主、质化为辅的混合方法。

13.3.2 实证研究常用的数据收集方式

如表 13-5 所示，国内外量化文章均以问卷/量表为主，分别占 73％和82％。主要因为问卷/量表具有很多优点，如实施起来比较经济，受试者因匿名敢于做出真实回答，收集的数据便于统计等（刘润清，2015：195－196）。不过我们在研读这些利用问卷/量表收集资料的文章时发现很多问卷信效度缺失，有些问卷/量表直接将国外的进行翻译且未经初步测试就正式使用，这在一定程度上降低了研究的信效度。另外，要保证样本的代表性需要通过概率抽样来实现（秦晓晴，2009：142），而国内多采用非概率抽样如便利抽样、滚雪球抽样等来选取样本，样本的代表性难以保证。值得注意的是，语料库和测试法尚未应用在国内的教师发展研究中。

表 13-5 国内外量化研究常用的数据收集方式

国　　内			国　　外		
数据收集方式	篇数	比例/％	数据收集方式	篇数	比例/％
问卷/量表	11	73	问卷/量表	23	82
公开发表的统计数据	2	13	测试	4	14
教师档案	1	7	语料库	2	7
学术论文	1	7			

注：一项研究可能使用多种数据收集手段，故百分比总和不为100％。下同。

与量化研究相比，表 13-6 显示质化研究在资料收集上更显多样性，主要包括访谈、课堂观察、录音摄像、开放性问卷、反思日志等。国内外均以访谈使用最多，主要采纳开放性访谈和半结构性访谈方式，多采用一对一（individual interview）或焦点小组（focus group interview）形式，将两者结合的比较少。结合使用单人和集体访谈可提高研究结果的丰富性，但在具体研究中，还应依据研究问题、目的、对象、情境以及精力等因素的不同而选取不同的访谈形式。课堂观察也受到国内外研究者的青睐，均排列第二。观察是获得一手资料的有效手段，一般分为参与式和非参与式两种。参与式观察的情境比较自然，观察者可以深入到被观察者文化的内部，了解他们对自己行为意义的解释（陈向明，2000）。但研究者需投入大量的时间和精力以获得研究对象的认可来达到参与目的，这使得许多研究者退而选择非参与式观察方式。从本研究所收集的论文来看，研究多以非参与性观察为主，即研究者从旁观者的视角来了解事件发展的动态。此外，随着计算机和多媒体等技术的发展，数据收集方法也更具现代化，国内外都使用录音、录像手段来收集数据。这些设备可以准确记录所收集的资料，供研究者反复观看和分析。反思日志在国内外质化研究中也占有一定的比例（18%，23%），但本研究统计发现，相关研究以研究对象的日志为主，而将研究者自己的日志作为数据的研究较少。在研究中撰写反思日志有利于研究者反省自己在研究中的作用，更好地理解研究对象及研究者本人的工作，以及找到与研究对象交流的方式及内容（Janesick，1999）。可见，今后可以加强对研究者日志的利用。另外，通过开放性问卷和在线社交媒体收集资料的方法国内外也有所采用，这些手段可以便捷地获取文本信息。其他手段如民族志的现场笔记、教学实物、刺激性回顾、传记等也得到了初步应用。

表 13-6　国内外质化研究数据收集主要方式

国　内			国　外		
数据收集方式	篇数	比例/%	数据收集方式	篇数	比例/%
访谈/交谈	24	63	访谈/交谈	185	70%
课堂观察/听课	13	34	课堂观察/听课	77	29
录音/摄像	11	29	录音/摄像	72	27
开放性问卷	10	26	反思日志	61	23
反思日志	7	18	笔记/备忘录	31	12
教学实物	5	13	开放性问卷	19	7
笔记/备忘录	5	13	刺激性回顾	12	5
刺激性回顾	3	8	在线社交媒体	11	4
在线社交媒体	2	5	教学实物	14	5
文献分析	2	5	传记	11	4

在混合研究中，国内外均将量化和质化的数据收集方法进行结合，使用最多的是以问卷为主、访谈为辅的结合方式（国内占 75％，国外占 70％）。部分研究者也会将两者与其他方法如观察、测试、反思、实验等结合。但有些自称为混合方法的文章尽管收集了质化和量化两类资料，从中却看不出这些资料收集的目的，如是为了增强质化或量化方法的研究发现，还是为了使研究的解释更全面，抑或是对各发现进行三角验证？

13.4　思考与展望

以上可见，过去近 18 年来国内二语教师研究总体上有了较大成绩，但与国外研究相比，研究还存在较大的提升空间。

13.4.1　提高二语教师研究的方法意识和能力

教师研究是整个教育研究体系中的核心领域之一，科学规范的研究方法是确保我国二语教师研究质量的前提，而高质量的研究成果又能反过来促进教师教育的进一步发展。因此，为了提升我国二语教师研究的质量，有必要针对二语教师研究的特点进行相关研究方法的培训，以提高教师研究者的方法意识和能力。例如，研究者如何根据不同研究取向和目的选择相应的研究方法；教师如何及时发现自己教学中出现的问题并设计出可以解决该问题的研究方案等。培训途径可以是各大高校开设研究方法的课程，也可以举办专门的二语教师研究的具体方法系列讲座，我国学术核心期刊可以提供多样化的教师研究方法的应用范例。而且，还要培养研究者不断探索新的研究方法的意识和能力，如借鉴其他学科如管理学、心理学、社会学等研究方法成果，从而推动教师研究领域研究方法的拓展与创新。

13.4.2　加大实证研究的力度

我国二语教师研究以非实证性为主，实证研究比例偏小。适当的经验解读和理论探讨非常必要，但这些思辨性结果还需在实证中得以验证和发展。国内质化研究的使用与国外相比严重不足。质化研究注重人文关怀，研究者通过与研究对象建立良好关系，倾听他们的心声，捕捉他们的思维与情感，从而能对某一现象进行细致而深入的挖掘，这一方法在以教师为研究对象的研究中具有独特的作用。未来有必要更充分地开展质化研究，发挥其在教师研究上的优势。当然，质化研究也具有自身难以克服的局限，因此，越来越多的专家提倡将质化和量化有机整合，通过混合法来弥补各自的局限。鉴于目前国内外的混合研究都严重不足，今后应加强混合研究方法的规范化训练。

13.4.3　实现实证研究具体方法的多元化

目前我国教师发展实证研究所使用的具体方法还比较单一，基本上以调查法和个案研究为主，诸如语料库研究、叙事研究、行动研究等都十分欠缺。随着信息化及大数据时代的到来，语料库应用于外语教育的优势已达成共识。教师发展语料库的建立对于从各层面认识和探究教师至关重要。未来可以多利用语料库资源和技术，通过教师话语、师生互动、教育教学等语料库的开发开拓二语教师研究的新理念和新方法。

质化研究强调研究者本人作为研究工具的特点决定了其在教师发展研究中的重要地位。教师叙事研究和行动研究均呼吁将教师自己作为研究主体，前者通过教师讲述自己的教学故事来反思自己的教学。后者强调在教学中研究，在研究中教学。两种研究都赋予教师主人翁的地位，在一定程度上为教师增能赋权，应越来越成为教师研究中值得提倡的一种研究取向。

13.4.4　注重数据收集方式的多样性及动态性

数据的收集直接影响研究的质量。国内数据收集主要以访谈、观察、录音录像、问卷及教学日志为主，今后应引入更加多元且规范的途径，如刺激性回顾、有声思维、教学档案（如教案、教材、学生习作、试卷等）、工作报告、传记等方法，从更多层面收集数据，相互印证以提高研究信度。另外，由于受期刊版面、文章发表及职称晋升压力等因素的影响，许多学者往往选择时间跨度短的横向课题进行研究，或将尚未跟踪完成的课题进行部分发表，这些研究结果的稳定性或普及性会因此受到一定程度的限制。有些研究采用纵向数据收集手段，但却少有呈现反映时间变化的研究结果。在动态系统理论（Larsen-Freeman，Cameron，2008a）框架下，教师发展处于复杂的持续变化中，研究者们还需克服功利性的观念，多开展教师的动态研究，追踪教师的成长轨迹来探索教师发展的情境性、差异性和复杂性。国内期刊可以每年推出一两期专门刊登纵向研究文章，或者借鉴诸如 *Applied Linguistics*、*Language Teaching*、*Studies in Second Language Acquisition* 等国外期刊，提供数据在线链接。此外，也可大力挖掘电子期刊出版的潜力以弥补纸质版面的不足。

13.5　结　　语

本章对 2000—2017 年国内外二语教师研究方法进行了梳理。分析表明，我国二语教师研究在方法上还存有一定不足。在全球化日益凸显的背景下，我国二语教师研究需借鉴国际上一些科学有效的研究经验，在反思和比较中结合我国实际，加快本土化过程，提高我国的国际学术地位。研究者和一线教师应大力合作，实现共同成长。特别需要鼓励教师踏上自我探索和研究之旅，积极发挥自己的能动性，建立教学和学术身份，成为主动的学习者、行动研究者和叙事者，从而将我国二语教师研究推上一个新高度，为将我国建设成外语教育强国奠定坚实的师资后盾。

需要指出的是，本章只探讨了近 18 年来国内外各 9 种期刊的二语教师研究论文，未来研究可以考虑涵盖国内外博士论文、专著及科研立项等其他领域对相关主题的探讨。

第14章　基础教育阶段英语课程资源建设

14.1　引　言

英语作为全球使用最广泛的语言之一，已经成为国际交往和科技、文化交流的重要工具。基础教育阶段的英语课程对于提高整体国民素养以及培养具有国际视野、知晓国际准则、擅长国际交流的未来公民具有十分重要的意义。进入21世纪以来国家高度重视基础教育阶段的英语课程建设与改革，从2001年至今，教育部正式颁布过4个版本的《英语课程标准》（教育部2001，2003，2012，2017）。而课程资源是课程建设的基础，如何合理开发和积极利用课程资源是有效实施英语课程的重要保证。因此随着基础教育阶段英语课程改革的进一步推进，英语课程资源建设的重要性也愈加凸现出来。

从政策层面，《义务教育英语课程标准》（2011年版）（后简称《课程标准》）明确提出语言技能、语言知识、情感态度、学习策略和文化意识等5个方面共同构成的英语课程总目标，并强调完成该目标，英语课程资源是非常重要的保障。《课程标准》还明确提出课程资源开发与利用的建议：①开发与利用教材资源；②开发与利用学校资源；③开发与利用网络资源；④开发与利用学生资源。《普通高中英语课程标准》（2017年版）也针对课程资源建设提出相应的建议，例如，要统筹各方力量创设课程实施条件和环境，要系统规划校内外各类课程资源的实用性，提高课程资源的有效性和利用率。

从现实层面，英语学习者的学习模式日趋多样化，移动学习的地位不断凸显；英语教学资源展现形式日趋多元化，传统介质失势，电子介质优势地位明显；教学资源建设者也呈多元化（如国家、学校、公司）。而且，境外影音教学资源如电视剧、电影、歌曲、（有声）书刊等大幅度进入。为此，探讨当前背景下基础教育阶段英语课程资源建设对推进和深化英语课程改革具有重要意义。本章首先对课程资源概念进行阐释，然后对我国基础教育阶段英语课程资源建设现状进行分析，在此基础上对未来英语课程资源建设提出建议。

14.2　课程资源的概念

课程资源是指供给并满足课程活动需要的一切，包括构成课程目标、内容的来源和保障课程活动进行的设备和材料（吴刚平，2001）。课程资源的概念按其功能特点有广义和狭义之分。广义的课程资源是指有利于实现课程目标的各种因素，狭义的课程资源仅指教学内容的直接来源。按空间分布和支配权限可以分为校内课程资源和校外课程资源，凡是学校范围内的课程资源就是校内课程资源，超出学校范围的就是校外课程资源；还可以从其他视角把课程资源划分为社会资源与自然资源，人力资源、物力资源与财力资源，纸质资源与电子声像资源，等等。总之，课程资源由于划分的标准或视角不同，其概念也就不同。

根据《课程标准》，英语课程资源包括英语教材以及有利于发展学生综合语言运用能力的其他教学材料、支持系统和教学环境等，如音像资料、直观教具和实物、多媒体软件、广播影视节目、网络资源、报纸杂志以及图书馆、班级、学校教学设施和教学环境创设，等等。此外，课程资源还包括人的资源，如学生资源、教师资源和家长资源。他们的生活经历、情感体验和知识结构都可以成为宝贵的课程资源。

正确理解《课程标准》关于基础教育阶段英语课程资源的概念是我们进行课程资源建设的重要前提。对课程资源概念的理解既不能过窄也不能过宽，否则我们在课程资源建设过程中就会偏离方向，也就无法服务于新课程改革目标的实现。另外，了解当下我国基础教育阶段英语课程资源建设的现状也是确保未来课程资源建设质量的重要一环。

14.3　基础教育阶段英语课程资源建设现状

纵观我国基础教育阶段英语课程资源建设情况，以下几种现象较为普遍。

1. 两多，两少

教材资源与网络资源多；学校资源与学生资源少。目前的课程资源基本上以教科书为主，绝大部分教师满足于上级规定使用的教科书以及配套的教师参考书和学生课外练习书。以"国家教育资源公共服务平台"（教育部主办）的基础教育阶段英语课程资源为例，通常都是以教材章节编撰、以教材为主的教学资源，基本没有涉及学生的资源。在经济相对发达的大中城市，学校还有比较丰富的网络教学资源，甚至出现各种网络资源堆砌的现象。课程资源主要以自上而下的方式推进，缺乏自下而上的资源建设，忽略一线教师和学习者的主体作用。

2. 重教，轻学

"重教，轻学"体现在两个层面。第一，目前课程资源以教为主，内容以教学设计、教学课件、课堂实录、（教学）素材为主，导致教师严重依赖于教材，而在挖掘和整合教材方面的意识比较薄弱。较丰富的网络资源也更多偏重教学层面，针对学生学习的课程资源较少，这与《课程标准》所强调的学习者"学"的精神相违背。第二，现有的大量课程资源更适用于教授基本知识点，强化基本技能，而缺乏涵盖学习策略引导培养学生自主学习能力的学习资源，这与《课程标准》中强调的培养学生自主学习能力的目标不一致。

3. 重前期建设，轻后期完善

教学资源建设快，但是缺乏使用后的评估或者评估形式单一、反馈贫乏或者流于形式，这些均弱化评估在教与学中的地位，而且也不利于教学资源建设过程中的改进与完善。表面上看网络资源相当丰富，但实际上这些资源的易用性差、使用率低，而且网络资源缺乏后期维护和更新。使用者与课程资源的关系基本上是"单向"关系，缺乏使用者对于课程资源建设的反哺性建设或者建设性反馈。

4. 课程资源建设发展不平衡

大中城市的课程资源相对比较丰富，但广大农村地区尤其是偏远山区的课程资源相当匮乏。而且由于平时缺乏相应的课程资源建设和利用的培训，许多教师只停留在书本知识尤其是语法点知识和词汇知识的讲解和传授上，没能充分利用现有课程资源使教与学的活动更加合理有效，从而激发学生的学习兴趣，提高教学效果。

5. 缺乏系统的理论和实践研究

我国基础教育阶段的英语教学长期以来以经验交流为主，缺乏理论探讨和实证研究。现有的相关文献也大多是经验性文章，理论探讨或者理论与实践相结合的文献几乎没有。而课程资源建设更是一个长期被忽略的领域，现有的极少量相关研究内容过窄，基本上以教材研究为主。

14.4　对未来英语课程资源建设的思考

我们认为，基础教育阶段的英语课程资源建设要尽可能体现以下特点。

（1）资源的主题性与思辨性特点

以主题为引领，多思考、多辩证，"寓理于学"，加强全人的教育理念。同时注重主题的时代性，通过语言课程资源引导教师与学生多去探究世界、了解身边的知识与信息，培养自己的思辨能力，而不只是局限于语言学习中。

（2）资源的模块性或专题性特点

资源建设的内容要考虑到语言能力的各个方面，甚至可以考虑强调语言次能力的分区训练资源。现在早期英语教学的发展，很多孩子都较早地接触到英语，也较早体现出各个次能力的强弱，这样提供分区资源，有的放矢。

（3）资源的时代性与引领性特点

目前我国小学、初中和高中正在使用的教材绝大部分已经使用很多年，教材的许多内容和语篇都已经跟不上时代，而且这些教材以功能、结构的内容居多，大部分都是工具性的目标，而围绕核心素养内容方面的设计比较缺乏，关心品格培养、孩子的内心世界和思维能力培养的内容设计都较少。要实现课程资源的时代性与引领性，必须要以了解新课程改革的目标为前提，宏观的教育目标（比如把学生培养成为具备核心素养的全面发展的人）和微观的教育目标（比如外语课程的育人价值，即语言是品格和思维方式的一种体现）缺一不可。只有这样我们所建设的课程资源才能更好地为实现新课程改革的目标服务。

（4）资源的技术性特点

随着信息技术的发展，新课程理念下的课程资源建设也必须有新的突破。资源建设要体现当前泛在学习（ubiquitous learning）的特点，即"以人为中心，以学习任务本身为焦点"的学习，提供适应教与学，且体现移动学习特点与便捷的资源，以便学生可以随时随地利用泛在网络和任何移动终端进行英语学习，实现更有效的学生中心教育。在泛在学习环境中，学生根据各自的需要在多样的空间、以多样的方式进行学习，即所有的实际空间都可以成为学生学习的空间。此外，利用信息技术开发的网络学习资源可以通过网络交流平台让学生实现跨班级、跨学校、跨地区，甚至跨国度的在线协作学习和交流，从而拓宽学生的英语学习渠道，增强学习效果。强调课程资源共创、共享，并为使用者反哺课程资源提供可能。

（5）资源的引导性与自主性特点

资源建设要区别教师主讲与学生自主学习的资源分类。鉴于目前已有的自主性学习资源在自主学习策略上的引导性不够，我们建议，我们可以借鉴美国基础教育阶段通过文本细读精读（close reading）培养学生在阅读中得到思维与语言表达双重训练的做法。在最新的美国共同教育大纲（Common Core State Standards，又译"共同核心标准"）要求下，在基础教育阶段（从幼儿园到十二年级），每个孩子都要学习如何精读。具体来讲，就是要求孩子阅读的时候，要学会问问题，要研究文字和语言，要搞明白故事结构和逻辑，要能分析人物，等等。目的就在于引导孩子们有方法、有目的地从阅读中获取知识，锻炼自己的思辨能力，而不是囫囵吞枣，不求甚解。这样的精读实际上是一个把书"从薄读到厚"的过程，即促使学生从一本书出发，了解更多相关背景，并加入自己的思考和探究。

（6）资源的区域性特点

鉴于大城市、中小城市、农村和偏远山区之间巨大的地域性差异，自上而下的课程资源建设方式显然行不通，我们应该鼓励自下而上的资源建设。首先，积极发挥各地区教师以及教研员的作用，筛选一批当地优秀的教师和经验丰富的教研员共同建设该地区的课程资源，原因在于他们对当地的学情有基本共识、对于当地的课程理解深刻、对于课程需要的素材和学生预期的掌握程度都非常熟悉。其次，为了更好地帮助农村和偏远山区课程资源建设的发展，我们还可以考虑启动一些教育优势城市或区域带动和扶持教育劣势区域的项目。

（7）资源的可续性特点

自从王初明将"续"的理念引入二语教学，王（Wang）等（2015）、姜琳、涂孟玮（2016）、王初明（2014）、许琪（2016）等进行的一系列实证研究都证明"续"的促学效应。我们认为，"续论"的促学理念同样适用于基础教育阶段的英语课程建设。在课程建设中包含"续"的语言学习任务更加容易唤起学习者表达思想的内生动力（王初明，2014），大大激发他们的可持续学习兴趣。

（8）资源的系统性特点

尽管上文探讨资源建设要具有分主题、分层次、分区域、分模块等特点，但系统性是课程资源建设永恒的主题。尤其要注重小学、初中、高中分学段的课程构建理念，即循序渐进，打好基础，一脉相承，注重衔接。

（9）要注重人的资源建设

根据《课程标准》，课程资源包括人的资源，如学生资源、教师资源和家长资源。其中教师是最重要的课程资源，教师优质的专业化水平能带动其他课程资源的建设与发展。而且，课程资源的利用效果也会在很大程度上受到教师专业化水平和教师投入度的影响。因此，教师队伍建设始终是课程资源建设过程中最具有决定性意义的环节。另外，要强化校本课程资源以及"学"端课程资源的建设，充分发挥各地区、学校、教师、学生乃至家长在课程资源建设过程中的主体作用。

14.5　结　　语

课程资源建设是一项系统工程，不仅要处理好课程内部各要素之间的关系，还要注意与课程外部相关要素的协同发展。因此我们不能孤立地看待课程资源建设问题，而是应该把它纳入整个课程改革计划，并确保得到政策上的支持。最后我们呼吁，一定要加强课程资源建设的理论研究，强调课程资源共创、共享，并为使用者反哺课程资源提供可能。同时要在理论指导下进行大量实证研究，以实现各学段之间课程资源的系统衔接和深度整合。

第 15 章　信息技术背景下的
外语创新教学与研究

15.1　引　　言

早在 20 世纪 60 年代，外语教学实践者们就尝试结合技术进行语言操练（Li，2017）。随着信息技术迅猛发展和外语教学需求及理念的变化，信息技术与外语教学的融合不断呈现新的面貌。计算机辅助语言学习（CALL）运用多模态来呈现教学内容；慕课为全球各地学生提供了丰富的在线教学资源；私播课（SPOC）对慕课进行重塑，使网络课程与传统教学联系更为紧密。智能手机的广泛应用和社交媒介的涌现使移动学习越发为学习者所接受，数据驱动学习也日益受到重视。学习分析以及数据挖掘技术为外语教学与研究创造更多可能。

各类信息技术日益普及并与人类活动紧密交织在一起，当今外语教学如果缺失了技术元素，将很难创造出真实、多样的语言学习环境（Chun et al.，2016），信息技术与外语教学的融合已经成为必然趋势。鉴于此，本章基于国际主要语言类和信息化外语教学类核心期刊文献（SSCI），以及该领域最新论著，通过系统检索和阅读，梳理分析信息技术背景下外语教学所呈现的形式与特征、外语教师应当具备的教学素养，以及未来信息化外语教学与研究的趋势，以促进信息技术与外语教学的深度融合。

15.2　信息技术背景下外语教学特征及教师素养要求

15.2.1　信息技术背景下的外语教学形式与特征

自 1983 年 TESOL 大会，CALL 这一术语逐渐得到广泛使用，但研究者们对其内涵的解读各有侧重，类似表述不断涌现，如 TELL（technology-enhanced language learning），CELL（computer-enhanced language learning）和

CMC（computer-mediated communication）等（Li，2017）。本章中 CALL 从广义上指代信息技术与外语教学的各类融合。

首先，回溯互联网技术的主要发展历程：Web 1.0 主要是静态、只读性的个人或商业网站，主要用于信息检索；Web 2.0 则实现了双向、动态的交流，使社交网络兴起；Web 3.0 更加便携和个性化。同时，信息技术的类型更加多样，功能越发智能，包括输入型技术（白板、投影仪、耳机）、互动型技术（在线测试、视频会议）、便携式技术（平板电脑、头戴式显示器）等（Carrier et al.，2017）。人工智能、大数据、增强现实领域的发展也非常迅速。整体而言，信息技术呈现出日益便携、互动、个性和智能的特点。随着信息技术的发展，CALL 在技术运用、教学范式、语言观、主要教学目标上都在不断变化（Chun，2016）。基于春（Chun）的研究，李（Li）（2017）将 CALL 的发展梳理为四个阶段（见表 15-1）。

表 15-1　CALL 发展的四个阶段

阶　　段	20 世纪 70— 80 年代 结构式 CALL	20 世纪 80— 90 年代 交际式 CALL	20 世纪 90 年代— 21 世纪初 融合式 CALL	21 世纪 协同技术
技术	主机	个人电脑	多媒体及互联网	Web 2.0，虚拟世界、平板电脑、移动设备、游戏机
英语教学范式	语法-翻译法和听说法	交际教学	基于内容的教学法，专门用途/学术英语教学	交际与互动（英语为媒介）
语言观	结构的（形式结构系统）	认知的（心理构建的系统）	社会认知的（在社会互动中发展）	社会文化的（互动能力和跨文化能力）
计算机主要用途	反复练习	交际型练习	真实话语	交际及知识共建
主要目标	准确性	准确性及流利性	准确性、流利性及能动性	准确性、流利性、能动性及在社区中的自主性
计算机主要功能	提供反复操练、练习、辅导解释以及纠正性反馈	提供语言输入及分析型、推理型任务	为社会互动提供其他的情境；接触已有的话语共同体，创建新的话语共同体	为人们参与交际以及构建新知识提供空间/环境

CALL 具有动态性和复杂性，虽然其发展呈现出阶段性特征，但各个阶段并不是彼此孤立的，许多特征持续共存（Li，2017）。梳理文献我们发现，信息化外语教学向着"创造性""互动性""合作式""泛在式"和"个性化"等方向发展，主要有三种创新教学类型，不同类型呈现出不同的教学形式和特征（见表 15-2）。

表 15-2　信息化外语创新教学的主要教学类型

教 学 类 型	主要教学形式	技术及资源要求	特　　征
交互合作式外语教学	移动学习、混合式学习、远程合作式学习	交互白板、社交媒体、移动设备、远程视频等	互动型、泛在式、合作式、个性化
语料库及数据驱动外语教学	语料库驱动词汇、写作、语法教学	口语/书面语语料库、多模态语料库、学习者语料库、专业语料库、平行语料库等	研究型、专业性、个性化
游戏与外语教学	语言学习型游戏、游戏附带语言学习	虚拟仿真技术、增强现实技术、游戏设备、移动应用等	互动型、参与性、个性化、趣味性

信息技术在教学中发挥着日益多样的功能，包括提供信息和资源、提供学习辅导、模拟学习情境、搭建自主学习平台、促进合作学习等。信息化环境对学习者和教师个体的要求也相应地有所变化。对学习者而言，数字化素养和多元素养变得越来越重要，学生不仅要提高语言能力，更要成长为真正意义上的全球公民。除了要培养检索、收集和评估数字材料、信息工具和数字服务的能力以及提升自主学习能力（Godwin-Jones，2015b），还要学会将外语技能与"电子技能"（e-skills）结合起来（Dooly，O'Dowd，2012）。外语教师需要借助信息技术拓展教学时空，进行更加灵活的教学设计，帮助或引导学习者创造并利用更加真实自然的语言学习环境，这就对外语教师的教学素养提出了更高的要求。

15.2.3　信息化时代外语教师的教学素养

信息化外语教师教学素养的内涵主要体现在情感认知、教学能力和社会文化三个方面。首先，外语教师对信息技术的情感认知影响其对技术的采纳程度和应用方式。这种情感认知包括教师对技术的理解、对技术利弊的认识和态度、教师本身所持有的教学理念、对信息化教学环境下自身功能和定位的解读。两百多名中国大学外语教师参与的一项调研表明，教学理念影响教师对技术的有用性和易用性的认知（Liu et al.，2017），而教师对信息技术的理解和态度会影响他们在教学实践中的技术融合（Farjon et al.，2019）。

事实上，信息技术的每一项功能或优势都能给外语教学带来新的可能。图尔（Tour）（2015）分析技术与教学之间的关联，提炼出技术的七大优势：①支撑与提升：技术让教学更加高效、有趣；②连接：与各种网络平台、资源和活动随时连接；③试验：可以在数字空间进行独立探索，开展创造性的活动；④分享：通过各种社交渠道分享观点和数字产品；⑤集体智慧：合作式活动、共同决策、资源的有效利用等；⑥赋权：有机会表达观点和采取行动；⑦多模态：多模态互动和多模态呈现。如果教师对技术的理解能涵盖以上七个方面，甚至拓展到其他维度，在融合信息技术和外语教学的过程中可能会更具有创造性。

对技术正确的理解和开放的态度虽然关键，但不足以支撑教师开展有效的信息化外语教学。教师除了具备语言教学能力，还需要增强数字化素养和"整合技术的学科教学知识"（Technological Pedagogical Content Knowledge，TPACK）。凯斯勒（Kessler）（2012）对教师的 CALL 基本技能和高阶技能提出了具体的要求（见表 15-3）：

表 15-3　CALL 基本技能和高阶技能

技　　能		教　师　行　为
基本技能	查找	使用搜索引擎查找相关电影文件
	评估	观看视频确定语言水平是否适宜、内容是否准确、视频质量是否可以等
	选择	选择最符合教学需求的文件
	分发	选用最佳方式给学生发送视频文件，包括网络链接、光盘、本地文件等
	整合	围绕视频文件内容构建一堂语言课，利用图像、音频及文本开展有意义的教学
CALL高阶技能	创造	利用个人创建的图像、文本和录音制作视频
	定制	编辑电影文件，对电影旁白进行拓展，为语言水平更高的班级提供更为挑战的版本
	转换	编辑电影文件，去除音频，用于阅读活动
	改换用途	将教学材料、媒体或技术略作修改用于多种情境

一方面，教师需要掌握使用信息化工具的技能，包括检索、查找、剪辑、整合、发布等操作，熟悉各类信息技术及资源的特点，并且能判别其优点及弊端。另一方面，教师要能把握信息技术与具体教学环境之间的关联（Liu，Kleinsasser，2015），基于合理的评估标准，有选择、有目的甚至创造性地使用技术服务于教学目标。

在教师、学习者和学习内容的互动中加入了技术元素，外语教师的社会文化角色也随之发生转变。王（Wang）（2015）认为，在信息化教学环境中，教师担当监督、激励、语言指导和社会支持四重角色。戈德温·琼斯（Godwin-Jones）（2015a）提出了更高的要求，认为教师应当成为训练有素的编码员、研究者和全球化公民，这三种角色相互关联。总之，信息技术背景下，外语教师需要反思自身是否具备信息化教学能力，是否能够与学习者、教师群体、教学内容和信息技术进行有效互动。

15.3 信息化外语创新教学研究典型案例分析

信息技术融入外语教学使得教学设计、实施、效果和评估的每个环节都产生了变化。当前信息技术背景下的外语创新教学研究主要聚焦于两个方面：①信息化外语创新教学设计理论探讨；②信息化外语创新教学实证研究。

15.3.1 信息化外语创新教学设计理论探讨

针对信息化外语教学设计，研究者们尤为关注教学应遵循的原则以及教学活动和任务设计的理论探讨，既有整体教学原则的探索，也有具体教学模式的分析。

鉴于信息技术的特色，信息化外语教学在设计、呈现与传播上区别于传统语言课堂教学。卡莱奇迪斯（Kalaitzidis）等（2017）强调教学应当遵循以下总体原则：以产出为导向，重视批评和反思，教师与学生共同参与教学和评估过程。

具体到不同的网络教学环境，在移动学习中开发应用和实施教学需要兼顾互动模式、使用情境、使用范围、数据管理、访问方式、设计规模和激励机制七个方面（Lecheler，Hosack，2014）。针对网络任务型语言教学，汉佩尔（Hampel）（2010）结合网络教学环境的特点，基于传统课堂任务型教学的原则，从教学目标、任务类型、任务流程、师生因素等各方面指出了网络任务型教学设计需要考虑的因素。巴拉特（Baralt）等（2017）结合网络学习的特点，从传统任务型教学的任务前教学安排、任务执行、语言要点三个方面，以实例分析了网络任务型语言教学的框架，以帮助学习者完成网络学习任务，建立学习社区。

目前研究者就教学设计的探讨更多聚焦于任务型教学和移动学习，相对缺乏信息化外语教学的整体指导理念和框架，对其他具体教学环境、教学模式的设计分析也有所欠缺。

15.3.2 信息化外语创新教学实证研究

近年来许多国内外学者开展了以下三个类型的信息化教学实证研究：交互协作式外语教学、语料库及数据驱动的语言学习、游戏与语言学习，主要关注信息化外语教学是否有利于学习者增强听说读写语言技能、积累词汇和语法等语言知识，培养自主学习能力和跨文化交际能力。

1. 交互协作式外语教学

目前各种专门用于外语教学的交互软件、平台和工具应运而生，包括计算机辅助词汇注释工具、模拟口语环境的语言学习软件、二语写作自动批改和反馈系统等。此外，许多教师还尝试在教学中运用远程合作、社交网络（推特、微信等）、在线交互协作界面（维基、谷歌文档）等。这类技术的共同特点是互动性强、便于协作，有利于拓展课堂教学，衔接课内外学习。

首先，随着教育技术的普及，结合外语教学以及特定技术特点所开发的语言教学专用软件和工具不断涌现。例如，赫兹鲁（Khezrlou）等（2017）探究了外显学习、有意学习和伴随学习三种情形下，计算机辅助词汇注释对英语学习者词汇习得和阅读理解的影响。研究通过选择题和书面回忆测试检测学生的阅读理解，通过词汇知识量表和词汇识别测试来测量学习者的词汇习得情况。研究发现在三种不同的学习条件下，尽管学习者在各个测试中的表现有差异，但词汇都有增长。不管教师是否给予显性指导，学生是否有意学习词汇，多媒体词汇注释都对外语词汇习得有帮助。计算机辅助词汇注释工具对语言学习的益处也在其他研究中得到了论证（Boers et al.，2017）。西多伦科（Sydoren-ko）等（2019）选择在目标二语（英语、法语）、使用范围（学术交流、日常交际）和技巧侧重（高阶语言技巧、低阶语言技巧）上存在区别的三款模拟口语环境的语言学习软件，收集学生利用这三种软件进行自主口语学习的数据，通过对比分析和评估发现三种软件对学习者口语学习尤其是语用能力的培养都有帮助。鉴于目标学习群体有区别，软件开发者的目标有不同，以及某些技术条件的限制，三款软件在设计和应用上存在区别。拉纳利（Ranalli，2018）在研究中发现二语写作自动批改和反馈系统有助于学习者在写作中纠错。简言之，交互型外语教学软件和工具所呈现的特征、优势及其与传统教学之间的异同是研究者关注的重点，也值得在研究和教学中进一步探索。

从人机互动、辅导性计算机辅助语言学习（tutorial CALL）发展到以计算机为媒介的网络交际（Heift，Schulze，2015），一些用于日常交际和办公的交互协作技术也进入了外语教师及研究者的视野。研究者就此类技术在外语教学中的应用开展了大量实证研究。例如，通过非母语学习者和母语者远程视频互动来训练口语能力，结果发现非母语学习者口语的可理解性和流利性都有显著进步（Saito，Akiyama，2017）；基于推特开展的语音教学有助于改进发音、提升口语表达能力（Mompean，Fouz-González，2016）；基于微信公众平台和微社区进行医学英语阅读翻转课堂教学实践、借助微信公众平台发布学习资源等，课内通过教师答疑、师生及生生互动完成意义再建构，实现知识内化和深化，结果学生的自主学习、协作学习、科研探索和思辨能力均得到了锻炼（贾凌玉 等，2016）。

可见，交互协作式信息技术应用于外语教学具有独特的优势，但其有效性取决于教学活动的具体设计和教师的引导，还一定程度上受制于学生的自觉性、语言基础和自学能力。

2. 语料库及数据驱动的语言学习

数据驱动学习的教学素材来自口语/书面语语料库。这类学习能够为学习者提供大量真实的、自然语境下产生的语言素材（Warren，2016）。

随着越来越多语料库可供普通学习者免费使用，语料库在外语教学中的应用也日益广泛。李（Lee）和林（Lin）（2019）将 27 名外语学习者随机分配到归纳法和演绎法的数据驱动词汇学习小组，采用美国当代英语语料库来学习单词，对比分析学习者在词汇的形式、语义和用法上的词汇知识掌握情况，发现归纳法和演绎法数据驱动词汇学习都产生了较好的词汇习得和词汇记忆效果。科托斯（Cotos）等（2017）在学术写作教学中采用包含英语修辞语料库的网络平台 Research Writing Tutor（RWT），供学习者检索已发表的学术论文和分析自己的写作。研究收集了学习者的文稿和对数据驱动写作的书面反馈，发现该语料库支撑的学习可以增强写作新手对体裁的理解，帮助学习者积累语体、修辞方面的知识。国内研究也发现基于语料库的体裁分析使得学生在语篇结构、内容设计和写作技巧上都有所提高（张煜、徐世昌，2011）。不同类型和特点的语料库可用于不同语言技能和知识的教学，还可用于组织英语词汇教学（孔蕾、秦洪武，2013）。但语料库的实际应用效果也取决于教师的语料库专业知识。例如，受限于外语教师的相关专业知识水平，口语语料库的相关研究成果和技术尚未广泛有效地应用到外语教学中（Caines et al.，2016）。

以上研究肯定了语料库应用于外语教学的优势和潜力，但实现有效数据驱动学习需要以下支撑：①更多不同类型的语料库可供外语教师和学习者免费使用；②教师需要获得语料库专业知识培训，在选择或自建语料库、设计和开展教学活动时有专业技术和知识作为支撑；③学生需要接受语料库使用的相关培训，并且认识到他们在数据驱动学习中不仅仅是语言学习者，还是"语言研究者"，他们可以借助语料库开展探索学习和深度学习。

3. 游戏与语言学习

自 20 世纪 70 年代数字游戏出现，外语教师和 CALL 领域的研究者们就意识到游戏或许能促进二语学习。因为玩数字游戏时，玩家积极主动、全神贯注，在认知、情感甚至社会层面都有极大的投入，为达到游戏目标，玩家也乐于学习新的规则、技能甚至语言，从而促进附带语言学习，变成"学习型玩家"（Reinhardt，2019）。

　　许多相关实证研究显示，数字游戏与学习者的二语能力之间存在正相关（Chik，2014；Ranalli，2008）。奇克（Chik，2014）在一项为期 12 个月的探索性研究中分析了学习者如何通过外语数字游戏开展自主学习。研究者以 10 名日常有玩外语游戏习惯的外语学习者为主要研究对象，通过游戏过程、焦点小组讨论、访谈和网上论坛收集了丰富的数据。研究发现参与游戏的人从不同层面体现了学习自主性，数字游戏还促使玩家形成了二语学习社区，但这种学习整体上缺乏条理，缺乏指导，需要教师的关注和引导。拉纳利（Ranalli）（2008）认为计算机仿真游戏提供了丰富的虚拟情境，为语言学习创造了可能。由于专门为外语学习而设计的游戏较少，拉纳利（Ranalli）尝试对市面已有的游戏 The SIMs™ 提供辅助学习材料，如词汇练习、文化注释、网络词典等，9 名母语分别为汉语、日语、西班牙语等不同语种的英语学习者参与研究，通过前测-后测分析学习者在游戏过后的词汇量变化。通过混合方法研究发现，参与者的词汇知识有明显提高，并且对游戏中增加的教学型辅助材料持积极态度。国内针对数字游戏与外语学习的关联所开展的实证研究较少，更多分析数字游戏的特点以及游戏在外语教学中的设计原则（如赵蓉、陈坚林，2010）。

15.4　信息技术背景下外语创新教学与研究的未来趋势

　　国内外信息化外语创新教学与研究虽然成果颇丰，但信息技术与工具不断更新换代，技术与教学的结合尚处于探索阶段。未来需要加强理论构建，提升外语教师和学习者的信息素养，发现内在规律，充分整合技术和数字资源，以促进信息技术与外语教学的深度融合。

15.4.1　信息化外语创新教学实践趋势

　　在外语教学中利用信息技术、整合数字资源应当综合考虑教学目标、教学对象、教学手段、教学环境和教学评估等各个因素和环节，同时结合信息科技、教育学、心理学和二语习得领域的理论指导教学实践。

　　1）明确信息化外语教学目标。首先是长远的外语教学目标。语言教师的最终目标是帮助学生获取知识和技能，培养外语自主学习能力，使他们在现实生活和网络社区中都成为有文化意识的全球公民（Godwin-Jones，2015b）。设定长远的教学目标将为外语教学与信息技术的融合提供方向。同时，信息技术还应服务于每一门课、每一堂课的具体教学目标，这就要求外语教师考虑到"衔接性"，例如课堂内外如何衔接，线上线下如何衔接。相比传统课堂规范有序的教学，学生在课堂外或者线上的语言学习往往难以预见、缺乏条理（ibid），教师必须考虑这类学习如何与课堂具体教学目标相匹配。

2）关注学习者差异，提升学习者信息化语言学习的素养。研究者、教师、技术人员需要了解学习者的语言水平、学习经历和学习期待，以此为依据来开发、选择、调整技术和工具。同时，有必要培养学习者的数字化素养，学生对新兴技术的熟练和接纳不代表他们能批判性地使用，教师需要提供指导和培训，帮助他们有效地结合技术和语言学习。

3）明确各类教学手段的优劣和异同，尤其是各类信息技术、数字工具的特点、优势和局限，所以大学英语教师自身也要接受教育信息技术的培训，提升信息素养。信息技术不断更迭，充满未知和各种可能性，外语教师需要持开放、灵活和批判的态度来对待信息化外语教学，学会在安全和符合道德的前提下，批判地使用信息技术。

4）结合现实教学环境进行决策。教师应当熟悉真实教学环境所能提供的技术、语言和文化资源，了解传统课程的安排、教学规模、考试压力等因素，以相应地调整信息化的程度和形式。例如，在实施翻转课堂教学模式时，是全部翻转还是部分翻转，其翻转的程度可以依具体的教学环境而定。

5）对信息化外语教学效果进行系统评估，包括确定评估内容和标准，选择合适的评估手段，基于评估进行教学调整等。例如，对于网上学习，一方面可借助技术获得学习数据，进行学习者分析，另一方面可以通过学习者日记、学习者档案的形式来评估学习效果。

15.4.2 信息化外语创新教学研究趋势

结合已有的信息技术背景下外语教学相关研究，我们认为以下内容可以成为未来研究的方向。

1）信息技术背景下外语师生素养的内涵及培养。从事外语教学的实践者是技术和教学融合中不可或缺的一环。尤其值得关注的是实践者对信息技术的理解和实际运用的能力。目前在职前培训和职业发展中，更为关注教师语言教学能力的培养，对于数字化素养或者信息技术能力的关注不够。在评估信息化语言教学效果时，也更多关注学习者语言能力的提升，对于多元化素养的培养尚有所欠缺。因此，需要研究厘清信息技术背景下外语教师素养和学习者语言能力的具体内涵，以指导相关的教学实践。

2）信息化外语教学理论的构建。现有研究大多过于侧重技术而忽略了理论层面的研讨。较之传统的外语教学，信息化外语教学如何借鉴心理学、教育学、神经学、信息科技、二语习得领域的研究成果，是否需要构建新的理论与框架，如何促进教育技术与外语教学的深度融合，都是值得探讨的重点。

3）信息化教学原则和教学模式。信息化环境下的语言教学有别于传统课堂外语教学，各类教学方法如何与信息技术有机结合、需要遵循哪些原则、可以开发哪些教学模式、与中国本土的教学环境如何结合，是研究可以探索的方向。例如项目式学习、合作式学习、任务型教学在信息化环境下如何开展、游戏型外语学习如何与中国教学情境相结合等。

4）信息技术的区分度。数字工具和网络平台等各有优劣，各有特点，所适用的教学内容和目标也不尽相同，在教学实践和研究中应当辨别和梳理。相比国际研究，国内在信息技术的区分度上尚不够清晰。

5）研究方法和研究手段。信息技术使得研究者在采集和分析数据时更加便利。技术与外语教学结合的过程中，学习者的学习过程、曲线、模式和行为非常值得关注，这一类数据也能为教学与技术的融合提供宝贵的启示。除了运用传统的研究方法分析网络环境下的学习者动机、互动模式、学习策略的使用、学习者所担当的角色等，还可以运用学习分析以及数据挖掘技术，通过教育大数据对学习者的学习轨迹、学习行为和学习能力进行分析。大数据有助于收集和分析大量的学习者语料，对学习过程进行可视化分析，来解读外语学习的复杂性和动态性，为信息化环境下外语学习模块的设计带来启示，指导教师和帮助学习者开展个性化、自主性学习。

15.5 结　　语

信息技术的发展为外语创新教学与研究带来机遇与挑战。信息技术背景下的外语教学是一个复杂、动态的体系，本章通过梳理文献，研究典型案例，结合信息化外语教学实践分析外语教学在技术运用、教学范式、语言观、教学目标等方面所发生的变化，总结信息化外语创新教学三种主要类型及其形式与特征，解读信息化教学素养在情感认知、教学技能和社会文化层面的具体内涵，提炼信息化外语教学的研究重点和未来趋势，为促进信息技术与外语教学的深度融合及相关研究提供启示。

信息技术背景下的外语教学是一个复杂、动态的体系，以上提及的各个方面相互关联、不可分割。微观层面的具体教学案例分析，宏观层面的理论构建，都有利于对这个系统形成更完整的理解，促进信息技术与外语教学的深度融合。

第二部分

实证研究篇

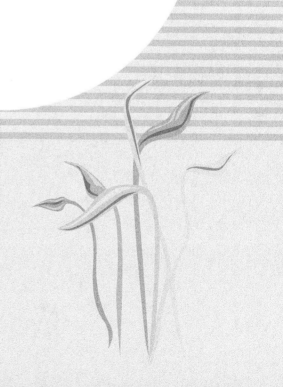

第16章 大学生英语学习焦虑自我调节策略研究

16.1 引　　言

自从克拉申（Krashen）提出情感过滤假说，焦虑作为阻碍语言学习的主要因素（Arnold，Brown，2000：8），已成为国内外二语习得研究的热点之一。但是，大多数研究关注的都是外语学习焦虑的定义、特征和分类（Horwitz，1986；MacIntyre，Gardner，1994 等），焦虑对外语学习的影响或焦虑和外语学习成绩之间的关系（Marcos-Lliná，Marau，2009；石运章、刘振前，2006 等），以及影响外语学习焦虑的因素（Miyazoe，2011；Papi，2010 等），很少有研究关注学习者如何通过自身的努力控制焦虑。学习策略研究已经证实优秀的语言学习者通常运用情感策略如降低焦虑感来控制自己在语言学习中的情绪（Oxford，1990），但是关于学习者如何在日常外语学习中处理外语焦虑的实证研究相当匮乏。因此，我们开展此项研究，旨在通过实证调查探索大学生英语学习焦虑现状及其使用的自我调节策略，为改善大学生英语学习效果提供实证依据。

16.2 文　献　综　述

大量实证研究证明，语言焦虑和外语学习成绩之间存在显著负相关关系（Hewitt，2011；Sheen，2008；Yan，Horwitz，2008；郝玫、郝若平，2001），如何有的放矢地帮助学生调整心态、克服焦虑情绪、提高教学质量，是外语教学中亟待解决的问题。对此，很多研究者从不同侧面提出了应对策略，如霍维茨（Horwitz）等（1986）指出，教育者和外语教师可以通过两种方法缓解学生的焦虑情绪。一是帮助他们找出有效减轻焦虑的自我调节策略，二是营造更加轻松的学习环境。萨米尼（Samimy）和塔布斯（Tabuse）（1992）进一步强调轻松和谐的学习环境的重要性，因为在这样的学习环境下学生更敢于使用目的语。菲利普（Phillips）（1991）则认为教师应该从情感上援助学生，即引导学生说出他们的焦虑，运用理性情感疗法使其意识到很多焦虑是没有根据的，同时可以通过设计小组口语活动降低焦虑。李炯英（2004）提出教师可以通过建构融洽的师生关系、帮助学习者形成正确的自我观念、创造良好的课堂外语学习环境等途径来降低外语学习焦虑。郭燕（2011）则通过在课堂上进行写长法教学实践有效降低了学生的写作焦虑。很显然以上研究都是从教师视角探讨如何帮助学生降低或克服焦虑，而且都是围绕课堂上的外语学习焦虑。有关学习者在日常外语学习中如何自我克服或调节焦虑的研究至今未见。在这方面，心理学和教育学领域关于日常情绪调控的研究给了我们很大启示。如博南诺（Bonanno）（2001）提出了情绪自我调节模型，强调情绪产生过程的每一个环节都可以根据体内的自我平衡进行调节。方平等（2007）则进一步发现大学生采取多种方式调节自身情绪，使用最频繁的调节方式是积极分心，使用最少的方式是暂时解脱；不同性别的学生在情绪自我调节策略的使用上存在差异。鉴于外语焦虑有别于而且通常大于其他学科的焦虑（MacIntyre，Gardner，1991），当学习者在外语学习过程中产生焦虑情绪时，他们如何进行自我调节？不同焦虑水平和性别的学习者在外语焦虑自我调节策略的使用上是否存在差异？这都是我们亟须探索的问题。因此，本研究以我国非英语专业大学生为研究对象，尝试通过问卷调查对大学生的英语学习焦虑自我调节策略进行研究，以弥补焦虑研究在这方面的不足。具体来说，本研究将回答以下问题：

1）大学生的英语学习焦虑程度如何？

2）大学生在英语学习中主要使用哪些类型的焦虑自我调节策略？总体使用情况如何？

3）焦虑程度不同的学习者在焦虑自我调节策略的使用上是否存在差异？

4）不同性别的学习者在焦虑自我调节策略的使用上是否存在差异？

16.3　研 究 方 法

16.3.1　研究对象

研究对象为来自 4 个省 6 所高校的 2010 级（二年级）和 2011 级（一年级）非英语专业大学生，共 640 名。与三、四年级学生不同，一、二年级学生每周都有英语课，有一定量的英语学习任务，并且有相应的课程结业考试，大部分学生需要在这一阶段通过大学英语四/六级考试，这些都是压力的来源，这些压力可能产生英语学习焦虑，因此他们是理想的研究对象。本研究共收回有效问卷 588 份，有效率为 91.9%。为避免学科差异和学生素质对研究结果产生影响，我们选择的这 6 所院校包括综合性大学 2 所，理工类 2 所，医药类 1 所和师范类 1 所，其中既有重点院校也有非重点院校。被试来自电气、控制、中文、法学、管理、会计等专业，其中，男生 402 人，占总人数的 68.4%；女生 186 人，占 31.6%。年龄从 17 到 22 岁，平均年龄 20 岁。

16.3.2　研究工具

1. 英语学习焦虑量表

大学生英语学习焦虑量表（见附录 1）是在霍维茨（Horwitz）（1986）的《外语课堂焦虑量表》基础上设计的，根据中国英语学习环境的特殊性做了细微调整（增加 3 个题项；去掉原来的题项 17），并将测量范围由外语课堂延伸到日常英语学习中。原始问卷共有 35 个题项，采用利克特 5 分量表。需要说明的是，选择霍维茨（Horwitz）的《外语课堂焦虑量表》主要是因为，与其他测量普遍外语焦虑的量表（如 Ely，1986；MacIntyre，Gardner，1994）相比，该量表是最常用的外语学习焦虑研究工具（Aida，1994），其可靠性和有效性已被大量研究所证实（MacIntyre，Gardner，1991；Sheen，2008 等）。

另外，考虑到本研究被试者与霍维茨（Horwitz）（1986）的不同，我们对该量表进行了预测以确保其信度效度。首先，对问卷数据进行了球性检验，结果显示数据适宜进行因子分析（KMO=0.91；Bartlett 球性显著），然后采用主成分法得出 8 个因子，累计解释总方差的 60.28%，变量 8、11、17、21 同时在两个或两个以上因子上具有大于 0.30 的负荷量，且差距不大。因此，将其从量表中剔除，这样因子 8 就只剩两个变量，由于一个因子至少要包括 3 个变量，这就说明不宜抽取 8 个因子，因此我们设定抽取 7 个因子，进行第二次因子分析。7 个因子可解释总方差的 59.72%，与抽取 8 个因子时相比损失不大。另外，变量 1、13、18 均在两个因子上出现了交叉负荷大于 0.30，应该剔除。探索性因子分析共删除 7 个题项，最后形成包含 28 个题项的英语学习焦虑量表，总体信度为 0.91。问卷还包括了被试者的性别、年级、专业等个人信息。

2. 英语学习焦虑自我调节策略量表

该量表是基于文献阅读以及通过访谈收集的一手资料设计而成。访谈对象是从武汉两所高校一、二年级中随机抽取的 30 名学生。为使被试者认真交流其真实想法，访谈之前他们被告知访谈采用不记名方式，且研究人员将根据访谈结果给英语教师的教学提一些意见和建议。为便于数据分析，我们对每一个被试者进行录音，并在必要时做笔记。访谈的问题主要包括：①在英语学习过程中你感到焦虑吗？②在哪些情况下感到焦虑？③你认为你的英语学习焦虑程度是高、中还是低？④你一般使用哪些方法来缓解这种焦虑？访谈结束后，我们根据访谈录音和笔记整理了有关焦虑自我调节的题项。第一版问卷包括 40 个题项，采用利克特 5 分量表。为选择具有代表性的题项并保证问卷信度，研究者根据两次预试验以及 10 位老中青大学英语教师的意见，对问卷进行反复修改，最终保留 26 个题项。

16.3.3 数据收集与分析

本研究采用不记名问卷收集数据。两份问卷同时发放，由任课教师在课堂上完成，学生被告知问卷有利于测出他们的英语学习焦虑水平，并为当前的英语教学和学习提供指导，因此，他们很认真地填写问卷。鉴于问卷 1《英语学习焦虑量表》中的题项 "1" "4" "10" "21" "25" 是反向描述题，因此分析数据时分值要反过来，即 "1" 变成 "5"，"2" 变成 "4"，"3" 不变，"4" 变成

"2"，"5"变成"1"，理论上，问卷 1 的分值范围是 28 到 140，且分数越高，焦虑程度越高。

最后，我们将收回的 588 份问卷数据输入计算机，运用 SPSS18.0 进行统计分析。通过描述性统计问卷 1 的数据，分析大学生英语学习焦虑程度，并根据被试得分情况将其分为高、中、低焦虑组。对于问卷 2，则采用探索性因子分析方法探讨大学生在英语学习过程中所使用的焦虑自我调节策略类型，对焦虑自我调节策略的使用情况进行描述性统计，对不同焦虑水平的学生在焦虑自我调节策略使用上的差异进行单因素方差分析，对男女生在焦虑自我调节策略使用上的差异进行独立样本 T 检验。

16.4　结果与讨论

16.4.1　英语学习焦虑程度

依据牛津（Oxford）和贝里·斯托克（Burry-Stock）（1995）对利克特 5 分量表的划分标准，平均值等于或高于 3.5 为高频使用，介于 2.5 和 3.4 之间为中等程度，而等于或低于 2.4 则为低频使用。描述性统计结果显示，被试总体上处于中等焦虑水平（总体均值 2.959；中等焦虑组所占比例 69.1%）。高、低焦虑水平者比例都不高，但高焦虑水平者（16.3%）多于低焦虑水平（14.6%）。可见，大学生的英语学习焦虑是普遍现象。

16.4.2　焦虑自我调节策略类型及其总体使用情况

第一轮探索性因子分析结果显示 KMO=0.844>0.8，Barlett's 球形检验结果显著（$p=0.000<0.05$），表明数据适宜做因子分析。采用主成分分析法并配合最优斜交转轴法经 7 次迭代后，结合方差贡献率得到 6 个因子（特征值>1），解释了所有项目中所有变量 55.375% 的方差，但因子 5 只包含两个变量（21；23），因子 6 包含一个变量（13）。由于一个因子的潜在变量应该至少由 3 个观测变量来解释，说明不适宜抽取 6 个因子，因此，我们设定抽取 4 个因子，进行第二次因子分析。

第二次因子分析结果显示 KMO＝0.849＞0.8，Barlett's 球形检验结果显著（p＝0.000＜0.05），采用主成分分析法，最优斜交转轴法和 7 次迭代后，得到 4 个因子（特征值＞1），分别可以解释总方差的 24.525%、10.539%、9.671%、5.394%，累计可以解释总方差的 50.128%，较全面地概括了数据特性。各题项在因子上的负荷量见表 16-1，归类标准通常为负荷大于 0.30。随后运用克伦巴赫阿尔法系数进行问卷的信度检验，量表整体内部一致性系数为 0.828，其中因子 1 的内部一致性系数为 0.837，因子 2 为 0.752，因子 3 为 0.775，因子 4 为 0.656。表明整体量表的内在信度较高，各因子量表的内在信度也在可接受范围内。综上所述，探索性因子分析共删除 3 个题项，最后形成包含 23 个题项、4 个因子的英语学习焦虑自我调节策略量表。

表 16-1　因子结构及负荷[①]

题　项	因　子			
	1	2	3	4
17. 我有时用过去的经历激励自己：只要用心去做，没有解决不了的问题。	0.853			
16. 遇到挫折时我对自己说：困难是暂时的，通过努力会好起来的。	0.782			
18. 我对自己说：知识都是人学的，我不否定自己的智商，我一定学得会。	0.714			
14. 学不好英语烦躁时，我想"就不信学不好，多花点时间肯定会学好"。	0.706			
15. 英语学习焦虑时，我暗示自己"我很强"，鼓励自己积极面对英语学习。	0.664			
21. 为了不焦虑，我告诉自己：尽最大努力无愧于心，就可以坦然面对结果。	0.597			
13. 我知道焦虑的存在，但没有信心去克服它，最终丧失了学好英语的勇气。		0.716		
19. 说英语使我焦虑，我用"不知道"或"咽喉发炎"来应对老师的提问。		0.659		
20. 因为怕难为情，我尽可能少参加英语活动。		0.653		
23. 开口说英语使我紧张，通常情况下我较少开口。		0.650		
12. 我不敢面对英语学习中的焦虑，因此尽量对它视而不见。		0.632		
1. 我通常把英语中的焦虑情绪，如失望、悔恨、担忧、愤怒埋在心里。		0.624		
6. 在英语课上，为了逃避老师的问题，我总是坐在教室的后面。		0.500		
4. 我坚持每天收听并模仿英语广播节目，克服听力和口语中的焦虑。			0.727	
7. 我偶尔阅读一些相关的心理学书籍，帮助我克服英语学习焦虑。			0.714	
5. 我常常独自做英语即席演讲。			0.696	

续表

题　　项	因　子			
	1	2	3	4
8. 我坚持晨读或背诵英语的名段名篇，以帮助我在课堂上用英语交流。			0.666	
3. 我制订并遵守克服焦虑的计划。			0.578	
9. 在英语课上我主动回答老师的问题。			0.455	
11. 感到焦虑时，我常用听音乐、看电影、运动等方式来转移注意力。				0.628
2. 忘我地工作让我摆脱了英语学习焦虑。				0.523
10. 为了让自己在考试时不紧张，我总是在走进考场之前，做几下深呼吸。				0.519
22. 面对英语学习中的焦虑，我告诫自己："我不可能控制所有的事情"，以减轻自己的焦虑情绪。				0.509

注：提取方法——主成份；

旋转法——具有 Kaiser 标准化的倾斜旋转法。

① 旋转在 7 次迭代后收敛。

问卷的 14、15、16、17、18、21 共 6 个题项，聚合为第一个因子，负荷量从 0.597 到 0.853。通过分析其内容发现，这些题项表达的是学生如何通过提高自我效能感对焦虑进行调节，如他们会对自己说"只要用心去做，没有解决不了的问题"或"知识都是人学的，我不否定自己的智商，我一定学得会"。因此第一个因子被命名为自我效能提升。第二个因子包含 1、6、12、13、19、20、23 等 7 个题项，负荷量从 0.500 到 0.716，描述的都是学习者在面对焦虑时采取的一些回避行为，如找借口不回答问题，不愿意参加英语活动，很少开口说英语，知道焦虑的存在却不敢面对等，故命名为逃避问题。3、4、5、7、8、9 等 6 个题项聚合为第三个因子，负荷量从 0.455 到 0.727。这 6 个题项描述的是学生如何通过积极的方式调节焦虑。一方面，通过制订计划或阅读心理学书籍等方式直接解决焦虑问题，另一方面通过提高英语水平来降低焦虑水平，如收听并模仿英语广播节目，背诵名段名篇，做即席英语演讲等，故将该因子命名为解决问题。因子四包括 2、10、11、22 等 4 个变量，负荷量从 0.509 到 0.628，均表示转移注意力，如通过忘我的工作、听音乐、运动等减轻自己的焦虑感，故命名为转移注意力。

本研究通过因子分析得出四种焦虑自我调节策略类型：自我效能提升、逃避问题、解决问题和转移注意力。

对数据进行的描述性统计结果显示，四种策略的总体使用均值为2.832，单个策略按得分均值从高到低依次为自我效能提升（3.611）、转移注意力（3.045）、逃避问题（2.675）、解决问题（2.095）。这表明学生总体上对这些策略的使用处于中等水平，具体来说，他们更倾向于通过提升自我效能来减轻焦虑感，而不太愿意通过解决问题来降低焦虑。原因可能是，在众多个体因素中，自我效能对学习者行为的影响最大（Bandura，1986），且由于学习者在外语课堂上的犯错概率比其他课堂都高（Tsui，1996），自我效能对语言学习的重要性更突出。我们将在下文从焦虑程度和性别两方面对其进行深入分析。

16.4.3 焦虑程度不同的学习者在焦虑自我调节策略使用上的差异

为进一步探讨焦虑程度对自我调节策略使用的影响，我们比较了高、中、低焦虑组学生的自我调节策略使用情况。结果表明，自我调节策略的使用频率总体上随焦虑水平增长而有所提升（低2.762，中2.836，高2.879），但三组之间不存在显著性差异。具体到四种自我调节策略的使用上，三组学习者除了在转移注意力策略的使用上不存在显著性差异外，在其余三种策略的使用上均存在显著差异（见表16-2），具体如下。

表16-2　高、中、低焦虑组自我调节策略使用情况事后多重比较检验结果

因变量	（I）分组	（J）分组	均值差（I-J）	标准误	p
自我效能提升	低焦虑组	中等焦虑组	0.4484*	0.1034	0.000
		高焦虑组	0.8182*	0.1294	0.000
	中等焦虑组	低焦虑组	−0.4484*	0.1034	0.000
		高焦虑组	0.3698*	0.0989	0.001
	高焦虑组	低焦虑组	−0.8182*	0.1294	0.000
		中等焦虑组	−0.3698*	0.0989	0.001
逃避问题	低焦虑组	中等焦虑组	−0.8865*	0.0899	0.000
		高焦虑组	−1.6465*	0.1125	0.000
	中等焦虑组	低焦虑组	0.8865*	0.0899	0.000
		高焦虑组	−0.7600*	0.0860	0.000
	高焦虑组	低焦虑组	1.6465*	0.1125	0.000
		中等焦虑组	0.7600*	0.0860	0.000

续表

因变量	(I) 分组	(J) 分组	均值差 (I-J)	标准误	p
解决问题	低焦虑组	中等焦虑组	0.3726*	0.0966	0.001
		高焦虑组	0.6696*	0.1208	0.000
	中等焦虑组	低焦虑组	−0.3726*	0.0966	0.001
		高焦虑组	0.2970*	0.0924	0.006
	高焦虑组	低焦虑组	−0.6696*	0.1208	0.000
		中等焦虑组	−0.2970*	0.0924	0.006
转移注意力	低焦虑组	中等焦虑组	−0.1030	0.1023	0.603
		高焦虑组	−0.0187	0.1279	0.989
	中等焦虑组	低焦虑组	0.1030	0.1023	0.603
		高焦虑组	0.0843	0.0978	0.690
	高焦虑组	低焦虑组	0.0187	0.1279	0.989
		中等焦虑组	−0.0843	0.0978	0.690
策略总体	低焦虑组	中等焦虑组	−0.0736	0.0539	0.395
		高焦虑组	−0.1162	0.0674	0.228
	中等焦虑组	低焦虑组	0.0736	0.0539	0.395
		高焦虑组	−0.0427	0.0515	0.710
	高焦虑组	低焦虑组	0.1162	0.0674	0.228
		中等焦虑组	0.0427	0.0515	0.710

* $p < 0.05$

1. 高、中、低焦虑组在自我效能提升策略使用上的差异

从表 16-2 可以看出，高、中、低焦虑组间变化显著。该结果与亚瑟（Usher）和帕哈雷斯（Pajares）（2008）以及王天剑（2011）的研究结果吻合，即自我效能感与学习焦虑呈负相关关系。出现这样的结果是因为，自我效能感是人们自身能否利用所拥有的技能完成某项工作的自信程度（Bandura，1977），而焦虑程度往往与学生的自信水平成反比，即越焦虑的学生可能对自己越不自信。另外，自我效能感决定个体的焦虑反应和抑郁程度，自我效能感弱的人，会在开始工作之前就怀疑自己的能力，产生失败预期，体验焦虑情绪，采取消极的防御措施；自我效能感强的人则相信自己能对环境中的潜在威胁施以有效控制，比较自信乐观，不容易产生消极情绪（吴增强，2001）。可见，提升自我效能感是降低焦虑的有效方式。

2. 高、中、低焦虑组在逃避问题策略使用上的差异

逃避问题策略与格罗斯（Gross）和约翰（John）（1997）的情绪表达抑制类似，两者都包括在情绪体验产生之后对情绪表达进行有意识的抑制，如将愤怒、悔恨等情绪埋在心里，不敢面对焦虑等。针对表达抑制进行的研究发现，与正常被试相比，焦虑患者更倾向于隐藏情绪（Campbell-Sills et al.，2006；

Deckeret al.，2008），本研究发现了类似的结果，即逃避问题策略的使用频率随着焦虑水平的增长而提高（依次为1.794、2.681、3.440），且高、中、低焦虑组间变化显著（表16-2）。格罗斯（Gross，2002）指出，情绪调节不仅仅指降低负情绪，实际上情绪调节包括负情绪和正情绪的增强、维持、降低等多个方面。表达抑制会导致被试有更强的负情感体验（Gross，Levenson，1993；Gross，John，1997；Mauss，Gross，2004）。这说明逃避问题是一种不恰当的焦虑调节策略，非但不利于降低焦虑，还会起到相反的效果，容易形成恶性循环。因此，学习者仅仅意识到焦虑自我调节策略的重要性还远远不够，只有积极的焦虑自我调节策略才能有效降低焦虑，从而促进英语学习。

3. 高、中、低焦虑组在解决问题策略使用上的差异

高、中、低焦虑组在解决问题策略的使用上同样差异显著（见表16-2），使用频次随着焦虑水平的增长呈下降趋势（依次为2.461，2.089，1.792）。这是因为焦虑的人容易沉溺于自我贬低思想中，无法把注意力完全集中到如何完成任务上，导致与任务无关的思想和与任务有关的思想竞争有限的认知资源；而不焦虑或低焦虑的人不会或很少把注意力放在被夸大了的自我意识上，与高焦虑的人相比具有一定的优势（Tobias，1986）。另外，外语课堂焦虑是因为学生在课堂中感受到某种外界要求超越了自身外语水平和处理能力，觉得受到威胁而产生的反应。这种觉得受到威胁的心理会干扰学生专注于某项任务的精力、注意力和努力（Williams，1991）。

16.4.4 不同性别的学习者在焦虑自我调节策略使用上的差异

通过对男女生在焦虑自我调节策略使用频率上的差异进行独立样本 t 检验发现（见表16-3），在策略的总体使用上，男生比女生的频率高。具体来讲，则既有共性又有差异。不论男生还是女生，使用最多的自我调节策略均为自我效能提升，使用最少的策略均为解决问题。虽然男生使用策略的频率比女生高（均值分别为2.858和2.777；$p=0.045<0.05$），但这种差异主要是由两者在逃避问题策略使用上的显著差异导致的（均值分别为2.752和2.508；$p=0.006<0.05$），因为男女生在其他三种策略的使用上得分相当，差异不显著。我们对男女生的焦虑水平进行独立样本 t 检验的结果显示，男女生焦虑水平相当（均值分别为2.983和2.905），差异不显著（$p=0.253>0.05$），说明他们在逃避问题策略使用上的差异与焦虑程度关系不大。原因可能是，在中国这个

高情景文化中（Hall，1976），人们往往过多地注重人情和面子。学习者在不确定自己的表达一定正确的情况下，为了保全面子，往往会保持沉默，避免使用英语进行表达。女生的英语学习成绩普遍优于男生（杨超美，1999），她们学习英语的成就感高于男生，英语表达能力也更好，因此使用逃避问题策略的次数远远低于男生。另外，已有研究发现，女性较男性更为主动、积极地通过人际互动解决心理烦恼，注重情感的宣泄，而男大学生更多地表现出现代自尊型人格的独立自主与传统的自我封闭的双重性倾向（高一虹、陆小娅，2001）。

表 16-3　男生和女生在焦虑自我调节策略使用上的差异

变量	性别	人数	均值	标准差	均值的标准误	t	p
自我效能提升	男	402	3.607	0.6679	0.0471	-0.159	0.874
	女	186	3.620	0.6291	0.0652		
逃避问题	男	402	2.752	0.7103	0.0501	2.792	0.006
	女	186	2.508	0.6622	0.0687		
解决问题	男	402	2.108	0.6278	0.0443	0.548	0.584
	女	186	2.066	0.5479	0.0568		
转移注意力	男	402	3.044	0.6545	0.0462	-0.070	0.944
	女	186	3.048	0.4990	0.0517		
策略总体	男	402	2.858	0.3212	0.0227	2.011	0.045
	女	186	2.777	0.3172	0.0329		

16.5　结　　语

　　本章从学习者视角调查了大学生的英语学习焦虑程度及焦虑自我调节策略使用情况。结果发现，大学生的英语学习焦虑处于中等水平；他们在英语学习中主要使用自我效能提升、逃避问题、解决问题和转移注意力等四种自我调节策略，策略的使用频率总体上达到中等水平，但不同焦虑程度的学习者在这些策略的使用上存在显著差异；性别差异只对逃避问题策略有显著影响。

　　基于以上发现，我们建议大学英语教师不仅要通过课堂上的教学干预减轻学生的焦虑情绪，还应该引导学生对日常英语学习中产生的焦虑进行积极的自我调节。对于学习者来说，单单意识到自我调节的作用还远远不够，因为消极的调节策略往往不利于英语学习，反而会加剧焦虑程度，因此学会采取积极策略进行自我调节尤为重要。最后，我们认为未来研究可以在本研究基础上进一步探讨焦虑自我调节策略的使用是否对学生的英语成绩具有预测力，不同策略的预测力分别是怎样的。

第 17 章　大学生英语听力风格及其对短文听力理解水平的影响

17.1　引　　言

听力作为一种接受型技能在学生的语言习得中占有十分重要的地位，它使语言规则内在化，同时促进其他语言技能的培养（Vandergrift，1997）。随着人们对听力理解在外语学习和交际中作用的认识，听力理解逐渐得到广泛关注（Mendelsohn，Rubin，1995；Goh，2000；Richards，2006；Graham et al.，2008）。在中国，近几年听力能力的培养在大学英语教学中日益受到重视，大学英语四级考试改革后，试卷结构中听力部分比重由 20% 上升到了 35%。听力理解是一个复杂的认知心理过程，它既受到语音、词汇、句法等语言因素的作用，又受到诸如听者的世界知识、心理活动、听力风格等其他各种因素的影响。

国外不少学者对听力理解进行了研究。20 世纪 90 年代初，对于语境的研究非常广泛，诸如图式、话题熟悉程度、短文类型、情景等因素（Long，1990；Perdue，1993；Schmidt-Rinehart，1994）。进入 21 世纪，很多学者从音韵层面（Escudero，Boersma，2004；Zielinski，2008）、语汇句法层面（Weber，Cutler，2006；Field，2008）以及学习策略层面（Vandergrift，2003；Graham，2003；Goh，Taib，2006；Macaro et al.，2007）等对听力理解过程及影响因素进行了分析。还有部分学者对听力教学从教法、教材、测试等方面进行了探讨（Weir，2005；Guichon，McLornan，2008）。

国内近年关于外语听力理解的研究主要从认知学（如周相利，2002；陆国君、吴兴东，2007）、心理语言学（如陈吉棠，2002；黄建玲，2004）、语用学（如靳涵身，1999；苏静，2002）、文化（如陈吉棠，1999）等方面展开。听力策略方面的研究更是层出不穷（如王宇，2002；何祖佳，2005）。

从总体上讲，国外研究听力理解的文章倾向于从具体的实验中得出结论，而国内的文章理论探讨偏多，实证研究较少。有些文章虽提到一些实验，但这些实验缺乏科学的数据分析及论证，普遍带有个人经验色彩。而且，到目前为止，国内外关于听力理解影响因素的研究大多侧重于语言知识、文化背景知识、听力策略运用及个性心理差异等方面，尚未涉及听力风格。本研究试图弥补这个缺口，同时希望能鼓励更多学者关注学习者听力风格这一研究领域。

考虑到短文听力理解在大学英语考试中占有较大比率，而且是大多数中国英语学习者的难题，本章以短文听力理解为研究重点，旨在调查中国大学生的英语听力风格情况及其对短文听力理解的影响。

17.2　听力风格的界定及划分

本研究对听力风格的界定主要基于国内外学者对学习风格定义的基础之上。对于学习风格，不同学者赋予了不同的定义。如里德（Reid）（1987）认为学习风格是指学习者自然地、习惯地吸收、处理和储存新信息、掌握新技能的方式；而在其他一些学者看来，学习风格是指学习个体在处理学习材料、与他人和与环境交互时所采用的个性化思维方式（Ellis，1992；Ehrman et al.，2003）和相对稳定的习惯性行为（Keefe，1979；Willing，1987）。中国学者谭顶良（1995）认为"学习风格是学习者持续一贯的带有个性特征的学习方式，是学习策略和学习倾向的总和"。尽管以上定义各不相同，但在本质上有一个共同点：学习风格是学习者喜欢或经常使用的学习策略和信息处理方式。

韦尔（Weir）（1995）指出，在听力理解过程中不同的听者会通过各种不同的方法得出正确答案，这些方法取决于每个人不同的思维方式；思维方式不同，听者也会在听力过程中选择不同的听力策略。习惯性地使用同一类相似的策略就是一种风格（Schmeck，1988：7）。基于以上讨论，在本研究中听力风格是指学习者在听英语过程中喜欢或经常使用的听力策略和信息处理方式。

鉴于目前外语界还没有形成听力风格划分的统一标准。本章参照柯比

（Kirby）（1988）对阅读风格的划分以及理查兹（Richards）（2006）对听力过程三种模式的阐述对听力风格进行了尝试性的划分。

柯比（Kirby）（1988）首次从理论上探讨了阅读风格与阅读理解能力的相关性。他划分了三种不同的阅读风格：分析型、整体型及综合型。分析型读者注重单词识辨，但相对忽视了意义的提取。这种风格的学习者通常以阅读任务中的相关细节为目的，过于依赖文字表面信息，不能充分利用先前知识或者发掘更深层次的含义。整体型读者试图避免单词或语法等细节，通常过于依赖先前知识而相对忽略了阅读任务中所提供的信息以及阅读材料中的部分语言信息。综合型读者交互地使用前两种风格中合理的方面综合处理信息，学习策略的使用更加灵活。阿米尔（Amer）和霍扎姆（Khouzam）（1993）首次运用柯比（Kirby）的阅读理论对学习者的阅读风格和阅读理解能力的关系进行了实证性调查，发现调查对象中只有整体型和分析型两种阅读风格，没有学生显现综合型阅读风格。整体型和分析型风格各有优势。

虽然听力理解和阅读理解的解码技巧不太一样，但有关听力理解的很多研究已经证明有效的听力理解和有效的阅读理解所使用的策略和信息处理方式有很多相似之处（Rost，1990；Jensen，Hansen，1995）。在有效的听力和阅读理解中，听者或读者都需要借助先前知识来理解文章并且做出一些合理的推测，同时需要认真听取或读取语言信息来确保对文章理解的准确性并摒除不合理的猜测（Rost，1990）。理查兹（Richards）（2006）总结了三种比较常见的听力过程模式：自下而上模式、自上而下模式及交互模式。在自下而上模式中听者对听力内容的理解分步进行、线性发展：从声音信息的最小单位发音或音素到单词、短语、句子最后形成文章观点、概念主旨的理解。自上而下模式要求在理解文章过程中充分使用先前知识，而不仅仅依赖于单个的音或单词。这种模式的听力理解目的性较强，听者侧重注意所需信息，同时激活大脑中相关知识。交互模式中自下而上和自上而下的信息处理方式同时作用、相互依赖，这种模式可以更好地解释学习者信息处理方式的多样化。

基于以上讨论我们将听力风格划分为分析型、整体型及综合型，并制定了具体的听力风格划分标准（见表17-1）。

表 17-1　听力风格的划分标准

听力风格	划分标准
分析型	主要依赖自下而上的信息处理方式； 针对听力练习信息寻找答案； 主要依赖文章字面信息，没有充分利用世界知识、经验知识等发掘文章的深层次含义
整体型	主要依赖自上而下的信息处理方式； 通常使用策略来避免直接应对语音、单词或语法等细节； 主要依赖世界、经验等知识而对听力文章中的具体信息重视不够
综合型	综合前两种风格中合理的部分，针对不同的听力任务灵活使用不同的学习策略

17.3　研究方法

本研究综合使用定性和定量的研究方法。首先通过自我报告和访谈的定性研究方法对学习者的听力风格进行了划分，随后通过两次包含细节性问题和全局性问题的短文听力测试了解学习者的短文听力理解水平。

17.3.1　研究问题

1）大学生在短文听力理解过程中的听力风格呈现出怎样的倾向？

2）听力风格是否影响学生的短文听力理解水平？

3）不同听力风格的学生在理解短文的全局性和细节性问题方面是否存在显著性差异？

17.3.2　研究对象

研究对象为大学非英语专业一年级 151 名学生。但在研究过程中有 5 位同学错过了研究试验的某一个或两个步骤，因此最终调查对象为 146 人，在调查研究开始之前，所有学生都积极地表达了合作的意愿。

17.3.3　研究工具

1. 听力风格测试

为了客观准确地判断学生的听力风格类型，我们对学生进行了听力风格测试，测试包括两篇短文，选自上海外语教育出版社出版的《大学英语听说教程》第二册中的第二部分，由两种类型的问题组成：掌握文章主题和抓住文章细节。短文的生词量、话题熟悉度、类型、长度等的合适性都由相应水平班级检验。学习者完成听力任务后需要陈述他们在短文听力过程中的思维活动以及他们所使用的各种听力策略，由以下两个问题引导："1. 请详细描述你在听这篇文章、理解这篇文章过程中的思维活动以及所使用的策略。2. Dash，keep body and soul together…，是生单词或新短语吗？听出来了吗？在听文章过程中你是怎么处理的？请详细说明。"（见附录2、附录4）

2. 访谈

访谈对象为那些在听力风格测试的自我报告中没能清晰地描述其听力策略和思维过程的学生（共21名），旨在引导他们讲述更多更详细的测试中所使用的策略及思维活动，以及他们通常情况下处理信息的方式和策略，以便准确地分析出他们的听力风格。部分访谈通过电话完成，另一部分与受试者面对面地进行，所有访谈都在学生完成自我报告的当天完成。（见附录3）

3. 短文听力理解水平测试

本研究使用了2套短文听力理解水平测试题，每套试题包括三篇短文听力理解，试题均选自全国大学英语四级考试真题的听力部分，听力任务全部为多项选择题，共10个问题，其中"全局性问题"3个，"细节性问题"7个。全局性问题主要测试听者对文章的整体把握能力，包括文章的主旨和作者的态度等；细节性问题则要求听者注意抓住相关细节信息。由于大二学生才能参加四级考试，因此所有调查对象都是第一次接触测试卷中的试题。

17.3.4 数据收集和分析

1. 定性数据收集及分析

定性数据主要来自学习者在短文听力理解过程中对自己思维方式和策略使用情况的自我报告以及对部分学习者的访谈。为避免语言障碍，学生都用母语进行描述。在实验开始前，所有受试者都了解了学习策略、学习风格、思维过程等概念，并且就如何进行思维过程的描述进行了培训。在写自我报告前研究者一再强调是让大家描述他们在短文理解过程中的真实思维活动，而不是他们认为理解短文应该使用的策略。

然后，由两位研究者依据听力风格的划分标准分别对所收集数据进行分析，当一个学生在测试中的两篇文章中呈现出同一种类型的思维活动或使用同一类相似的策略时，就认为他具有某种风格。两位研究者的分类一致性达到了91%。对于有分歧的分类，另外请 2 名二语习得方向的硕士生导师判断，并共同对产生分歧的数据进行讨论，达成一致意见。

2. 定量数据收集及分析

学生的听力测试在听力课堂中展开，两次测试间隔 2 周，学生被告知测试结果将作为最后期末成绩的参考，因此每一位受试者都很严肃认真并且诚实地完成了测试。每套试题总分为 20 分，每道题 2 分，细节性问题 14 分，全局性问题 6 分，两套题的平均得分为最后成绩。

最后，本研究使用 SPSS 13.0 对所有数据进行量化分析，分别计算了各种风格出现的频率以及学习者听力水平测试成绩的平均分、标准差等并进行了单因素方差分析。

17.4　结果与讨论

17.4.1　大学生听力风格

通过对受试者自我报告以及访谈结果的分析，统计发现分析型、整体型、综合型听力风格的学习者分布见表 17-2。

表 17-2　听力风格的描述性统计

	听力风格	频　数	百分比/%	有效百分比/%	累积百分比/%
有效人数	分析型	63	43.2	44.1	44.1
	整体型	31	21.2	21.7	65.8
	综合型	49	33.6	34.2	100.0
	总计	143	97.9	100.0	
默认值	999.00	3	2.1		

从表 17-2 可以看出，有 63 位（43.2%）受试者偏向于使用分析型听力风格特征的信息处理方式和听力策略，31 位（21.2%）受试者则偏向于整体型风格，还有 49 位（33.6%）学习者使用的是综合型风格。另外，还有 3 名（2.1%）受试者在此次测试中没有显现出特定的听力风格。结果表明分析型风格是当前最普遍的风格，其次是综合型风格，还有一小部分学习者具有整体型风格。

在阿米尔（Amer）和霍扎姆（Khouzam）（1993）对学生阅读风格的调查中没有发现综合型阅读风格的学习者，而本研究发现有 33.6% 的受试者习惯性地使用代表着综合型听力风格的思维方式和听力策略。

17.4.2 听力风格对大学生短文听力理解水平的影响

在分析不同听力风格对学生短文听力理解水平的影响中，我们排除三位没有显现出固定听力风格的学生，用单因素方差分析了三种不同风格学生的短文听力理解总体水平（见表 17-3、表 17-4、表 17-5）。

表 17-3　不同听力风格学生的短文听力理解总体水平描述性统计

听力风格	人数	平均值	标准差	标准误
分析型	63	14.0952	3.00384	0.37845
整体型	31	13.9677	2.77469	0.49835
综合型	49	15.7551	2.12653	0.30379
总计	143	14.6364	2.78463	0.23286

注：听力满分为 20 分。

表 17-4　不同听力风格学生的短文听力理解总分单因素方差分析检验结果

组间与组内	平方和	自由度	均方	F 值	显著性
组间	93.633	2	46.817	6.506	0.002
组内	1007.458	140	7.196		
总计	1101.091	142			

从表 17-3 可以看到，整体型学习者短文听力理解的总体水平最低（平均分为 13.97），分析型水平稍高（14.10），综合型成绩最高（15.76）。

表 17-5　不同听力风格学生的短文听力理解总分事后多重比较检验结果

因变量：总分

（I）听力风格	（J）听力风格	平均值差异（I-J）	标准误	显著性
分析型	整体型	0.12750	0.58852	0.977
	综合型	−1.65986 *	0.51096	0.006
整体型	分析型	−0.12750	0.58852	0.977
	综合型	−1.78736 *	0.61562	0.017
综合型	分析型	1.65986 *	0.51096	0.006
	整体型	1.78736 *	0.61562	0.017

* 平均值差异在 0.05 水平上有显著性差异。

表 17-4 显示 F 值为 6.506，显著性水平为 0.002，这表明三种听力风格的学习者之间短文听力理解水平具有统计意义上的显著差异。

由表 17-5 可以看出，综合型风格与分析型和整体型风格之间的差异显著性概率分别达到了 0.006 和 0.017。这说明在短文听力理解中综合型学习者的总体水平明显高于分析型和整体型学习者。柯比（Kirby）（1988）认为整体型和分析型的阅读风格都不是有效的阅读方式，两种风格各有所长，都有可能帮助顺利完成阅读中某些特定的任务，同时也可能导致另一些阅读任务的失败；综合型阅读风格则能灵活运用前两种风格特征的各种技巧以及策略。本研究同样发现综合型听力风格的学习者也是短文听力理解综合水平最高的学习者。

17.4.3　不同听力风格学生在理解短文的全局性和细节性问题方面的差异

表 17-8 显示了不同的听力风格与短文听力理解中解决全局性问题水平的关系。分析型学习者在理解全局性问题上的水平最低，平均分只有 3.79（见表 17-6）。表 17-7 显示，F 值和显著性水平分别为 6.035 和 0.003，这表明三种风格的学习者之间是有显著性差异的。表 17-8 的数据进一步说明，显著性差异存在于分析型风格与其他两种风格的学习者之间。分析型学习者在理解全局性问题上的水平明显低于其他两种风格的学习者，差异显著性概率分别为 0.031 和 0.011。最主要的原因可能是分析型学习者过于依赖自下而上的信息处理方式，不能把记忆中的知识运用到听力理解中去，这种过度的依赖使学习者不能很好地把握短文的总体以及深层次的含义，而只是停留在短文表面的信

息（Spiro，1979）。在分析学生的自我报告中，我们确实发现学生有"识别单词是我的一个很大的问题""我能听出来这个句子里的每一个单词，但却不能理解这个句子的含义""我总是听了后面忘了前面"等问题。词汇量不够也是主要原因之一。

整体型和综合型学习者在解决全局性问题上的水平接近，平均分都是4.45左右（见表17-6）。整体型学习者采用一种自上而下的信息处理方式，通过对短文结构以及意义的预测帮助他们理解短文，利用他们的常识并启用大脑中的各种图式进行预测（Jung，2003）。这种风格的学习者运气好的时候，即使没有抓住短文的某些细节信息，也还是能猜出文章的主旨以及作者的态度等全局性问题。自我报告中就有学生谈到他们可以通过听力练习中的信息和自己已有的知识直接判断出文章的主题。

表 17-6　不同听力风格学生对全局性问题理解水平的描述性统计

	人数	平均值	标准差	标准误
分析型	63	3.7937	1.19351	0.15037
整体型	31	4.4516	1.12068	0.20128
综合型	49	4.4490	1.02187	0.14598
总计	143	4.1608	1.16068	0.09706

注：全局性问题满分为 6 分。

表 17-7　不同听力风格学生对全局性问题理解水平单因素方差分析检验结果

	平方和	自由度	均方	F 值	显著性
组间	15.183	2	7.592	6.035	0.003
组内	176.117	140	1.258		
总计	191.301	142			

表 17-8　不同听力风格学生对全局性问题理解水平事后多重比较检验结果

（I）听力风格	（J）听力风格	平均值差异（I-J）	标准误	显著性
分析型	整体型	−0.65796*	0.24606	0.031
	综合型	−0.65533*	0.21364	0.011
整体型	分析型	0.65796*	0.24606	0.031
	综合型	0.00263	0.25740	1.000
综合型	分析型	0.65533*	0.21364	0.011
	整体型	−0.00263	0.25740	1.000

* 平均值差异在 0.05 水平上有显著性差异。

表 17-11 显示了不同听力风格与解决细节性问题水平的关系。从表 17-9 可以看到，三种风格在解决细节性问题方面的水平由低到高依次为整体型（9.52）、分析型（10.30）和综合型（11.31）。表 17-10 的单因素方差分析结果（F 值为 6.861，显著性水平为 0.001）表明，三种风格之间在解决细节性问题上也是有差异的。表 17-11 的数据进一步显示，唯一的显著性差异存在于综合型和整体型之间，差异显著性概率为 0.002。整体型学习者通常听力理解速度较快，能够迅速通晓全文大意，抓住作者意图；但是他们往往忽略对细节的理解或记忆，甚至在听解过程中丢失相关信息，导致对某些具体细节把握不准，因此整体型风格的听者解决细节性问题的水平相对最差。而想要在短文听力理解中有好的表现，学习者还需要准确而顺畅地解码输入信息以确认自己的预测或者推翻那些不相符的预测（Tsui，Fullilove，1998）。巴克（Buck）（1991）的研究也发现，听者还必须根据语言输入持续地检验、监控自己的预测和理解，以保证其准确性和合理性。

表 17-9　不同听力风格学生对细节性问题理解水平的描述性统计

	人数	平均值	标准差	标准误
分析型	63	10.3016	2.38703	0.30074
整体型	31	9.5161	2.43408	0.43717
综合型	49	11.3061	1.60992	0.22999
总计	143	10.4755	2.25123	0.18826

注：细节性问题满分为 14 分。

表 17-10　不同听力风格学生对细节性问题理解水平单因素方差分析检验结果

	平方和	自由度	均方	F 值	显著性
组间	64.244	2	32.122	6.861	0.001
组内	655.420	140	4.682		
总计	719.664	142			

表 17-11　不同听力风格学生对细节性问题理解水平事后多重比较检验结果

(I) 听力风格	(J) 听力风格	平均值差异 (I-J)	标准误	显著性
分析型	整体型	0.78546	0.47469	0.258
	综合型	−1.00454	0.41213	0.055
整体型	分析型	−0.78546	0.47469	0.258
	综合型	−1.78999 *	0.49655	0.002
综合型	分析型	1.00454	0.41213	0.055
	整体型	1.78999 *	0.49655	0.002

* 平均值差异在 0.05 水平上有显著性差异

另外我们发现分析型学习者在理解细节性问题上的水平虽然略高于整体型，但差异并不显著。这可能是由两个方面的原因造成的。第一，分析型学习者虽然在听解过程中比较注重细节，但由于他们过多注重语音和词汇层面的信息，听解速度趋于缓慢，跟不上听力语速，难免会漏听一些细节。同时他们还会因为在听的过程中不能抓住文章主线，导致注意力无法集中而漏听信息。有相当一部分分析型听者的自我报告体现了类似的问题，如"当我听到 portable 这个音时感觉似曾相识，但一下子又想不出是什么意思，等我反应过来时，后面已经过去好几个句子了都没听着。""我听到了 movie，job，body 等几个单词，但具体讲了些什么我不是很清楚，而且听着听着就走神了，漏掉了很多信息。"而整体型学习者虽然在听解过程中对细节重视不够，但他们比较擅长利用已有的世界、经验等知识进行猜测，加上有些细节题比较简单，学习者可以根据对文章大意的理解以及已听到的部分信息猜出答案。如有整体型学习者在自我报告中提到"文章听到个大概，有些细节没听清楚，只能通过听到的语句、词汇以及文章的大致内容即拉里（Larry）找工作的经历去猜测一些细节题的答案。"第二，听力理解的细节性问题并不都是针对短文表面的细节信息，部分问题需要听者对文章、段落或者句子有深层次理解，而分析型听者在这方面是比较欠缺的。

17.5 结 语

本研究通过使用定性和定量相结合的研究方法，调查分析了我国大学生的英语听力风格及其对短文听力理解的影响，结果如下：①在三种听力风格中，分析型是当前大学生中最普遍的风格，其次是综合型，还有一小部分学生具有整体型听力风格；②听力风格会影响大学生的短文听力理解水平。总体上讲，综合型学生的短文听力理解能力最强，因此综合型是本研究中最理想的一种听力风格。整体型和分析型各有优势，都有待提高；③不同听力风格的学生在理解短文的全局性和细节性问题方面存在显著性差异。综合型在细节性和全局性问题上的表现都最好；整体型对全局性问题的把握明显强于分析型；而分析型对细节问题的把握虽略强于整体型，但差异并未达到显著性水平。

　　基于本研究结果，我们建议在今后的听力教学中，首先，教师可以指导学生明确自己的听力风格，意识到整体型和分析型听力风格的不足，同时针对不同风格的学生进行不同的策略培训。其次在鼓励学生发挥原有听力风格优势的同时采取一些具体措施来帮助学生拓展听力风格，向综合型风格发展。

第18章 认知要求对学习者口语产出质量与注意分配的影响

18.1 引 言

任务的认知要求是指任务结构对语言学习者的信息加工要求（注意、记忆、推理等）（Robinson，2001b），它是二语教学的一个重要特征，涉及任务对学习者所要求的注意量，决定学习者在特定任务中注意什么，由此影响学习者的产出和习得。在二语习得领域，任务作为诱导学习者产出的工具，考查其认知要求及学习者在不同要求下的产出具有理论意义（Tavakoli，Foster，2011）。然而，关于认知要求如何影响学习者二语产出这一问题，还缺乏相关实证研究且结论不一致（Jackson，Suethanapornkul，2013；Fukuta，Yamashita，2015）。本研究旨在从产出结果和产出过程两方面考查认知要求对二语学习者口语产出质量与注意分配的影响。

18.2 文 献 综 述

18.2.1 二语产出理论

根据科默斯（Kormos）（2006）对莱维勒（Levelt）（1989）为代表的模块化言语产出理论的总结，言语产出过程有四个要素：概念化、形式构成、发音和自我监控。概念化为准备话语内容的过程，形式构成包括对语信（message）的语法、词汇和语音上的编码，发音即语音的产出，而自我监控则包括检查产出的正确性与得体性。在一语产出中，概念化和监控过程要求注意，形式构成和发音则是自动的。对二语产出而言，注意的作用更复杂，因为二语者在语言编码中的自动化程度各不相同，产出需要有意识的搜索机制，提取适当的词注（lemma），配合被激活的概念，完成句法和词法编码过程，甚至有时发音都不是自动化的（Kormos，2011）。因此，学习者在二语产出过程中的注意分配直接关系到产出的语言质量。

18.2.2　任务的认知要求对二语产出影响的理论预测

关于不同的认知要求会如何影响学习者二语产出这个问题，有限注意力模型（Skehan，1998，2009）和多注意力资源模型（Robinson，2001a，2003，2005，2011a，2011b）分别做出不同预测。有限注意力模型认为，人的信息加工能力是有限的，要求更高的任务需要更多的注意资源，因此会造成语言产出在准确度、流利度和复杂度上的取舍效应。形式和内容（流利度代表内容）会竞争注意力资源，形式的两个方面——复杂度和准确度，也会相互竞争。提高任务要求时，学习者难以兼顾形式和意义，会优先内容而非形式。而对语言形式的注意不足会使学习者产出质量在所有方面下降（Skehan，1996，1998；Skehan，Foster，2001）。多注意力资源模型则认为不同的加工方式有多个资源池，并预测在某些任务条件下，增加任务的认知要求不会造成语言产出在准确度、流利度和复杂度上的取舍效应。在资源指引方向上增加认知要求时，学习者为满足任务的概念性要求，会有更准确和复杂的产出，但是流利度会降低，因为学习者必须刻意、外显地加工语言。而在资源消耗方向上增加认知要求时，学习者为了达到任务的程序性要求，注意力不会放在语言系统的任何方面，相反可能自动获取已建立起来的中介语系统，因而产出质量在三个方面都会降低（Robinson，2001a，2001b，2005，2007a，2011a，2011b）（对两个认知模型的理论基础及相关研究回顾详见徐锦芬、陈聪，2017）。

18.2.3　任务的认知要求对二语产出影响的相关实证研究

很多学者以这两个模型为基础考查了任务的认知要求对二语产出的影响。其中，相当多建立在罗宾逊（Robinson）（2001a）三要素框架之上的实证研究为多注意力资源模型提供了一定的支持（Gilabert，2007a，2007b；Gilabert et al.，2011；Ishikawa，2007；Iwashita et al.，2001；Kuiken，Vedder，2007a，2007b；Robinson，2007b；Robinson et al.，1995；王静萍，2013等）。根据杰克逊（Jackson）和苏塔那波恩库尔（Suethanapornkul）（2013）的元分析，提高认知要求对准确度有较小的正面影响，分析结果部分符合多注意力资源模型，但不支持句法复杂度上的预测。而国内学者刑加新和罗少茜（2016）的元分析结果则表明，认知要求提高了产出的句法复杂度和词汇复杂度，对准确度存在消极影响的倾向，研究结果支持有限注意力模型。

已有研究结果与现存争议表明，目前验证两个模型的实证研究存在以下不足：第一，缺乏对认知要求的独立测量。最常见的做法是，对一个任务在认知要求上进行调整，设计出任务的简单和复杂版本，如果对学习者产出的测量中发现了符合预测的显著差异，就认为得到了支持有限注意力模型或多注意力资源模型的证据。但是任务设计到底有没有造成认知要求上的差异，还存在疑问（Révész，2014）。而任务认知要求的高低可以在学习者对任务难度的感知上得以体现（Robinson，2001b）。第二，既然任务的认知要求通过对学习者注意分配的影响进而造成语言产出质量上的差异，研究者应该关注学习者语言产出过程中的注意分配，而现有研究多通过语言产出结果而非产出过程来观察认知要求的影响。作为考查语言产出的方法之一，话语不流畅研究（disfluency research）通过观察产出过程出问题时的情况（例如停顿、重复、自我修正等）探索语言产出背后潜在的机制（Kormos，2006）。在实证研究中，自我修正用于考查产出中对监控的注意分配（Ahmadian，Tavakoli，2014），以及学习者对语言形式的注意（Gilabert，2007a），而刺激回忆访谈能提供关于认知过程的有效数据（Gass，Mackey，2000），例如用于考查产出过程中的注意分配（Fukuta，2015；Fukuta，Yamashita，2015）。因此，本研究借助自我修正和刺激回忆访谈，考查受试在完成任务过程中如何把注意分配到语言内容与语言形式上。第三，大多数建立在罗宾逊（Robinson）（2001a）三要素框架上的研究只从其中某一个变量（如因素多少）考查认知要求对学习者语言产出质量的影响，有可能造成研究结果难以比较或结论不一致。

18.2.4　本项研究

为了更全面地考查认知要求对学习者口语产出质量与注意分配的影响，本章提出以下研究问题。

1）资源指引方向三个变量上的复杂任务是否相对于简单任务对学习者提出更高的认知要求。

2）更高的认知要求对学习者口语产出质量（流利度、准确度、复杂度）有什么影响。

3）更高的认知要求对学习者完成任务过程中的注意分配有什么影响。

18.3　研　究　方　法

18.3.1 受试

受试为武汉某高校 83 名 2013 级非英语专业本科生，专业包括计算机、电子信息和遥感等，来自 3 个英语教学班，参加实验时完成了三个学期的大学英语综合课程的学习。该校所有非英语专业新生在入校时参加英语分级考试，根据考试成绩分为四个级别编入不同的英语教学班进行分级教学。本研究受试都来自二级，参加同样教学要求的大学英语综合课程的学习，由同一位教师授课。

18.3.2　任务设计及所用材料

"因素多少"变量上的任务是让受试在朋友的语音信箱中留言，与对方商量暑期旅游的住宿地点。复杂任务（多因素）要求受试在选择酒店时考虑 6 个因素，而简单任务（少因素）只要求考虑其中 3 个因素。所用材料取自奎肯（Kuiken）和维德（Vedder）的系列研究（Kuiken，Vedder，2007a，2007b）。

"是否此时此地"变量上的任务要求受试根据一组图片讲故事，复杂任务（彼时彼地）不允许受试在讲述过程中看图片，而简单任务（此时此地）则允许。所用材料取自石川（Ishikawa）（2007）。

"有无推理要求"变量上的任务让受试根据一组图片讲述故事，复杂任务（有推理要求）中所用图片的顺序被打乱，要求受试先排序，而简单任务（无推理要求）中的图片是排好顺序的。所用材料取自罗宾逊（Robinson）（2005）。

学习者任务难度感知问卷取自罗宾逊（Robinson）（2001b）。该问卷涵盖5个方面内容，即对任务难度的整体感受、焦虑、对个人能力的信心、兴趣和动机。按照 Likert 量表从 0 到 9 评分。

18.3.3 实验步骤

三个班的受试被随机分为 6 组（每班 2 组），对其第三学期期末考试成绩（内容包括听力、阅读、翻译和写作）和口语考试成绩运用独立样本克鲁斯卡尔-沃利斯检验，结果显示 6 组在英语整体水平（卡方＝6.933，p＝0.226）及口语水平方面（卡方＝7.027，p＝0.219）均没有显著差异。6 组受试分别完成因素多少、是否此时此地或有无推理要求的复杂或简单任务。受试中有18 名志愿者参与了刺激回忆访谈。为避免练习效应，所有受试只完成一次口语任务。受试分组情况、人数与所完成任务的类型见表 18-1。

表 18-1 受试分组、任务类型与人数

变量	任务	认知要求	完成口语任务人数	完成刺激回忆访谈人数
因素多少	少因素	低	11	4
	多因素	高	11	4
是否此时此地	此时此地	低	16	2
	彼时彼地	高	17	2
有无推理要求	无推理要求	低	13	3
	有推理要求	高	15	3
总　计			83	18

数据收集由研究者与受试预约课后时间在教室以一对一的形式完成。研究者首先向受试解释任务要求，确定其没有疑问后给受试 2 分钟准备时间，不设完成任务的时间限制，但大多数受试在 3 分钟之内完成。我们对参与刺激回忆访谈的受试完成口语任务的全过程进行录像，对其余受试进行录音，所有受试完成口语任务后填写学习者任务难度感知问卷。沿用加斯（Gass）和麦基

(Mackey)（2000）的操作程序，刺激回忆访谈在受试结束口语任务后立刻完成。研究者让受试观看其完成任务时的录像，出现话语不流畅时（如停顿、重复、重组及自我修正）暂停录像并要求受试告诉研究者当时他/她在想些什么；研究者看到受试有犹豫、困惑或者发笑等表现时也暂停录像并向受试提问。每位受试的刺激回忆访谈约持续 30 分钟。

18.3.4　数据分析

本研究原始数据包括受试口语任务录音/录像和问卷（个案数 83），以及刺激回忆访谈笔记（个案数 18）。研究者首先完成问卷的统计和录音/录像的转写，然后对转写文本进行分析单位的标注及对语言质量的评分。因为 AS 单位相对于 T 单位更适合口语的测量（Foster et al.，2000），本研究采用了 AS 单位来分析和考查学习者的口语产出。用于测量语言质量的具体指标为：①流利度以每分钟产出的词数作为指标。本章中的词数指修剪后词数（pruned words），即除去重复、自我修正过的部分、错误开头的词之后的词数。②准确度有两个指标，为错误数/词数和错误数/AS 单位。③复杂度有两个指标，分别为每 AS 单位中的从句数和词数。由于现有研究中尤其缺乏句法复杂度方面的证据（Jackson，Suethanapornkul，2013），为了丰富相关实证证据，本研究选取的两个复杂度指标都是句法上的。根据埃利斯（Ellis）和巴克霍伊岑（Barkhuizen）（2013）对自我修正的定义，从转写文本中收集受试完成任务过程中自我修正的案例，共采集到 148 例。从刺激回忆访谈获得回忆片段共 68 个。对这部分数据的处理方法为，依据福田（Fukuta）（2015）的标注框架，先将所有自我修正和回忆片段按受试所注意的方面分为三类：对内容的注意、对语言形式的注意和其他，然后把对语言形式的注意进一步细分为句法编码、语音编码和词汇选择。具体标注框架见表 18-2。然后统计出各类自我修正和回忆片段在整体中的比例。数据处理由两名作者共同完成，先分别对随机抽取的 10% 的转写文本进行流利度、准确度和复杂度的评分，试评结果具有较高一致性（$a=$ 0.896），接下来完成对其余数据的分析。

表 18-2　刺激回忆访谈数据标注框架（Fukuta，2015）

注意分配	定　义	语言表现示例	追溯评论
概念化	片段不是关于词汇、句法或语音表征的选择，而是如何表达想要表达的信息	The man running away with his car... then... in the end.	我意识到那里有个人（指图），我觉得应该提到他。我当时是在想该怎么描述这个人
句法编码	片段是关于语序和句子结构的，包括形态句法加工	There was a stranger... who... followed him.	我当时在想，要符合语法应该说"There was a stranger who followed him"还是"There was a stranger who was following him"
语音编码	片段是关于产出中的语音特征的	One day, a man saw a cherry bros... cherry blossoms.	我不清楚正确的发音是"blossoms"还是"brossoms"
词汇选择	片段是关于词或词汇化短语的	At the airport, err... a man, err is waiting for a bus.	那个人可能是在等公交车，可我在想"Wait"这个词是不是真的合适

以上数据使用 SPSS 23.0 统计软件进行分析。以任务的认知要求为自变量，设定高和低两个水平，比较受试在完成不同任务时对难度的整体感受、焦虑、信心、兴趣和动机水平，借此测量复杂任务在设计上是否相对于简单任务造成认知要求上的显著差异；以准确度、流利度、复杂度的各项产出指标为因变量，分析不同认知要求对口语产出质量的影响；并以自我修正和回忆片段中所注意的方面为因变量，观察受试在完成不同任务过程中的注意分配。由于本研究样本较小，选择了不要求数据正态分布的独立样本曼–惠特尼检验。统计显著水平设定在 0.100。根据科恩（Cohen）（1988）的标准，效应量小、中、大的分界线为 0.10，0.30 和 0.50。

18.4　结果与讨论

18.4.1　资源指引方向三个变量上的复杂任务和简单任务对学习者提出的认知要求

学习者任务难度感知问卷结果显示，是否此时此地变量上，完成复杂任务的受试在焦虑上显著高于完成简单任务的受试，均值分别为 5.6471 和 4.5000，$U=87.000$，$p=0.071$，$r=-0.31$，在信心上显著低于后者，均值分别为 3.2941 和 4.4375，$U=89.000$，$p=0.086$，$r=-0.30$，效应量均为中。有无推理要求变量上的测量结果与是否此时此地变量上的相同。复杂任务受试的焦虑度显著高于简单任务受试的，均值分别为 5.8000 与 4.6923，$U=59.500$，$p=0.076$，$r=-0.34$，信心水平明显更低，均值分别为 3.3333 与 4.9231，$U=43.500$，$p=0.011$，$r=-0.48$，效应量也为中。因素多少变量上，尽管焦虑和信心方面的趋势与其他两个变量一致，但都没有达到显著水平。整体难度、兴趣和动机在所有变量上均没有明显区别（见表 18-3）。

表 18-3　学习者任务难度感知问卷检验统计

任务	检验统计	整体难度	焦虑	信心	兴趣	动机
少因素/ 多因素	曼-惠特尼 U	57.500	44.500	51.500	54.500	57.500
	威尔科克森 W	123.500	110.500	117.500	120.500	123.500
	Z	−0.202	−1.068	−0.601	−0.415	−0.206
	渐近显著性（双尾）	0.840	0.286	0.548	0.678	0.837
	效应值 r	—	—	—	—	—
此时此地/ 彼时彼地	曼-惠特尼 U	113.500	87.000	89.000	118.500	95.500
	威尔科克森 W	249.500	223.000	242.000	271.500	248.500
	Z	−0.826	−1.804	−1.719	−0.655	−1.511
	渐近显著性（双尾）	0.409	0.071*	0.086*	0.513	0.131
	效应值 r	—	−0.31	−0.30	—	—
无推理要求/ 有推理要求	曼-惠特尼 U	93.500	59.500	43.500	88.500	97.500
	威尔科克森 W	213.500	150.500	163.500	208.500	217.500
	Z	−0.190	−1.776	−2.532	−0.430	0.000
	渐近显著性（双尾）	0.849	0.076*	0.011*	0.667	1.000
	效应值 r	—	−0.34	−0.48	—	—

注：＊在 0.100 水平上有显著意义；—仅报告达显著水平的项目的效应值。

当任务的认知要求提高时，学习者的焦虑度提高，信心水平降低，兴趣和动机则没有明显变化，这一结果与已有研究基本相符（Gilabert，2007a；Gilabert et al.，2009；Robinson，2001b，2007b）。然而，所有三个变量上认知要求的增加都没有显著影响受试在整体难度项目中的评分，这一发现与前人研究结果不一致。这可能是研究设计上的差异造成的，以往研究通常由同一组受试完成复杂和简单任务，而本研究为了避免练习效应，要求英语水平相当的不同受试组分别完成复杂和简单任务。

本研究的任务设计在是否此时此地和有无推理要求两个变量上造成了复杂任务与简单任务在认知要求上足够的差距，但在因素多少变量上却没有观察到受试任务难度感知上的变化，不符合复杂任务造成更高认知要求的前提，因此本研究在下面的口语产出质量分析中排除了因素多少变量上的数据。

18.4.2 更高的认知要求对学习者口语产出质量的影响

受试口语产出质量结果显示（见表18-4），在是否此时此地变量上，完成复杂任务的受试在句法复杂度的两个测量上均显著高于完成简单任务的受试，均值分别为 1.9224 与 1.6325，$U=70.500$，$p=0.018$，$r=-0.41$（从句数/AS 单位），均值 $=13.0141$，11.8563，$U=89.000$，$p=0.090$，$r=-0.30$（词数/AS 单位），效应量均为中。在准确度方面，复杂任务在两个测量上均低于简单任务，但只在一个测量上达到显著水平（错误数/AS 单位），均值为 1.2294 与 0.9156，$U=85.000$，$p=0.066$，$r=-0.32$，效应量为中。流利度方面复杂任务也明显低于简单任务，均值分别为 51.9500，69.0662，$U=85.000$，$p=0.066$，$r=-0.32$，效应量为中。

表 18-4 认知要求对口语产出质量影响的检验统计

任务	统计指标	复杂度 1 从句数 /AS 单位	复杂度 2 词数 /AS 单位	准确度 1 错误数 /词数	准确度 2 错误数 /AS 单位	流利度 词数 /分钟
此时此地/ 彼时彼地	曼-惠特尼 U	70.500	89.000	99.500	85.000	85.000
	威尔科克森 W	206.500	225.000	235.500	221.000	238.000
	Z	-2.365	-1.693	-1.322	-1.840	-1.837
	渐近显著性（双尾）	0.018*	0.090*	0.186	0.066*	0.066*
	效应值 r	-0.41	-0.30	—	-0.32	-0.32
无推理 要求/有 推理要求	曼-惠特尼 U	84.000	94.000	95.500	97.000	77.000
	威尔科克森 W	175.000	185.000	186.500	188.000	197.000
	Z	-0.624	-0.161	-0.093	-0.023	-0.944
	渐近显著性（双尾）	0.533	0.872	0.926	0.982	0.345
	效应值 r	—	—	—	—	—

注：* 在 0.100 水平上有显著意义；—仅报告达显著水平的项目的效应值。

增加认知要求时句法复杂度的提高与石川（Ishikawa）（2007）的结果相符，即完成复杂任务的受试在写作中结构复杂度更高。由于大部分前人研究没有发现句法复杂度上的提高（Jackson，Suethanapornkul，2013），本研究结果为相关研究补充了实证证据。

在此时此地变量上的前人研究大多发现增加认知要求对准确度有正面影响（Robinson et al.，1995；Iwashita et al.，2001；Gilabert，2007a）。这一点在本研究中并没有得到证实，有可能是因为我们只使用了准确度的整体测量而没有使用特定测量，比如冠词的正确使用。彼时彼地任务造成情境缺失，因而把学习者的注意引向冠词的用法（Robinson et al.，1995；Ishikawa，2007）。另外，前人研究中，准确度的提高并没有在所有测量上达到显著（Gilabert，2007a）。

在有无推理要求变量上，复杂任务的受试在复杂度的一项测量上（从句数/AS 单位）均值（1.8293）略高于简单任务的受试（1.7608），而在流利度上略低于后者（均值分别为 59.7360 和 65.9146），但都没有达到显著水平。在准确度的两个测量上，两组受试基本持平，均值分别为 0.0647，0.0615（错误数/词数）和 0.8120，0.7900（错误数/AS 单位）。

大多数以有无推理要求为变量的前人研究没有发现认知要求对产出在整体测量上的影响（Gilabert，2007a；Gilabert et al.，2011；Robinson，2007b），只在特定测量上有影响，例如，要求推断人物意图的复杂任务让学习者使用更多描述认知和心理状态的词汇（Robinson，2007b）。但福田（Fukuta）和山下（Yamashita）（2015）发现增加推理要求提高了产出的准确度，而句法复杂度没有受到影响，没有得到本研究结果支持。

整体而言，本研究发现当增加任务的认知要求时，提高了学习者产出的句法复杂度，降低了流利度，对准确度可能有负面影响但不明显。相对于杰克逊（Jackson）和苏塔那波恩库尔（Suethanapornkul）（2013），本研究结果更接近于刑加新和罗少茜（2016）的元分析结果。

对口语产出质量的分析结果既可以用多注意力资源模型又可以用有限注意力模型进行解释。流利度的下降趋势说明当提高认知要求时，学习者需要更多的时间加工语言，符合两个认知模型的预测；而复杂度的提高则顺应了多注意力资源模型的预测，更高的认知要求让学习者激活复杂的概念，驱使学习者激活更复杂的句法编码过程去表达更复杂的概念间的关系，因此资源指引方向上认知要求高的任务诱导句法结构上更复杂的语言产出。然而，如斯基汉（Skehan，2009）指出的那样，准确度和复杂度确实没有同时得到提高，不完全符合多注意力资源模型的预测。既然注意在语言产出过程中的作用是两种认知模型争议的核心，需要从对产出结果的分析转到产出过程上，通过自我修正和刺激回忆访谈来观察认知要求对学习者注意分配的影响。

18.4.3　更高的认知要求对学习者完成任务过程中的注意分配的影响

　　本研究对受试在口头任务中的自我修正和刺激回忆访谈中收集的片段进行了标注和分类。结果显示，无论任务认知要求高或低，学习者都会注意形式多于内容，这与傅梦夏和李少锋（2017）的发现相符。这有可能是因为二语学习者通常会在寻找适当的语言形式时遇到困难（Ellis，Shintani，2014），也有可能是学习经历的影响，受试在我国外语环境下所接受的英语教学多以语法为中心，更强调语言形式的准确使用。在形式的不同方面，受试优先注意的依次为：句法编码，词汇选择，语音编码。对语音编码的注意比例很低。在是否此时此地和有无推理要求两个变量上，完成复杂任务的受试有更频繁的自我修正行为（见表18-5）。刺激回忆访谈与自我修正的数据趋势基本相符。为进一步考查认知要求对注意分配的影响，我们对自我修正数据进行了组间比较。由于刺激回忆访谈中收集的片段数量较小，不做检验分析，仅报告每个类别片段的数量、均值及比例。

　　自我修正组间比较结果表明，在是否此时此地变量上，尽管复杂任务的受试在自我修正整体、形式和句法编码上均值高于完成简单任务的受试，但都没有达到显著水平。在有无推理要求变量上，复杂任务受试在自我修正整体（$U=60.500$，$p=0.080$，$r=-0.33$）、形式（$U=57.500$，$p=0.059$，$r=-0.36$）和词汇选择上（$U=65.000$，$p=0.094$，$r=-0.32$）显著高于简单任务受试，效应量均为中（见表18-6）。

表 18-5　自我修正和刺激回忆访谈数据描述统计

数据来源	任务	统计指标	形式				概念化	其他	总数
			句法编码	词汇选择	语音编码	形式（总和）			
自我修正	此时此地（个案数 16）	数量	32	5	1	38	1	0	39
		均值	2.00	0.31	0.06	2.38	0.06	0.00	2.44
		比例	82.05%	12.82%	2.56%	97.44%	2.56%	0.00%	100.00%
	彼时彼地（个案数 17）	数量	44	6	2	52	3	0	55
		均值	2.59	0.35	0.12	3.06	0.18	0.00	3.24
		比例	80.00%	10.91%	3.64%	94.55%	5.45%	0.00%	100.00%
	无推理要求（个案数 13）	数量	12	5	1	18	2	0	20
		均值	0.92	0.38	0.08	1.38	0.15	0.00	1.54
		比例	60.00%	25.00%	5.00%	90.00%	10.00%	0.00%	100.00%
	有推理要求（个案数 15）	数量	21	12	1	34	0	0	34
		均值	1.40	0.80	0.07	2.27	0.00	0.00	2.27
		比例	61.76%	35.29%	2.94%	100.00%	0.00%	0.00%	100.00%
刺激回忆访谈	此地此地、无推理要求（个案数 5）	数量	9	11	0	20	9	4	33
		均值	1.80	2.20	0.00	4.00	1.80	0.80	6.60
		比例	27.27%	33.33%	0.00%	60.61%	27.27%	12.12%	100.00%
	彼时彼地、有推理要求（个案数 5）	数量	12	12	1	25	6	4	35
		均值	2.40	2.40	0.20	5.00	1.20	0.80	7.00
		比例	34.29%	34.29%	2.86%	71.43%	17.14%	11.43%	100.00%

表 18-6　认知要求对注意分配的影响检验统计

任务	统计指标	形式				概念化	自我修正
		句法编码	词汇选择	语音编码	形式（总和）		
此时此地/彼时彼地	曼-惠特尼 U	114.500	130.500	128.500	104.500	120.500	99.500
	威尔科克森 W	250.500	266.500	264.500	240.500	256.500	235.500
	Z	−0.795	−0.243	−0.542	−1.167	−0.987	−1.344
	渐近显著性（双尾）	0.427	0.808	0.588	0.243	0.324	0.179
	效应值 r	—	—	—	—	—	—

任　务	统计指标	形　式				概念化	自我修正
		句法编码	词汇选择	语音编码	形式（总和）		
无推理要求/有推理要求	曼-惠特尼 U	69.500	65.000	96.500	57.500	82.500	60.500
	威尔科克森 W	160.500	156.000	216.500	148.500	202.500	151.500
	Z	−1.372	−1.673	−0.103	−1.887	−1.548	−1.750
	渐近显著性（双尾）	0.170	0.094*	0.918	0.059*	0.122	0.080*
	效应值 r	—	−0.32	—	−0.36	—	−0.33

* 在 0.100 水平上有显著意义；
— 仅报告达显著水平的项目的效应值。

当任务的认知要求提高时，尤其当增加推理要求时，受试会分配更多注意到语言形式上。这一研究发现与相当多考查认知要求对学习者互动影响的现有研究结果一致。例如，吉拉伯特（Gilabert）等（2009）发现任务的认知要求提高时，学习者在互动中对意义的协商更多，同时对形式的注意也更多（以语言相关片段和自我修正为测量）。金（Kim）（2009）也发现学习者在复杂任务中更注意形式（有更多的语言相关片段）。

受试在完成任务过程中注意分配的情况基本符合语言产出质量的分析结果。当提高任务的认知要求时，学习者有更频繁的自我修正行为，可以部分地解释复杂任务中流利度的下降；学习者对语言形式的注意分配增加，其中最优先考虑的是句法编码，因而完成复杂任务的受试产出中的句法复杂度更高。提高任务的认知要求并没有阻碍学习者去注意语言形式，反而增加了他们在语言形式尤其是句法方面的注意分配。这一发现为多注意资源模型提供了证据。但福田（Fukuta）和山下（Yamashita）（2015）通过刺激回忆访谈考查认知要求对学习者注意配置影响的研究却发现，认知要求较低条件下的参与者更频繁地注意形式，并认为其研究结果总体上支持有限注意力模型。由于考查学习者完成任务过程中注意分配的实证研究非常有限，且所用的测量方法自身有其局限性，认知要求会如何影响学习者在产出过程中的注意分配，还有待更多学者做进一步深入细致的探讨和研究。

此外，本研究发现认知要求对语言产出质量的影响在是否此时此地变量上更明显，而对注意分配的影响在有无推理要求变量上更明显，说明认知要求在不同变量上的作用并不平衡，研究者需要尽量从不同角度考查认知要求的影响。

18.5　结　　语

本研究分别以因素多少、是否此时此地和有无推理要求为变量，考查增加任务认知要求对二语学习者口语产出质量和产出过程中注意分配的影响，研究发现：与简单任务相比，复杂任务在是否此时此地和有无推理要求变量上对学习者提出了更高的认知要求；在口语产出质量方面，更高的认知要求造成流利度降低，句法复杂度提高，对准确度有不明显的负面影响；学习者在完成任务过程中倾向于优先注意语言形式而非内容，当认知要求提高时，学习者分配到语言形式的注意更多。这一结果为多注意力资源模型提供了一定的支持。

本研究也为相关研究提供了研究方法上的启示。研究者所使用的任务设计方法不一定造成认知要求上足够大的差异。对基于两种认知模型的实证研究来说，任务的认知要求是一个重要前提。只有在确保复杂任务比简单任务对学习者有更高的认知要求前提下，才能有效考查认知要求对学习者产出的影响。这也说明了独立测量认知要求的重要性。学习者对任务整体难度的评分似乎不是很敏感的量具，其他测量任务认知要求的方法，例如主观时间判断和双重任务法，可能相对而言更客观，因此最好同时使用多种测量方法进行三角验证（Sasayama，2016）。

第 19 章 我国重点院校新生英语能力综合调查与分析

19.1 引　　言

我国最早的较大规模的英语水平测试始于 1982 年，调查内容包括学生总体英语水平、各项英语能力及词汇量，调查对象涉及英语专业及非英语专业大学生。例如，黄人杰、冯玉柱（1984）调查发现，1982 年新生的平均词汇量在 1600 左右，为我国当时的英语教学大纲制定提供了依据；桂诗春（1983）对两所大学英语专业新生的词汇量进行了调查，发现他们的词汇量分别是 1200 个和 1133 个；杨惠中（2004）根据 CET 四级成绩分析了大学生英语语言能力现状；马广惠等（2006）运用英语能力自评表和词汇知识量表调查分析了南京师范大学 2004 级新生的英语入学水平，词汇总量为 2247.52 个；黄纪针（2013）采用问卷调查分析了一所普通二本院校大学生的综合语言运用能力七级标准达标情况。徐柳明、刘振前（2014）使用自主设计和编制的大学生词汇量测试卷从接受性词汇和产出性词汇两个方面对一所地方本科院校的新生词汇量进行调查，发现新生的接受性词汇量平均为 2983 个，产出性词汇量为 844 个，共计 3827 个。

总体来说，自 20 世纪 90 年代以来的相关研究缺乏全国范围内的大规模调查，调查对象仅为研究者所在的一所或几所大学，而且也没有专门针对重点院校新生英语能力的调查，而重点院校新生的英语综合水平与普通院校学生肯定是有差异的。虽然有少数学者曾经对大学生英语入学水平进行调查（马广惠等，2006；黄纪针，2013），但对学生的整体英语水平多采用能力自评表或问卷调查，且多针对阅读、听力等便于测量的能力，而对写作和口语能力，要么忽略不计、未进行测量，要么测量而未进行详细分析。近年来，随着我国各层次英语教学改革的不断深入，和信息化时代为我国各层次的英语教学提供了全新的学习方式和前所未有的丰富资源，学生的英语能力由此得到了普遍提高。但不同层次学生的实际英语能力状况到底如何？我们必须通过实证调查得到答案。本章是对我国 2014 级重点大学新生的英语能力进行的综合调查与分析，除了调查学生的口语、听力、阅读、写作、翻译等 5 项英语能力外，我们还调查了学生的词汇量及学习策略使用情况。希望本研究结果能为制定我国大学英语改革方案提供参考，也能为大学英语教师课堂教学决策提供借鉴。

19.2　研究方法

19.2.1　研究问题

1）重点院校 2014 级新生的英语水平如何？词汇量如何？

2）重点院校 2014 级新生的英语学习策略使用总体情况如何？高频和低频使用策略分别是哪些？

3）不同性别的重点院校 2014 级新生在英语水平、词汇量及英语学习策略使用上是否有差异？如果有，差异是怎样的？

19.2.2　研究对象

调查对象为全国重点大学的 2014 级非英语专业本科新生。为使抽样新生能充分代表重点大学新生的英语水平，我们选择了武汉市内两所教育部直属重点高校，以及来自全国不同区域（东北、西北、东南、西南、中南）的另 6 所重点高校，共 8 所大学，学校类型分别为综合型、理工类、农林类、师范类。每校抽 300 名左右新生参加调查测试，抽样新生按自然班挑选，来自不同的院系，入学前均在初、高中学过 6 年及以上的英语。调查前向学生说明调查目的和意义，以引起学生重视并积极配合调查。需要指出的是，由于本研究涉及的学生数量较多，同时测量量表也多达 4 种，不可避免地出现了同一名学生未同时回答 4 份量表的情况。因此，我们对 4 份量表采取分开统计的方式，即分别统计每种量表的回答人数。

19.2.3 研究工具

研究工具包括英语水平测试卷、词汇量表、英语学习策略调查问卷、口语能力自评表、访谈。

1. 英语水平测试卷

由于被调查学校的培养目标、学习环境、课程设置和所用教材都不尽相同，为了保证测试对不同院校学生的平等性，我们采用水平测试的形式。鉴于大学英语四级考试作为一项全国性的英语水平测试，自 1987 年 9 月开始，试题质量以及社会认可度一直较高，我们从近几年的大学英语四级考试真题中抽取不同测试内容组合成一套试题，分别由听力、阅读、翻译、写作四部分构成，其中听力和阅读为客观性试题，分值各为 30 分，翻译和写作为主观性试题，分值分别为 15 和 25 分，满分 100 分，试卷信度为 0.867。

2. 词汇量表

本研究使用的词汇量表是依据等距抽样原理从桑代克（Thorndike）和洛奇（Lorge）（1944）所列出的出现频率最高的前 10000 个单词中抽取。共有 111 道题目，每个词后配 4 个英文备选项，其中只有 1 个是正确答案，其他 3 个为干扰项，每个词选对得 1 分，选错为零分。我们根据得分推断出学生的英语词汇量。

桑代克（Thorndike）和洛奇（Lorge）（1944）的 The Teacher's Word Book 是国外较多使用的词频表之一，该词表包括 3 万词条，每一词条都标明其词频。国内学者桂诗春（1983）曾采用这个词表，对中山大学和华南农学院 81 级公共英语学生进行了调查，解放军外国语学院英语测试中心（1986）也用这个词表对 86 级新生的词汇量进行过调查。

3. 学习策略调查问卷

调查问卷分为两个部分，第一部分收集学生的个人信息和英语学习方面的信息，包括姓名、性别、专业、学校类别、有无在英语国家的经历；第二部分为学习策略量表。鉴于牛津（Oxford）（1990）的 Strategy Inventory for Language Learning 是学习策略研究常用的调查工具，本研究采用该量表的中文版，共 50 个题项，包含记忆策略、认知策略、补偿策略、元认知策略、情感策略和社交策略 6 个方面，均为 Likert 5 分量表，从"完全不符合"（1 分）到"完全符合"（5 分），信度为 0.925。

4. 口语能力自评表

由于进行大规模的口语测试难度太大，我们借用《大学英语课程教学要求》（2007）中的学生口语能力自评表来测量学生的口语能力，共 16 个题目，均为 Likert 5 分量表，从"完全不符合"（1 分）到"完全符合"（5 分），信度为 0.885。

5. 访谈

基于水平考试和调查问卷结果，从武汉市的两所学校中分别选取 3 名共 6 名学生进行 3 人一组的集体访谈，即 2 组学生，以进一步了解他们在中学阶段的英语学习情况及其影响因素。访谈问题为"为什么不在学习日记中记下自己学英语的感受？""你学习英语的动机是什么？"等。

19.2.4　数据收集与处理

2014 年 10 月初（9 月是新生军训时间），研究者寄出试题和问卷，每所大学的试题和问卷分别为 300 份，共计 2400 份，于 2014 年 11 月初收回，共计收回 1687 份有效的四级试卷答题卡和 1687 份口语能力自评表、1577 份有效的学习策略问卷、1181 份有效的词汇答题卡。

除 1 所学校专门利用周六统一让学生做水平测试和词汇量测试，并随后完成调查问卷外，其他学校均由各大学英语任课教师让学生在课堂上完成，其中水平考试的答题时间为 75 分钟，策略问卷和口语自评问卷的答题时间为 15 分钟，合计约 90 分钟。为避免疲劳，词汇量测试由教师另找时间让学生完成，时间控制在 25 分钟内。所有客观题批改由 2 名博士生完成，翻译主观题和作文评分均由 4 名有四级作文阅卷经验的教师完成，作文采取双人评分法，两位教师的平均得分为被试的最后得分。

我们采用 SPSS19.0 对所有数据进行描述性统计分析，然后通过独立样本 t 检验比较分析男女学生在英语水平、词汇量以及英语学习策略使用上的差异。

我们对两组集体访谈进行了录音。随后对访谈录音进行转写，并对转写语料进行整理、归纳和分析，以作为定量数据的补充。

19.3 结果与讨论

19.3.1 英语水平及词汇量

表 19-1 显示，学生英语水平测试的总分均值为 58.31。从单项技能上看，学生的写作得分最高，其次是翻译和阅读，听力得分最低。口语能力的自评得分均值为 2.66（5 分满分），说明大部分新生对自己的口语能力评价为中等。测试成绩表明，尽管通过《普通高中英语课程标准（实验）》（2003）的实施，全国范围高中阶段英语整体水平有明显提高，但 2014 级重点大学新生的实际英语水平并不像人们普遍认为的那么高，总分没及格，学生的两项接受性技能阅读和听力得分都比较低（折合成 100 分阅读只有 56.7 分，听力更低，仅 43.3 分）。从访谈中得知，有些学生所在的省高考时英语没有听力，因此之前没有受过听力训练，这也是导致听力得分均值最低的原因之一。总之，重点大学新生的英语水平还没有达到不需要继续学习英语的程度。

表 19-1 英语水平考试得分及口语能力自评得分的描述性统计

单项技能（满分）	人数	均值（100）	标准差
写作（25）	1687	18.93（75.7）	4.698
阅读（30）	1687	17.01（56.7）	6.029
听力（30）	1687	12.97（43.2）	6.864
翻译（15）	1687	10.17（67.8）	4.120
总分（100）	1687	58.31	15.029
口语自评分（5）	1687	2.66	0.958

另外，学生的平均词汇量为 4296.73 词，最低词汇量为 3000，最高词汇量为 9000，表明学生之间的词汇量差异较大。这种内部差异可能是由于本研究涉及的学生规模较大、数量较多、涵盖各类重点大学，而且地域和学校类别

的差异都有可能导致学生之间词汇量差异的增大。但大部分学生的词汇量
（58.5％）集中在 4000 和 5000 两个档次上。与先前的研究结果相比，2014 级
重点大学新生的词汇量水平还是不错的。20 世纪 80 年代几次大规模的新生词
汇量调查结果为 1000～2000 个词（桂诗春，1983；黄人杰、冯玉柱，1984），
90 年代的几次调查结果由于测量方法的不同而有所差异，学生词汇量由 2404
个词（周大军等，1999）到 3500 个词不等（邓昭春、曾中平，1998），蔡基刚
（2012）调查的 2009 级重点院校新生的词汇量水平为 3313。虽然测量方式的
不同可能会导致结果的差异，蔡基刚是从 2007 版《大学英语课程要求》中所
提供的 4795 个词的《一般要求词汇表》中提取的，而我们采用的是桑代克
（Thorndike）和洛奇（Lorge）（1944）词表，但从国内学者桂诗春（1983）和
解放军外国语学院英语测试中心（1987）采用桑代克（Thorndike）和洛奇
（Lorge）（1944）词表先后对 81 级和 86 级新生进行调查的结果看（81 和 86
级的平均词汇量分别为 1200 和 2229），学生的词汇量确实是在逐年增加。学
生访谈结果表明，他们普遍认为学好外语就是要掌握大量的词汇和语法规则，
因此中学期间他们花费了很多时间刻意背诵课本和模拟试题中的单词和短语。

关于词汇量与语言综合水平之间的关系以往研究结果差异较大，有高度正
相关关系的（如桂诗春，1985），也有相关度不高的（如吕长竑，2004）。本研
究显示，重点大学新生的词汇量较高（约 4300 词），但英语综合水平却并未随
之达到较高水平（均分为 58.31 分），这一结果支持了相关度不高的结论。本
研究的词汇量调查主要是了解学习者的词汇广度知识，即了解一个词常用含义
的能力，这说明单纯靠识记和背诵单词扩大词汇量，并不能有效提高学习者的
语言综合水平。

19.3.2 学习策略使用情况

1. 学习策略使用总体情况

按照牛津（Oxford）（1990）的标准，均值在 2.5～3.4 之间，使用频率为
中等程度。表 19-2 显示，学生的学习策略使用总体均值为 3.01，各类策略均
值范围在 2.67～3.31 之间，由高到低分别为补偿策略、元认知策略、认知策

略、社交策略、情感策略、记忆策略。很显然学生学习策略使用的总体情况属于中等水平，这一结果与国内大多数有关学习策略的研究结果一致，如李炯英（2002）对本科生及研究生的策略使用情况调查显示，学生使用策略频率为2.69～3.18（中等水平）。访谈结果表明，实际上学生对学习策略的了解是不够系统的，他们学习策略的使用情况更多地是无意识地受到了中学老师教学方式的影响。比如，中学教师经常鼓励他们通过阅读上下文猜测词义、口语和书面语表达中遇到不会表达的单词或短语时寻找其替代词，因此这几项补偿策略自然就成了他们高频使用的策略。

表 19-2　学习策略使用的描述统计

学习策略类型	人数	均值	标准差
记忆策略	1577	2.67	0.511
情感策略	1577	2.89	0.584
社交策略	1577	3.01	0.610
认知策略	1577	3.07	0.488
元认知策略	1577	3.09	0.586
补偿策略	1577	3.31	0.523
策略使用总体情况	1577	3.01	0.610

2. 高频和低频使用策略

为进一步了解哪些策略被学生高频使用，哪些又被学生低频使用，我们把均值在 3.5 分以上的作为高频使用策略，在 2.4 分以下的作为低频使用策略（Oxford，1990），结果如表 19-3 所示。

表 19-3　高频和低频使用的策略

	策略名称（题项）	均值	标准差
高频策略	补偿策略（如果想不起某个单词，我就用同义词）	3.87	0.89
	认知策略（每个新单词我都读写好几遍）	3.85	0.83
	补偿策略（看英文时，我不是每个生词都查）	3.79	0.94
	元认知策略（别人说英语时，我会认真地听）	3.65	1.00
	补偿策略（遇到生词时，我猜测词义）	3.64	0.87
	元认知策略（我想方设法使自己学好英语）	3.64	0.93

续表

	策略名称（题项）	均值	标准差
低频策略	记忆策略（我把同韵的词放在一起记忆，如 day，play，say）	2.31	0.95
	记忆策略（我通过回忆单词在书的哪一页的方法来记新单词）	2.30	1.12
	认知策略（为了消遣，我阅读英语原著）	2.26	0.95
	记忆策略（我用单词卡片来背生词）	2.24	1.12
	认知策略（我用英语做笔记、写信、写报告）	2.12	0.93
	记忆策略（我用体态动作将新单词的意思表达出来）	2.11	0.96
	情感策略（我在学习日记中记下我学英语的感受）	1.94	0.95

在学生高频使用的 6 项策略中，有 3 项补偿策略、2 项元认知策略、1 项认知策略。引起我们注意的是 3 项补偿策略都涉及生词的处理方式，1 项认知策略也涉及新单词的学习方法，可见学生对词汇学习的重视程度。整体来说，对于重点大学的新生来说，机械识记已经不是主要方法，而多采用替换、猜测等补偿方法。2 项元认知策略也属于高频使用范围，对学习策略研究的元分析表明（张正厚等，2013），成绩较好的学习者，会更频繁地使用元认知策略。本研究发现支持了这一结论。作为能够进入全国重点大学的新生，相对同龄人他们属于英语水平和整体素质较高的一个群体，他们往往具有较高的自我调控和自我管理能力，在平时的英语学习过程中能够不断反思、评估并修正自己的学习行为，从而提高学习效率。

学生低频使用的策略中，有 4 项记忆策略、2 项认知策略、1 项情感策略。通过访谈我们了解到，学生平时很少在意自己学习英语的感受，主要原因如下：①高中阶段英语学习的目的是为了在高考中取得理想成绩，不管他们是否喜欢学习英语（即感受如何），他们都必须努力学好英语；②对于自己在英语学习中出现的负面情绪，如紧张和焦虑，他们并不知道该如何应对。这与郭燕、徐锦芬（2014）关于焦虑的实证研究结果相吻合。还有 4 项低频使用的策略都涉及记忆策略，这与以往国内研究结果有较大差异。在以往研究中，学生的记忆策略使用频率较高，学者们对此给出了各种解释，如中国传统文化强调背诵对于理解和表达的重要性（马广惠，1997）；中国外语教育强调语法翻译、形式操练等，使记忆在英语学习中占据很大比重（刘润清、吴一安，2000）等。而本研究中记忆策略的整体使用频率最低，这很大程度上可能是由于我国的英语学习环境本身发生了较大变化，这使得学生不再仅仅依靠机械记忆学习英语，而有了其他更多的方式和方法学习英语；另一方面，这些重点大学的新生几乎都来自各地区的重点中学，老师的整体素质相对较高，在平时的教学中会传授给学生一些有效的学习方法。访谈结果也证实了这一点："老师经常鼓励我们通过上下文记忆单词""我喜欢听英文歌曲，有时间的话还会看英语电影，这些都有利于我掌握单词"。最后，"为了消遣，我阅读英语原著"和"我用英语做笔记、写信、写报告"这 2项认知策略的低频使用说明我国学生英语学习的出发点基本上还是为了在考试中得高分，即应试目的很强。访谈中学生谈到，中学阶段各科目学习任务都很重，每周要做大量试题，偶尔有时间消遣也不会去读英文原著（因为总感觉读原著应该挺难的），而是会选择看英语电影或听英文歌曲。其中有 2个学生谈到尽管自己很喜欢英语，但没有时间读英文原著。所有访谈学生都没有用英语做笔记、写信、写报告的习惯，他们反复强调高中阶段只追求每次考试得高分。显而易见，"一切为了高考"这样的应试教育对我国学生学习方式的影响是根深蒂固的。

19.3.3　性别差异

为进一步了解男女学生在英语水平、词汇量及学习策略方面是否存在差异，我们进行了独立样本 t 检验（见表 19-4）。

表 19-4　男女学生差异的独立样本 t 检验结果

变量	性别	平均值	标准差	均值差	t 值	p 值
英语总体水平	男生	58.54	15.177	−1.69	−2.39	0.01
	女生	60.23	12.769			
写作	男生	18.53	4.77	−0.96	−4.05	0.00
	女生	19.49	4.58			
阅读	男生	16.83	6.14	−0.76	−2.57	0.01
	女生	17.59	5.63			
听力	男生	13.27	6.68	0.53	1.51	0.13
	女生	12.74	7.18			

续表

变量	性别	平均值	标准差	均值差	t 值	p 值
翻译	男生	9.92	4.40	−0.49	−2.37	0.02
	女生	10.41	3.88			
口语自评	男生	2.79	0.75	−0.07	−1.88	0.06
	女生	2.86	0.67			
策略使用总体情况	男生	2.97	0.42	−0.07	−3.43	0.00
	女生	3.04	0.40			
记忆策略	男生	2.63	0.52	−0.08	−3.25	0.00
	女生	2.71	0.50			
认知策略	男生	3.05	0.49	−0.05	−2.15	0.03
	女生	3.10	0.48			
补偿策略	男生	3.28	0.53	−0.07	−2.93	0.00
	女生	3.35	0.52			
元认知策略	男生	3.05	0.60	−0.08	−2.66	0.01
	女生	3.13	0.57			
情感策略	男生	2.85	0.59	−0.09	−2.81	0.01
	女生	2.94	0.57			
社交策略	男生	2.98	0.61	−0.07	−2.24	0.02
	女生	3.05	0.61			
词汇量	男生	4262.68	795.06	−73.28	−1.51	0.13
	女生	4335.96	877.78			

表 19-4 显示，在总体英语水平上男女生之间存在显著性差异（$t=$ −2.39，$p=0.01$）；在各单项技能上，女生除了听力成绩略低于男生（但没有显著性差异），在其余各项技能上的得分均显著高于男生，这一结果与以往多数研究结果相同（石运章，2008；陈琳，2014）。女生对自己的口语能力评价略高于男生，但两者之间不存在显著性差异。

在策略使用上无论是总体学习策略还是单项策略女生都显著高于男生，策略使用总体情况的 p 值为 0.00，其余各项策略的 p 值分别为记忆策略 0.00、认知策略 0.03、补偿策略 0.00、元认知策略 0.01、情感策略 0.01、社交策略 0.02。这与以往研究结果基本一致（Oxford，Crookall，1989；袁凤识、肖德法，2003 等）。

女生的词汇量略高于男生，但差异并不显著（$t=-1.51$，$p=0.13$）。这一发现与以往一些研究结果是一致的（如 Wen，Johnson，1997）。

男女生在语言学习方面存在差异的原因很复杂。除了他们的大脑加工机制不同（Bitan et al.，2010）以外，还有可能是由于他们的社会角色差异和社会地位差异引起的。一方面，社会对女性的期待一般是善于沟通交流、擅长语言类课程等，而对男性则少有这样的期待。由此男女生各自在心中形成了不同的心理预期，女生因此会付出更多的努力，采用更多的英语学习策略，学习热情也更高（陈琳，2014），从而在英语学习上获得更好的成绩。访谈中也有女生表示："很小的时候就经常听大人们说女孩子的语言能力一般比男孩子强，我也认为自己的英语应该比男生强才对，因此我会更加努力学习英语。而且我的同学中女生的英语成绩也普遍要高于男生"。另一方面，长久以来男性比女性有更优越的社会地位，女性更加需要在语言学习上保障或提高她们的社会地位（Chambers，1995；杨超美，1999），因此女性的学习动机强，愿意付出更多以提高成绩。对于大学生来说，男女生之间在找工作时经常面临不公正现象，许多女生意识到这一点，因此有意识地加强英语学习，希望取得更好的四、六级成绩，从而在竞争中增强筹码（石运章，2008）。访谈中也有女生表达了类似的想法："我听说找工作时用人单位更青睐于男生，所以我必须更加努力地学习英语，希望能有四、六级等各类证书，这样才能找到一份好工作。"

值得一提的是，本研究发现的"女生使用策略的频率显著高于男生，她们的英语成绩也显著高于男生"这一结果再一次证明了学习策略与成绩有正相关关系（Green，Oxford，1995；倪清泉，2008）。因此，要提高学生的英语学习成绩，有必要对学生进行系统的策略培训。

19.4　教 学 启 示

近年来，围绕我国大学英语教学未来发展方向，学者们展开了不少讨论并提出了不同的看法。本次对全国 8 所重点院校 2014 级非英语专业本科新生英语能力的综合调查结果给了我们以下启示。

1. 未来大学英语教学仍然应该以通用英语教学为主

本研究虽然只是针对 2014 级重点大学新生英语能力的一次综合调查，目前我们还不了解同一级非重点大学新生的情况是怎样的，但至少对这些重点大学新生英语综合能力的了解让我们对近几年来围绕大学英语课程是否有必要开设，或者未来大学英语教学应该以通用英语为主还是以学术英语为主这一问题的讨论有了一个明确的答案，即未来大学英语教学仍然应该以通用英语教学为主，因为重点院校学生的英语综合能力远未达到人们预期的目标，更何况普通院校学生的水平。正如胡开宝、谢丽欣（2014）所述，高中英语教学以应试教学为主要特征，通用英语教学的深度和广度尚有较大的发展空间。虽然即将颁布的《大学英语教学指南》把学术英语纳入大学英语教学内容中，但我们认为，以选修课形式开设"学术英语"更符合目前我国大学英教学现状及发展趋势。而且，根据我们对自己教过的部分学生（现正在国外攻读硕士或博士学位）做过的一项调查，学生一旦具备了较强的通用英语能力，这种能力很容易迁移到他们所要从事的学术领域。例如，学生普遍表示，他们在大学三年级最早接触的是专业阅读，虽然刚开始阅读时感觉有些困难（主要来自专业词汇），但很快就适应了，因为他们在大一大二时打下了较扎实的英语基本功，英语综合应用能力较强。

2. 通用英语教学方法和内容的创新应该成为未来大学英语教学改革的核心

有些学者把目前大学英语面临的很多问题归咎于通用英语教学，并主张大学英语教学发展方向必须是学术英语（如蔡基刚，2015）。而实际上这些问题的存在并非源于通用英语课程本身，主要原因之一是大学英语的教学方法和内容缺乏针对性和引导性。我们结合本研究结果对通用英语教学方法和内容上的创新提出以下建议。

首先，由于学生在上大学前一直在应试教学环境下学习英语，学习基本上是以成绩动机为导向，而成绩动机只对短期英语学习效果产生影响，不利于学生自主学习能力的发展（高一虹等，2003；徐锦芬、李斑斑，2014）。因此，大学新生英语教学的首要目标是转变学生的学习动机。

其次，大量研究证明，语言学习策略是提高语言学习效率、发展自主学习能力的重要保证（如 Griffiths，2008；Macaro，2006），本研究再一次证明了学习策略与成绩之间的正相关关系。因此，针对"学生在进入大学之前没有接受较系统的策略知识学习和策略培训，他们对英语学习策略知识不甚了解，策略的使用基本上是凭个人的学习经验以及教师对他们的影响"这一研究发现，我们认为，系统的策略培训应成为通用英语教学的核心内容之一，尤其在当今信息技术背景下，学生英语学习资源和渠道的多样化，加强对学生自主学习策略的培训有利于新生尽快适应新的大学英语学习环境和要求，成为独立、自主、有效的学习者。

教学方法和内容的另一个创新就是要引导学生正确理解词汇学习并帮助他们拓展词汇学习方式。词汇学习涵盖掌握词汇的广度知识和深度知识两个方面（Qian，1999），广度知识就是我们平时所说的词汇量，深度知识是指学习者对一个词全部特征的了解、熟悉和掌握。词汇学习的质量直接影响学生英语水平的提高，正如本研究结果表明的那样，虽然学生的词汇量较大，但由于他们学习词汇的方式比较单一，普遍靠刻意背诵记忆单词扩大词汇量，基本上是背得多用得少，结果是虽然获取了较多的词汇广度知识而英语水平没有得到相应提高。因此，教师要引导学生在追求扩大词汇量的同时，不能忽视词汇深度知识的学习，对于较高水平的学习者（如本研究中的重点大学学生）更是如此（王子颖，2014）。已有研究表明，词汇深度知识对学习者的语言综合水平有较强的预测力（李晓，2007；王子颖，2014）。

最后必须强调的是，未来大学英语教学改革成功的关键是要培养一支高素质的教学研究型师资队伍。他们要善于吸收国内外应用语言学领域的最新研究成果，并结合相关教学理论进行教学模式、教学策略等方面的探索。例如，鉴于男女学生在英语水平、词汇量及英语学习策略使用上存在的差异性，教师应该研究如何针对性别差异采取扬长避短的教学策略以最大限度地发挥和挖掘男女学生各自的优势和潜力，使男女学生从教学中的受益都能达到最大化。

19.5　结　　语

本研究通过英语水平测试、口语能力自评、词汇量测试以及英语学习策略使用情况调查，对来自全国不同区域的 8 所重点大学 2014 级新生的英语能力进行综合调查与分析。研究发现，目前重点院校新生的英语能力并不令人满意，词汇量、学习策略使用总体情况以及各类策略使用情况都处于一般水平。希望本研究结果能为我国新一轮大学英语教学改革提供实证依据。

第 20 章　大学生英语阅读能力
自我评价实证研究

20.1　引　　言

　　评价是高等教育过程中很重要的一个方面，它影响着学习过程的各个环节。对学习者的评价是一个很复杂的过程，而长期以来，比较常见的评价方式一直都是由教师单方面实行的。在这种评价形式中，不管是对于学习计划的制订，还是对于评价标准的设立以及应用，学生都很少能参与其中做出决定。这种将学生排除在评价过程之外的做法很可能会导致学生考试分数与实际能力之间的差异。

　　近年来，随着对学习者独立性和自主性的强调，自我评价越来越引起人们的关注。自我评价将学习者置于评价过程的中心，它能让学习者更多地控制自己的学习过程。正式的自我评价过程能够将学生的注意力集中到自己的优点、不足之处以及对于未来的需求上来。如果能够将自我评价持续并且有效地应用于大学英语的教学活动中来，无论对学生还是对教师都将是非常有益的。对学生来说，通过自我评价能够了解自己现有的水平，同时也能够不断地反思和回顾自己的进步（Leung，Mohan，2004）。而且，自我评价过程也能让学习者更自信（Orsmond et al.，2000）。而对于教师来说，随着近年来大学的扩招、学生人数的激增，评价过程已经成为他们一个非常繁重的任务。通过自我评价这一形式，不仅能使学生积极参与到学习过程中来，而且也能适当地减轻教师的负担，让教师有更多的时间去思考如何提高教学质量。

　　在国外，已有不少学者针对自我评价展开了相关研究。这些研究主要表现在以下几个方面：第一是对自我评价信度和效度的研究。学习者进行自我评价时，一个关键的问题是学习者是否能够对自己的能力做出相对准确、相对有效的评价，因此，对自我评价的信度和效度的研究就成了许多研究者研究的主线。大量的文献对自我评价的信度和效度及其相关性问题进行了研究，但这些研究的结论却不尽相同。有些研究显示，自我评价是一种有效和可靠的评价手段（AlFallay，2004；Bachman，Palmer，1989；Stefani，1998；Sullivan，Hall，1997；Williams，1992），而另一些研究却表明，自我评价与外部评价的相关性很低（Janssen-van Dieten，1989；Orsmond et al.，1997，2000；Pierce et al.，1993）。关于自我评价信度和效度的研究之所以会出现不同的结论，是因为有很多的因素会影响到学生的自我评价。正因为如此，学者们针对影响自我评价的因素展开了研究。斯特朗·克劳斯（Strong-Krause）（2000）提到了影响自我评价有效性的一系列因素，其中包括问卷的设计、测试的语言能力、学生的语言水平、学生的文化背景以及不同的自我评价任务等。阿尔法利（Alfallay）（2004）研究了学习者的心理特征和个性特点对自我评价的影响；帕特里（Patri）（2002）则提到了反馈信息对自我评价的影响。第三是研究学习者对自我评价过程的反应和看法。有些学者（Falchikov，1986；Orsmond et al.，1997，2000；Sullivan，Hall，1997；Taras，2001）通过问卷的形式收集了学习者对自我评价自身的看法以及自我评价过程对语言学习的作用的看法。

国内有关自我评价的研究相对较少，而且大多研究只是从理论上探讨将自我评价应用于英语教学的可行性和重要性（段春云等，1998）。根据我们所收集的资料，目前针对自我评价的实证研究只有两例：大学英语写作中学生自我评价的可靠性和有效性研究（刘建达，2002）；非英语专业研究生英语口头陈述能力的自我评价研究（楼荷英，2005）。本章是对大学生英语阅读能力自我评价的一项实证研究，旨在验证国外的研究成果对于国内学生是否具有普遍意义，同时考查大学生对自己阅读能力的自我评价状况。

20.2　研　究　方　法

20.2.1　研究问题

本项研究主要回答以下三个问题。

1）学生能否对自己的英语阅读能力做出可靠、有效的自我评价？哪种评价任务最有助于他们对自己的英语阅读能力做出可靠、有效的自我评价？

2）学生的自我评价是否受到语言水平的影响？

3）学生对自我评价的反应和看法如何？

20.2.2 研究对象

参加本研究的学生共有 97 名，他们是湖北某大学非英语专业二年级两个班的学生。为了研究的需要，这些学生按照语言水平被分为三个组。考虑到一次测试成绩可能与学生的实际水平出现一定的偏差，因此我们以这两个班学生大一第二学期的英语综合成绩（期中考试成绩占 20%、期末考试成绩占 70%、平时成绩占 10%）和大二第一学期开学一星期后举行的考试（用全国四级统考试题）成绩的平均分作为分组的标准。前 30 名同学为高水平组，后 30 名同学为低水平组，中间 37 名同学为中等水平组。

20.2.3 研究工具

研究工具包括两份问卷和一套阅读理解试题。问卷一（见附录 5）是根据斯特朗·克劳斯（Strong-Krause）（2000）的问卷改编而成的，问卷选项均采用 Likert 四分量表的形式，即"非常难""难""非常容易"和"容易"。这份问卷是让学生对自己的阅读能力做出自我评价，包括三个部分，第一部分的评价任务最抽象（Global Task），第二部分的评价任务设有具体情景（Specific Context Task），第三部分的评价任务最具体（Actual Task）。问卷二（见附录 6）是为了了解学生对于自我评价过程的反应和看法。我们在参考相关文献基础上自行设计出问卷，经过反复讨论、修改，并通过实验性研究（pilot study），最终使该问卷的内部一致性信度系数达到 0.83。该问卷包括 16 个问题，问卷选项均采用 Likert 五分量表的形式，即从"非常同意"到"非常不同意"。阅读理解试题是用来测量学生阅读能力的，它将被作为与自我评价进行比较的外部标准。这套阅读理解试题共有 10 篇阅读文章，选自 1997 年至 2005 年之间的 CET4 的阅读理解部分，受试学生刚从大一进入大二，他们将在大二的第二学期参加 CET4 的考试，经了解学生还没有开始四级备考。因此，这些试题能够较真实地反映出学生的阅读理解能力。

20.2.4　研究步骤

首先，我们用问卷一让学生对自己的阅读能力进行自我评价；然后，用阅读理解试题即外部测试来测量学生的阅读能力。通过检验自我评价与外部测试的相关性来检验学生自我评价的效度。学生的自我评价是否受到语言水平的影响这个问题，则是通过单因素方差分析（One-way ANOVO）来比较三组学生的自我评价是否存在差异。最后，通过问卷二来了解学生对于自我评价过程的反应和看法。

20.3　结果与讨论

20.3.1　学生自我评价与外部测试的相关性分析

我们将学生的自我评价得分、阅读理解测试得分以及学生对于自我评价过程的反应和看法部分所得数据全部输入电脑，用 SPSS11.5 软件进行统计分析。

本项研究所要回答的第一个问题是学生能否对自己的英语阅读能力做出可靠、有效的自我评价以及哪种评价任务最有助于他们对自己的英语阅读能力做出可靠、有效的评价。首先，我们检验了学生自我评价的三个部分和外部测试之间的相关系数（如表 20-1 所示）。

表 20-1　自我评价的三个部分和外部测试的相关系数

变量	统计指标	第一部分	第二部分	第三部分	测试得分
第一部分	皮尔逊相关性	1	0.437**	0.369**	0.399**
	显著性（双尾）	0.000	0.000	0.000	0.000
	N	97	97	97	97
第二部分	皮尔逊相关性	0.437**	1	0.645**	0.563**
	显著性（双尾）	0.000	0.000	0.000	0.000
	N	97	97	97	97

续表

变量	统计指标	第一部分	第二部分	第三部分	测试得分
第三部分	皮尔逊相关性	0.369**	0.645**	1	0.537**
	显著性（双尾）	0.000	0.000	0.000	0.000
	N	97	97	97	97
测试得分	皮尔逊相关性	0.399**	0.563**	0.537**	1
	显著性（双尾）	0.000	0.000	0.000	0.000
	N	97	97	97	97

**相关系数在 0.01 水平上显著（双尾）。

然后，我们列出了学生自我评价三个部分相互间的组合和外部测试的相关系数（如表 20-2 所示）。

表 20-2　自我评价三个部分相互间的组合和外部测试的相关系数

变量	统计指标	第一部分和第二部分	第二部分和第三部分	第一部分、第二部分和第三部分	测试得分
第一部分和第二部分	皮尔逊相关性	1	0.920**	0.932**	0.582**
	显著性（双尾）	0.000	0.000	0.000	0.000
	N	97	97	97	97
第二部分和第三部分	皮尔逊相关性	0.920**	1	0.996**	0.607**
	显著性（双尾）	0.000	0.000	0.000	0.000
	N	97	97	97	97
第一部分、第二部分和第三部分	皮尔逊相关性	0.932**	0.996**	1	0.618**
	显著性（双尾）	0.000	0.000	0.000	0.000
	N	97	97	97	97
测试得分	皮尔逊相关性	0.582**	0.607**	0.618**	1
	显著性（双尾）	0.000	0.000	0.000	0.000
	N	97	97	97	97

**相关系数在 0.01 水平上显著（双尾）。

从表 20-1 中可以看出自我评价的三个部分与外部测试得分的相关系数分别为 0.399、0.563 和 0.537。这三个部分都显示学生的自我评价与外部测试有着显著的相关性。这表明学生能够对自己的阅读能力做出比较可靠、有效的评价。

表 20-2 结果显示，学生自我评价第一、第二部分的组合与外部测试得分的相关系数为 0.582。第二、第三部分的组合以及第一、第二、第三部分的组合与外部测试的得分的相关系数也相差无几（分别为 0.607 和 0.618）。因此我们可以得出和表 20-1 相同的结论，那就是学生基本上能对自己的阅读能力做出比较可靠和有效的自我评价。

这个结果和罗斯（Ross）（1998）的研究结果是一致的。他认为学生能够对自己的阅读能力做出可靠的自我评价，因为大多数学生（中国学生也是如此）的阅读技能要强于他们听、说、写的能力。然而，克劳斯特（Krausert）（1992）的结果却不尽相同，他发现学生很难评价自己的阅读能力。这也许是由于本研究与他在学生的水平、学生的文化背景以及测试任务的不同所引起的，因为所有这些方面的差异都会影响到自我评价的结果。

至于哪种自我评价任务对学生的自我评价最有帮助，我们可以从表 20-1 中发现自我评价任务的第一部分与外部测试得分的相关系数最低（0.399），而第二部分和第三部分的相关系数分别为 0.563 和 0.537。这表明第二和第三部分的评价任务更有助于学生的自我评价。和第一部分的评价任务相比，第二部分和第三部分的评价任务要更为具体，这说明评价任务越具体，越有助于学生对自己的阅读能力做出可靠和有效的自我评价。这个发现与皮尔斯（Pierce）等（1993）的结果是一致的，他们认为"自我评价的工具越具体，自我评价与外部测试的相关系数就越高"。

从表 20-2 还可以发现，自我评价任务如果相结合，它们与外部测试的相关系数（分别为 0.582、0.607 和 0.618）比单一的评价任务与外部测试的相关系数（0.399、0.563 和 0.537）要高。这说明多样性的评价任务要比单一的评价任务更有助于学生的自我评价。

20.3.2　自我评价与语言水平的相关性分析

本项研究的第二个问题是学生的自我评价是否受到了语言水平的影响。为了回答这个问题，学生被分为三个组：高水平组、中等水平组和低水平组。通过单因素方差分析来检验这三组学生之间的自我评价是否存在显著的差异。表

20-3 列出了单因素方差检验结果。

表 20-3　单因素方差检验结果（ANOVO）

变量	组间与组内	Sum of Squares	df	Mean Square	F	Sig.
第一部分	Between Groups	9.143	2	4.571	13.643	0.000
	Within Groups	31.496	94	0.335		
	Total	40.639	96			
第二部分	Between Groups	512.764	2	256.382	34.052	0.000
	Within Groups	707.731	94	7.529		
	Total	1220.495	96			
第三部分	Between Groups	416.585	2	208.292	43.673	0.000
	Within Groups	448.323	94	4.769		
	Total	864.907	96			

从表 20-3 可以看出，F 值分别为 13.643、34.052 和 43.673，显著水平均达到了 0.000，这说明高水平组、中等水平组和低水平组学生的自我评价之间存在显著的差异。

表 20-4 列出了对这三组学生进行的进一步的 Scheffe 检验。

表 20-4　三组学生自我评价的 Scheffe 检验

Dependent Variable	(I) 语言水平	(J) 语言水平	Mean Difference (I-J)	Std. Error	Sig.
第一部分	高水平组	中等水平组	0.5027 *	0.14221	0.003
	中等水平组	低水平组	0.2640	0.14221	0.184
	低水平组	高水平组	−0.7667 *	0.14946	0.000
第二部分	高水平组	中等水平组	2.5964 *	0.67413	0.001
	中等水平组	低水平组	3.2369 *	0.67413	0.000
	低水平组	高水平组	−5.8333 *	0.70847	0.000
第三部分	高水平组	中等水平组	3.2928 *	0.53655	0.000
	中等水平组	低水平组	1.9072 *	0.53655	0.003
	低水平组	高水平组	−5.2000 *	0.56388	0.000

* 平均值差异在 0.05 水平上有显著性差异。

表 20-4 进一步显示了各个水平组学生自我评价之间的显著差异，且高水平组与中等水平组学生、中等水平组与低水平组学生在自我评价问卷的第一、

二、三部分的均值差都为正值。可见，高水平组学生自我评估能力明显高于中等水平组学生；中等水平组学生自我评估能力明显高于低水平组学生。只是中等水平组和低水平组学生在进行第一部分自我评价时的差异不太显著（其概率为 0.184，大于 0.05），可能是因为这一部分的问题太笼统，无法帮助学生对自己的阅读能力做出正确的评价。

表 20-3 和表 20-4 都表明，学生的自我评价受到了语言水平的影响，语言水平越高，自我评价能力越强。这一结果与以前的一些研究结果（AlFallay，2004；Orsmond et al.，1997；Patri，2002；Ross，1998；Sullivan，Hall，1997；刘建达，2002 等）相似，进一步证明了语言水平确实会影响到学生的自我评价。

20.3.3　学生对自我评价的反应和看法

本项研究的第三个问题是学生对自我评价过程有着怎样的反应和看法。根据对 97 名研究对象进行的关于他们对自我评价过程的反应和看法的问卷调查（问卷二），我们得到了以下结果。

对题 1（自我评价过程可以使我更加独立地阅读），63.9% 的同学选择了"非常同意"或"同意"，只有 10.3% 的同学选择了"不同意"。大多数同学（19.6% 和 62.9%）认为自我评价过程可以使他们思考更多（题 2）。题 3 让学生选择他们是否同意自我评价过程可以使他们学到更多的东西，53 位（54.6%）同学选择了"非常同意"或"同意"，只有 12 位（12.4%）同学选择了"不同意"。从题 4 的选择结果来看，55.7% 的同学认为自我评价过程可以使他们增强学习的自信心，但是也有 30.9% 的同学选择了"不同意也不反对"。对于题 5（自我评价过程能够使我增强运用策略的意识，使我知道如何提高英语阅读能力），55.7% 的同学选择了"非常同意"或"同意"，26.8% 的同学选择了"不同意也不反对"，16.5% 的同学选择"不同意"。大多数学生（65%）非常同意或是同意题 6 的陈述（自我评价过程有助于促进学习，提高英语阅读能力），只有 8 位（8.2%）同学不同意这个陈述。题 7 是"自我评价过程有助于使我清楚自己的水平，了解自己在阅读方面的优势与不足"。对于这个陈述，94.8％的同学选择了"非常同意"或"同意"，只有一位同学选择了"不同意"。题8的选择结果表明，46.4％的同学认为"自我评价过程有助于弄清楚今后提高阅读能力的途径"，但是也有14.4％的同学不同意这个陈述。题9是"自我评价过程有助于我积极参与，增强学习动机"。对这个问题，51.5％的同学给出了肯定的回答。62.9％的同学认为，自我评价过程有助于提高他们对英语学习的兴趣（题10）。题11表明大多数同学（67％）认为自我评价过程对学习有激励作用。

以上11题是为了了解学生对自我评价过程对于学习的作用所持有的观念。从调查结果我们可以得知，大多数学生对于自我评价过程都持有一种积极、肯定的态度。他们认为自我评价过程对学习有激励作用、有助于提高他们的阅读能力。通过自我评价可以使学生的学习兴趣更大、学习动机更强，更能加强学生对阅读策略的使用等等。

题12至16是为了了解学生对于自我评价过程本身所持的态度。题12是"自我评价过程费时间"。71.2％的同学"不同意"或"非常不同意"这个陈述，11.3％的同学选择了"同意"或"非常同意"。对于题13（自我评价过程枯燥），56.7％的同学选择了"不同意"或"非常不同意"，17.5％的同学选择了"同意"。只有27.9％的同学认为"自我评价过程有意思"（题14），有41.2％的同学选择了"不同意也不反对"，30.9％的同学选择了"不同意"。只有14.4％的同学对题15（自我评价过程容易）做出了肯定的答复，30.9％的同学选择了"不同意也不反对"，还有54.6％的同学选择了"不同意"或"非常不同意"。最后，有54.6％的同学认为自我评价过程有挑战性（题16）。

以上结果表明，总的来说，大多数学生认为自我评价过程是有益的，因为自我评价过程能够使他们思考更多，更加明确以后的努力方向，从而学到更多。这一结果与法尔奇科夫（Falchikov）（1986）和奥斯蒙德（Orsmond）等（1997，2000）的研究结果是一致的。此外，自我评价过程有助于增强学生的学习意识和自信心，提高他们对英语学习的兴趣，楼荷英（2005）的研究也得出了同样的结论。但同时，学生们也认为自我评价过程不容易，对他们具有挑战性。这也许是因为学生缺乏相应的知识和经验。考虑到自我评价过程对学生有益，而完成自我评价任务对学生又有一定的难度，在以后的教学中，教师应该给予学生更多自我评价策略方面的指导，并给学生更多的机会去训练自我评价过程，让他们习惯于自我评价。

20.4　结　　语

本章是对大学生英语阅读能力自我评价的一项实证研究，研究得出以下结论：

1) 总的来说学生们能对自己的英语阅读能力做出比较可靠、有效的自我评价，因为他们的自我评价与外部测试的相关系数较高。而且，自我评价任务越具体，相关系数就越高。因此，在以后让学生进行自我评价时，应尽量给他们布置一些比较具体的评价任务，并能将不同类型的评价任务结合起来，这将有助于他们的自我评价。

2) 学生对英语阅读能力的自我评价受到自身英语语言水平的影响。语言水平越高，自我评价的准确性就越高。为了全面提高学生的自我评价能力，在以后的英语教学中，教师一方面要在如何提高学生的语言水平上下功夫，另一方面，还应就如何提高低语言水平学生的自我评价能力展开研究。例如，给予他们更多的自我评价策略指导，探讨更科学、更合理的自我评价任务和方式等等。

3) 大多数学生对自我评价过程有着积极的反应。他们认为自我评价过程有助于他们反思自己的阅读能力，使他们变得更自信，让他们意识到自己的优势和不足，对他们的学习有激励作用等。所有这些都表明自我评价对学习有益。但是，对于自我评价过程也存在一些消极的反应，这主要表现在学生们认为自我评价过程对他们来说有一定的难度。因此，在以后的自我评价过程中，教师应给予学生尽可能多的指导和练习的机会，这有助于学生掌握评价策略，逐渐地适应自我评价过程，使自我评价真正成为学生自主学习的一个重要组成部分。

第 21 章　形式聚焦教学实证研究

21.1　引　　言

语法是语言和语言学习的关键，"没有语法的语言是混乱的"，"不会以某种形式利用语法就不可能有效地学习一门语言"（Batstone，1994：4）。由此，语法教学一直以来都是二语习得研究和外语教学中的一个重要话题，相关研究成果也颇为丰富，但这些研究对实际教学的启示却有限，关于语法的研究和教师的教学实践之间依然存在相当大的差距（Larsen-Freeman，2015）。究其原因，这些研究结果往往不一致（Hinkel，2011），而且大多数没有考虑到教师的实际教学（Borg，1999；Graus，Coppen，2015，2016）。

当前二语习得领域的研究证明，在纯粹以意义为主的教学中学习者语言的准确度差强人意，一些语言特征最终无法发展到目标语水平（如 Harley，1992；Long，Robinson，1998；Millard，2000；Lyster，2004；Sheen，2005等人）。研究者们越来越意识到，在强调以意义为中心的交际教学重要性的同时不能忽略形式的教学（Spada，Lightbown，2008；Ellis，2016）。大量实证研究也证明，在教学中忽略语言形式，一些语言特征永远不会出现在学习者的语言系统中，而一些非目标语的语言形式会一直保留，从而产生中介语石化（Lyster，1987；Spada，2006）。在此背景之下，将形式和意义相结合的形式聚焦教学（form-focused instruction）成为一大研究热点。形式聚焦教学是指教师在交际语境中使用的一系列技巧，即显性或隐性地吸引学习者在以意义为主的教学中注意语言形式（Spada，1997）。形式聚焦教学可以使二语学习者获得更接近目标语的水平和更好的流利度和准确度已经成为共识（Spada，Lightbown，1993；Norries，Ortega，2000；Lyster，2004；D'Amico，2013）。因此，当前二语教学中学者们最关心的问题已不再是在意义为主的课堂中是否应该引导学习者关注形式，而是如何和何时聚焦形式更有效（Spada et al.，2014；Ellis，2016）。斯巴达（Spada）和莱特鲍恩（Lightbown，2008）将形式聚焦教学分为融入型（Integrated）和分离型（Isolated）。融入型指将形式和意义同时进行教学，学习者在以意义为主的活动中注意语言形式；分离型则是将形式和意义分开进行的教学，语言形式的教学出现在以意义为主的活动之前或之后。需要强调的是，分离型形式聚焦教学不同于传统的以语言形式教学为主的全形式教学（focus on forms），全形式教学是一个孤立进行语法项目教学的过程，语言形式的教学和交际活动是割裂开的，而分离型形式聚焦教学中虽然对语言形式的注意与交际活动是分开的，两者却紧密相关。

国外学者就融入型和分离型哪种形式聚焦教学更有效展开了实验研究（File，Adams，2010；Elgün-Gündüz et al.，2012；Spadaet al.，2014）。所得结果虽不完全一致，但总体来说，融入型要优于分离型。笔者完成的一项初中英语语法教学实验研究结果显示，分离型的效果好于融入型。在目前哪种形式聚焦教学更有效还没有达成共识的情形下，教师们通常凭借自己对形式和意义相结合价值的理解，并在其他内外因素的影响下形成自己在教学实践中的形式聚焦教学方式。在我国外语教学环境下，语法是基础教育阶段最重要的教学内容之一，那么这些教师又如何进行语法教学呢？根据柏格（Borg）和伯恩斯（Burns）（2008），研究教师的形式聚焦教学有助于我们更好地理解他们的二语语法教学。鉴于此，本书的研究采用问卷调查和个案研究相结合的方法探讨我国初中英语教师在日常教学中是如何进行形式聚焦教学的。需要说明的是，本章研究聚焦语法教学，因此本章的"形式"（form）仅指语法。

21.2 研 究 方 法

本研究采用定量与定性相结合的研究方法，首先对初中英语教师展开问卷调查，然后对我国中部地区某初中的三位老师进行课堂观察和访谈。

21.2.1 研究对象

本研究的问卷调查对象为来自全国各地的共 394 名初中英语教师。在征得老师同意之下对其中三位不同教龄（1～5年，6～10年，11～15年）的教师进行个案研究。三名教师详细信息如表21-1所示。

表 21-1　个案研究教师信息

老师	性别	教龄	所教年级
教师 A	女	11～15 年	八年级
教师 B	女	6～10 年	七年级
教师 C	男	1～5 年	八年级

21.2.2　数据收集与分析

我们首先通过问卷调查初中英语教师在他们日常英语教学中形式聚焦教学的情况。所使用的问卷改编自斯巴达（Spada）等（2009）和法雷奥（Valeo）和斯巴达（Spada）（2016）的"教师对融入型和分离型形式聚焦教学偏好"的问卷。问卷包含两个部分，第一部分为调查对象的个人信息，第二部分为5级量表，共包含22项，其中11项描述了融入型形式聚焦教学，另外11项描述的是分离型形式聚焦教学。为确保改编后问卷的信度和效度，我们首先就问卷的内容效度咨询了5位EFL专家和教师，对其中一些用词进行了调整。随后使用Cronbach's Alpha检验问卷的信度并就问卷的结构效度进行因子分析，最终保留问卷中的18项（9项融入型，9项分离型）。问卷的总信度α值为0.708，分项信度融入型为0.828，分离型为0.822。问卷最后有一个开放题，让教师描述在他们的实际教学中可能存在的其他语法教学方式以及影响他们采取某种特定语法教学方式的因素。

我们随后对三位老师进行了为期一个月的课堂观察，每位老师每周5节课，每节课时长45分钟。为了不干扰教师的正常教学并展现最真实的课堂，每节课由一名研究者作为观察者进行录音并进行详细的笔头记录（包括教学内容、步骤、师生间的互动以及学生反应等），最后共计得到25小时的课堂录音。每节课课后研究者还对教师进行了简短的关于上课情况的访谈，并搜集了教师的教材、教案等相关资料。

问卷中的定量数据通过SPSS处理，开放题的定性部分采用主题分析法，将每位教师的观点通过反复阅读找出其中出现的主题。课堂录音材料中关于形式聚焦教学的片段被提出分析,课堂观察笔记被作为辅助材料以从更宏观角度来反映环境可能对教师采取某种特定的语法教学方式所产生的影响。

21.3　结果与讨论

21.3.1　问卷调查结果

问卷调查中的定量数据(18 个题项)表明,相较于分离型形式聚焦教学,初中英语教师更倾向于融入型形式聚焦教学(见表 21-21)。配对样本 t 检验结果显示,教师采用融入型和分离型教学的差异性达到显著且效应值较大($t=66.402$,$p=0.000$,$d=1.98$)。

表 21-2　教师形式聚焦教学的描述性统计结果

人数	形式聚焦教学时机	平均分	标准差
教师($n=394$)	融入型	4.06	0.752
	分离型	2.57	1.086

394 位教师中共有 325 位教师回答了开放题。绝大部分教师提到,在实际的课堂教学中,他们的语法教学形式并不是固定不变的,他们有时会混合使用融入型和分离型教学,即他们既会在交际活动中教语法也会将语法和交际活动分开依次处理,如"先在有意义的活动中教语法,再用专门的语法课进行总结、巩固和纠正""总的来说,语法教学和意义的活动融合在一起。但针对个别特殊情况,会对语法形式进行单独强化"。在采用分离型聚焦教学的教师中,有先聚焦语言形式再进行相应交际活动的,也有先进行交际活动然后再聚焦要教授的目标语言形式的。另外,有 11 位教师提到,他们平时还是采用传统的语法教学方式,虽然他们也认识到了语法教学应该和语境相结合,但由于各种现实原因难以在实际教学中实现,所以依然选择传统的孤立地进行大量语法教学和练习的方式,如有教师表示"在实际课堂中没有足够时间让学生进行交际活动,所以孤立地进行语法结构的教学和训练是最快的方式""孤立地教语法很枯燥,但省时省力,将语法和有意义的活动结合在一起需要老师在备课中付

出很大的精力"。另外，老师们普遍提到，在自己的语法教学中会根据语法点的难易度和学生实际情况选择不同的教学方式。

引起我们注意的是，其中有 9 位教师提到他们平时不怎么注重语法教学，因为在他们看来语法并不那么重要，如"英语是一门交际性语言，语法只是一个手段而不是目的，希望弱化语法强化语言沟通的连贯性""淡化语法，注重学生的交流能力才是我们追求的方向"等等。另外还有 8 位教师表达了他们对语法教学的困惑，觉得自己教得很辛苦但学生的学习效果却不尽人如意，但又不知道问题出在什么地方。

21.3.2 三位教师的个案研究结果

三位教师的课堂教学步骤基本一样，都是按照教材进行的，但每位老师的教学风格不一样。教师 A 和教师 B 更注重与学生的交流互动，会在交际或听说、阅读的过程中穿插讲解相关语法点，也会在阅读或听说课后专门用一点时间讲解其中的单词和语法点，但语法讲解都比较简短，不会进行很多额外的扩展。而教师 C 的课堂更注重知识点的灌输，讲课速度较快，与学生的真实交际较少，他会用整节课或大段时间专门孤立地讲解语法点，并对语法点进行大量扩展，而且非常强调学生记笔记。很显然，教师 C 偏好传统的孤立的语法教学，这与前人的发现一致，即教学经验越少的老师越赞同使用传统的教学方法（Richards et al.，1992；Peacock，2001；高强、张洁，2010）。传统的教学方法以老师进行知识讲解为主，老师可以更好地管理课堂并树立威严（高强、张洁，2010），大量的知识灌输和强化也能使学生在考试中获得更好的成绩，这些都在教师 C 的课堂中有充分的展现。而教学经验充分的教师对教学流程已经非常熟悉，他们进入了更新和成熟的阶段（Katz，1972），因此他们能更好地反思自己的教学并关注学生的长期发展，能更好地培养学生的交际能力（高强、张洁，2010）。这一点在教龄更长的教师 A 和 B 的教学实践中也有明显表现，她们能更好地在交际中引导学生而且有意识地对学生强调要用完整的句子进行交流。

具体而言，首先以课堂观察期间教师 B 教授一般过去时的教学方式为例。

她先是通过听说课和学生进行互动，在互动中简要讲解了一般过去时，然后在交际活动结束后进行了总结。教师 B 经常会结合学生的实际生活引导学生进行相关语法点的对话，如以自己昨天的经历作为示范，然后让学生交流他们昨天的经历，在交流之后老师通过一系列图片和学生进行问答操练现在时和过去时，最终由老师总结刚才交流中出现的过去时。其次，教师 A 和教师 C 教授的都是八年级，在课堂观察期间主要涉及的语法教学是现在完成时。现在完成时在八年级的最后三个单元中都有所涉及，在新单元开始前教研室老师就如何教授现在完成时进行了交流，大部分老师包括教师 C 表示要先讲语法规则再进行其他教学，而教师 A 坚持认为应该让学生先上听说课感知一下，然后再讲语法，因为在后面的单元中还要再讲的。因此，教师 A 在新单元的第一节课先进行了听说课，在听说以及和学生的交流互动中只是把现在完成时的基本句型以短对话的方式列在黑板上让学生进行对话，然后在后面的教学中穿插着进行了讲解。教师 C 则在新单元的第一节课就专门对现在完成时进行了非常详细、系统的讲解，甚至覆盖了后面单元里涉及的相关用法，然后对所讲内容逐一进行了练习。教师 C 在讲解过程中写了一整个黑板的知识点包括基本用法以及扩展用法，还结合做题进行了扩展，而且强调学生一定做好笔记。

在课后对三位教师的访谈中，教师 B 表示她通常喜欢将语法教学和交际活动融合，喜欢在交际活动进行中讲解语法然后在交际活动之后再巩固语法，"我通常会先通过交际活动简单介绍今天要学的语法点，然后再在交际中简要进行讲解，交际活动之后再去帮助学生巩固强化这个语法点。"这种做法既涵盖了融入型教学也包括分离型教学，进而支持了问卷调查中一些教师认为融入型和分离型可以结合的观点。教师 B 还指出，过去时对学生来说是有难度的，如果不给学生提供一定的语境只是跟他们孤立地讲解语法规则并要求学生机械地去背诵那些规则和不规则动词，他们很难学进去，一旦需要运用就会跟之前学过的语法点如一般现在时等相混淆，根本搞不清楚到底用哪种规则。教师 C 指出，现在完成时对学生很难是因为涉及新的变化规律，而且很容易和一般过去时弄混。这里也涉及不规则动词的背诵问题，对这一问题，教师 C 表示他的做法就是将不规则动词的变化规则简化为公式进行高度总结，并要求学生背诵和默写，而教师 A 虽然也认为现在完成时很难，但依然强调要让学生在交际活动中去感知和运用，教师 A 表示"我不太喜欢深挖或拓展很多语法点，因为这样很枯燥，我自己也会感到焦虑。我偏好在听说读的过程中慢慢地去渗透，反正后面还会再学的。我相信学生通过不断地实际运用会逐步内化这些规则的"。

综上我们发现，教龄较长的教师更注重学生的交际能力，在实际教学中能更好地将形式和意义结合，但形式和意义的教学顺序呈现多样性，且受具体语言点难度和学生水平的影响呈现较灵活的方式。而教龄较短的教师更倾向于传统的孤立的语法教学。

21.3.3 讨论

本研究通过问卷调查、课堂观察和访谈探讨了初中英语教师在实际教学中的形式聚焦教学情况。问卷结果显示，绝大部分老师采用了形式聚焦教学，其中采用融合型的教师要明显多于分离型的。这一结果与先前研究是一致的，即相较于将形式和意义分开依次进行的分离型教学，教师们更偏好将两者融合的融入型教学（Elgün-Gündüz et al.，2012；Songhori，2012；Valeo，Spada，2016）。教师们提出，融入型教学一方面能让语法教学不那么枯燥，另一方面又能让学生在具体语境中边学边用，边用边学，学生既可以学到知识又可以将知识活用起来。那些采用分离型教学的教师对此做法的解释是，把语法和交际活动分开进行教学效率更高，学生注意力更集中，因此掌握的更快更牢固，而且对老师的压力也更小。喜欢在交际活动之前聚焦形式的教师认为，这样做的好处是学生一开始就知道了当堂课的学习目标，学习动力会更强，注意力会更加集中，学习效果就会更好。这一观点符合德凯泽（Dekeyser）（1998，2015）、诺里斯（Norris）和奥尔特加（Ortega）（2000）等其他学者的主张，而且得到了实证研究结果的支持（徐锦芬、李昶颖，2018）。

喜欢在交际活动之后聚焦形式的教师则认为，一开始直接讲语法会让学生失去兴趣，产生畏难心理，而先交际可以让学生产生更高的积极性，也可以促使学生通过交际活动自己去思考、发现和总结语法规则，这更有利于培养学生的学习自主性。

　　基于问卷的开放题和对三位教师的访谈结果我们发现，关于形式聚焦教学，虽然老师们在教学中会展现出某种偏好，但与柏格（Borg）和伯恩斯（Burns）（2008）的发现一样，在实际课堂情景中很难找到纯粹的融入型或分离型形式聚焦教学，在形式和意义的教学顺序上，往往是既有两者同时进行的也有分开依次进行的，既有提前计划好的聚焦语言形式，也有偶然的、即时的聚焦语言形式。教师会根据具体情景（如学生的英语水平）和所教授的具体语法点的难易度灵活选择形式聚焦的时机。这再一次证明了斯巴达（Spada）和莱特鲍恩（Lightbown）（2008）的观点，即分离型和融入型不是对立的，而是在大的学习环境中互为补充的，两者的选择不是绝对的，而是取决于其他因素如语法规则的复杂度和学习者的发展水平。除了语法难易度和学生水平的因素之外，考试压力对老师们教授语法方式的影响也显而易见。问卷调查的开放题和个案研究中都有老师表达了对初中减负的期望。课堂观察中我们发现，每节课结束前老师布置的作业基本上都以语法练习和考试题为主，在下一次上课时老师还会花大量时间讲解学生课后做的作业。访谈中三位老师都提到了考试给他们及学生带来的巨大压力，本研究问卷调查中有 11 位教师以及课堂观察中的教师 C 采用传统的孤立教语法的方式也主要是出自于考试压力。

　　此外，作为重要科目的英语，每节课时间都很紧，时间压力对教师在选择形式和意义教学顺序上也有很大影响。大部分学生还反映自己会在课外上补习班，提前学习书上内容或额外拓展。由于初中阶段学生自律能力不强，老师的督促和家长的配合很重要。因此教师除了教学工作外，课后任务依然繁多，需要管教学生纪律问题，检查学生背书、写作业，还要批改作业。每个教室后设有班主任桌椅，班主任随时进课堂听课督促学生，此外每月还会邀请一位家长来学校听课并对老师课堂提出建议。这些充分说明了环境因素对教师在语法教学中做出的教学决策所产生的影响，这些因素包括社会、机构和课程标准、考试等等（Borg，2003b；Phipps，Borg，2009）。

　　最后，尽管本研究中大部分老师倾向于采用融入型形式聚焦教学，我们的研究团队关于融入型和分离型对初中英语语法教学效果的实验研究却显示，分离型的即时和延时效果都好于融入型。这再一次显现了研究结果和实际教学现状之间的差距。本研究中对于怎么教语法和为什么这么教的问题，教师的解释大多是基于他们自身作为学习者和教师的经历，他们很少会根据相关理论和实证研究成果做出具体的教学决策，这与前人的发现是一致的（Ebsworth，Schweers，1997；Borg，Burns，2008）。理论研究对教师并没有显著和直接的作用，这一点对柏格（Borg）、伯恩斯（Burns）（2008）研究中水平较高的大学教师是如此，对初中教师更是如此。需要指出的是，尽管本研究中的问卷调查要求老师基于他们的实际做法做出选择，但不可避免地，问卷结果有时往往反映的是教师的理想做法（what should be），而非实际做法（what is）（Borg，2006），而且，教师的从众心理（conformity behaviour）也会让他们在做问卷调查时选择那些符合大众潮流或多数教师教学行为的题项，因此关于形式聚焦教学值得我们进一步研究。

21.4 结　　语

本章采用问卷调查和个案研究相结合的方法探索了我国初中英语教师形式聚焦教学情况。结果表明，绝大部分教师在教学中会将语法教学和具体交际语境相结合，其中采用融入型形式聚焦教学的教师明显多于分离型形式聚焦的；极少数教师依然采用传统的孤立教授语法点的方式。此外，在实际教学中教师还会根据语法点难易度和学生发展水平在融入型和分离型中灵活做出选择或者结合使用，考试压力和课堂时间对教师的教学决策也产生较大影响，这些都再次印证了教师的实际教学是一个复杂变化的过程（Borg，2001a，2011）。鉴于当前语法教学的研究对实际教学影响有限，我们建议未来研究需要进行更多考虑课堂复杂现实的生态研究（Larsen-Freeman，Cameron，2008b），比如根据教师的问题来构建研究框架并以一种直接和尊重的方式向教师传达研究结果，真正使研究和实践互惠互利（Larsen-Freeman，2015）。

第 22 章　任务前后语言形式聚焦对语法习得影响的对比研究

22.1　引　　言

对沉浸式课堂和交际语言教学情境下的研究表明，在完全以意义为中心的二语课堂中，学习者的语言准确性不够，对语言点的掌握无法达到目标语式的水平，有些语言点甚至进入不到他们的中介语系统（Lyster，1987；Harley，1992；Long，Robinson，1998；Millard，2000）。因此，越来越多的研究者认为，在以意义为主的交际课堂中有必要融入语言形式聚焦（Norries，Ortega，2000；Lyster，2004；D'Amico，2013），而且迄今为止就语言形式聚焦教学（form-focused instruction）开展的大量实证研究也证明了其有效性（见 Spada，1997，2011；Norris，Ortega，2000；Polio，Zyzik，2009）。随着研究的逐步深入，研究者们意识到语言形式聚焦时机是影响教学效果的一个重要因素，并从理论上探讨了各种可能的时机（Doughty，Williams，1998）。例如，斯巴达（Spada）和莱特鲍恩（Lightbown）（2008）区分了两种形式聚焦教学时机：分离型（Isolated form-focused instruction）和融入型（Integrated form-focused instruction）。前者将形式聚焦与交际活动分离，在交际活动之前或之后聚焦语言形式；后者将形式聚焦与交际活动相融合，学生在交际活动过程中注意语言形式。从近年来研究者针对形式聚焦时机展开的实证研究来看，融入型形式聚焦教学得到了基于课堂的交际教学和以内容为主的教学环境下实证研究的支持（如 Pica，2002；Polio，Zyzik，2009），而专门探讨分离型形式聚焦教学的研究相对于融入型要少得多，而且相关研究基本上都是比较任务前与任务中（即融入型）形式聚焦的教学效果（Norris，Ortega，2000；File，Adams，2010；Elgün-Gündüz et al.，2012；Spada et al.，2014），任务后的形式聚焦效果鲜有关注。而根据斯巴达（Spada）和莱特鲍恩（Lightbown）（2008）对分离型形式聚焦教学的定义，语言形式聚焦既可以出现在交际活动之前也可以出现在交际活动之后；埃斯蒂尔（Estaire）、扎农（Zanon）（1994）和威利斯（Willis）（1996）等任务型教学的研究者也指出，学习者完成交际活动后仍需要开展一些聚焦语言形式的活动；卡利斯（Carless）（2012）也强调，任务后聚焦语言形式是任务型教学三个阶段（任务前、中、后）中很重要的一环。因此，课堂二语习得研究尤其是任务型教学研究不能不关注任务后语言形式聚焦。

纵观已有的国内外相关研究，任务前形式聚焦研究大多探讨任务前计划对学生表现的影响（Foster，Skehan，1996，1999；Mehnert，1998；Ortega，2005；Park，2010）。例如，福斯特（Foster）和斯基汉（Skehan）（1996）研究了无计划、有计划但不具体以及有具体计划这三种不同的实施条件下对学习者完成不同任务的流利度、准确度和复杂度的影响。结果显示，任务前计划对学生的流利度和复杂度都有显著影响，但对语言准确度的影响较复杂，准确度最高的是有计划但不具体的学习者。奥尔特加（Ortega）（2005）对44名西班牙语学习者在完成任务后的访谈分析表明，任务前计划能促使学习者聚焦语言形式。帕克（Park）（2010）探讨了任务前教学和计划时间能否提升学生对形式的聚焦，110名韩国EFL学习者在四种条件下完成两个口头图片陈述任务，四种条件分别是有具体的任务前教学且有计划时间，有具体的任务前教学但无计划时间，笼统的任务前教学且有计划时间，笼统的任务前教学但无计划时间。结果表明，具体的任务前教学能促进学生注意形式，但任务前有无计划时间并没有任何影响。

任务后形式聚焦研究大多以任务后转写的形式来分析任务后聚焦形式的效果。门尼姆（Mennim）（2003）在大学EFL口头陈述课上让学生录下并转写自己排练时的口头陈述，然后改正其中的错误，最后交由教师进行进一步改正，一周后学生进行正式的口头陈述。对最终口头陈述的转写和排练时口头陈述的转写进行对比后发现，学生的发音、语法和内容组织都有所提升。斯蒂尔韦尔（Stillwell）等（2010）也在大学课堂中让学生结对讨论，然后转写彼此的话语并进行改正，最后由教师给出反馈，一周后学生和新同伴重复整个任务，结果表明任务后转写给学生探索自己的语言发展提供了很好的机会。国内也有少数学者研究了形式聚焦。刘岩（2009）对比了传统的 PPP 语法教学和两种任务型教学方法对学生词汇习得的影响，结果表明，在任务后进行语言形式聚焦的效果好于传统教学和不包含任务后形式聚焦的教学。李茜（2013）专门探索了在任务后阶段让学生在不同条件下进行语言形式聚焦的转写活动对其口语发展的影响，结果表明，任务后聚焦形式对学习者口语产出的准确度和复杂度都有利。

综上所述，当前对任务前和任务后聚焦语言形式的研究还很少，已有研究大多只探索学习者在任务前进行准备对语言产出尤其是口语产出的影响，以及任务后对自己或同伴的话语进行转写和纠错的效果，而且大部分发生在大学或成人课堂。但任务前聚焦语言形式不仅仅停留在准备阶段，任务后聚焦形式的方式也不只有转写这一种，更何况任务后转写这一方式对某些层次的学习者（如初中生）也许并不合适。另外，对比任务前和任务后语言形式聚焦效果的研究更是匮乏。斯基汉（Skehan）和福斯特（Foster）（1997）比较了在 3 种不同的任务类型中任务前计划和任务后活动对学习者的语言流利度、准确度和复杂度的效果。结果表明，任务前计划在不同任务类型中对学习者的语言流利度有较大作用，对准确度和复杂度也有明显的效果；而任务后活动效果较弱，只部分提升了学生的语言准确度。斯基汉（Skehan）和福斯特（Foster）基于他们的研究结果进一步指出，比较任务前与任务后活动的效果是一个非常值得研究的领域。因此，本研究试图比较在交际任务前和交际任务后通过语法规则讲解及练习活动而聚焦语言形式对初中英语学习者语法学习的效果。具体探讨以下问题。

1）任务前和任务后语言形式聚焦能否促进学习者习得语法？

2）任务前和任务后语言形式聚焦对学习者习得语法的效果哪个更好？

22.2　研 究 方 法

22.2.1　研究对象和目标语法点

实验对象是从武汉市某中学 12 个初二班中随机选出来的 3 个自然班，共

127 名学生。三个班随机被分为 3 组，其中两组为实验组，分别接受任务前形式聚焦教学（n＝42）和任务后形式聚焦教学（n＝43），另一组为控制组（n＝42）。所有教学都由同一名教师完成。单因素方差分析结果显示，三个组在错误改正题和图片题的前测中都没有显著差异 F（2，124）＝1.917，p＝0.151、F（2，124）＝1.274，p＝0.283，且得分都特别低（因为被动语态对这些学生是陌生的语法结构）。

鉴于被动语态是我国英语学习者最难掌握的语法点之一（Ju，2000；Qin，2008），而且本研究学生还未学过被动语态，我们选择被动语态为目标语法点。考虑到学生的现有水平，本研究只涉及被动语态的一般现在时和一般过去时。

22.2.2　实验材料和测量工具

任务前和任务后形式聚焦教学都包含两个部分：形式聚焦部分和交际活动部分。在任务前形式聚焦组，形式聚焦教学在交际活动之前；而在任务后形式聚焦组，形式聚焦教学在交际活动之后。形式聚焦部分只对被动语态的语法点进行教学，教师首先展示给学生主动语态和被动语态的例句，让学生找出主动语态和被动语态句子在语法结构上的区别，然后给出主动语态变被动语态的方法，并解释现在时和过去时的被动语态构成。随后进行一定的被动语态练习如句子填空和句子变换，最后让学生用正确的语法形式（主动语态或被动语态）填空来补齐以完形填空形式呈现的阅读文章，并分别找出文中出现的现在时和过去时的被动语态。交际活动涉及被动语态但不聚焦形式，教师在交际活动过程中不允许对学生的语言错误进行纠正。交际活动主要包括小组讨论和阅读理解。小组讨论要求学生基于四幅图片（telephone，car，television，computer），以小组（6 人）为单位讨论这些发明出现的时间顺序。阅读理解要求学生阅读一篇关于篮球发明的文章（见附录 7），并通过讨论来完成包括篮球发展史、篮球发展时间顺序排序和正误判断等阅读任务。该阅读文章选自九年级英语人教版课本，在长度和词汇上做了适应学生实际水平的修改，共包含 3 处一般现在时的被动语态和 3 处一般过去时的被动语态。在实验开始前研究者和参与实验的任课教师一起对相关教学材料和任务进行了严格审查以确保其效度。

本研究使用了两项测试，一项错误改正题（见附录 8）和一项图片描述题（见附录 9），分别测试学生的显性和隐性语法知识以便较为全面地测量学生掌握语法知识的情况。两项测试都包括前测、即时后测和延时后测。错误改正题共有 30 题，其中 24 题考查被动语态，另外 6 题为干扰项，与学生已经学过的知识点相关，如一般现在时、一般过去时和比较级。24 道目标题中，12 题考查过去时的被动语态，12 题考查现在时的被动语态；其中，12 题为规则动词，12 题为不规则动词。根据李（Lee）（2007）和李（Li）等（2016）的研究以及对其他同类班学生的先导实验结果，目标题的错误主要分为三类：①使用了动词原形，如 "The big game was win finally"；② "be" 动词缺失，如 "Many bridges built in the 1950s"；③使用了现在分词而非过去分词，如 "The tires on the car were changing yesterday"。三类错误各占 8 题。改错题的评分中，如果错误被指出并改正则得 1 分，部分正确或错误不得分，总分 24 分。Cronbach's alpha 系数显示，改错题的前测信度为 0.88，即时后测信度为 0.89，延时后测信度为 0.92，均达到较高信度。

图片描述题中有八幅图片，展示了一个女孩丽莉（Lily）的网上购物经历。丽莉（Lily）在网上购买了一本书，但书却被误送到男孩杰克（Jack）家中，最终才被送给丽莉（Lily）。每幅图片配有一个关键词，如 send、return，要求学生用一句话来描述每一幅图片发生了什么。图片描述题也分为前测、即时后测、延时后测三个版本，即时后测和延时后测中将书分别换成了外套和裙子。八幅图片中，五幅图为目标题，需要用到被动语态；另外三幅图为干扰项，要用到主动语态。如果学生准确地使用了被动语态句子来描述一个目标图片则得 1 分，使用了错误的被动语态或使用了主动语态，如 "The postman put the book on a car"，不得分，总分 5 分。信度测试显示图片题前测的 Cronbach's alpha 值为 0.78，即时后测为 0.82，延时后测信度为 0.88。

22.2.3　实验设计

本实验首先对三个组进行前测，一周之后两个实验组分别接受任务前和任务后形式聚焦教学。每个实验组的教学在学生平时的上课时间段进行，时间为两节课（中间不休息），总时长 100 分钟。教学结束时当堂进行即时后测，两周之后进行延时后测。控制组不接受实验教学，只完成前测、即时后测和延时后测。所有测试均未提前告知学生。实验组的教学严格按照研究者设定的教学步骤进行，整个教学过程都被录像。

延时后测后我们对 10 名该校英语教师就任务前和任务后语言形式聚焦两种时机他们更倾向于哪一种进行了调查，对参与实验的教师和 3 个班原本的英语教师以及 15 名学生（每班 5 名）进行了开放式访谈，进一步了解他们对形式聚焦时机的看法。

22.3　结果与讨论

22.3.1　结果

本研究首先对每个组在两项测试中的前、后、延时后测分数进行了统计分析。为探索任务前和任务后形式聚焦教学的效果，分别对改错题和图片题进行了 GLM 重复测量方差分析（测试时间为组内变量，小组为组间变量），随后对出现的交互效应进行简单效应检验，最后通过事后多重检验以检测组间差异。在进行事后检验时对方差齐性进行了检验，当方差为齐性时使用 Bonfer-roni 检验，方差为非齐性时使用 Dunnett T3 检验。另外，在事后检验中本研究还计算了效应值（effect size），效应大小按 Cohen（1988）的 d 值从大到小依次为 0.8、0.5 和 0.2。

表 22-1 展示了三组在改错题的前测、即时后测和延时后测中的描述性统计结果。数据显示，任务前形式聚焦组在即时后测和延时后测中提升最多，其次为任务后形式聚焦组，最后是控制组。GLM 重复测量方差分析显示，测试时间有显著主效应 $F_{(2, 248)} = 129.461$，$p = 0.000$，$\eta^2 = 0.511$，小组也有显著主效应 $F_{(2, 124)} = 16.864$，$p = 0.000$，$\eta^2 = 0.214$，时间和小组有显著交互效应 $F_{(4, 248)} = 23.058$，$p = 0.000$，$\eta^2 = 0.271$。简单效应检验结果显示，小组变量在即时后测和延时后测上都有显著简单效应，分别为 $F_{(2, 124)} =$

27.10，$p=0.000$、$F_{(2, 124)}=15.98$，$p=0.000$；时间变量在任务前、任务后和控制组上都有简单效应，分别为 $F_{(2, 248)}=128.69$，$p=0.000$、$F_{(2, 248)}=42.63$，$p=0.000$、$F_{(2, 248)}=4.25$，$p=0.015$。这说明，三个组在两项后测中的得分有显著差异，而且每个组在后测中都有显著进步。事后检验结果（见表 22-2）显示，在改错题的即时后测和延时后测中，任务前组得分都显著高于任务后组和控制组且效应量较大，而任务后组与控制组之间没有显著差异。

表 22-1　改错题的描述性统计结果（总分 24 分）

小　组	人数	前　测	即 时 后 测	延 时 后 测
		平均分（标准差）	平均分（标准差）	平均分（标准差）
任务前形式聚焦组	42	1.29（2.990）	12.36（4.113）	11.60（6.533）
任务后形式聚焦组	43	0.72（1.804）	6.49（6.427）	7.09（4.942）
控制组	42	2.05（4.173）	3.33（6.253）	4.29（6.356）

表 22-2　改错题的事后检验

对比组	即 时 后 测		延 时 后 测	
	p 值	d 值	p 值	d 值
任务前 vs. 任务后	0.000*	1.10	0.002*	0.79
任务前 vs. 控制组	0.000*	1.73	0.000*	1.15
任务后 vs. 控制组	0.071	0.50	0.097	0.50

* $p<0.05$

表 22-3 展示了三组在图片题的前测、即时后测和延时后测中的描述性统计结果。数据显示，任务前组在即时和延时后测中进步最大，任务后组在即时后测中得分低于控制组但在延时后测中明显超过控制组。GLM 重复测量方差分析显示，时间有显著主效应 $F_{(2, 248)}=29.049$，$p=0.000$，$\eta^2=0.190$，小组也有显著主效应 $F_{(2, 124)}=7.436$，$p=0.001$，$\eta^2=0.107$，时间和小组有显著交互效应 $F_{(4, 248)}=7.071$，$p=0.000$，$\eta^2=0.102$。简单效应检验结果显示，小组变量在即时后测和延时后测上都有显著简单效应，分别为 $F_{(2, 124)}=4.53$，$p=0.013$、$F_{(2, 124)}=10.08$，$p=0.000$。时间变量在任务前和任务后组上均有简单效应 $F_{(2, 248)}=26.40$，$p=0.000$、$F_{(2, 248)}=13.89$，$p=0.000$，但在控制组上没有简单效应 $F_{(2, 248)}=$

2.92，$p=0.056$。这说明，三个组在两项后测中均有差异，任务前和任务后组在后测中都有显著进步，而控制组没有。事后检验结果（见表 22-4）显示，在即时后测中，任务前组得分显著高于任务后组和控制组，虽然任务后组得分低于控制组却并没有显著差异。在延时后测中，任务前组与任务后组之间没有显著差异，但两组都显著好于控制组。

表 22-3　图片题的描述性统计结果（总分 5 分）

小　　组	人数	前　　测	即 时 后 测	延 时 后 测
		平均分（标准差）	平均分（标准差）	平均分（标准差）
任务前形式聚焦组	42	0.12 (0.772)	1.24 (1.679)	1.81 (2.003)
任务后形式聚焦组	43	0.21 (0.709)	0.37 (1.070)	1.35 (1.703)
控制组	42	0.00 (0.000)	0.57 (1.346)	0.26 (0.989)

表 22-4　图片题的事后检验

对比组	错误改正题			
	即时后测		延时后测	
	p 值	d 值	p 值	d 值
任务前 vs. 任务后	0.018*	0.63	0.587	0.25
任务前 vs. 控制组	0.137*	0.45	0.000*	0.99
任务后 vs. 控制组	0.834	−0.17	0.002*	0.79

　* $p<0.05$。

22.3.2　讨论

在错误改正题的即时和延时后测中，任务前组得分都显著高于任务后组和控制组且达到较大效应值，而任务后组与控制组之间都没有显著差异。需要说明的是，任务后组与控制组之间虽然没有达到显著差异，但描述性统计结果表明，任务后组的效果还是要好于控制组。在图片题的即时后测中，任务前组得分显著高于任务后组和控制组，任务后组得分低于控制组但并不显著；在延时后测中，任务前组与任务后组之间没有显著差异，两组都显著好于控制组。这说明，任务前和任务后聚焦形式都能显著促进学生对被动语态的习得。总体上，任务前聚焦形式的效果好于任务后聚焦形式。这一结果证实了德凯泽（Dekeyser）（1998，2015）基于技能习得理论提出的关于语法学习的论述，即在学习的起始阶段有必要首先对语法进行显性教学，以便学习者"能最大程度地理解所学内容，随后辅以练习使学习者所学语法知识在大脑中得以巩固。这样在进行交际活动中可以用到这些知识"（Dekeyser，1998：21）。诺里斯（Norris）和奥尔特加（Ortega）（2000）也指出，语言规则的呈现是分阶段的，大部分基于规则的教学都会首先进行语法规则的讲解然后再进行其他教学活动。

任务前聚焦形式的效果好于任务后聚焦形式，原因可能有以下两个方面。首先，任务前教学中形式聚焦和交际活动的联系更紧密。任务前聚焦形式在一开始就明确了学生的学习目标，紧接着的被动语态讲解和练习使学生掌握了较充分的被动语态知识，他们在接下来的交际活动中就会有意识或无意识地用到这些被动语态知识。而在任务后形式聚焦教学中，被动语态的规则只在所有交际活动完成之后才被显性地告诉学生。也就是说，学生在课堂前半部分的交际活动中没有聚焦形式也并不知道他们学习的目标是什么，尽管在交际活动结束后教师也专门聚焦于形式，详细讲解并让学生练习了被动语态，但形式聚集与交际活动之间的联系较任务前组而言被大大削弱了。其次，在任务前教学中学生对形式的注意力更集中，而在任务后教学中学生对形式的注意力下降。大量研究发现，学生的注意力在课堂开始后的 10 到 15 分钟内最集中，10 到 30 分钟后会逐步下降（Frederick，1986；Horgan，2003）。在任务前教学中教师首先引导学生注意被动语态形式，课堂的前半部分都聚焦于被动语态的规则与使用，因此学生对被动语态的注意力达到最佳状态，然后再进行交际活动对学生而言更容易接受。而在任务后教学中课堂的前半部分都在进行交际活动，学生也没有明确要注意的目标，到后半部分进行形式聚焦时学生的注意力已经大大降低了，这一点从课堂录像中也可以显现出来。本研究的一个意外结果是在图片题的即时后测中任务后组得分低于控制组，虽然这一差异并不显著。我们猜测这可能是由于对任务后组的即时后测是在周五下午快放学时进行的，有些学生并没有很认真地完成图片题。后来对教师以及部分学生的访谈证实了这一猜测。

延时后测完成后对 10 名英语教师的调查结果显示，7 名教师选择了任务前聚焦形式，3 名教师喜欢在任务后聚焦形式。参与实验的教师和 3 个班原本的英语教师在开放式访谈中都提到，在实际教学中他们有时还会采用意义和形式相融合的教学方式。参与实验的教师告诉我们，她主张采用任务前形式聚焦的教学方式，这种方式虽然不如意义和形式融合的教学生动活泼，但不可否认的是，其对学生的考试成绩作用更大。另外 3 名教师分别表示，"教无定法，根据实际情况确定才行。目前最实际最可行的方法是以练习为主""实行先分后总再分的顺序，即先让学生先通过观察总结规律，再利用规律应用到交际对话或习题中""在教语法知识之前，需要学生整体感知、提前预习，教授过程中发现问题及时根据语境进行纠正，之后多做巩固性练习。"这些都说明，教师基本上认同语言形式应在任务前或交际活动中就被聚焦，但是不同于传统的以教师讲解语言形式为主的教学，他们都意识到学生主动参与的重要性。学生在访谈中提到最多的就是希望课堂能更有趣，不要太枯燥、古板，喜欢通过各种交际任务来学习语法，在玩中学、学中玩；其中有 5 名学生明显表示出了对任务前形式聚焦的偏好，表示"我认为应该在上课之前就讲解语法的用法，以便于听讲和练习""我觉得语法学习顺序应为：语法教学-交际活动或听力活动-书面训练""先学习语法，再反复地运用，在实际活动中练习，可能会对我们更有用""学习语法首先得在课堂上把它听清楚，然后再通过一些语法书、口语交际等外力才能学好""我喜欢先学习语法规则然后进行交际活动"。只有 1 名学生对任务后聚焦形式表现出了支持，"我认为老师应该在交际活动开始前不教我们语法规则，这样可以让我们自己摸索一番，自己悟出来的东西更容易掌握"。以上调查和访谈都表明，总体上教师和学生更支持任务前聚焦语言形式。

22.4　结　　语

本章比较了任务前和任务后形式聚焦对英语学习者学习英语被动语态的教学效果。结果表明，任务前和任务后聚焦形式都能显著促进学生对被动语态的掌握。总体上，任务前聚焦形式的效果好于任务后聚焦形式。在任务开始前显性地展示任务中将要涉及的语言点的陈述性知识能使学生更加清楚本堂课要学习的目标语言点，也更容易集中注意力从而达到最佳掌握状态。这一点对于认知系统尚处于发展阶段的初中生而言尤其重要，教师需要非常明确地告诉学生学习的目标，并充分利用好学生注意力集中的最佳时间。需要强调的是，任务前和任务后形式聚焦中虽然意义和形式是分开的，但它们依然是以意义为主的，并不等同于传统的完全聚焦于形式的语法教学模式。本章研究证明形式聚焦教学有利于学生对语法的学习和掌握，但不同的形式聚焦时机会产生不同的教学效果，教师应掌握好聚焦形式的时机并利用各种方式充分调动学生对形式的注意和兴趣。

　　本章的研究存在以下不足：第一，实验教学时间不长，任务前和任务后语言形式聚焦的效果可能有限；第二，实验对象只参与了一次任务前和任务后形式聚焦活动，埃利斯（Ellis）（2008）指出，单次参与很难获得全面的数据来充分展示实验效果。未来研究需要进一步探讨不同的形式聚焦时机对不同的语言形式和不同层次学生的学习效果，以及对语言形式掌握的长期效果。

第 23 章　我国高校英语教师教学反思现状研究

23.1　引　　言

人们在长期的外语教学实践中发现，教学方法的有效性会因人、因时、因地而异，并不存在最佳教学方法。鉴于现有各种教学方法的局限性，同时为了倡导教师的教学自主性，库马拉瓦迪为卢（Kumaravadivelu）于 1994 年提出了"后方法"（postmethod）概念。后方法教育理论主张教师要观察自己的教学行为，评估自己的教学效果，找出问题，解决问题；要把个人的实践理论化并实践个人理论。后方法时代的教师教育开始从单纯对教育方法的探讨转向对教师专业化发展的研究。在教师教育领域，教师专业能力应该包含一些什么品质并没有达成共识，但是大家一致赞同通过反思解决教学问题这一品质是必不可少的（Clarke，1995；Copeland et al.，1993；Haton，Smith，1995）。教师只有在具体的教学环境中不断地进行反思，才能更好地了解隐藏在他们意识之中的教育理论以及这些理论是如何影响他们教学行为的（Williams，Burden，2000），才能更好地把理论和实践有效地结合起来。华莱士（Wallace，1991：54）指出，"教师发展意味着变革，而卓有成效的变革没有反思是相当困难的"。随着对教师专业发展研究的不断深入，教学反思越来越被广泛地认为是"教师发展的关键因素"（Richards，Nunan，1990；Pennington，1992），是促进教师发展的有效途径（Jay，Johnson，2002；Richards，Farrell，2005；Farrell，2007；甘正东，2000；高翔、王蔷，2003；任庆梅，2006）。因此，后方法的教师应该是反思型的教师（Kumaravadivelu，1994），教学反思能力是当今教师应该具备的重要素质。

到目前为止，国内外学者对反思的研究主要侧重于理论探讨（Dewey，1933；Schön，1983，1987；Valli，1990；Richards，Lockhart，1994；Akbari，2007；武继红，2003；孟臻等，2005），研究内容涉及反思的概念、内涵和分类，以及反思性教学实践对教师专业发展的意义等；也有一些国外学者通过定性和个案实证研究探讨培养教师反思能力的各种方法，如教师小组讨论（Farrell，1999）、反思训练（Hoban，2000；Orland-Barak，Yinon，2007）和导师合作方式（Kullman，1998；Souto-Manning，Dice，2007）等。国内尚未见到教师反思的相关实证研究，而且我们认为有效的教师反思培训应该以了解教师反思现状为前提。目前我国高校英语教师的反思现状到底如何，存在哪些主要问题等都还是未知数，为此，我们首次大规模地对来自我国 16 所不同类别高等院校的 1221 名英语教师的教学反思现状进行了调查研究，并对不同性别、学历、职称教师的反思状况进行了对比分析。希望本研究发现能为我国教师教育发展尤其是教师反思能力培养方案的制定提供一定的参考依据。

23.2 "反思"的内涵

"反思"这一概念最初由美国教育哲学家杜威（Dewey）提出。在《我们怎样思考》（1933）一书中，杜威（Dewey）区分了常规性行为和反思性行为。常规性行为对传统不加批判地相信，始终服从权威；而反思性行为是"对任何信念或假设，按其所依据的基础进行的主动、持续而周密的思考"（Dewey，1933：9）。在杜威（Dewey）看来，教学并不只是执行一系列事先已确定和安排好了的程序，而是在深思熟虑后结合具体的教学环境采取的行动。教师并不是已有知识的被动传播者，而是具备以下能力的问题解决者："能批判性并富有想象力地回顾过去，能对事件的因果关系进行思考，能对事件的发生做出合理的解释，能针对具体任务进行分析并制定下一步的教学计划"（Dewey，1933，ibid：13）。

在杜威（Dewey）提出"反思"概念半个世纪后，美国学者舍恩（Schön）（1983）对其进行了拓展。他认为，教师通过他们了解的教学准则、实践活动和课堂教学过程，能对教学的复杂性提出一些新颖的、富有成效的见解，而这些教学的复杂性是那些远离课堂现实的专家们无法知晓的。舍恩（Schön）提出了两种反思性概念："对行动的反思"（reflection-on-action）和"在行动中反思"（reflection-in-action）。"对行动的反思"发生在讲课前后，譬如教师在课前准备教学计划阶段和课后估测教学效果阶段进行的反思。而"在行动中反思"是教师在实际教学过程中遇到问题时进行的即时反思，譬如教师实时监控自己的上课表现、课堂上出现突发情况时及时调整教学方案。舍恩（Schön）强调，能帮助教师应对日常教学实践中挑战的是教师自己在教学中及教学前后的反思而不是过度依赖专家的指导。

由于反思受到不同哲学思想的影响，很难对其进行确切地定义。很多学者从反思的成分或反思的过程对其进行了阐释。例如，从反思成分角度，范·梅南（van Manen，1977）认为"反思"由三部分组成：技术理性（technical rationality）、实践行为（practical action）以及批判性反思（critical reflection），Valli（1990）在此基础上添加了道德性反思。泽切勒（Zeichner）和利斯顿（Liston）（1996）进一步对"反思"的内涵进行了拓展，他们认为反思应包含对教师信念、行为、态度、知识以及社会环境所提供的机遇和挑战的认知、检验及深思。从反思过程角度，柯斯根（Korthagen）等（2001）认为"反思"是指有组织的、理性的、基于语言的决策过程，杰伊（Jay）和约翰逊（Johnson）（2002）则认为"反思"包括三个关键步骤：描述、比较和批评。描述阶段致力于问题的确定，即决定课堂或者自身教学的哪一方面应该成为反思的核心。在比较阶段，教师试图弄清楚其他人的观点，或产生一种新的参考框架（Schön，1983），从而使自己能理解与自身原有观点相悖的观点。这种能摆脱自身经验限制的能力将会使教师"发现原本可能被遗失的意义"（Jay，Johnson，2002：78），最终使教师对教学环境及其复杂性产生更加全面的理解。在最后的批判阶段，反思性教师对不同选择进行评估并将新获取的信息与先前知识融合起来，即对其教学情景进行仔细分析和考虑后进行决策的阶段。我国学者熊川武（1999）将"反思性教学"定义为"教学主体借助行动研究不断探究与解决自身和教学目的以及教学工具等方面的问题，将'学会教学'与'学会学习'统一起来，努力提升教学实践合理性，使自己成为学者型教师的过程。"虽然对"反思"有种种不同界定，但其宗旨却有着共同之处，即教师研究解决教学实践中出现的问题或困惑以提高教学有效性，其内容除了对自身知识、行为的思考外，还包含对教学的社会、道德以及政治等因素的思考。

李斑斑、徐锦芬（2011）在相关研究综述和问卷调查基础上，通过探索性和验证性因子分析构建的包含批判、元认知、情感、认知、学生规范、道德、实践 7 个维度的中国高校英语教师反思量表较为全面综合地概括了在我国外语教学环境下反思的内涵，同时也为本研究提供了有效的测量工具。该量表各下属维度说明及样例见表 23-1。

表 23-1 下属维度说明

因子名称	定 义	样 例
实践	通过不同的工具，如日志、与同事交流等方式进行的反思实践	每堂课结束后我会记录课堂教学的成功和不足之处
认知	通过参加学术会议或阅读专业书籍、期刊的方式，以个人专业发展为目的的主动努力	我在课堂上进行一些小型研究活动以更好地了解教与学的过程
情感	主要涉及关于学生及其情感、认知状态的了解	我跟学生交流以了解他们的学习风格和喜好
元认知	主要涉及教师对自身以及自身的信念、个性、对教学定义方式以及对教师职业的认知的了解	我思考个人经历及背景如何影响我对教师的定义
批判	主要涉及对教学的社会政治等方面的反思	我思考发生在身边的社会不公平的实例，并试图在课堂中讨论
道德	主要涉及对价值观、移情、公平等方面的反思	我觉得关心和爱护学生是我的工作职责
学生规范	主要涉及课堂中对学生行为规范等方面的要求	我有一套明确的学生应该遵守的课堂行为规范

23.3 研 究 方 法

23.3.1 研究问题

1）中国高校英语教师反思现状如何？

2）不同性别、学历、职称的教师在反思总体水平及反思不同维度上是否存在显著差异？

23.3.2 调查对象

参加本次调查的外语教师共 1221 人，分别来自湖北、江苏、湖南、江西、福建、山东、河北的 16 所包含一类、二类、三类本科的综合类、理工类、师范类大学。有效问卷 1055 份，个人信息见表 23-2 所示。

表 23-2 教师个人信息

性别	频数	百分比（%）	职称	频数	百分比（%）	学历	频数	百分比（%）
男	269	25.5	初级	123	11.7	博士	53	5.0
女	755	71.6	中级	666	63.1	硕士	772	73.2
			高级	231	21.9	学士	205	19.9
缺省	31	2.9	缺省	35	3.3	缺省	25	2.4

23.3.3 研究工具

1. 问卷

本研究采用《中国高校英语教师反思量表》（李斑斑、徐锦芬，2011，见附录 10），该量表包含批判、元认知、情感、认知、课堂规范、道德、实践反思等 7 个维度，共 33 个题项，采用"从不"到"总是"五级计分制，问卷包含两部分，第一部分为教师个人信息，包括性别、年龄、教学年限、教学对象、所在学校类别、职称、学历等，第二部分为反思测量项，调查教师 7 个维度上的反思现状（详见附录 10）。

我们通过探索性因子分析和验证性因子分析检验了问卷的结构效度，探索性因子分析结果显示 $KMO=0.891>0.8$，Barlett's test 为 4337.866（$df=528$，$p=0.000<0.05$），方差贡献率达到 58.777%。对该结构进行验证性因子分析，Chi-square/df、CFI、IFI、TLI、GFI 和 RMSEA 等几项指数显示模型与数据达成了较好的拟合，说明问卷具有较好的结构效度（李斑斑、徐锦芬，2011）。问卷整体信度系数 $\alpha=0.905$，各下属因子的信度系数分别为：批判因子 0.863，元认知因子 0.850，情感因子 0.787，认知因子 0.734，课堂规范 0.767，道德因子 0.788，实践因子 0.601，说明该量表具有较好的内部一致性。

2. 访谈

根据问卷调查结果，我们共抽取了 12 名教师进行访谈，其中男女教师各 6 名，初、中、高级职称教师各 4 名，在这 12 名教师中，博士学历 4 名、硕士学历 6 名、学士学历 2 名。访谈在比较轻松的气氛中进行，采用一对一的方式并录音，主要针对教师课堂内外的反思活动和反思习惯以及问卷调查所显示的情况。

23.3.4　数据收集与分析

2010 年 11～12 月展开问卷调查，主要在各高校外国语学院会议期间发放，部分问卷通过电子邮件方式发放，问卷有效率为 81.3%，于 12 月下旬分别与 12 名教师进行了访谈。

对所收集数据首先进行了描述性统计分析，其次通过独立样本 t 检验对不同性别教师反思现状进行差异比较，通过单因素方差分析和事后多重比较检验探讨了不同学位和不同职称教师之间反思现状的差异性，并对访谈数据进行了转写和分析。所有统计分析均采用 SPSS 18.0。

23.4　结果与讨论

23.4.1　高校英语教师的反思现状

将反思各因子所包含题项的平均得分作为因子得分，以此得分衡量 7 个维度的反思水平，并将 7 个因子得分的平均分作为教师反思总体水平，结果见表 23-3。

表 23-3　中国高校英语教师反思现状

因子	实践	批判	认知	情感	元认知	道德	课堂规范	总体
均值	2.6442	2.9094	3.1101	3.2155	3.5636	4.0869	4.2291	3.394
标准差	0.74805	0.63746	0.56933	0.57459	0.55197	0.68640	0.65508	0.40566

从表 23-3 可知，总体上中国高校英语教师的反思水平一般，得分均值为 3.394，教师反思最多的是课堂规范（$M=4.2291$）和道德（$M=4.0869$），其次在元认知、情感和认知方面，而反思较少的是批判（$M=2.9094$）和实践（$M=2.6442$）。

全体教师在课堂规范和道德方面做得较好。首先，在中国这样的外语学习环境下，学习者的外语习得主要来自课堂，广大教师都意识到了学生处于积极而舒适的课堂学习环境时，学习成绩会得到极大的提高（Waldrip，Fisher2003）。教师在开学初清晰地将对学生学术和道德上的期望传达给学生是有效课堂教学的基础（Henson，Eller，2005：410）。访谈中，有 10 位教师表明自己会在开学第一堂课把课程评估方式、积极参与课堂活动、按时完成作业等要求明确地告诉学生，有的教师通过与学生协商最后形成大家一致认可的课堂规范，因为让学生参与到课堂规范的制定中来，能让学生从被约束状态转入自我约束状态（Henson，Eller，2005），从而达到学生自觉遵守课堂规范的目的。其次，中国自古以来就重视师道尊严及道德教育的文化传统，广大教师都能意识到身为教师要以身作则，能把关心爱护学生作为自己的工作职责。在吴一安（2005）对优秀外语教师专业素养的调查中，被广大教师提及次数最多的就是"敬业、认真、责任心强"和"真心喜欢、关心、尊重学生"。教师们在访谈中普遍谈到这样一个观点，"作为教师，会特别注意自己的一言一行，身体力行，对学生的要求，自己一定先做到。"

实践是教师反思最少的一个方面，其主要原因可能是教师工作量过大、教学任务重。比如有一位年轻教师在访谈中提到，自己一个星期有 18 节课，并且还有英语专业大三的综合英语、英国文学和一门大二的写作课，备课量特别大；课程过程中也会出现很多问题，但几乎没有时间和精力在日志中去记录、思考；听课方面，除了学校规定每个学期必须听四节课外，基本没有时间主动去听课。另外，碍于面子，教师可能并不太愿意与同事交流由于自己失误等原因没有很好处理的课堂问题或体验（Farrell，2007）。访谈中有一位教师谈到课堂中遇到问题时通常会自己回去查阅资料，下次课再跟学生交流，但不会在日志中记录。然而，反思日志为教师提供了通过写来描述和探索自己教学实践的机会，同时撰写反思日志能提高语言教师解决问题的能力，并促使他们产生新的教学想法使自己的教学实践更加合理化（Jarvis，1996）。

另一个反思涉及较少是批判，原因可能包括以下几个方面：首先，还是中国传统的教育讲究师道尊严，教师、教材是权威，要求学生听话、遵守纪律，挑战教师被认为是不尊重教师。其次，我国英语专业课程注重学生语言基本功训练，学生从事的模仿、记忆、重述等大量练习并不是训练分析、推理、评价技能的最佳任务，再加上由于学生语言水平的限制，思辨能力训练的空间也很有限（文秋芳等，2010）。因此出生于英语专业的教师自身的批判性思维能力可能会相对较弱。另外，目前的英语教学，特别是大学英语教学课时有限，除完成教学大纲规定内容外，还需补充四六级考试相关内容，课堂上很难再有时间去讨论性别歧视、贫富差距、老龄化等社会性话题，并且相关问题的讨论也受到学生语言水平的限制。这一现实得到了访谈教师的普遍认同。

23.4.2　不同性别教师反思现状对比分析

为调查不同性别教师反思现状是否存在差异，我们对男教师（269 人）和女教师（755 人）在反思总体水平以及各维度的得分进行了独立样本 t 检验。

从表 23-4 可以看出，男女教师反思水平比较相似，男教师在总平均分上略低于女教师，但差异不显著。男女教师在元认知、认知、情感、实践四个维度上的反思状况非常相似，除实践反思水平较低外，其余均处于中等水平。男女教师在批判、道德和课堂规范三个维度上存在显著性差异，男教师的批判反思远多于女教师（$t=3.071$，$p=0.002$），而女教师在道德（$t=-5.099$，$p=0.000$）和课堂规范（$t=-5.285$，$p=0.000$）上的反思远多于男教师。

表 23-4　男女教师反思水平对比

性别		实践	认知	情感	元认知	批判	道德	课堂规范	总体
男	均值	2.6964	3.1115	3.2000	3.5109	3.0138	3.9033	4.0545	3.3557
	标准差	0.75691	0.60401	0.57015	0.58249	0.70146	0.72259	0.70087	0.42813
女	均值	2.6115	3.1004	3.2114	3.5763	2.8660	4.1466	4.2958	3.4012
	标准差	0.73963	0.55569	0.57075	0.53788	0.60623	0.65282	0.62106	0.39162
均值差		0.08493	0.01113	−0.01139	−0.06546	0.14777	−0.24323	−0.24128	−0.04556
t 值		1.607	0.276	−0.281	−1.676	3.071	−5.099	−5.285	−1.598
p 值		0.108	0.783	779	0.094	0.002	0.000	0.000	0.110

男女教师在批判维度的反思得分都不高，但相对而言男教师要显著高于女教师。当今社会，许多人格特征都被赋予了明显的性别属性，如"情绪化、善

解人意、细心"等通常被表征为女性的人格特征，而"有主见、独立、带有攻击性"等被表征为男性的人格特质（郑新蓉，2005：67）。作为富有性别属性的社会中的一员，每个人都会从个人的性别经验中、他人的性别角色模式中、社会性别分工中形成自己的性别观念和性别行为（P.6）。男性的"有主见、独立、带有攻击性"这一人格特质会使男教师更倾向于对各种社会现象进行批判性反思，并在课堂中表达自己的政治观点，跟学生讨论发生在身边社会不公平的实例。而传统观念赋予女性的"主内"角色（即"为人妻、为人母"）也可能使得女教师更多关注家庭，访谈中好几名女教师谈到自己平时不太关注政治和社会时事。

在道德和课堂规范方面，女教师得分显著高于男教师。吉利根（Gilligan）（1982）认为，在道德发展中，"关怀"取向会更多出现在女性生活中，她们会更关注自己对别人应负的责任、别人的感受、以及自身行为给别人带来的影响。因此女教师在教学过程中可能会更倾向于认为"关心和爱护学生是我的工作职责""把自己看作是学生的榜样，力争起着道德模范作用"。根据吉利根（Gilligan）（1982）的观点，男性更关注"正义"，然而在道德维度下有关正义的题项"我相信正义，并在课堂实践中尽量体现公平"上，我们却意外地发现女教师的反思水平显著高于男教师。究其原因可能是女教师的"细心""考虑周全"使得她们在课堂上会尽量关注到每位学生。比如，有一位女教师谈到，"每次上课我都会尽量给好、中、差不同水平的学生同样的机会"。男教师虽然"富有正义感"，但相对于女性而言他们比较粗心，因此对于在课堂实践中公平对待每位学生，可能会有所疏忽。所有参加访谈的男教师或多或少地认同了这一倾向。我们认为，关于女教师在道德反思方面做得比男教师好的深层原因还有待于以后进一步探讨。另外，总体上女性更容易受到环境因素的影响，而男性则会更关注自身（Helgeson，2005），男女的这种倾向解释了为什么女教师会在课堂规范方面反思更多，更倾向于为自己也为学生营造一个积极舒适的学习环境。

23.4.3　不同学位教师反思现状对比分析

为了调查不同学位教师的反思现状是否存在差异，我们对博士学位教师（53名）、硕士学位教师（772名）和学士学位教师（205名）在反思总体水平以及各维度的得分进行了单因素方差分析和事后多重比较检验。

表 23-5 显示博士学位教师总体反思水平最高（$M=3.4849$），硕士学位教师次之（$M=3.3932$），学士学位教师略低于硕士教师（$M=3.386$）。单因素方差分析检验结果显示，三组教师在反思总体水平上不存在显著性差异，但在认知（F 值为 7.318，p 值为 0.001）和批判（F 值为 6.058，p 值为 0.002）两个维度上存在显著性差异。表 23-6 进一步显示事后多重比较检验结果，博士学位教师与硕士和学士学位教师之间在认知维度上的差异显著性概率都达到了 0.001，在批判维度上的差异显著性概率分别达到了 0.004 和 0.003。这说明博士学位教师在这两个维度上的反思水平明显高于硕士和学士学位教师，而硕士和学士学位教师之间不存在显著性差异。

表 23-5　不同学位教师反思水平描述性统计及方差检验结果

学位		实践	认知	情感	元认知	批判	道德	课堂规范	总体
学士	均值	2.6423	3.0761	3.2166	3.5512	2.8690	4.1187	4.2325	3.3867
	标准差	0.68912	0.56261	0.63610	0.58346	0.60109	0.75154	0.67529	0.42156
硕士	均值	2.6291	3.0925	3.2080	3.5790	2.9034	4.0911	4.2491	3.3932
	标准差	0.75134	0.55913	0.55568	0.53196	0.63416	0.66334	0.64511	0.39398
博士	均值	2.6730	3.3925	3.3849	3.4798	3.1995	4.1132	4.1509	3.4849
	标准差	0.89273	0.65276	0.57358	0.65889	0.68589	0.64032	0.61868	0.46353
F 值		0.101	7.318	2.361	0.933	6.058	0.148	0.587	1.359
p 值		0.904	0.001	0.095	0.394	0.002	0.863	0.556	0.257

表 23-6　不同学位教师反思水平事后多重比较检验结果表

学位		实践	认知	情感	元认知	批判	道德	课堂规范	总体
学士与硕士	均值差	0.01317	−0.01639	0.00855	−0.02780	−0.03442	0.02759	−0.01662	−0.00652
	p 值	0.975	0.934	0.982	0.813	0.786	0.875	0.948	0.979
硕士与博士	均值差	−0.04385	−0.29997*	−0.17687	0.09923	−0.29606*	−0.02210	0.09819	−0.09171
	p 值	0.918	0.001	0.095	0.446	0.004	0.974	0.568	0.278
博士与学士	均值差	0.03068	0.31636*	0.16832	−0.07144	0.33047*	−0.00549	−0.08158	0.09822
	p 值	0.965	0.001	0.164	0.701	0.003	0.999	0.718	0.287

* $p < 0.01$

目前国内对博士教育质量有狭义和广义两种理解，创新性、规范性和伦理性可作为衡量博士生学术和学业成就的三个标准，作为狭义博士教育质量体现

的博士学位论文，"独创性"或"原创性"是其重要的目标追求和质量体现
（袁本涛等，2007）。博士在受教育过程中认知水平自然会得到提高，论文的创
新性也是其追求目标，在大量的文献阅读和不断的思考过程中培养了自己的批
判性思维能力。本研究再次证明了接受过博士教育的教师在认知能力的反思以
及批判性思维方面的进步。

23.4.4　不同职称教师反思现状对比分析

为了调查不同职称教师的反思现状是否存在差异，我们同样对初级职称
（123 人）、中级职称（666 人）和高级职称（231 人）教师在反思总体水平以
及各反思维度的得分进行了单因素方差分析和事后多重比较检验。

表 23-7 显示，随着职称的提高，教师反思的总体水平以及实践、认知、
情感、批判四个维度上的反思水平也随之提高，并且高级职称教师反思的总体
水平要显著高于初级教师水平（$p=0.017$）。不同职称教师在认知和课堂规范
两个维度上存在显著性差异（两个维度的 F 值分别为 17.745 和 3.407，p 值
分别为 0.000 和 0.034）。事后多重比较检验结果（表 23-8）进一步显示，在
认知维度上，高级职称教师的反思水平明显高于中、初级教师（两个 p 值都
是 0.000），中级教师也明显高于初级教师（$p=0.040$）。在课堂规范因子上，
中级职称教师水平显著高于初级职称教师（$p=0.034$），但高级与中、初级职
称教师之间不存在显著性差异。

表 23-7　不同职称教师反思水平描述性统计及方差分析结果

职称		实践	认知	情感	元认知	批判	道德	课堂规范	总体
初级	均值	2.5664	2.9350	3.1610	3.5981	2.8479	3.9837	4.0976	3.3121
	标准差	0.71152	0.56771	0.52708	0.55970	0.66599	0.70498	0.71890	0.37055
中级	均值	2.6146	3.0745	3.2054	3.5708	2.9114	4.1096	4.2643	3.3930
	标准差	0.75369	0.55396	0.57463	0.54315	0.61993	0.69212	0.63238	0.41083
高级	均值	2.7417	3.2779	3.2736	3.5207	2.9283	4.0996	4.2367	3.4401
	标准差	0.75447	0.56798	0.58081	0.55639	0.66366	0.62724	0.66506	0.38340
F 值		3.101	17.745	1.863	1.007	0.677	1.799	3.407	4.111
p 值		0.055	0.000	0.156	0.366	0.508	0.166	0.034	0.017

表 23-8　不同职称教师反思水平事后多重比较检验结果

职称		因　子							
		实践	认知	情感	元认知	批判	道德	课堂规范	总体
初级与中级	均值差	−0.04822	−0.13952*	−0.04443	0.02736	−0.06356	−0.12587	−0.16670*	−0.08090
	p 值	0.806	0.040	0.730	0.879	0.595	0.169	0.034	0.120
中级与高级	均值差	−0.12709	−0.20345*	−0.06819	0.05007	−0.01685	0.01004	0.02761	−0.04707
	p 值	0.085	0.000	0.294	0.489	0.942	0.981	0.857	0.306
高级与初级	均值差	0.17531	0.34296*	0.11262	−0.07742	0.08041	0.11583	0.13909	0.12797*
	p 值	0.111	0.000	0.210	0.449	0.526	0.312	0.160	0.017

$* p < 0.01$

"职称"是科学技术人员在科学技术活动中的工作成就、业务能力，技术水平或学识、智慧、才能的综合反映。高校教师职称作为其学术职业阶梯，是大学教师学术价值的形象化表现（别敦荣、陈艺波，2006），更高的职称代表着更高的教师学术价值。该研究显示，初、中、高级职称教师在认知水平上存在显著性差异，职称越高认知反思水平就越高。

课堂规范主要涉及课堂管理方面，课堂管理能力的提高，除了需要课堂管理相关理论知识外，很大程度上取决于经验的积累和对平时课堂中遇到问题后的不断反思（Burden，1979）。初级职称教师由于缺乏教学经验，对教学活动及环境的认识比较有限，焦虑感会比较强，他们考虑更多的可能是怎样合理安排并有效讲授课堂教学内容以便让学生认可自己的教学水平，对课堂规范要求相对比较宽松。"我不敢对学生提太多课堂要求，怕他们由此对我产生抵触情绪""我想还是应该努力先把课上好，以便在学生中树立自己的威信"等是访谈中年轻教师提及的观点。而中级职称教师已具备较丰富的课堂经验，并深知只有构建好课堂环境才能进行有效教学，因此他们对课堂规范的反思就会比较多。高级职称教师在该维度上略低于中级职称教师，这也不难理解，很多高级职称教师已经成为专家型教师，而专家型教师对学生的需求和学习的理解更深刻，教学目标更明确，学习环境意识更强，教学更流畅、自主，课程计划也更有效（Richards，Farrell，2005；Tsui，2003），他们可能不再需要严格的课堂规范来约束学生。从访谈中我们也发现，高级职称教师倾向于淡化课堂纪律方面的要求，他们更注重学生的自觉行为，并深信自己的英语课堂能激发学生的学习热情；同时他们对课堂的灵活驾驭能力使他们愿意给学生更多的自主权。有一位教授这样说道，"我的课堂上学生有充分的自主权，不愿意来课堂学习的学生可以不用来。但事实上基本上没有无故不来的学生。"

23.5　结　　语

本章研究通过定性与定量相结合的研究方法，调查了我国高校英语教师教学反思现状，并对不同性别、学历、职称教师的反思状况进行了对比分析。结果如下：①广大教师反思的总体水平一般，其中反思最多的是课堂规范和道德维度，最少的是批判和实践维度，对认知、情感和元认知维度的反思都处于中等水平；②男女教师在反思的总体水平上不存在显著性差异，但在批判、道德和课堂规范三个维度上差异显著，其中女教师在道德和课堂规范上优于男教师，而男教师在批判方面优于女教师；③博士学位教师总体反思水平最高，且在认知、批判两方面的反思水平明显高于硕士和学士学位教师；④随着职称的提高，教师总体反思水平以及实践、认知、情感、批判方面的反思水平也随之提高，不同职称教师在认知上的差异性达到了显著水平。在课堂规范因子上，中级职称教师水平显著高于初级职称教师。

根据本研究结果，我们提出如下建议。

1）反思作为教师专业发展的有效途径，对我国高校的英语教师意义重大，广大教师需要在认知、情感、元认知特别是实践和批判方面进一步提高反思水平。

2）鉴于不同性别、学历、职称教师在反思不同维度上存在的差异性，各院系在组建教研小组或教学团队时应注重不同性别、学历、职称教师的合理搭配，以达到优势互补，充分发展所有教师的反思能力从而实现最佳教学效果。已有研究发现，高度激情的新教师与高专业化水平的高级职称教师进行导师制合作教学，不仅有利于学生的学习，而且让高级职称教师和新教师都受到很多启发（Souto-Manning，Dice，2007）。

3）博士学位教师在认知和批判性思维能力方面明显优于硕士和学士学位教师，但在我们调查的受试中拥有博士学位的教师仅占 5%，学位结构严重不均衡。一方面，各高校应创造条件鼓励更多在职教师尤其是青年教师攻读博士学位；但另一方面，国内目前外语类博士点少、招收博士人数极为有限，远远满足不了广大在职教师继续深造的需求，这一问题急需解决。

当然，本章仅仅是对国内高校英语教师反思现状进行的一个初步调查，有关教师反思还有很多方面有待于我们去探讨，如教师反思能力的影响因素有哪些，教师反思能力的提高是否会影响学生的学习能力、学业成绩以及教师的教学水平等。未来研究也可以在本章研究基础上，进一步探讨提高我国高校英语教师教学反思能力的有效途径。

第 24 章　高校中外籍英语教师课堂中介作用调查与对比分析

24.1　引　　言

当前，我国外语教学改革不断深入，素质教育发展要求培养具有自主学习能力的学习者，外语课堂教学更加注重学生的主体作用，教师不再是课堂中的主角。教师的作用由知识和信息的传递者转变为学生进行意义建构的帮助者和引导者，即成为学习者和意义建构过程与经验之间的中介体。此外，各高等院校在加强本国英语师资队伍建设的同时，还纷纷聘请外籍教师。因此，一支迥异于中国教师的队伍及其他们在中国的英语教学情况引起了国内外语界的关注。考虑到中外教师文化背景和教学理念的不同，本研究对中外籍英语教师（以下简称"中外教师"）的课堂中介作用进行调查与对比分析，旨在了解中外教师对中介作用的看法以及他们在实际课堂教学中实施中介的情况，以便做到取长补短，完善语言观、教育观，为切实提高我国高校的英语教学提供实际借鉴。

本章以费尔斯坦（Feuerstein）的中介作用理论为指导，通过问卷和访谈的方式，对湖北省 5 所高校的 96 名中籍英语教师和 42 名外籍教师对教师课堂中介作用的看法以及他们在课堂教学中实施中介的情况进行了调查分析和对比研究，并就如何充分利用、管理外籍教师资源，中外教师如何充分发挥教师的中介作用提出了作者的看法。

24.2　费尔斯坦（Feuerstein）中介作用理论及前人研究

以色列心理学家费尔斯坦（Feuerstein）的"中介作用理论"（Mediation Theory）是近年来教育心理学和社会互动学的核心理论。费尔斯坦（Feuerstein）认为，儿童自出生起就受到对他有重要意义的中介者的干预和影响。

中介作用的实质就是在学习者的认知发展及学习过程中，中介者通过选择在他们看来合适的刺激，用他们认为最有利于促进学习的方式来显现这些刺激，并且干预和调整学习者对刺激的反应，通过解释来引导和鼓励学习者做出恰当的反应，从而使学习者的认识水平向更高的层次发展（Feuerstein et al.，1980）。

费尔斯坦（Feuerstein）指出，教师或其他对学习者产生影响的成人可以通过多种方法加以中介，并提出了十二种中介特征：①明确意图：教师应让学生明白某个学习任务的意图并做出反馈。②重要性：教师须使学生认识到某个特定学习任务的意义，使他们明白该任务对个人及社会的价值。③超越当前目的：除了解某个学习任务的当前目的外，学生还应了解该活动的深远意义。以上三种中介特征适用于所有学习情境，以下六点涉及自我学习控制。④胜任感：培养学生能够应对任何学习任务的自信。⑤自我行为控制：使学生有能力控制和规范自己的学习、思考与行动。⑥树立目标：培养学生制定现实目标和达到目标计划的能力。⑦挑战：使学生需要挑战，寻求挑战。⑧认识变化：使学生有能力认识并评价发生在自己身上的变化。⑨相信积极的结果：使学生相信只要坚持不懈，总能找到解决困难的办法。以下三点与促进学生的社会发展有关。⑩共享：使学生懂得，学生与教师、学生与学生之间的积极合作是更好地解决问题的方法。⑪个性：承认并注重学生的个性与独特性。⑫归属感：使学生感觉属于一个团体和文化。（Feuerstein，1991）

威廉姆斯（Williams）和伯登（Burden）（1997）根据中介作用的 12 个特征编写了一套分为两个部分的调查问卷，用来调查评估语言教师在语言课堂中的中介作用。当前一些学者已根据这套问卷对教师中介作用进行了调查分析。曲文婕（2004）调查发现，大部分教师存在教师课堂中介作用的认识与实践脱节现象。赖定来（2004）在对部分中学英语教师和学生的中介作用的调查中发现，从重要性和实施频度来看基本一致，但中介作用的实施力度明显不够。杨华堂（2006）在对大学教师及学生的调查中发现，教师的看法和实践之间基本不存在差异，但是教师的实践和学生的期望之间存在显著差异，教师基本上忽略了自己的中介作用。根据调查结果，杨华堂（2006）进一步指出教师必须进一步激发学生的学习动机，培养学生的胜任感，教学时使用正确的策略学习，促进学生的社会发展。

这些研究让国内许多教师意识到，不仅观念上要改变，课堂实践中也要调整角色。外籍教师作为我国教育事业的发展和人才培养工作的一支重要补充力量，在我国英语教学中的作用是不言而喻的，那么外籍教师对课堂中介作用的看法以及他们中介角色扮演情况当然也是一个非常值得而且迫切需要研究的问题，然而，至今还没有针对外籍教师群体进行的调查与研究，针对这种现状我们就高校中外教师对中介作用的看法及实践情况进行了调查和对比分析，以期找出两个教师群体各自所长，优势互补，促进英语教学改革，并能对教师教育研究有所帮助。

24.3 研究方法

24.3.1 研究问题

1）中外教师对中介作用的看法及他们在课堂教学中实施中介的情况分别是怎样的？中外教师之间是否存在差别？

2）中外教师各自对中介作用的看法和他们在课堂教学中实施中介的实际情况之间是否存在差异？

24.3.2 研究对象

研究对象为湖北省 5 所高校的 96 名中籍英语教师（男教师 25 名，女教师 71 名）和 42 名外籍英语教师（男教师 22 名，女教师 20 名）。

24.3.3 研究工具

（1）问卷调查（定量研究工具）

本研究采用的是威廉姆斯（Williams）和伯登（Burden）（1997）根据中介作用的 12 个特征编写的一套用来评估语言教师在语言课堂中的中介作用的调查问卷，问卷分为两个部分：一、了解教师对中介作用各个维度的看法；二、了解教师个人在课堂教学中对中介作用各个维度的具体实施情况。问卷采用的是五点量表，第一部分的问题选项从"非常重要（5）"到"不重要（1）"；

第二部分的问题选项从"最经常做（5）"到"基本不做（1）"。问卷一为原版问卷，问卷对象是外籍教师（见附录11）；问卷二为原版问卷的中文译本（见附录12），问卷对象为中籍英语教师。两份问卷开头部分都包含了一些教师个人信息，如年龄、性别以及从事英语教学的年限等。

（2）访谈（定性研究工具）

根据问卷调查结果，我们在 96 名中国教师和 42 名外籍教师中分别随意抽取了 3 名教师作为访谈对象。访谈在比较轻松的气氛中进行，分中国教师和外籍教师两个组进行。访谈问题主要针对问卷调查反映的情况，中外教师的访谈分别历时一个半小时。（见附录 13）

24.3.4　数据收集与分析

我们共发出 138 份问卷，收回 135 份有效卷。随后，我们运用统计软件 SPSS13.0 对问卷调查所得数据进行统计分析。通过独立样本 t 检验比较分析了中外教师之间在对中介作用的看法和课堂实践方面是否存在显著差异。关于中外教师各自对中介作用的看法和课堂实践情况之间是否存在差异这个问题，则是通过配对样本 t 检验进行统计分析。

24.4　结果与讨论

24.4.1　中外教师对中介作用的看法和课堂实践情况

我们分别对中外教师的看法和做法进行独立样本 t 检验得出数据并合并成表 24-1。

（1）中外教师对中介作用的看法及其差异分析

从表 24-1 我们看出，中国教师除了对"认识变化"方面看法的平均分只有 2.86 外，其余各项平均分均在 3.0 以上。这说明中国教师对教师中介作用的意识还是比较高的。随着国内外教育界对自主学习研究的广泛深入，外语教师角色转变也受到密切关注（徐锦芬等，2004）。相关研究让广大教师意识到了转变自己角色的必要性。大学英语教学改革也要求教师由传统教学法中的知识传播者、灌输者转变为学生学习知识、主动建构知识意义的帮助者、促进者。广大教师对自己的中介作用意识得到提高。

表 24-1　中外教师对中介作用的看法和课堂实践情况

中介作用		平均值		标准差		t 值	p 值
		中籍教师	外籍教师	中籍教师	外籍教师		
让学生明白意图	看法	4.37	4.90	0.94	0.30	−3.18	0.003
	实践	4.37	4.65	0.81	0.53	−1.74	0.088
重要性	看法	3.31	4.18	1.13	0.74	−3.83	0.000
	实践	3.74	3.78	0.98	0.83	−0.15	0.878
超越当前目的	看法	3.20	4.20	1.13	0.79	−4.48	0.000
	实践	3.23	3.70	0.97	0.85	−2.24	0.028
培养胜任感	看法	4.51	4.75	0.74	0.44	−1.64	0.106
	实践	3.91	4.52	0.92	0.75	−3.17	0.002
行为自控	看法	4.06	4.33	0.73	0.73	−1.59	0.116
	实践	3.57	4.05	1.04	0.90	−2.14	0.036
树立目标	看法	3.89	4.10	0.83	0.74	−1.18	0.24
	实践	3.34	3.55	1.00	1.06	−0.87	0.389
创造挑战	看法	3.46	4.02	1.07	0.80	−2.63	0.010
	实践	3.00	3.74	0.94	0.91	−3.46	0.001
认识变化	看法	2.86	4.08	0.85	0.73	−6.63	0.000
	实践	2.49	3.65	0.89	1.05	−5.14	0.000
相信积极的结果	看法	3.74	4.20	0.85	0.76	−2.46	0.016
	实践	3.15	4.00	0.89	0.90	−4.07	0.000
共享	看法	3.83	4.60	0.92	0.71	−4.09	0.000
	实践	3.24	4.43	1.02	0.75	−5.79	0.000
个性	看法	3.66	4.60	1.03	0.71	−4.56	0.000
	实践	3.12	4.15	1.12	0.83	−4.53	0.000
归属感	看法	3.17	4.28	1.10	0.85	−4.91	0.000
	实践	2.77	4.30	1.14	1.02	−6.14	0.000

外籍教师对教师中介作用的看法平均分都在 4.0 以上，明显高于中国教师。这与外籍教师的文化背景和他们的教学理念有关。国外有关自主学习理论研究内容和成果都比国内要丰富很多，关于教师角色以及教师发展方面研究也

比较丰富。以学生为中心的观念源于美国儿童心理学家和教育家杜威的"以儿童为中心"的观念。受这种观念的影响，外籍教师在教学中强调以学生为中心，对教师课堂中介作用的意识相当高。

通过对中外教师对中介作用看法上的独立样本 t 检验发现，中外教师在"让学生明白意图、重要性、超越当前目的、创造挑战、认识变化、相信积极的结果、共享、个性、归属感"等 9 个方面存在显著差异，p 值分别为 0.003、0.000、0.000、0.010、0.000、0.016、0.000、0.000、0.000，均小于 0.05。中国教师对中介作用的意识明显低于外籍教师。中国教师认为最重要的两个方面是"培养胜任感"和"让学生明白意图"，平均分分别为 4.51 和 4.37，而外籍教师认为最重要的两个方面也是"让学生明白意图"和"培养胜任感"，平均分分别为 4.90 和 4.75。在赖定来（2004）和杨华堂（2006）的调查中"让学生明白意图"都是被排在第一位的。

中国教师认为最不重要的两个方面分别为"认识变化"和"归属感"，而外籍教师认为最不重要的两个方面分别为"创造挑战"和"认识变化"。关于外教的后一发现与前人研究结果相似（赖定来，2004；杨华堂，2006）。中外教师在"认识变化"这一点上的共识说明他们都相对忽视了要使学生有能力认识并评价发生在自己身上的变化的重要性，这可能是受到传统评估模式的影响，即通过测试等方式对学生进行评估。

（2）中外教师对中介作用的课堂实践情况及其差异分析

表 24-1 的统计结果显示，中国教师对中介作用的实践情况除了"认识变化"和"归属感"两项的平均分分别为 2.49 和 2.77 以外，其他各项的平均分都在 3 分以上。这说明随着广大教师意识水平的提高，他们的课堂实践情况也得到改善。

而从外籍教师的实践情况看，除了"重要性""超越当前目的""树立目标""创造挑战"和"认识变化"的平均分略低于 4 分外，其他各项的平均分都在 4 分以上。受到意识的影响，外籍教师的整体实践水平也是比较高的。

对比中外教师的课堂实践情况，t 检验结果表明在"超越当前目的、培养胜任感、行为自控、创造挑战、认识变化、相信积极的结果、共享、个性和归属感"等 9 个方面存在显著性差异，p 值分别为 0.028、0.002、0.036、

0.001、000、0.000、0.000、0.000、0.000，均小于 0.05。中国教师的课堂
实践情况不如外籍教师好。由于中国教师在意识水平整体上就比外籍教师要
低，行为自然就受到自身意识的影响。

24.4.2　中外教师各自对中介作用的看法和实践对比分析

表 24-2 为中外教师对中介作用 12 个特征的重要性看法和实践情况的配对
样本 t 检验得出的 t 值和双尾 t 检验的显著性概率：

表 24-2　中外教师各自对中介作用的看法和实践对比

中介作用		平均值差	差值的标准差	t 值	p 值
让学生明白意图	中籍教师	0.00000	0.84017	0.000	1.000
	外籍教师	0.25000	0.49355	3.204	0.003
重要性	中籍教师	−0.42857	1.00837	−2.514	0.017
	外籍教师	0.40000	0.74421	3.399	0.002
超越当前目的	中籍教师	−0.02857	1.09774	−0.154	0.879
	外籍教师	0.50000	0.67937	4.655	0.000
培养胜任感	中籍教师	0.60000	1.09006	3.256	0.003
	外籍教师	0.22500	0.47972	2.966	0.005
行为自控	中籍教师	0.48571	0.98134	2.928	0.006
	外籍教师	0.27500	0.50574	3.439	0.001
树立目标	中籍教师	0.54286	1.17180	2.741	0.010
	外籍教师	0.55000	0.84580	4.113	0.000
创造挑战	中籍教师	0.45714	0.85209	3.174	0.003
	外籍教师	0.28205	0.82554	2.134	0.039
认识变化	中籍教师	0.37143	1.00252	2.192	0.035
	外籍教师	0.42500	0.90263	2.978	0.005
相信积极的结果	中籍教师	0.61765	0.88813	4.055	0.000
	外籍教师	0.20000	0.72324	1.749	0.088
共享	中籍教师	0.64706	1.06976	3.527	0.001
	外籍教师	0.17500	0.93060	1.189	0.242
个性	中籍教师	0.50000	1.33144	2.190	0.036
	外籍教师	0.45000	0.78283	3.636	0.001
归属感	中籍教师	0.40000	0.97619	2.424	0.021
	外籍教师	−0.02500	1.07387	−0.147	0.884

（1）中籍教师对中介作用的看法和课堂实践之间的差异分析

表 24-2 的统计结果显示，中国教师除了在"让学生明白意图"和"超越当前目的"这 2 项外，其余 10 项均存在显著性差异。其中在"培养胜任感、行为自控、树立目标、创造挑战、认识变化、相信积极的结果、共享、个性、归属感"等 9 个方面，实践水平都显著低于意识水平，p 值分别为 0.003、0.006、0.010、0.003、0.035、0.000、0.001、0.036、0.021，均小于 0.05。曲文婕（2004）的调查结果同样反映大多数教师在对中介作用的认识与实践上存在差异，有些差异甚至很大。

调查中发现一个有趣现象：在"重要性"这一项，教师的实践水平（平均分为 3.74）高于意识水平（平均分为 3.31），且差异达到了显著性水平（$p=$ 0.017）。针对这一现象，访谈中一位教师提到："本来觉得有些东西不需要解释得很清楚的，上课给学生布置的任务，自然是很重要的，肯定对他们的学习有帮助。但在实际教学中经常会发现有些学生参与课堂活动的积极性很低。为了调动学生的积极性，必须再三强调课堂活动的重要性和意义"。其他两位教师也表达了相似的观点。

（2）外籍教师对中介作用的看法和课堂实践之间的差异分析

外籍教师在"让学生明白意图""重要性""超越当前目的""培养胜任感""行为自控""树立目标""创造挑战""认识变化"和"个性"等 9 个方面意识水平和实践水平存在显著性差异，p 值分别为 0.003、0.002、0.000、0.005、0.001、0.000、0.039、0.005. 和 0.001，均小于 0.05。这说明虽然外籍教师对教师中介作用的意识水平很高，但在实践过程中还是存在一些问题。值得一提的是，外籍教师在"归属感"这一项实践水平略高于意识水平（但没有达到显著性水平，$p=0.884$），对于这种现象，一位外教谈到："Sometimes I ask them to do group work，but they seem not to be interested in the cooperative work... They behave as if they were outsiders. So I have to provide some examples of activities to help them develop a sense of belonging to a group... Thus they will be more actively involved in the group work"。

总体上讲，无论是中国教师还是外籍教师，他们的实践水平都低于意识水平。其中，中外教师在"培养胜任感"、"行为自控"、"树立目标"、"创造挑战"、"认识变化"和"个性"等6个方面都是实践水平明显低于意识水平。中国教师除了这6个方面以外还有"相信积极的结果"、"共享"和"归属感"3个方面的实践水平明显低于意识水平。而外籍教师在另外的"让学生明白意图"、"重要性"以及"超越当前目的"3个方面的实践水平明显低于意识水平。

24.4.3 中外教师实践水平与意识水平不一致的原因

通过访谈我们发现造成中外教师实践水平和意识水平显著差异的主要原因有以下几个方面。

（1）教师自身的原因

意识必然影响行为，教师特别是中国教师的中介作用意识需要进一步提高。而且，由于实践中缺乏相关教学理论的指导，很多教师意识虽高但不是很清楚如何实践；另外，教学经验不足也是影响教师充分发挥中介作用的重要原因。例如，一位年轻的中国教师在谈到"树立目标"时这样说道，"尽管我在课堂上反复强调要学会确立学习目标，并制定实现目标的具体学习计划，但他们就是不那样做，只是盲目、被动地跟着老师走，我对他们一点办法都没有"。很显然，这位老师只是停留在理论上强调树立目标的重要性，他并没有给予学生实际的指导。一位外教也谈到："I haven't thought a lot about it. To my understanding, they should have their own goals...（这个问题我没有考虑很多，在我看来学生应该有自己的学习目标……）"；另一位外籍教师在谈到"行为自控"时指出"some students just don't know how to manage and control their process of learning... it seems they don't plan anything, just do things on impulse. For example, this week they try very hard to memorize a lot of words, but then... for quite a few weeks, they forget all about vocabulary learning... their learning is kind of... impulsive."（有些学生不知道该怎样控制自己的学习过程……他们似乎没有任何计划，常常心血来潮，想起来做什么就做什么。比如说，这个星期他们很努力地记了很多新单词，但接连好几个星期他们又会什么单词也不学……他们的学习就是没有计划性）这位外教在某种程度上，忽略了自己作为教师应该承担的责任。正是因为教师在教学中没有注重学生学习策略的培训才导致了这一现象。

（2）学生方面的原因

学生是影响教师在课堂中发挥中介作用的重要因素。学生的语言水平参差不齐，部分学生自身的英语水平太差等都会影响教师中介作用的发挥。比如，谈到"创造挑战"这个维度时，一位外教说道，"... it does not happen with the weaker students，... it is important，... but only for the good students... they like doing difficult tasks..."；在谈论"相信积极的结果"这个方面时，一位中国教师谈到，"一直以来我都觉得自信心对学生的学习是很重要的，但是在课堂中，学生水平层次不一样，同一个活动或任务可能起到培养部分学生的自信心的作用，但是对其他一些学生可能会有一种挫败感"。还有一位中国教师在谈到"共享"时指出，"小组集体活动确实有很多好处，我有时候也组织这样的活动，但效果不理想，有些学生用母语交谈，还有的学生干脆讲闲话"。

（3）客观条件限制

随着高校招生规模的不断扩大，学生人数急速增加，而教师人数则相对不足，教师与学生接触的平均时间相对较少（徐锦芬等，2004）。而且班级人数也比较多，不便于管理和组织课堂活动，限制了教师在课堂实践中中介作用的正常发挥。一位中国教师谈到，"班级人数太多，不可能关注到每一个学生的'个性'；另外，由于时间问题，组织活动来帮助培养他们的'集体归属感'也有点力不从心"。在谈到"认识变化"时，一位外教谈到，"I know I haven't been doing really，enough of this... just no time."

24.4.4　结论和建议

本次调查虽然涉及的范围比较小，但调查的结果所反映的情况对高校英语教学有一定的启示，以下是我们得出的结论及一点建议。

1）中外教师的中介作用意识都还比较好，但外籍教师的意识水平明显高于中国教师。在课堂中外教师的具体实施情况也比中国教师要好，在"超越当前目的、培养胜任感、行为自控、创造挑战、认识变化、相信积极的结果、共享、个性和归属感"等 9 个方面存在显著性差异。周玉忠等（2004）指出，外教在课堂教学中往往突出学生的主体作用，在课堂上通常扮演启发者、鼓励者和帮助者的角色，他们重视学生学习的过程，重视学生能力的培养和学生的个体差异，尽量做到因材施教，充分调动每个学生的积极性，使其主动参与到课堂活动中。另外在组织教学方面体现出以人为本、灵活应变的原则。这些方面都是非常值得中国教师认真学习的地方。

2）中外教师都相对忽视了要使学生有能力认识并评价发生在自己身上的变化的重要性。而"认识变化"是培养学生成为自主学习者的一个很重要的方面。对自己的学习过程和学习效果进行及时的自我评价是学习者适时调整其自主学习各环节的必要前提，是提高自主学习效果的必要手段（江庆心，2006）。学生通过自我评估可以比较全面地了解到外语学习中自己的成绩和不足之处，而普通的考试只能使学生认识到自己能力的一部分（Upshur，1971）；自我评估为学生提供了认识自己能力和进步的机会，因而学生能更有目的地进行学习（Harris，1997）。Oscarson（1989）更详细地列举了自我评估的各种好处，如促进学习、提高学生的自我意识程度、使学生更了解自己学习的目的、减轻老师的负担、有利于学生课后的自我学习等。因此，中外教师在教学中都应该把培养学生的自我评估能力作为教学重点之一，让学生自己意识到自己的变化，自己的进步，教师和学习者都将受益匪浅。

3）无论是中国教师还是外籍教师在中介作用的很多方面看法和实践上都有显著差异，也就是说，中外教师在具体课堂中的实践水平因为各种原因不及他们的意识水平，课堂实践情况不理想。

根据本研究调查所反映出的问题及以上分析，我们提出以下建议。

首先，针对中外教师共同的存在的在理论上赞同教师的中介作用，实践上却不太清楚如何去体现的问题，需要对教师进行与教学实践相关的教学理论指导，对教师进一步进行教学法方面的培训，让教师能合理地组织课堂教学，设计各种有效、生动的课堂活动，让学生积极参与到课堂教学中去；同时，各位教师自身在平时教学中也应该认真反思自己的课堂教学，作一个反思者，认真学习各种教学理论，不断总结经验教训，认真扮演好自己的课堂中的中介者角色，提高自己的教学水平；另外，各位教师可以常常组织教师间和与学生间的交流会，让学生畅所欲言，从学生那里听取意见，改进自己的教学；中外教师也可以一起交流经验，谈谈平时上课中存在的问题，一起讨论解决。

其次，在以学生为中心的英语课堂教学中，教师角色很重要，但是学生的配合也显得尤为重要。因此在学校教育中，不仅要教会学生怎样学习、掌握自己的学习过程，提高他们的语言水平，还要教会学生怎样做人，提高学生的个人素质，这样才会使教学效果更加明显。

最后，对于教师在访谈中提到的大班教学以及时间限制问题，一方面教师自身需要采用策略，有效利用有限的课堂时间来解决问题；另一方面各院校也可以针对具体情况尽力限制班级人数，多聘请一些教师来缓解这个大班教学和时间限制的问题。

24.5　结　　语

本章汇报的是一项以费尔斯坦（Feuerstein）的中介作用理论为依据，通过问卷和访谈的方式，对高校中外籍英语教师对教师课堂中介作用的看法以及他们在课堂教学中实施中介的情况进行的调查研究。费尔斯坦（Feuerstein）的中介作用理论并未给我们指明具体有效的实践方法，但它给我们提供了广阔的研究与发展空间。在世界许多国家进行的培养学生自主学习、终身学习能力的教育改革形势下，教师应如何调整传统教学模式下的课堂角色，做到授之以渔，是值得我们进一步研究的课题。我们希望本章对中介理论的实践与探索能引发更多业内人士在这一领域更为深入广泛的研究。

本次调查研究也不可避免地存在一些局限。首先，从调查范围上只涉及了湖北省部分高校的中外英语教师，所获数据不一定能全面反映我国大部分高校中外英语教师的情况。其次，对教师的访谈只涉及了 3 位中国教师和 3 位外籍教师，如果访谈对象更多，所反映出的问题也会更全面，更具代表性。最后，本研究没有从学生视角收集相关数据，而分析对学生问卷调查和访谈的结果将有助于更加全面地了解中外教师中介作用的实践情况，而且通过分析学生对教师的期望与实际情况之间的差异，可以帮助教师在今后的教学中更好地组织教学。

第25章 优秀高校英语教师专业成长叙事研究

25.1 引　　言

教师作为外语教育的重要因素，是影响外语教学改革成败的关键。因此，近年来教师的专业发展得到越来越多的关注，尤其是随着社会文化理论的发展，教师成长也被赋予越来越多的社会化特点。根据徐锦芬（2014）的研究，国内的教师发展研究与国外相比起步较晚，国内研究者从2005年开始对外语/二语教师专业素养和发展途径等深层次问题进行探究，2008年以后的相关研究越来越多，而且研究内容更加具体，许多研究者通过大规模实证研究探索了具有中国特色的外语教学环境对教师专业发展和教学实践的影响（周燕，2008；束定芳，2012等）。

目前的教师专业发展研究者关注教师的生活和工作环境，在研究教师知识时强调语境对教师专业知识和个人知识的影响。但大多研究主要从总体上考查教师知识，鲜有研究从教师个人实践知识视角探讨教师的专业成长。而教师的个人实践知识是教师专业成长的基础，包括互相依赖和辩证发展的教学理论与实践，是优秀英语教师专业成长的重要表现。因此，本研究旨在探索我国优秀高校英语教师个人实践知识构建的特点及其影响因素，以期对我国广大外语教师以及从事外语教师发展的研究者有所启示。

25.2 文 献 综 述

25.2.1 教师个人实践知识

率先对教师实践知识进行研究的艾尔巴茨（Elbaz）（1981）指出，教师以独特的方式拥有一种特别的知识。这种知识以特定的实践环境和社会环境为特征，是高度经验化和个人化的；是关于学生、课堂、学校、社会环境、所教学科等所有这些类型的知识，被每位教师整合成为个人价值观和信念，并以他的实际情景为取向（Elbaz，1983）。基于艾尔巴茨（Elbaz）（1981，1983）关于教师实践知识的研究，康奈利（Connelly）和科兰蒂宁（Clandinin）（1984）首次提出了"教师个人实践知识"的术语，他们将个人实践知识定义为对具体情境的叙述与解释。科兰蒂宁（Clandinin）（1985：362）进一步指出，"个人实践知识"中的"知识"是指那些有意识或无意识的信念，这些信念来自于教师个人的、社会的和传统的经验，并通过个人的行为表现出来。科兰蒂宁（Clandinin）和康奈利（Connelly）（1987）丰富了教师个人实践知识的概念，他们认为个人实践知识是以道德、情感和审美的方式了解生活的教育情形。这一观点强调了教师知识基于教师的个人生活和专业生活具有辩证性、情景化和动态性的特征，并通过教师讲述故事的方式体现出来。

根据外语教师的认知观点，哥伦贝克（Golombek）（1998）把个人实践知识分为 4 个方面来解释，即自我知识、学科内容知识、教学法知识和情境知识。这种分类和艾尔巴茨（Elbaz，1981）的分类非常相近。陈向明（2009）及其所在的课题组根据在北京大学教育学院进行的教师实践研究，提出了更完整的分类，认为外语教师个人实践知识应包含 6 个方面：教育信念、自我知识、人际知识、情境知识、策略知识和批判反思知识。考虑到陈向明的分类比哥伦贝克（Golombek）（1998）的分类更加全面而且更加符合我国情形，因此本研究采取陈向明的分类标准。

25.2.2　叙事研究

叙事研究是以自己或他人的故事作为研究内容和对象，以讲述、倾听并反思这类故事作为主要研究形式的一种质的研究范式。由于外语教师的个人实践知识的实证本质和人们经历的叙事特点，教师个人实践知识在本质上是叙事的。根据奥尔森（Olson）（1995），教师通过他们讲述的故事重构他们的经历，了解他们行为的结果，并对他们在课堂中的行为负责。科兰蒂宁（Clandinin）和康奈利（Connelly）（1986）也指出，教师通过讲述故事和在实践中不断构建的方式构建他们的知识。由此可见，叙事研究是调查教师个人实践知识和经历的比较理想的方法。因此本研究采用叙事研究法来探索优秀高校英语教师的专业成长历程，希望本研究方法能为其他研究者研究教师专业发展提供新的视角。

25.3 研 究 方 法

25.3.1 研究问题

1）优秀高校英语教师个人实践知识的构建呈现什么特点？

2）优秀教师个人实践知识的构建受到哪些因素的影响？

25.3.2 研究对象

本研究选取的优秀教师主要依据两个指标：有良好的教学记录（依据学生对老师的评教成绩）；获得过校级以上教学质量一等奖。为了对教师的实践知识进行个案分析，本研究选取不同年龄阶短的优秀教师。考虑到老师的职称、年龄和性别，本研究最终决定选择 3 名教师，见表 25-1。

表 25-1　教师基本信息

教师	性别	年龄	教龄	教育水平	职称
教师 A	女	50	27	博士	教授
教师 B	女	42	14	博士	副教授
教师 C	男	31	6	硕士	讲师

25.3.3 数据收集和分析

研究教师的个人实践知识必须从研究教师的实践开始，在一段时间内对教师的实践进行观察并加以解释（Clandinin，1985：363），因此本研究数据主要来源于问卷调查、深度访谈和课堂观察。

（1）问卷调查

调查问卷是在顾佩娅（2008）的基础上进行了一定的修改，由两部分组成。第一部分是教师的基本信息，包括年龄、性别、教龄、职位、学历、毕业学校、参加专业发展项目的经历、获得的荣誉和发表文章情况。第二部分关于教师的整体教学和学习经验，包括描述他们作为英语老师的生活经历和选择的学习方法。

（2）课堂观察

为了更好地了解三位优秀教师的教学策略，感受课堂学习氛围，作者对每一位老师的课堂进行了 3 次非参与的课堂观察。第一次在学期初，第二次在学期中，第三次在学期末。在课堂观察过程中进行现场记录，增加对案例的理解。

（3）深度访谈

回顾专业成长的过程是探索教师内在想法的重要方法，因此我们对每位老师分别进行了 4 次深度访谈，前 2 次访谈在假期进行，第 1 次访谈更加关注参与者的背景和教学环境，第 2 次强调教学实践。第 3 次访谈根据课堂观察内容讨论课堂教学。最后一次强调专业成长历程。访谈用汉语进行，并录音以方便转写，每次访谈大约 30～40 分钟，内容围绕参与者的学习经历、教学实践，社会文化背景，教育理念等。

完成数据收集和访谈转写后，为了讲述参与者的故事，形成个案数据，作者重复回顾三位老师的故事和相关的背景数据，逐渐意识到三位老师的个人实践知识，出色的方面，然后通过跨个案研究找出优秀教师个人实践知识构建的共性以及相关的对优秀高校英语教师个人实践知识产生影响的因素。

25.4　结果与讨论

25.4.1　三位教师的故事

（1）A 老师的故事

A 老师生于 20 世纪 60 年代，因为受到孩童时期父母严格要求的影响，A 老师一直严格要求自己。高中时代受到一名无私、关爱学生的老师的影响，A 老师认为教师是一项高贵神圣的工作，所以想以后也成为一名像她老师那样的老师。于是，在填报高考志愿时，尽管有其他选择，但她却选择了师范院校。考虑到英语是自己的强项，而且很喜欢英语，所以选择了英语专业。大学阶段，A老师坚持认真学习，具备了扎实的语言基本功和相关教学理论知识。

从成为一名教师开始，A老师认真准备每一节课，所以她的课堂深受学生欢迎，在工作第一学期就得到校级优秀教师的称号，这对她以后的教学生涯产生了重要影响。在A老师看来，外语课堂教学的主要目的是培养学生学习英语的信心和兴趣，每当看到学生在她的引导下变得越来越自信、兴趣越来越浓厚，她就有一份满足感。A老师始终认为教育不仅仅是传输知识，更是育人，如果一个人很聪明，但用他的聪明做错事，再聪明也没用。如今，她已成为别人的学习典范。

在和A老师交谈过程中，给人留下印象最深刻的是她强烈的责任心，以及她一切为了学生的教学理念。在课堂中，A充满激情，节奏感强，总是面带微笑鼓励学生参与各种讨论，看起来就像是一位充满爱和力量的妈妈。

A老师喜欢反思自己的教学实践。最初，A老师每次上完课都会思考那节课是否达到了想要的结果，并分析原因。同时，A老师保持写教学日记的习惯，但那个时期只停留在对自己经历的反思，没有理论层面的内容。随着教龄的增加，A老师的反思内容更加深入、宽泛。A还充分利用课余时间阅读各类和教学相关的专业文献以提升自己的专业素质。

除了自我反思之外，A老师也喜欢和学生交流，了解他们的学习动机、学习需求、对老师教学的反馈等。她还喜欢和同事交流，借鉴别人的教学经验，而且非常珍惜每次学术会议和专业培训的机会。正如A老师所言，自我发展很重要，她希望利用每一次对自我发展有利的机会来提高自己。她越来越强烈地意识到自我发展是一项终身发展过程。

（2）B老师的故事

B老师出生于20世纪70年代，从小学3年级开始学习英语。从一开始她就很喜欢英语，成绩一直都很好，甚至在高考时取得了区里英语第二的好成绩。因为热爱英语，B老师希望以后能从事和英语相关的工作。在填报志愿时，B老师选择当地的一所师范院校。尽管做老师不是B老师的唯一选择，考虑到自己安静的性格和父母的期望，大学毕业后她选择做一名老师。工作两年后，她发现教师这个职业非常适合自己，慢慢的喜欢上教师这个职业，有时甚至鼓励自己的学生去做一名老师。

与 B 老师的交谈给我印象最深的就是她的纪律意识。她总是面带微笑，非常和蔼，很有气场，这就是她的迷人之处。她的课堂秩序很好，她坚持纪律使学生形成一种自律意识。在 B 老师看来，控制课堂是成为一名好老师的基础，在开始教学时，她就注意课堂秩序，不管她的学生是谁，什么样的课堂，她总能一直保持好的纪律。正如 B 老师所讲，在美国学习 1 年的经历也教给她坚持原则的重要性。随着教学实践的增多，B 老师渐渐意识到，为了取得理想的教学效果，学生的自律也很重要。

多年的教学实践让 B 老师意识到，教学不仅仅是传授知识，更重要的是以英语为媒介向学生传递生活、工作或其他知识。B 老师经常与学生分享生活经历，不管是成功的还是失败的，因为她认为老师的角色不仅是一位传递知识的人，更应该是一名向导、朋友或合作伙伴。

刚参加工作时，B 老师经常去优秀教师课堂听课以提高自己的教学技能，也经常在网站上看公开课，汲取有用的东西。随着和 B 老师渐渐熟悉，我们发现她有强烈的求知欲，希望丰富自己各方面的知识，例如法律、政治、计算机等，最后选择有效途径把自己所学的知识传递给学生。她坚持这种教学风格是因为她认为英语教学应充满乐趣，所以学生不应该只是为了学英语而去学英语，应该把英语和其他知识联系起来，只有这样才能不断激发学生对英语学习的兴趣。另外，B 老师从一开始就注重反思，还通过课堂录音和收集学生的反馈等方式了解分析自己的教学效果。正是这种求知欲和反思提高了 B 老师的教学实践。

除了沉浸于教学和其他领域知识外，B 老师还花大量精力进行科研。在她看来，科研和教学一样重要，二者密不可分，而且可以给她带来不同程度的满足感。总之，B 老师在追求自我发展的道路上不断摸索前进。

（3）C 老师的故事

C 老师生于 20 世纪 80 年代，不管是在课堂中还是在交流过程中，C 老师一直都表现出很好的脾气。在课堂上，C 老师独特的幽默感不时给学生带来笑声，在这样一种轻松的课堂环境中，C 老师就像是一位老朋友，和学生交流讨论，没有距离感，有时候还能说出来一些潮流词汇。

通过观察 C 老师的课堂和与他交流，我们发现他对课堂纪律没什么特殊要求，因为在他心里，兴趣就是最好的老师。此外，他认为学生已经是成年人了，应该对自己的行为负责，老师需要做的就是激发学生兴趣，为他们提供必要的资源，给他们有用的建议和指导。

由于对英语的喜爱，C 老师本科毕业后去某城市的一所外语学校工作。他亲眼目睹了这所学校从一无所有到学员超过 1000 万。在工作的 4 年里，他的英语能力和教学技能都得到了极大提高，但因为对商业化作风不感兴越，C 最终决定辞职而选择继续读硕士。

考虑到年龄和经历因素，C 老师决定继续读英语专业。C 老师并没有想到他会变成一名英语老师，因为他没有对未来做出详细的规划。他说："如果我们能做好当前的事，机会自然就来了，有很多事是我们无法控制的"。正是这种顺其自然的心态和尽力做好自己工作的责任心，C 有机会最终成为重点大学的英语老师。

C 老师的工作时间虽然不长，但他出色的教学成果已得到广泛认可，还得了几次省级教学大赛大奖，这些和他的英语能力以及之前的工作经历密不可分。在交流中，C 老师说培训学校和正规大学的教学风格和教学目的有所不同。但不难发现，之前的职业经历对他以后的专业发展有重要影响。他说，在高度功利性的培训机构中，师生关系就像商人与顾客的关系，教学过程就像是出售商品的过程，老师如果想把自己的商品卖出去，同时吸引更多的顾客，他就需要清楚顾客的需求，同时要尽力提高自己商品的质量。不管是在备课，还是在课堂教学过程中，C 老师经常考虑学生的需求，根据顾客需要提供最好的商品，他不仅注意传递有效知识，还注意传递方式。

在角色定位方面，C 老师坚持认为老师最重要的作用就是激起学生兴趣，这种思想和 C 老师过去的教学经历非常接近。他经常在微博中与学生互动，就像朋友一样，互相关心对方，有时还会开玩笑。C 老师还经常向学生介绍一些英语学习和找工作方面的信息。

25.4.2　三位教师个人实践知识构建的特点

尽管三位教师年龄不同，专业成长经历也有所不同，但通过反复研读对他们访谈的转写文本以及课堂观察的记录整理，我们还是可以归纳出他们个人实践知识构建中体现出的共性，即实践性、反思性、互动性、自主性特征。

1）实践性。实践性是教师个人知识中最重要的特征，通过教学实践中不断提出—应用—反馈—调整而形成个人实践知识，使教学行为更加符合实际需求，促进专业发展。在访谈中，A 老师说："我年轻时就非常注重"以学生为中心"这一理念，我始终认为教师是外因，若不以学生为中心，外因是不能通过内因起作用的。如果学生不配合或者没有学习动机，外因再怎么起作用都没有用。"在平时教学中，A 老师也严格贯彻以学生为中心的理念，从教材入手，分析教材的难易度；还要研究教学大纲，教学目标等。再如 B 老师所说："我认为教学或专业成长是逐渐积累经验的过程，如挫折和失败，通过持续的反思和总结，别人的经验不一定都适合我。最好从我自己的失败中吸取教训。"随着教学实践经历的增多，B 老师的教学方法也在逐渐发生变化，更加注重和学生的沟通交流。C 老师结合他在培训机构的工作经历，在教学过程中努力创造一种轻松的课堂环境，和学生交流谈论，消除师生之间的距离感。三位教师在不断的教学实践中摸索形成了不同的教学风格。

2）反思性。三位老师在专业发展过程中都表现出强烈的反思能力。通过反思教学过程和自己的教学实践，不断总结对教学的看法和建议，提高教学能力。其中 A 的自我反思表现最为明显，正如 A 所言："我经常自我反思。我花很大精力做研究，因为做研究促使我进行更深刻的反思，而反思又让我产生更好的研究思路，这两者互相促进。……教学和做研究紧密相关。我经常记录教学过程中的要点和难点，然后用理论进行讨论，反思。我完成了许多与教学相关的研究。"随着教学实践的增加，A 反思的层次也从课堂效果、教授内容上升到理论层面，思考相关的教学理念是否能适应中国学生，能否促进学生学习能力提高等。B 老师也非常注重反思的重要性，不仅通过分析录音以提高她的教学效果，还总结学生对她的教学的看法和建议。C 可能还比较年轻，反思并不像 A 和 B 那么明显，主要通过课后阅读相关文献，对比自己的实际教学进行反思，有时通过和学生互动反思自己需要提高和改进的方面。通过不断反思，三位优秀教师的个人实践知识变得更加成熟。

3）互动性。三位老师虽然有不同的教学理念和认知，但他们都很注重互动，尤其是与学生的互动，创造一种轻松、愉快的学习环境。A 老师上课时喜欢站在学生中间，和学生一起谈论问题，课下也会和学生沟通，正如她所说，她不仅是学生的学习顾问，也是生活、思想等任何方面的顾问。B 老师还利用邮件和聊天室和学生互动。培训机构的工作经历也对 C 老师的教学理念和处理师生关系产生了重要影响，在他心里，教育的第一个目的是激发学生的兴趣，第二个目的是以一种有效的方式传递知识，这与他在培训班的教育理念一致。在师生关系方面，他从来没有忘记学生的需求。除此之外，因为 C 老师比较年轻，他和学生之间似乎没有代沟，他经常在微博上和学生互动。

4）自主性。三位教师的专业成长经历显示，他们都拥有强烈的自主学习知识的愿望，充分利用所有可用资源获取新知识来提升自我。如 A 老师说："老师自身的学习非常重要，不管工作多忙，我都会挤时间尤其是利用节假日来看书提高自己的业务素质，也会参加适合自己的培训课程。"C 老师说："我坚持利用业余时间进行自学来提高自己的语言能力和教学技能。"B 老师到优秀教师课堂听课、在网站上看公开课，以及看各类书籍以拓展自己的知识面等行为都是自发的。由此可见，自主性也是优秀教师个人实践知识构建中的一个重要特征。

由于三位教师不同的专业成长过程和教学经历，他们在个人实践知识构建中也呈现出不同的特征。如 A 老师强烈的责任心是她专业成长中重要的激发因素。坚持以学生为中心以及一切为了学生的教学理念得到了学生的尊敬和爱戴。B 老师在教学中更加关注课堂纪律性，认为控制课堂是成为一名好老师的基础，使学生形成这种自律意识，不管何时，都必须严格要求自己。C 老师最大的特点是追求一种和谐的课堂氛围，充分尊重学生的意愿。他受到培训机构教育理念的影响，非常注重教育的实用性，甚至可以容忍学生的缺席等。

25.4.3　优秀教师个人实践知识构建的影响因素

三位教师的叙事表明他们个人实践知识的构建受到各自独特的个人因素和社会语境因素的影响。个人因素主要包括教师自身的性格特征、学生时代的学习经历、学习风格等，工作以后对自己教学实践的反思、教学经验的积累，以及对经验的解读和对学生的理解在构建过程中也起了重要作用。如 A 老师和 B 老师都说，选择当老师是因为自己安静的性格，选择英语专业是因为对英语感兴趣。C 老师强调他的教学理念和个人知识受到自己作为学生时的学习风格和学习态度的影响最明显。B 老师在美国的学习经历对她的教学信仰和教学风格产生了很大影响，B 老师这样说道："我在美国学习过一年，发现他们的课堂纪律并不像我之前想象的那样松散：学生可以在教室里吃东西，互相聊天或乱坐座位。实际上美国学生的课堂秩序都很好……为了完成阅读任务，我每次都感到很累。有时候甚至读到凌晨两点……这些改变了我对美国课堂的看法……所以秩序很重要。"B 老师积累的教学经验让她的教学理念变得越来越清晰，即英语应该依赖特定的学科，例如专业英语或学术用途英语。C 老师平时比较注重自己语言能力和教学技能的提高，这和他在培训学校工作的经历有关。

社会语境因素包括家庭因素、身边的榜样尤其是自己老师的榜样作用、教学环境，学术氛围和学校乃至国家整体大环境等。其中两位优秀教师都说，选择教师这个职业是因为受到父母建议的影响，A 老师还反复强调受到高中时一名优秀教师的影响。三位优秀教师都在重点大学任教，该校外语学院一方面注重课程教学团队建设，另一方面以研究中心为依托创造浓厚的学术氛围，每年有许多学术交流和教研活动，为个人实践知识的构建提供了便利条件。正如 A 老师所说，"不同课程之间的相互交流，一方面让我对大学英语课程的多样性有了更好的了解，另一方面，年轻老师思维活跃，对拓展我的教学思路很有帮助"。国家层面也要求教师把提高教学质量放在首位，每年都要举办各种形式的教学比赛，同时鼓励高校教师进行学术研究和教学创新，这些都是教师专业成长的保障。

值得一提的是，个人因素与社会语境因素交织在一起相互影响，教师个人实践知识的构建也在个人因素与社会语境因素的互动中不断变化发展。

25.5　结　　语

本章用叙事方法从个人实践知识视角出发，探索三位优秀高校英语教师的专业成长。尽管每个教师都是不同的个体，其个人实践知识的构建方式因年龄、经历等方面的不同也会有所不同，但本章试图寻找这三位优秀教师在个人实践知识构建中的共性，结果发现，他们的个人实践知识构建都呈现出实践性、反思性、互动性和自主性特征；个人实践知识的构建同时受到个人因素与社会语境因素的影响。

本章研究也存在一些不足：首先，由于篇幅所限，无法向读者呈现三位教师生活故事的细节；其次，三次课堂观察收集的数据很有限，不能全面呈现优秀教师的课堂教学实践方式及其动态变化过程；第三，本章未涉及学生在教师个人实践知识构建中的作用，而学生的作用是不可忽视的。我们建议，如果条件允许，为了得到有关优秀教师的教学实践和课堂中的故事，未来有必要进行长期跟踪调查，而且要考虑学生在教师个人实践知识构建中的作用。

第 26 章　社会文化理论视角下的高校英语教师学习研究

26.1　引　　言

教师专业发展水平事关国家建设、教育改革成败以及人才培养质量。2018年，中共中央、国务院印发《关于全面深化新时代教师队伍建设改革的意见》，要求全面提高高等学校教师质量，建设一支高素质专业化创新型教师队伍。高素质教师队伍的发展离不开教师不断学习。然而，传统意义上的教师发展"重教轻学"，教师更多地被当作教育者，而非学习者。当今时代，构建学习型社会呼声高涨，终身学习已成为教师生存的基本方式。在此背景下，教师作为学习者这一身份受到研究者广泛关注，研究重点也从较被动的"教师教育"逐渐转向更为主动的"教师学习"。

国外教师学习研究兴起于 20 世纪 80 年代，大致可分为两种。一种是直接研究，即明确以教师学习为主题的研究，如教师学习策略（Richards，Farrell，2005）、教师学习对学生学习的影响（Vescio et al. ，2008）、教师学习动机（Appova，Arbaugh，2018）等。另一种为间接研究，即通过研究与教师学习相关要素间接对教师学习进行探索，如教师学习过程中教学认知的变化（Childs，2011）、教师学习中的身份建构（Tsui，2007）等。这些研究使教师学习成为西方教师发展研究中一个充满生机的领域。

国内相关研究起步较晚，但也有了一定进展。研究主要涉及教师学习现状与对策（李宝敏等，2018）、教师学习机制（毛齐明，2013）、教师个性化学习（孙钦美、郑新民，2015）以及教师学习共同体（颜奕等，2017）等方面，对推进教师发展的教师学习途径研究却少人问津。教师学习途径是教师为有效学习所采取的方法和手段，是提升教师学习成长力的重要保障。此外，为实现教师有效学习，还需要充分了解教师学习影响因素，以更好地促进有利因素，克服不利因素。而目前将教师学习途径和影响因素结合的实证研究很少，采用质化方法的研究更为有限。质化研究能深入细致地挖掘某一现象，对教师研究具有独特作用（徐锦芬等，2018）。因此，本研究拟采用质化多案例研究方法探索高校英语教师学习途径及影响因素。

26.2　文　献　综　述

26.2.1　"教师学习"概念

"教师学习"的定义目前尚未达成一致认识，研究者从不同理论视角对其进行了界定。20 世纪 80 年代受行为主义理论影响，教师学习被看作是刺激与反应之间的联结，是被动的知识消费过程。这种观点忽略了教师学习的主动性、复杂性和动态性。20 世纪 90 年代，随着建构主义理论的盛行，"教师学习"被界定为"教师以主动发现和探究的态度与过程，在拓展和提升原有知识和经验基础上获致丰富教育理想和知识、增进专业理解和技能，不断更新自我培育创造性生命力的成长过程"（赵明仁等，2011）。这一界定拓展了教师学习内涵，但忽视了学习的社会性。近年来，社会文化理论（sociocultural theory，SCT）逐渐影响着人们的学习观。这一理论强调教师学习的环境、主体性、参与互动性等，如贝克特（Beckett）和海格（Hager）（2000）认为，教师学习可理解为"在变化的环境中做出恰当判断的能力的成长，常常发生在许多工作场所独特的环境中"。张敏（2008）认为，"教师学习是指教师在自身努力或外部环境的影响下，其专业知识和能力的获得和生长变化"。巴肯（Bakkene）等（2010）将教师学习定义为"教师通过积极参与活动，从而导致知识、认知及教学实践改变的过程"。

从以上不同定义可以看出，教师学习是一个内涵丰富且具动态性的概念，国内外对其相关研究正在走向深入。

26.2.2　SCT 及其核心概念

SCT 源于苏联心理学家维果茨基（Vygotsky）提出的"文化历史理论"。

该理论现已逐渐深入到不同学科领域，影响日益扩大。目前，越来越多的学者意识到 SCT 对教师学习具有强大的解释力（Freeman，2016）。这一理论以超二元论的方式，将学习置于社会、文化、历史等复杂系统中，强调社会文化因素在人类高级心理机能发展中的核心作用，认为教师学习是与环境和他人不断互动的社会建构过程（Johnson，2009），推动了教师学习领域从实证主义研究范式向解释主义研究范式的转变，为教师学习研究提供了新的理论基础和发展契机。本章主要选取该理论的内化和中介、最近发展区和支架以及能动性五个核心理念进行探讨，这些核心概念有助于我们深入探讨教师如何有效学习，更好地认识教师学习与各影响因素之间的动态互动关系。

内化是人类高级心理机能形成的关键要素。维果茨基（Vygotsky）（1978）认为，认知发展过程是从外部人际间转化为个体内部心理的知识转化过程，这一转化过程通过中介进行调节。约翰逊（Johnson）（2009：18）指出，人们采用文化制品和活动、概念和社会关系三种中介工具来调节活动。文化制品和活动同时体现了目标导向活动的物质性和概念性。它们既是活动的具体体现，也是活动的组成部分（Lantolf，Thorne，2006）。维果茨基（Vygotsky）（1963）将概念分为日常概念和科学概念。日常概念是个人对日常经验的感受、理解和概括，主要由先前的实践经历和感官观察获得，具有表面、不完整等特征，有时甚至与科学概念相矛盾（Beijaard et al.，2004）。而科学概念是对特定领域进行系统探究获得的理论知识，具有全面、系统、概括性等特征。此外，学习并非孤立的个人行为，而是一种社会活动，社会关系为教师学习提供丰富的人际资源。

"最近发展区"（zone of proximal development，ZPD）和"支架"（scaffolding）的提出进一步强调了中介的重要作用。ZPD 指实际发展水平和潜在发展水平之间的距离（Vygotsky，1978），表明了个人独立解决问题的能力与在他人帮助下所能完成任务的能力之间的差异。个体在抵达潜在发展区过程中所获得的来自他人及其他中介的帮助即为"支架"。ZPD 和支架搭建了目前发展状态和潜在发展状态之间的动态发展路径，能够用来观察和理解中介方式如何被"借用"（appropriate）和"内化"（Lantolf，2000）。具体到教师学习中，则意味着教师与他人互动，通过他人支架来促进最近发展区向前推移。

能动性指主体在追求自身目标时选择、控制及自我调节的能力（Duff，2012），是 SCT 的另一个重要概念。根据瓦锡纳（Valsiner）和范德韦尔（van der Veer）（2000）的观点，高级认知的发展并不是简单的经验代替，而是一个自我和活动转化的对话过程。这表明能动性在教师学习内容的选择、学习过程中如何形成新的理解以及新的活动参与方式中起着重要作用。

基于对 SCT 的理解，结合不同概念的比较，本研究将教师学习定义为：教师发挥主观能动性，利用各种中介，与社会环境和他人进行互动，旨在更新专业知能，促进自身可持续发展的动态发展过程，既包括教师的正式学习，也包括非正式场所的教师日常学习。

26.3　研　究　方　法

26.3.1　研究问题

1）高校英语教师通过哪些途径进行学习？

2）影响高校英语教师学习的主要因素有哪些？

26.3.2　研究对象

本研究依据目的性抽样原则，以 10 位来自不同高校的英语教师作为研究对象（见表 26-1）。选择这些教师出于两方面考虑。首先，他们在性别、职称、学历、教龄、教学部门、学校类型等方面存在差异，能较好地确保数据丰富性和多样性。此外，研究者与他们关系密切，能获取其信任，顺利走进他们的内心世界，使其为研究提供更为真实的信息及"最大信息量"（陈向明，2000：93）。

表 26-1　参与访谈教师基本信息

教师	性别	职称	学历	教龄	教学部门	学校类型
T1	男	助教	硕士	2	大外	省属普通高校（综合）
T2	女	助教	硕士	2	大外	独立学院（综合）
T3	男	讲师	硕士	4	大外	独立学院（综合）
T4	女	讲师	硕士	6	英专	部属"双一流"学科建设高校（师范）

续表

教师	性别	职称	学历	教龄	教学部门	学校类型
T5	女	讲师	硕士	9	大外	省属普通高校（理工）
T6	女	副教授	博士	10	大外/英专	部属"双一流"学科建设高校（综合）
T7	男	副教授	硕士	12	英专	省属普通高校（综合）
T8	女	讲师	在读博士	13	大外	省属重点高校（理工）
T9	男	教授	博士	18	大外/英专	省属重点高校（理工）
T10	女	教授	在读博士	20	英专	省部共建重点高校（综合）

26.3.3　数据收集与分析

数据主要来自对 10 位教师的半结构性访谈。访谈主要围绕教师的学习及工作经历、教师学习策略和影响因素的自我感知、反思等主题进行，鼓励教师讲述并阐释与其学习相关的关键事件。每位教师接受访谈时长 1 到 2 小时不等。征得同意后对访谈进行录音，并做现场笔记。录音转写后的内容由教师进一步确认。此外，研究者还收集了教师发表的学术论文、微博、反思日记、学生反馈材料等素材，对访谈数据进行补充和三角验证。

数据分析依据不断比较法进行（Glaser，Strauss，1967）。首先仔细阅读访谈转录及其他案例素材，进行初步编码。然后基于本章研究目的对案例内编码材料进行内容和主题聚类提炼，逐渐辨认出个案教师学习途径和影响因素。之后，研究者不断进行跨案例比较分析，找出共同模式，归纳和阐述 10 位教师的学习途径及影响因素。最后在将研究发现与现有文献和相关理论比较讨论基础上，构建高校英语教师学习框架。

我们对数据分别进行编码，数据分析吻合度达到 92%，对有分歧的地方，通过讨论和适当调整，最终达成分类一致。

26.4　研　究　结　果

26.4.1　教师学习途径

资料分析显示，教师主要通过文化制品和活动、科学概念以及社会关系为中介进行学习。这与约翰逊（Johnson）（2009）的中介工具分类较为一致。

（1）文化制品和活动中介

教师学习借助的文化制品包括网络、移动终端、学术期刊、书籍等。文化活动主要包括会议学习以及教学反思。

10 位教师都谈到了自己的网络和移动在线学习，比如，"网络上拥有大量的学习资源，我会根据自己的兴趣在 Coursera、网易中国大学等开放在线课程上进行学习，足不出户就能享受国内外顶尖资源"（T6）。"微信公众号如外研社 Unipus 会推送很多教科研文章和视频，我能从中了解教学新理念及新技术的发展"（T4）。"互联网＋"时代的到来拓展了教师学习方式，满足了教师个性化学习需求，以网络和移动为中介的学习越来越成为教师学习的主导途径。

除了网络及移动学习，8 位教师还提到借助期刊和书籍进行学习。如，"会阅读外语类核心期刊以及与教学相关的书，拓宽我的思维"（T2）。"拍脑袋是写不出论文的，一定要查阅大量书籍和期刊，多看文献"（T10）。

此外，6 位教师认为参加会议培训和交流活动是知识更新的重要途径。如 T5 参加了几次教学会议，"专家学者对教改、教师发展、教学技术等方面进行指导和培训，让我了解到了先进的教学方法和学科前沿"。T3 谈到自己研究方法的提升得益于一次学术会议交流，"会上宣读论文后，专家给我指出，大数据时代，需要提升研究方法意识，建议我学习一些可视化图谱等统计方法"。

教学反思活动也是学习的有效途径。T7 在反思日记中提到"我会主动记录并思考自己的课堂组织形式、师生互动等方面是否达到了满意效果，存在哪些不足，然后积极改进。反思加深了我对教学的认识，也为科研积累了宝贵素材"。面对作文评阅任务重、效率低等诸多问题，T9 刚开始不知所措，"不断反思后发觉每位教师面临不同的学生和教学情境，他人的具体经验和教学方法不一定能直接套用，于是对自己的 2 个平行班展开了长达一年的实验，探讨在线自动批改系统能否有效提高学生的英语写作能力及其自主写作意识，并在此基础上进行了论文撰写和课题申报。"可见，教师通过发挥能动性，对自己的教学进行反思、选择、实验来内化知识，提升自己的理解能力及教学智慧。

（2）科学概念中介

6 位教师提到借助科学概念指导教学实践。如 T6 将互动理论应用于课堂教学，有效改变了学生被动、沉默甚至逃课的现象。T9 认为，攻读博士学位期间的理论学习对自己的课堂教学有很大指导作用。"攻读博士前自己的教学多半依赖于直觉和经验，很少与理论知识结合，知其然而不知其所以然，但现在我会通过理论来思考自己的教和学生的学，进一步了解和改进之前很多的教学认知和行为"。还有教师运用科学概念进行教学研究，如 T10 将语料库理论知识融入自己的教学研究，建立了 6 年来所教学生的英语作文语料库，对学生的写作质量进行了研究，这些研究成果进而又推进其有效写作教学。由此可见，教师通过科学概念的学习，对自己的日常概念进行重建、调整和转化，再通过教学实践检验理论，最终实现概念性知识的借用和内化。

（3）社会关系中介

教师以各种社会关系为中介促进自身发展，其中同事、专家和学生是主要社会关系。

8 位教师谈到了同事对自己教学上的帮助，尤其是参与教学团队有利于教师将新知识内化整合到教学实践中。T4 最为典型，多次提到"通过团队成员集体备课、资源共享、课程商讨等，收获了不少同行的教学经验。利用这些经验，我对原有授课模式不断进行改进，达到了较好的教学效果"。这种教师学习共同体对外语教师发展的促进作用已得到不少研究者认同（郭燕等 2015）。

专家-教师关系是教师借以学习的又一主要社会关系。如 T1 认为不可闭门造车，要"多参加一些专家的学术报告，开阔视野，专家报告在短时间内传递大量信息，若要自己看文章得花很长时间"。T5 所在的学院开设了学术论坛，定期邀请专家来讲学。她每次都主动参加，受益匪浅。

学生也是教师学习的重要关系中介。如"我会随时根据学生的需求和反馈了解自身不足，督促自己学习"（T7）。"学生的需求总在变化，教师的能力需不断跟进"（T3）。T8 也谈到"学生思维敏捷、发散性强，常常给我很多意外的启发"。这些印证了王俊菊、朱耀云（2008）的研究结果，即师生关系情境下，教师学习可概括为"为学生而学、因学生而学、向学生学习"三种类型。

26.4.2 教师学习影响因素

对资料深入分析和归纳后得出，教师学习影响因素为个人、人际以及宏观社会环境。

(1) 个人因素

个人因素主要包括教师人格特质、个人兴趣、目标设定及学习经历。人格特质发挥着促进和阻碍教师学习的双重角色。多数教师提到积极的人格特质推动他们追求发展、不断学习。T1 和 T10 多次提到"上进"的性格指引他们不断学习以"挑战不同的自己"。T2 在教学中一直主动寻求学习机会,"遇到不会的一定主动请教他人"。T4 与 T8 尽职尽责的人格特质让她们精心投入每一节课。T9 也强调自己的责任心,"三尺讲台虽小,教书育人责任重大!教师知识储备不够,如何去教学生"。学生对 T6 的评价中也提到了责任心:"上课非常用心,备课认真,是位非常负责的好老师"。T7 从小就勤奋努力的特质对他现在的学习产生了积极影响。他在申报课题时,阅读了大量文献,达到废寝忘食的地步。"上进""主动""尽责""勤奋"的品格激发了教师能动性的发挥,成为学习的驱动力。也有教师提到不够积极的人格特质阻碍了自身发展。比如,T3 认为自己"被动,过于安于现状";T5 则认为"脸皮薄"一定程度上限制了自己与他人互动的学习机会。

对所学专业和所从事工作的兴趣也会推动教师学习。如 T4"对英语教学特别感兴趣,不断学习各种语言和教学知识让我感到很充实"。T2 在日志中也提及她走上科研之路的动力就是兴趣,"畅游在学术研究的海洋里是一种享受"。T10 在其微博上写到:"一天不看文献就不舒服"。兴趣是最好的老师,在他人看来辛苦的科研,因为有了兴趣,二位教师科研后劲十足。

目标设立是另一重要因素。T4 工作第一天就给自己设立了目标,"做一名自己和学生都认可的好老师",这一目标指引着她不断学习和进步。也有老师以评职称为学习目标,如 T6 认为当务之急是"多写论文,申请项目,争取明年能评上教授"。有的老师会设立短期目标,如 T9 提到暑假的目标是"一定要完成一篇论文。在图书馆泡了整整两个月,最后论文被一本 C 刊录用"。T1 提到自己"发展目标不明确,研究方向换来换去,浪费了不少时间,觉得没有了动力"。

此外,学习经历也会影响教师现在的学习。T2 提到,刚入职时,对于自己如何教，学生如何学没有一个清晰概念，主要按照自己以前受教育的方式进行教学。这种"学徒式观察"（Borg，2004）经历深刻影响了他目前的学习信念。T7 从过去成功申报课题的经验中获得了更多的学习动力，目前他在教学中"挖掘出了更多的研究课题，为今后国家级课题申报打好基础"，形成了职业发展的良性循环。由此可见，教师当前的学习不仅受过去经历的影响，还会影响教师未来的发展轨迹。

（2）人际因素

人际因素指教师身边的重要他者，如工作圈的领导、同事和学生，学业圈的导师和同学以及生活圈的家人。这些重要他人发挥着促进和阻碍教师学习的双重角色。T4 在准备教学比赛时，"同事提了很多可改进的地方，台上的姿势、ppt 重点是否突出、设计衔接手段是否连贯、语速是否恰当等，这些是我之前没想到的"。T5 提及同事带来的压力，"周围的人读博士了，或是申报课题了，发文章了，自己就会有压力，得赶紧学习"。学生的评价让 T7 意识到"自己还有很大提升空间，需加倍努力学习"。学业圈中导师通过榜样引领和专业指导为教师学习提供支架。如导师的人格魅力强化了 T10 的科研激情，"导师这种身体力行走在科研道路上，兢兢业业，勤勤恳恳深深地影响了我，对科研有了崇敬感"。导师的指导让 T9 的学习探索更顺畅，"在 C 刊和 SSCI 上发表的论文离不开导师严格的学术训练和指导"。而师兄师姐和同学积极投入学习也影响着 T8。此外，生活圈的家人也影响着教师学习。如 T9 的博士学习得到父母、妻子的支持。而 T6 博士学习价值曾被家人质疑，学习未能得到家人的积极支持一度影响了她的学习自信。

（3）宏观社会环境因素

宏观社会环境因素指的是学校或学院文化、学术条件和外语学科地位。10位教师都提到学校文化对其学习的影响。单位积极文化是教师学习的催化剂，如 T1 提到了学院的传帮带传统，优秀老前辈指导年轻教师备课，带领年轻教师申报课题使他收获颇丰。T5 提到"领导对教师教科研的重视以及对教学改革的投入使教师意识到应在教学和科研上有所追求"。也有教师谈到消极的学校文化，如 T4 所在单位"在学校政策制定、教材选择以及课程大纲的制定上，教师缺乏一定的话语权"。教师在科研合作中也会遇到障碍，"一些利益冲突造就了部分教师间恶性竞争，他们选择单打独斗，不愿合作"（T6）。另外，"图书馆的外语类图书期刊太少，一些重要的国外数据库也未购买，不利于了解国外最新科研动态"（T3）。学校提供的国外进修机会很少，"我也想亲身体验一下国外文化，但到目的语国家进行学习的机会凤毛麟角"（T9）。

教师学习还受到学术条件和外语学科地位的影响。学术条件主要包括论文发表及科研评定考核。核心学术期刊存在数量少、审稿长、难发表、对质性研究排斥等问题。如 T1 提到"外语 C 刊屈指可数，大家都挤独木桥，太难！""投出去的质性论义都被国内期刊拒了，我改成英文后成功被国外期刊录用"（T6）。多数教师认为科研评价体系一定程度上推动了他们外部学习动机。比如，T10 反复提到科研"同工资、年终奖、职称都挂钩，不敢懈怠"。然而，这种被动式、以职称评定为导向的科研从长远来看并不利于提升教师学习效果，甚至有可能导致学术腐败。另外，外语学科目前处于边缘化地位。T8 的微博上指出"和理工科相比，外语博士不多，且项目经费太少。外语课时已大幅度削减，部分领导甚至主张将大学外外语课程整体取消。外语教师应该更加努力进步，学会变通和创新，勇往直前"。综上可见，社会环境因素推动或制约了教师借助文化制品和活动、科学概念以及社会关系进行有效学习的机会。

26.5 讨   论

本章研究通过质化多案例法探析了 10 位来自不同高校的英语教师学习途径及影响因素。研究显示，教师主要以网络、移动终端、学术期刊、书籍、会议、教学反思、科学概念、同事、专家和学生等社会文化资源为中介进行正式和非正式学习。这些中介可归类为文化制品和活动、科学概念以及社会关系。教师在教学中不断通过使用这些中介进行反思和探索，逐渐从他人和客体调节过渡到自我调节，从而内化外在知识，建构个人理论，提高教学技能，增进教学自主能力。这一结果支持了梅林克（Meirink）等（2007）及洛瓦斯（Louws）等（2017）关于教师学习主要途径的发现。但本章还发现了新的学习途径如科学概念学习，这凸显了理论学习的重要性。科学概念中介作用主要体现在帮助教师超越其日常经验及观察局限，使之能灵活自如地解决不同教学情境中的问题（Johnson）（2009）。鉴于科学概念在本研究中的重要作用，学校应为教师提供相关理论培训，帮助教师建构并更新学科课程知识、教育教学专业知识及通识教育知识等各种理论知识，并帮助其将各种理论内化并转化为实际教育行动。值得注意的是，本章研究对这些中介的讨论是分别进行的，但这些中介并非孤立，而是相互联系、互为交织的，如科学概念的学习既可来自文献（文化制品）或会议培训（活动），也可通过专家或同行指导（社会关系）。因此，教师学习是一个依靠不同中介交叉合力的复杂发展过程。

SCT 将个人学习置于社会文化环境中进行研究，这表明教师学习受社会文化环境的影响，同时也需考虑教师的个性化特征。本研究显示，教师个体层面的人格特质、兴趣爱好、目标设立在一定程度上能激发或阻碍教师在学习中的知识建构及思维过程。教师过去的学习经历影响教师目前及未来的学习轨迹，这一结果契合 SCT 主张的历时视角（Swain et al.，2015：xiii）。因此，教师需培养自己优良品质及学习兴趣，通过设置最近发展区内的职业发展目标，在复杂的学习环境下成为自我驱动的学习者。同时，不断积累积极的先前经验和知识，为未来可持续能力发展奠定坚实基础。在人际层面，教师周围的重要他人为教师学习提供了人际互动空间，通过提供人际支架，帮助教师从当前水平走向潜在水平。不少学者已认识到学校文化对教师学习的重要影响（Jurasaite-Harbison，Rex，2010）。本研究学校文化中的教师合作、学习氛围、领导支持、决策共享等很大程度上影响着教师的学习投入和发展动力。学校应尽力为教师创设支持性学习软环境和硬环境，为教师学习提供有利中介和支架。如学校应重视高校教师团队合作，促进学习共同体构建，加大教师培养力度及经费支持，扩大外语图书期刊资源的投资，为教师访学、国内外学术交流提供更多资源与便利。行政管理人员对高校教师赋权增能，给予教师更多的教学自主权和话语权，帮助提升教师身份认同、职业幸福感和满意度。学术条件和外语学科地位也为教师学习提供给养或制约。需指出的是，教师面对不利影响因素时会通过选择和补偿发挥其能动性，以推动自身学习和发展（陶丽等，2016）。如 T8 面临消极学校文化，选择自己要加倍努力，T6 论文被国内拒稿后，选择不气馁，最后成功在国外发表。针对目前学术条件不足和外语学科地位低等问题，教育主管部门应积极采取有效措施，大力创建多元化、个性化考核评价标准，给予外语学科更多重视，为教师终身学习创设平衡的教育生态系统。

最后，基于本章研究，我们构建了高校英语教师学习框架图（图 26-1）。

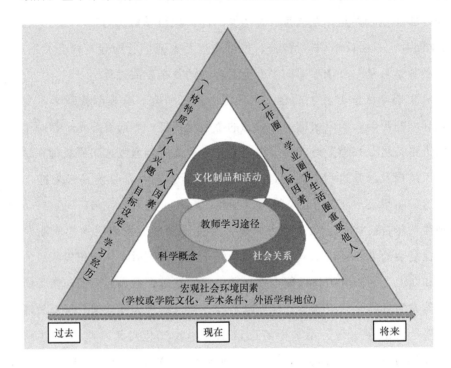

图 26-1　高校英语教师学习框架

该框架中间表示教师学习所采用的三种中介。环与环的交汇表示中介间相互关联，并未有严格界限，共同促进教师学习。三角形三边代表影响教师学习的个人、人际及宏观环境因素。框架最下方右指箭头表示教师学习在时间维度上的连续性，表明教师基于过去经验借助中介进行学习，而当前的学习过程和结果对其未来的可持续学习又会产生影响，是一个整合过去、现在、将来的动态复杂学习过程，体现了教师学习的生命路径。

26.6　结　　语

本章研究基于 SCT 视角，探究了 10 位高校英语教师的学习途径及影响因素。研究发现，教师以各种文化制品和活动、科学概念以及社会关系为中介进行学习，其学习受到个人、人际以及宏观社会环境的影响。本章研究侧重对教师学习共性的探讨，未来可进一步探究不同教龄、职称、性别、学历等教师的学习差异。另外，教师学习是一个复杂、动态、连续的过程，未来需要更多历时跟踪研究，检验和充实本章研究发现，以更好地推动具有中国特色的高校英语教师学习理论建构。总之，关于教师学习的研究相当匮乏，希望本章研究能为该领域的发展起到一定的推动作用，从而更好地促进我国高校英语教师的职业发展。

第 27 章　大学英语教师使用教材任务
的策略与动机研究

27.1　引　　言

在二语教学中，教材是课程资源的核心部分，是教师组织课堂教学活动的主要依据。因此，教材研究一直受到二语研究者的关注（Guerrettaz，Johnston，2013）。相关研究内容主要涉及三大方面：教材内容分析（如，Thompson，2013；张蓓等，2004）、教材开发及评价（Harwood，2010）和教材使用（郭燕等，2013）。研究者对前两个方面关注较多，而对教材使用的研究相对较少。有限的教材使用研究主要包括两方面内容。一方面调查教师对所用教材的观点和信念（林娟等，2015）；另一方面关注学习者和教师对教材的整体使用情况（Forman，2014；Miguel，2015）。这些研究让我们对教师使用二语教材的情况有所了解，但也存在着一些不足。首先，多数研究采用自我汇报式数据（如问卷及访谈），较少采用基于课堂实地考查的数据（如课堂观察）。其次，研究主要关注教师对教材的整体使用，鲜有研究针对教材某一部分的使用。任务是教材的重要组成部分，在任务型语言教学（Task-based Language Teaching，TBLT）这一理念推动下，研究者和教育者都越来越重视任务对语言教学的作用，二语教材中也逐渐融入了各种任务，但我们对"教师在日常教学中是如何使用教材任务的"却知之甚少。为了弥补这一缺憾，本研究拟从活动理论视角出发，聚焦"教材任务"，采用多种方式收集数据研究大学英语教师使用教材任务的策略、使用这些策略的动机以及影响动机的因素，为大学英语教材任务的编写和使用提供参考。

27.2　文　献　综　述

27.2.1　"任务"的定义及其相关研究

到目前为止，研究者对语言教学中"任务"的定义并未达成共识。例如，普拉布（Prabhu）（1987）认为，"任务"是要求学生用所给的信息通过思维过程得到某种结果的一种活动。努南（Nunan）（1989）认为，"任务"指的是课堂教学任务，它要求学生在用目标语理解、操纵、产出和交际时，聚焦意义，而不是语法形式。埃利斯（Ellis）（2003）指出，"任务"是要求学生实际加工语言的一个工作计划，其目的是为了得到一种结果，来评估那些正确或恰当的内容是否已被传达。上述这些定义虽各有不同，但都强调了任务的完成需要实际运用语言和聚焦意义。为了将"任务"与其他语言活动形式区分开来，埃利斯（Ellis）提出了定义任务的 4 个标准：①主要关注意义；②存在某种差距（gap）③学习者主要依赖自身的语言和非语言资源完成活动；④具有明确的语言使用之外的结果。本研究采用这 4 个标准来确定教材上的任务和教师实施的任务。需要说明的是，如果严格按照 Ellis 的标准，教材中的任务少之又少，因此在确定教材中的任务时我们不得不放宽标准，只要是关注意义的活动，我们就视为"任务"。

在交际语言教学中，一般通过两种方式来使用任务，即"任务支持型语言教学"（Task-Supported Language Teaching，TSLT）和任务型语言教学（Task-Based Language Teaching，TBLT）（Ellis，2003）。TSLT 是 TBLT 的弱化形式，指将传统教学方法（如 PPP）与任务使用结合起来，任务为语言形式提供交际性练习的机会；而 TBLT 中，任务是整个课程大纲的核心组成部分，所有的教学活动围绕任务来开展。虽然 TBLT 在语言教学实践中得到了广泛采用，但也面临着诸如概念层面、课堂层面和社会制度方面的多种挑战，因此有学者（如 Butler，2011）主张应该对 TBLT 进行必要的调整以适应特定的教学环境。例如，亚洲国家的二语课堂所实施的 TBLT，既重视语法教学，也不忽略学生的考试需求，就是追求任务型教学本地化的自然结果（Butler，2011）。

TBLT 在二语教学中的广泛采用离不开相关理论的支持。从心理语言学视角看，任务能引导学习者进行某种有利于语言使用和/或习得的信息加工（El-lis，2000），主要表现在诱发意义协商、吸收纠正性反馈并促使学习者注意到自己的中介语与目标语之间的差距（Long，2007）。因此，实证研究特别关注哪些任务及任务特征能够诱发这些有利于二语学习的认知过程（Nakahama et. al.，2001），这些研究让我们更好地理解了任务本身对二语学习的作用。但随着人们对语言及语言学习的社会、文化层面的理解，越来越多的研究者认为，该视角下的研究忽略了环境因素可能对任务完成过程及结果造成的影响，而且研究者们也意识到了"计划的任务"（task-as-workplan）并不等同于"实施的任务"（task-in-process），因为任务表现关键取决于个体与任务之间的互动而不是任务本身的固有特性（Appel，Lantolf，1994）。社会文化理论的一个重要观点就是人类会根据自身在具体社会历史条件下确定的目标重构参与的活动。近年来，活动理论视角下的实证研究有力地证明了环境因素对"计划的任务"转化为"实施的任务"的影响（如 Jin，Zhu，2010）。

27.2.2　活动理论

"活动理论"（Activity Theory）是列昂特耶夫（Leont'ev）（1978，1981）和恩斯特罗姆（Engeström）（1987）在维果茨基（Vygotsky）（1978）的中介思想（mediation）基础上发展而来，是对社会文化理论的进一步发展，强调社会主体为改变特定客体及满足需求而开展有目的性的活动。活动理论认为，人类活动是以目标为导向的，受到动机（motive）或需求的驱动，人类的具体行为是在特定的社会、历史和文化背景下实施的（Leont'ev，1981；Mak，Lee，2014）。因此，动机是活动理论的重要概念。活动理论的"动机"是指来自文化、心理和制度上的动力，这种动力使主体将现在的行为与未来希望的结果（客体/目标）连接起来（Lantolf，Thorne，2006）。动机对理解人类行为的重要性在于它"回答了为什么要做某事"这一重要问题（Jin，Zhu，2010）。任何活动都伴有一定的动机，但有些动机并不明显，而是隐藏在具体的行动之中（Leont'ev，1978）。

"能动性"（agency）是活动理论的另一个重要概念。达夫（Duff）（2012：

414）认为能动性是人在追求自身目标时选择、控制及自我调节的能力；能动性让人能够想象、接受、执行新的角色或身份并采取具体的行动来追求自己的目标。由此可见，人类能为自身学习及社会化进行选择，是积极的能动者（Lantolf，Pavlenko，2001），愿意并有能力改编任务来满足自身需求/动机并最终实现目标，这可能会使最终的任务实践偏离计划好的任务。

活动理论对语言教学中的任务研究有重要启示。布林（Breen）（1987）区分了"计划的任务"和"实施的任务"，认为计划的任务显著不同于在课堂中实施的任务。这是因为学习者对一项任务的理解受到多种因素影响，如他们对任务本身的性质和要求的看法以及对任务情境的定义等（Breen）（1987：24）。考夫兰（Coughlan）与达夫（Duff）（1994）采用"任务"（task）和"活动"（activity）这一对概念表达了类似的观点。他们认为，任务是研究者为诱发语料而分配给参与者的蓝图，而活动则是参与者对蓝图的具体构建及操作，两者分别与"计划的任务"和"实施的任务"相对应。我们认为，"计划的任务"与"实施的任务"这一区别也适用于教师使用教材任务这一情境。因为教师的教学实践是植根于社会文化的"活动"（Cross，2010），教师作为活动主体，在能动性引导下，会根据自身的动机改写任务，使其不同于教材编写者的意图，从而达到提高教学效果的目的。事实上，范登布兰登（Van den Branden，2006）的研究表明，当教师在课堂中实施任务时，"行动中的任务"（tasks in action）会偏离设计好的任务。因此，本研究主要以活动理论为解释框架，特别是基于其两个重要构念，即"动机"和"能动性"来解释大学英语教师使用教材任务的策略和动机。

27.3 研 究 方 法

27.3.1 研究问题

本研究采用质性个案研究方法，试图探讨以下问题。

1）大学英语教师在课堂实践中使用教材任务的策略是什么？

2）他们使用这些策略的动机是什么？

3）影响他们动机形成的因素有哪些？

27.3.2 研究对象

本研究以武汉某重点高校的两位大学英语教师为研究对象：王英和李洁（化名）。两位教师均为女性，均具有博士学位。王英 41 岁，18 年教龄，主要研究领域为教师发展。李洁 31 岁，教龄 4 年，研究方向为二语教学。

27.3.3 数据收集与分析

我们从 2016 年 4 月开始收集数据。该校大学英语课程每周 2 次课，读写和听说课各 1 次，所用读写和听说教程都出自国内知名出版社。我们先按照埃利斯（Ellis）（2003）定义任务的 4 个标准确认教材中的任务，然后通过课堂观察、录音等手段收集数据以分析教师是如何使用这些任务的。两位教师各承担了三个班（每班 30 名学生）的教学工作，我们分别随机选择了其中一个班连续 4 周共计 4 次读写课和 4 次听说课以非参与者身份进行课堂观察并录音，并在课前课后对教师进行半结构化访谈，课前访谈旨在了解教师对 TBLT、教材、教材中的任务等的看法以及她们的教学理念，课后访谈旨在了解教师对自己实施教材任务的目的和原因等。这些构成我们定性分析的主要数据来源。我们还收集了教师上课的课件、补充资料和教师用书以及对部分学生的非正式访谈等作为辅助数据。

在数据分析方面，首先，我们整理观察笔记、转写相关课堂录音，并参照前人研究（Miguel，2015）对教师使用任务的策略进行归纳整理，统计各策略使用的频次。其次，为了解两位教师使用教材任务策略的动机及动机形成的影响因素，我们认真阅读所有访谈文稿，寻找反复出现的主题，进行归纳分析。

27.4 研 究 结 果

27.4.1 教师使用教材任务的策略

研究发现，两位教师并没有使用教材中所有任务，而是采用增加、跳过、改编以及调整顺序等多种策略对任务进行处理（示例见表 27-1）。这说明"教材中的任务"（task-as-workplan）与"教师实施的任务"（task-in-process）之间存在差异。在教师使用的 4 种策略中，"跳过"使用最频繁，其次是"增加"，"修改"和"调整顺序"的使用频率大大少于前两种策略（见表 27-1）。

表 27-1　教师使用教材任务的策略

教师使用教材任务的策略	教材任务（实例）	教师实施的任务（实例）	策略使用次数（王英）	策略使用次数（李洁）
增加任务：根据教材单元主题创作教材中没有的任务或者在原有任务的基础上另外增加子任务	要求学生结对根据课文内容回答问题	学生完成该任务后，教师增加了"拼图"任务：教师先将课文分成四部分，每部分由一个主题句和多个支撑句组成，然后将这些句子写在纸条上，每张纸条一个句子；每个学生拿到一张纸条，通过相互交流获取线索，完成该部分内容的拼接（王英）	11	9
跳过任务：教师有意放弃某些任务	听短对话选择正确答案	跳过（李洁）	19	18
修改任务：教师以不同的方式实施教材中的任务材料，如改变任务焦点	听几段关于国外校园生活的对话选择正确答案	听完对话后，教师不是让学生选择正确答案，而是借此引导学生一起讨论西方室友关系的文化问题（李洁）	3	5
调整任务顺序：改变两个或更多任务的完成顺序	a：听关于"白领犯罪"的一篇短文并完成选择题；b：听并讨论"白领犯罪"是否应该受到更重的惩罚	先做 b，再做 a（王英）	1	1

27.4.2　教师使用教材任务的动机

（1）王英的教材任务使用动机

虽然王英和李洁使用教材任务的策略相似，但他们使用这些策略的动机却有所不同。

　　课前课后的访谈表明，王英对教材中任务的选择、改编等行为主要受到满足学生需求、提升学生英语学习动机及使学生最大限度地参与课堂活动的动机驱动。王英所在学校是985高校，学生的入校英语水平相对较高，为增加教学材料的难度，该校要求大一新生从教材第三册开始学习，大一下学期学习第四册，第一、二册用作课外学习。对此王英有她自己的看法，"他们还是大一的学生，却要求使用Book 4，有些任务话题不符合学生现阶段的认知能力，也不是他们感兴趣的；另外，读写教程中语法、词汇练习多，而让学生实际使用语言的机会少；而且任务缺乏多样性。这样学生会觉得有挫折感，也会失去学习的动力。因此我得设法让任务接近他们的水平，让他们能做，有兴趣做。"

　　王英认为，教师应该了解学生的需求与期望。因此，刚开学的几周，她一般会通过正式或非正式方式了解学生的需求以便选择并设计符合他们的任务。根据课堂观察和课堂录音，我们发现王英很少采用听说课本中"Practicing conversation skills"这一部分的任务。当被问及原因时，她说道，"这部分的任务太过机械了，缺乏趣味性，学生不喜欢。现在的学生很有创造力，他们很有自己的思想，不喜欢束缚太多的东西，否则学着就没兴趣了。所以我很少用。如果时间允许，我会给他们补充一些开放性任务，能调动他们积极性的任务，让他们投入进去。"

　　确实，她设计的角色扮演、拼图任务等都带动了全班同学的积极参与。由此可见，将有趣的、学生能做的任务融入到课堂中是王英激励学生参与的重要方式。

　　王英对学生需求的关注还表现在她使用了有关4级考试的任务。尽管王英不喜欢应试教学，但考虑到通过4级考试是学生的需求之一（该校规定学生通过4级考试才能毕业），她还是选择性地使用了教材中一些与考试相关的任务。当得知2016年6月的4级考试将会有一些题型上的调整，即取消短对话和短文听写，增加3篇短篇新闻时，她很高兴，认为这次题型变动有利于提高学生实际使用英语的能力，因此很愿意主动增加相关任务帮助学生备考。

　　上述数据证实，王英使用教材任务的动机是为了满足学生认知、情感以及实际需求并提升他们学习英语、参与任务的积极性。在整个授课过程中，她一直维持这一动机，特别关注什么样的任务适合学生的英语水平、能够调动他们的积极性以及对他们有价值。课堂观察和与学生的访谈表明，学生对王英实施的任务回应非常积极，而且认为这些任务"有趣""有用"。

（2）李洁的教材任务使用动机

李洁认为教材仅是众多资源中的一种，因此她不会严格按照教材来教学；她会首先对教材中的任务进行评估，然后决定是否使用或者怎样使用。李洁使用不同策略改编任务主要是因为她需要解决她感知到的教学问题。她具有很强的问题意识，经常会进行自我反思。例如，在读写课中，在讨论完课文"Job Interview"的内容之后，她给学生布置了一项合作写作任务，并鼓励学生尽可能运用课文中出现的单词及短语。对于增加这一任务，李洁这样解释："我感觉学生写作能力比较差。坦白说，我以前并没有在他们写作上花多少时间。根据教材安排，写作一般是布置给学生课后完成。学生好像并没有在写作上投入多少精力，只是走走过场。我觉得这种形式的写作效果不好。当我有一天读到关于合作写作的论文时，我觉得可以在班上尝试一下……我设计这个任务有两个目的，一个当然是提升他们的写作能力，另一个是鼓励他们使用学过的语言。他们总是不会运用学过的东西。所以我特意选择了这两个和课文内容相似的材料，鼓励学生在写作中运用一些词汇和表达。"

从以上访谈可以看出，李洁为了解决学生写作能力低下以及语言运用差的问题，采取了一系列行动（跳过教材安排、关注研究性论文并设计合作写作任务），希望最终提升教学效果。课堂观察表明，学生积极参与合作，讨论热烈，并认为这个任务"很有用"和"很有帮助"。

在听说课中，教材要求学生根据问题开展结对或小组讨论。李洁并未受限于这个安排，而是要求全班学生面对面站成两队，每位同学与自己对面的同学讨论，问题由教师提供。每讨论完一个问题，第一队的同学向前移动，每位同学就有了新的同伴。李洁对修改教材任务进行了解释："根据我的观察，如果让学生结对或者小组依次讨论这些问题，他们很快就会讲一些与问题无关的话。但如果他们每个问题都有一个不同的同伴，他们的题外话会减少，也就增加了说英语的机会。我发现学生很喜欢这个任务形式。"

从课堂观察和课堂录音转写文本都可以看出，李洁使用了很多创新性的任务，都有其特定的使用目的，包括合作写作、拼图任务。当问及她的任务来源时，她解释说："教材中没有这样的任务。我特别喜欢反思我在教学中遇到的问题，并想办法解决。虽然我不知道我的任务是否一定有效，但我一定要试一下。看文献时，我会特别留意一些与课堂研究相关的，我也经常上一些国外的教师论坛或看一些教学节目，如 BBC Learning English，看有没有适合我课堂的任务。"

正是因为李洁特别留心她在教学中发现的问题，勤于反思，发挥其主体能动性，她才能利用各种资源手段对教材中的任务进行改编，试图找到解决这些问题的方法。这也说明李洁的教学反思实践对她的教学起着重要的中介作用（林娟等，2015）。

27.4.3　影响动机形成的因素

访谈结果表明，两位教师对任务及 TBLT 的理解、她们的学术背景和兴趣、她们关于英语教学和学习的信念以及考试制度等影响了她们使用和改编教材任务的动机。

（1）她们对任务及 TBLT 的理解

王英认为，任务是"给学生一个活动，让他们去做，去运用语言，不管这个任务是不是真实的，因为你不能预测学生在实际生活中会遇到什么情境，要完成什么任务……我觉得教师要做的就是让学生多说，多用英语交流就好了。很重要的一点是，这些任务活动要有趣味性，能满足学生的需求，如认知的或者语言的需求等，否则学生可能失去参与的动力。"

对王英来说，给学生提供有趣的任务以及大量的用英语交流的机会是 TBLT 的重要特征。这也可能是她特别青睐同伴互动的原因。尽管王英很推崇 TBLT，但她也坦承，由于她对 TBLT 了解不深入且缺乏这方面的培训，她有时不是很有信心。她强调她是按照自己的理解来"做任务"。例如，在解释为什么在任务前阶段增加一些词汇练习时，她说："我觉得对我的学生来说，掌握从听力或者阅读材料中学来的词汇是非常重要的。传统的练习是很有用的……，它们是完成任务的基础。"

由上述可见，王英从学生的需要出发，将传统语言教学与任务结合起来，实施了"任务支持型教学"（Ellis，2003）。在她看来，这两种方法相互补充，能更好满足学生的需求。她不拘泥于某一特定模式，发挥主体能动性，践行了"合适的才是最好的"教学理念。

虽然两位老师都很推崇 TBLT，但李洁似乎对任务的理解更有信心。"我理解的任务是真实性任务，至少要能模拟真实场景，最重要的特征是要有gap。在课堂活动中我会复现这些特征，这样他们才有真实的交流。"

在访谈中，她多次提到了真实性任务以及任务中"信息差"的重要性。课堂中，她确实在努力改编或者创造一些真实的与学生生活或者未来工作相关的任务。例如，在讲解课文"Job Interview"时，她要求学生"Listen，think and answer"，即学生合上书本，听课文的第一段，思考并回答所提出的问题"What have you done to prepare for the interview?"。对此她解释道："接受面试是每个学生都会碰到的，这是一个真实的任务。课文内容不难，我让学生抽离课文，引导他们思考与自己相关的东西，也是对课文内容的预测。每篇课文，我都会寻找这样的机会。"

（2）她们的学术背景和研究兴趣

王英博士阶段的研究方向为教师发展，进行该方向的相关研究对她的课堂教学有一定影响。改编教材任务并不是一件轻松的事，从王英的访谈中得知，她曾经抱怨很多，但是慢慢意识到没有一本教材是能满足所有学生需求的，教师有责任使教材任务个性化，满足学生的需要；特别是在读博期间，她读了很多关于教师发展特别是教师自主方面的文献，对教材以及教材任务的使用有了更深入的理解。这充分说明，在特定的社会文化环境中，王英发挥能动性及时调整自己，接受新的角色并采取具体行动来追求自己的目标（Duff，2012）。

李洁的博士研究方向为语言学习与教学研究，因此她特别关注与课堂相关的研究并希望这些研究能指导自己的课堂实践。在访谈中，李洁分享了她参加 TESOL 会议的一次经历。在那次会议上，她听到了来自世界各地的 TESOL

专家及教师分享他们教学中的问题以及基于研究的解决办法。她发现很多教学问题具有普遍性，并不局限于某一教学环境，因此特别留意他们是如何解决这些问题的。这次会议也让她更坚定了"通过阅读相关课堂教学文献并经过一定变通来解决自己课堂教学问题"的想法。

（3）她们对英语教学及学习的信念

王英认为，学习动力非常重要，而教师在激发学生学习动力方面起着重要作用。她经常会了解学生是否会喜欢某一话题、任务是否对学生太难等，特别注意鼓励学生参与听说互动任务，她把选择、设计合适的任务作为激发学生学习动力的重要方式。

与王英强调鼓励学生听说的做法不同，李洁更强调真实性输入对中国学生的重要性。她认为，"在我国外语环境下，学生的输入非常贫乏，他们有很强的外部学习动机，应付各种考试还行。根据我的观察，学生在课外几乎不会去读、听英文材料，所以我经常会给他们增加一些输入型活动，如听音频看视频，或根据补充材料合作阅读等"。课堂观察结果印证了李洁所言。

（4）考试制度的影响

考试包括大学英语四级考试和期末考试等。王英选择性地使用了一些四级考试任务，她解释说，"尽管我不太喜欢四级考试，因为它不注重英语的实用性，但我还是会指导学生做一些相关任务帮助他们通过四级。有幸的是，最新的四级考试题型更加注重实用性，比如新增的新闻听力。所以我很乐意增加一些新闻听力任务帮助学生。"

王英的解释表明，她的任务使用动机经历了一个变化过程，从刚开始的被动满足学生通过四级的需求到主动迎合学生需要并增加相关任务。正是由于四级考试题型的调整以及王英对新题型的积极认知才有了这样的变化结果。

李洁几乎跳过了所有与考试相关的任务，但是后来又重新使用了一些。谈及这个变化，她提到了期末考试的影响。"我们的教学不应该围着考试转，很高兴得知 4 级考试的对话部分要取消了……但是期末考试还会沿用旧的模式，如果我不引导他们做这些任务，如果其他老师有 cover，我有点担心学生觉得不公平。"

李洁对学生在期末考试中表现的担忧促使她去关注学生的期望而不仅仅是自己感知的问题。

27.5　讨论与启示

本章研究基于活动理论考查了两位大学英语教师对教材任务的使用情况，回应了研究者对开展基于课堂的 ELT 材料研究的呼吁（Garton，Graves，2014）。研究显示，教师在课堂上不会照搬教材上的任务，她们会通过跳过、增加、改编、调整顺序等策略对任务进行改编。这一结果不仅证实了 Van den Branden（2009：268）的观点，即"当被要求实施外部开发的任务时，EFL 教师会表现出强烈的改编任务的欲望"，而且支持了布林（Breen）（1987）关于"计划的任务"和"实施的任务"之间存在差距的观点。另外，本研究结果与已有相关实证研究结果一致。例如，在米格尔（Miguel）（2015）的研究中，3 位教师也使用了跳过、增加、改编、调整顺序 4 种策略改编任务；安东（Andon）和埃克特（Eckert）（2009）对 4 位教师的研究发现，尽管他们来自不同的教育背景、所教授的课程和学生的语言水平不同，但他们都不会盲目遵从官方所给的任务，而是结合自己对有效教学的看法、对学生需求的理解和对所处教学环境特征的理解等来改编任务。本研究还发现。虽然两位教师使用教材任务的策略相似，但她们的任务使用动机有所不同，而且其动机随着环境因素（如考试制度）的变化而发生了微妙的改变。这一方面证明人类从事的活动都是受动机驱动的（Leont'ev，1978），而且他们的社会、文化、历史环境对形成他们的动机有中介作用，另一方面说明人们从事某项活动的动机并不是静态的，他们会利用其能动性不断地在来自外部的压力与自身内心的信念之间进行权衡并做出明智的决定（Jin，Zhu，2010）。埃利斯（Ellis）（2003：184）也指出，"不断变化的社会条件会导致个体重新调整他们的动机"。本章研究不仅加深了我们对教师使用教材任务的理解，而且给我们带来了一些重要启示。

首先，本章研究充分体现了教师能动性在实施教材任务过程中的重要作用。我国大学英语教学多为传统的"自上而下"模式，教材通常由主管领导选定，普通教师没有自主权。虽然如此，两位教师并没有按部就班地完成教材编写者"计划的任务"，而是发挥主体能动性，根据个人对任务的理解、对教与学的信念等对教材任务进行适当改编来满足自身的需求/动机。例如，王英虽然曾经抱怨教材的不合适性，但是随着教学经验的不断积累以及博士阶段的学习，她对教材及教师的角色有了新的认识，积极响应学生的需要，设计出适当的任务开展教学。李洁勤于反思，及时发现教学中的问题，并借鉴研究性论文、教师论坛等资源提供的建议改编教材中的任务以解决实际问题。正如范登布兰登（Van den Branden）（2016：172）所言，教师是任务实施过程中的"变革能动者"（change agent）。作为能动者，其素质对教材任务实施有着决定性的影响，例如，教师的自信及专业知识会影响他们对教材使用的看法（Masuhara，1998），因此在 TBLT 研究中如何提高教师素质显得尤为重要。而教师素质的提高除了教师本人努力，还需要相关部门给他们提供时间、机会及支持让他们通过多种专业发展渠道提升自己。如本研究所示，虽然王英的学生对其实施的任务评价积极，但她自己却不那么自信。如果她有机会接受TBLT 方面的培训或者与同事进行相关主题的研讨等可能会对她的教学有更好的促进作用。其实，王英的这一现象在我国大学英语教师中非常普遍，虽然TBLT 这一教学理念得到了广泛提倡，许多教师也声称他们在课堂教学中实施了这一理念，但实际上绝大部分教师没有受过系统培训，对 TBLT 的核心理念和任务的概念也没有一个清晰的认识，这些都会影响教师对 TBLT 以及教材任务的实施。

其次，本章研究结果对教材编写者提出了更高的要求。鉴于当前我国大学英语教材还存在诸多不足，如内容趣味性和时效性差、缺乏互助合作任务（郭燕、徐锦芬，2013）、练习设计枯燥、无法"激发学生的内生表达动力"（王初明，2014），以及本章研究中王英指出的教材词汇、语法练习偏多等问题，教材编写者要提高自身素质，在教材编写中除了考虑国家的课程政策还要重视学习者特征，就设计任务而言，要充分考虑学习者的语言和认知水平，并注重趣味性和创造性，以激发他们积极参与任务的热情，更重要的是编写者要了解什么才是真正意义上的任务。正如前文所述，本章研究依据埃利斯（Ellis）的 4个标准去评判教材中的任务时，发现教材中的任务绝大部分不符合任务的标准。另外，教师是教材任务的实施者，他们会根据自己的需要和目标发挥能动性改编教材任务，但考虑到我国大学英语教师的教学工作量普遍较大，教材编写者应尽量增加任务多样性以满足不同教师对不同类型任务的喜好，从而减少教师在使用和改编教材任务过程中的投入量。

最后，我们提议把教师培养成行动研究者，让他们记录下学生在执行课堂任务过程中发生的一切以及由此产生的不同结果，从而使他们更好地理解如何运用和开发教材任务才能最大程度地促进学生的外语学习。

第28章 从思辨能力培养视角
探析德国优秀英语教材

28.1 引　　言

近二三十年以来，培养学生的思辨能力在以美国为代表的西方国家受到高度重视，被确立为高等教育的重要目标之一。在我国，发展学生的思辨能力也被确立为国家长期发展的战略性任务之一。《国家中长期教育改革和发展规划纲要》（2010～2020）》指出：教育的长期发展要"坚持能力为主""着力提高学生的学习能力、实践能力、创新能力""注重学思结合"。培养"能力"是教育发展的关键，各种能力的提高都以大脑的思辨能力为基础。而一直以来，我国高校的英语教学过于重视语言技能的训练而忽略了学生思维能力的培养，造成了"思辨缺席症"（黄源深，1998，2010）。虽然近几年来培养思辨能力的必要性在外语界已经获得共识，但是英语专业学生"思辨缺席"的现象仍未有改观。究其原因，大多研究仅从理论或宏观层面探讨思辨能力的重要性、理论框架、量表建构、培养方法等（如，文秋芳等，2009，2010；李莉文，2010；阮全友，2012），而聚焦课堂操作层面的高质量研究成果较少。鉴于此，一些学者呼吁英语专业要在培养学生思辨能力方面取得实质性进步，必须在教学实践层面探索培养思辨能力的方法，从教学方法、课程测试、教材编写等方面进行根本性的改革（黄源深，2010；孙有中，2011）。

教材是课堂教学的基本要素之一，是教师展开课堂教学的主要依据，也是学生学习的主要工具与内容。学生思辨能力的培养离不开教材的作用。然而，我国现行各种版本的英语专业精读教材体现的是技能本位的思想，"教材的结构与内在逻辑遵循语言技能发展的节奏，课文的选材不关注内容与知识的系统性和逻辑性"（孙有中，2011：57），缺乏思想深度和知识的广度，不利于对学生思辨能力的培养。英语在德国也是一门外语，而德国学生接受英语教育的时间比我国学生少，但掌握程度却高很多。束定芳（2011a）认为，德国英语教学的成功，除了得益于欧洲比较特殊的语言文化环境之外，高质量的教材是促进性因素之一。因此，我们应该在结合我国教学实际的基础上认真学习德国英语教材的编写经验，做到"他山之石，可以攻玉"。2008 年德国出版的英语教材 "*Science and Technology*（Reutlingen，Bisingen）"是将英语语言教学与思辨能力培养有机结合的一个典范。本章研究以该教材为例，对外语教材如何发挥培养学生思辨能力的作用进行初步探讨。

28.2　"思辨能力"的定义及构成

"思辨能力"最具权威的定义来自于《特尔斐报告》（1990）。20 世纪 80 年代末，美国哲学联合会委托著名哲学家彼得·法乔恩（Peter Facione）联合多国、多学科 45 位学者组成了特尔斐项目组（The Delphi Project），对思辨能力的相关理论进行了历时 2 年的系统性研究。关于"思辨能力"的定义，该报告论述"我们认为思辨是有目的、自我调节的判断过程。它导致对证据、概念、方法、标准或语境的阐释、分析、评价、推理和解释。思辨能力是至关重要的探究工具……尽管思辨能力并不完全等同于好思维，但它是一种全面的自我改正的能力"。此外，《特尔斐报告》还进一步描述了具有思辨能力的理想的思考者的特征，如勤学好问、灵活应变、勤于搜集资料和信息，等等。简单来说，思辨能力的实质是个体通过质疑和好奇发现问题，运用分析、推理和评价等认知技能分析问题，以做出自我调节性判断或合理决策（即解决问题）的思维过程。

思辨能力包括思辨技能和思辨情感特质（也叫思辨精神）。布鲁姆（Bloom）（1956）最早对思辨技能进行了分层界定。他将认知领域的教育目标从低级到高级分为：知识、理解、应用、分析、综合与评价。安德森（Anderson）和克拉斯沃尔（Krathwohl）（2001）对布鲁姆（Bloom）（1956）的认知能力分类进行了修订，提出了以下模型（图 28-1）。图中的识记和理解属于低级思维能力，而应用、分析、评价和创造是思辨能力的体现，属于高级思维能力。

国内学者文秋芳等（2009）在综合了国内外比较有影响力的思辨能力模型

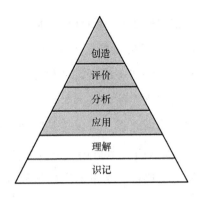

图 28-1 Anderson，Krathwohl（2001）认知能力模型分类图

的基础上，[如特尔斐项目组提出的双维结构思辨能力模型（Facione，1990）和林崇德的三菱结构思维能力模型（2006）] 构建了我国外语类大学生思辨能力层级理论模型（见表 28-1）。该模型将思辨能力分为两个层次：第一层次的元思辨能力和第二层次的思辨能力。元思辨是指对自己思辨的计划、检查、调整和评估。思辨能力包括与认知相关的技能和标准以及与思辨品质相关的情感特质。处于第二个层次的思辨能力受到第一层次元思辨能力的监管与控制。详细内容请见表 28-1。

表 28-1　思辨能力层级理论模型

元思辨能力（自我调控能力）—— 第一层次		
思辨能力 —— 第二层次		
认　知		情　感
技　能	标　准	好奇（好疑、好问、好学）
分析（归类、识别、比较、澄清、区分、阐释等）	精晰性（清晰、精确）	开放（容忍、尊重不同意见，乐于修正自己的不当观点）
推理（质疑、假设、推论、阐述、论证等）	相关性（切题、详略得当、主次分明）	自信（相信自己的判断能力、敢于挑战权威）
评价（评判预设、假定、论点、论据、结论等）	逻辑性（条理清楚、说理有根有据）	正直（追求真理、主张正义）
	深刻性（有广度与深度）	坚毅（有决心、毅力，不轻易放弃）
	灵活性（快速变化角度、娴熟自如地交替使用不同思辨技能）	

比较以上两个理论模型，安德森（Anderson）和克拉斯沃尔（Krathwohl）（2001）的模型只涉及认知技能，显著之处是将"应用"能力纳入其

中，并且视"创造"为认知技能的最高层次。的确，思辨能力是创造能力的基础，创造力可以看作是思辨能力的最高体现。此外，"应用"能力在语言学习中也有特别重要的作用。文秋芳等（2009）的特点在于不仅完整地显示了思辨能力的两个构成要素，还清晰地展现了元思辨能力与思辨能力的层级关系。因此，在下文中我们将结合以上两个理论模型分析德国英语教材如何培养学生的思辨能力。

28.3 德国英语教材思辨能力的体现

28.3.1 教材简介

（1）编写理念：内容与语言相融合

Science and Technology 教材在编写理念上遵循了目前欧洲较为流行的"内容与语言相融合"（Content and Language Integrated Learning，CLIT）的教学思想。"内容"是指学科知识或学生感兴趣的话题，"语言"是指第二语言或外语。CLIT 的核心理念是：将语言视作学习"内容"的工具，学习者通过用目标语学习和讨论学科知识，达到增长学科知识与提高语言能力的双重目的。根据 Marsh（2002）对 CLIT 在欧洲实施情况的报告，CLIT 具备以下主要特点。

1）真实性。CLIT 的真实性既包括内容的真实性也包括互动的真实性。前者指使用真实性的学习材料，后者强调学习任务的真实性，即学习者用外语进行真实的、有意义的交流。

2）学习策略。从方法上来说，CLIL 通过学习策略与技巧的训练来培养学习者的自主学习能力。

3）语言能力与思维能力的统一。传统的语言教学重视学生语言能力的提高而忽略了思维能力的发展。CLIL 则要求教学内容不仅要与学生的语言水平相符合，也要与认知能力和情感需求相一致，要在提高他们语言能力的同时促进思维能力的发展。

4）合作学习。在 CLIL 中，学习者经常以小组活动或项目学习的方式进行合作学习，这些社会性学习方式对语言学习更为有利。

5）学习动机。和传统教学"先学后用"（Learn for use later）相比，CLIL 遵循"现学现用"（Learn for use now）的思想，使学习者能学用结合，有效激发学习动机和兴趣。

6）隐性语言学习。CLIL 倡导的语言学习理念是：学习者在有意义的情境中、在运用所学知识完成任务的过程中隐性地、潜移默化地内化相关的语言结构。

（2）主要内容与结构

Science and Technology 教材由教材文本及随书附送的一张 CD-ROM 组成。从表 28-2 可以看出，教材文本分为三大部分：话题（Topics）、项目（Projects）与工作表（Worksheets）。"话题"是教材的核心，包括三个内容：身份与隐私、遗传学（基因工程）、面向未来。"项目"围绕着以上话题展开，需要学生课后进行探究式学习，分工、合作共同完成。最后，"工作表"的第一部分介绍了本教材的词汇练习（详细内容在 CD-ROM 中），第二部分的两个复习文档用主观题的方式引导学生回忆与组织所学过的主要内容。

表 28-2　教材文本的主要内容与结构

Topics
Topic 1　Identity and privacy
Topic 2　Genetics
Topic 3　Facing the future
Projects
Project 1：The past- Be a history detective
Project 2：The visuals-Be a voyeur
Project 3：The present-Be an activist
Project 4：The future-Be a visionary
Project 5：The fiction-Be a writer
Worksheets
Vocabulary work：Text-based vocabulary files and thematic vocabulary files
Revision file 1：Identity and privacy（Topic 1）
Revision file 2：Genetics and Facing the future（Topics 2-3）

28.3.2　思辨能力培养的实现方式

培养学生思辨能力的理念贯穿本教材的各个部分，归纳起来，主要表现在话题与材料的选择以及任务设置两大方面。

1. 话题与材料的选择

（1）话题的争议性

在身份与隐私、遗传学（基因工程）两个单元中，学生需要思考当今社会公民媒体（citizen media）现象对传媒行业及个人隐私的影响、在公共场所安装监控系统的利与弊、支持或反对美国政府要求网络运营商通过个人电脑监控个人信息的决定、如何看待克隆技术与转基因食品、是否支持将科技发展成果用于优生学（如让未来的父母进行有选择性的生育）等问题。这些话题具有很大的争议性，答案没有严格的对错之分，也很难不经深入思考就做出令人信服的回答。话题的争议性为学习者提供了较大的思考与讨论的空间，为他们锻炼分析、推理与评价能力创造了机会。在一起讨论与互相争辩的过程中他们将学会倾听他人的观点、学会对于学术讨论要采取对事不对人的态度，即谁的论述更合理便支持谁，最终形成开放、正直的思维品质。

（2）材料的真实性与多角度性

教材选用真实性的学习材料，包括来自报刊、杂志、网络上的文章，小说节选，影评，歌曲，演讲，戏剧记录片等等，体现了英语在真实生活中的使用情况，而且材料的来源广泛，基本涉及了学生在日常生活中获取信息的所有媒介（报刊、杂志、书本、电视、电影、网络）。真实性的材料使阅读更具有意义。从语言学习角度来看，阅读真实性材料的过程就是学用结合的过程，这有助于学生深切感受到英语学习的作用与意义，激发更强的学习动机。从思辨能力培养的角度来看，学习动机的提高必将激励学生乐于去思考问题，培养他们坚毅、遇到困难不轻易放弃的精神。同时，将真实性材料用于课堂教学也有利于学生将课堂思辨能力训练的效果迁移到现实生活情境中，在真正意义上实现思辨能力培养的目的。最后，每个单元的选材还注意到了材料的多角度性，材料内容丰富、信息量大，能帮助学习从不同的侧面甚至是正反对立面了解所讨论的话题，提高思考问题的广度与灵活性。

2. 任务设置

精心设置的任务是本教材培养思辨能力最主要的手段。下面我们从任务内容、任务设计的策略与特点两方面分析。

（1）任务内容

a. 批判性阅读（Critical Reading）

本教材以阅读为主，在学生对文本进行批判性阅读的同时，实现获取话题知识、提高语言能力与思维水平的目的。批判性阅读不仅要求读者分析文中的观点是否正确、观点与事实是否相符，推测作者的真实意图，还要对文本的合理性做出深思熟虑的判断与评价，最后用口头或书面的方式陈述自己的观点与态度。这一过程涉及理解、分析、推理、评价、应用等认知技能，同时也要求读者不畏权威、有质疑精神，能以积极、开放的态度阅读，在认真思考别人观点的基础之上乐于修正自己的认识，并能做充满自信的陈述，因此批判性阅读能够促进思辨能力的提高。

我们以一篇阅读材料为例讨论教材中的批判性阅读任务。*Next* 是一篇讨论遗传学发展与法律之间关系的科幻小说。故事围绕着一个科学研究者的家庭展开，涉及五个角色：Henry（丈夫，科研人员）、Lynn（妻子）、Tracy（女儿）、Jamie（儿子）以及 Dave（一只小猩猩，Henry 血缘上的儿子）。故事的基本情节是：Henry 为了实验目的将自己的遗传因子注入了一个母猩猩的胚胎中，却意外地造成了世界上第一个转基因猩猩 Dave 的出生。教材节选了小说的开头部分，同时展开了两个场景：在客厅里，Henry 与 Lynn 因为 Dave 的到来产生了争执，Henry 竭力向妻子解释 Dave 事件的前因后果；在后院，Tracy、Jamie 以及 Dave 在一起开心地玩耍游戏。编者设置了如下 5 个任务。

Pre-reading：

1. The following excerpt is the beginning of the novel *Next* written by best-selling author Michael Crichton. Do you know any of his novels or films? Which other bestseller writers do you know?

After reading：

2. Compare the two spheres of life described in the extract. What effect does this have on the reader?

3. a) Illustrate how the various characters respond to the situation.

b) Characterise Lynn and Henry. Name key features of their line of argument.

4. a) How do you think the story might go on? What will Lynn and Henry do?

b) Listen to the continuation of the novel and sum up how Dave can stay in the family after all. Say in your own words how Tracy responds.

5. Sum up the difficulties scientists have to face according to the text. What is your own position on these issues?

第一个任务涉及作者及作品的相关信息，目的在于激发学生的好奇心，使他们进入积极的思维状态，既能提取大脑中与阅读材料相关的信息，同时也能通过在讨论中互相学习、掌握更多信息，为有效地理解文本打下基础。任务 2 和 3 涉及对文学创作手法的理解，学生不仅要理解作者"说"了什么，还应该知道"怎样说"以及"为什么这样说"。任务 4a 训练学生的推理能力与思维的逻辑性，任务的完成依赖于他们根据已有信息进行条理清楚、有根有据的预测与推理的能力。任务 4b 不仅通过听力和口语活动训练学生的理解与概括能力，还给他们提供了反思、检查自己思维的机会，因为他们可以对比自己的推理与原文的内容，甚至可以就其优劣进行讨论，这实际是训练元思辨能力的一个过程。此外，要求学生用自己的话进行表述还需要较强的信息组织能力。在任务 5 中，学生需要理解、概括并总结科学家们碰到的困难，分析其合理性，做出自己的判断并用所学的知识与表达方式陈述自己的立场与观点。很显然，完成以上任务的过程就是综合运用多种思辨技能的过程。

此外，以上任务的顺序遵循了逻辑性和循序渐进的原则。从简单的理解文本内容的任务逐渐过渡到复杂的、涉及多种高级思维技能综合运用的评价性任务，是从较低层次的发散性思维过渡到较高层次的集中思维的过程。

b. 项目学习（Project-based Learning）

项目学习是本教材训练学生思辨能力的另一途径。一方面，学生完成项目的过程就是发现问题、分析问题和解决问题的实践过程，这一过程涉及多种思辨技能的综合运用。另一方面，项目的真实性、挑战性与探究性有利于激发学生的学习动机，合作学习方式给他们提供了听取不同意见、发现他人长处的机会，而轻松的学习环境以及同学之间的鼓励与帮助更有利于培养他们坚毅的精神品质。最后，以口头展示、现场答辩以及写作等互动交流活动展示项目成果使学生获得了较多的语言使用机会，这不仅能够锻炼语言表达的连续性和流利性，也可以训练思维的清晰性、相关性、逻辑性以及深刻性。本教材的项目编写具有以下特点。第一，通过项目进行有针对性的技能训练，并将要点讲解显性地呈现在每个项目后面。例如，Project 2、3、4、5 四个版块分别训练学生如何用英语做口头展示、进行议会制辩论、展开科学工作以及创作书面故事等四项技能，而且每个版块后均有对步骤、方法与技巧的详细讲解。这种要点讲解对学生起到了脚手架的作用，能帮助他们理解知识、掌握重点、反思并监控学习效果。第二，指令（directions）语言清晰明了，内容完整详尽，对学生按照要求实施项目有较强的指导性。我们对 5 个项目中所有指令的内容进行了细致分析，发现每一个项目的指令基本包含了项目学习的关键要素：项目的引入、学习任务的界定、探究的步骤、资源、协作、脚手架和反思。

（2）任务设计的特点

a. 重视任务的整体性

完成整体性的任务比接受思辨技能分项训练更有利于提高学生在生活中综合运用各种认知技能解决复杂问题的灵活性。本教材中每个话题的所有任务组合在一起构成了一个个的整体，体现了发现问题、提出问题、分析问题与解决问题的全过程。首先，良好的观察力是发现问题的前提条件。本教材特别重视训练学生观察图、表、数据、照片以及漫画的能力，每个单元都是以理解、比较、分析、甚至评论这些图表、照片等导入话题。在阅读任务中，也重视引导学生通过比较与对比发现事实或观点的异同。其次，教材非常关注训练学生提问的能力，多次显性地要求学生进行提问训练。例如，"Interview Colin Tudge on the concept of enlightened agriculture. What questions could you ask him?"；"Note down questions you might ask him."；"Compare your questions with the ones that were actually posed."。在本教材培养分析问题的能力方面，我们已做过大量论述，在此不再重复。最后，教材通过以下两种方式训练学生解决问题的能力：第一，引导学生在理解、分析文本的基础上结合自己的知识构成与生活经历表述对事件的认识。例如，询问 "What is your own position on these issues?" 或要求学生 "Discuss which regulation is most in line with your personal ethical beliefs."。第二、为学习者设置具体情境，要求他们拿出在该情境中解决问题的方案。例如 "You saw a tasteless photo violating the boundaries of good taste in a youth magazine. Write a letter to the editor and describe what you don't like about the picture and why it violates certain boundaries."

b. 体现思辨能力与自主学习能力共同培养的特点

教材对培养自主学习能力的关注表现在以下方面。第一，重视学习策略，将学习策略训练渗透到任务中。例如，在任务的指令中对搜集资料的渠道、思考问题的角度给予提示，如 "Use the Internet to find out."（本段的所有着重号为我们所加）"Look for the logical clues and the language used. In some cases you have to make guesses." 或者介绍有助于理解文本的方法，如 "Visualize the method for generating stem cells described in the article" "Structure your findings in a mind map or a table."。再如，通过 "Find a few keywords to sum up each paragraph" 让学生了解寻找关键词可以帮助总结段落大意，等等。第二，教材后面 CD-ROM 中的词汇练习具有鲜明的自主学习色彩。在光盘的文档中，每篇文章都有两个以表格形式呈现的词表：以课文为依托的词表（Text-based vocabulary files）与主题词表（Thematic vocabulary）。前者的词汇来自课文，而后者则是编者提供的与话题相关的扩展性词汇。如表 28-3、表 28-4 所示，表格最左边一栏是目标词汇，最右边是德语翻译，中间部分则记录有助于词汇学习的任何方法，如例句、英文释义、近义词、反义词，等等。主题词表的最大价值在于参考性，因此编者提供了词汇所有的信息

（如表 28-4）。而出现在课文中的重点词汇需要学生认真学习、熟练掌握，编者有意留出一至两个需要他们补充完整的空格。这种自主词汇加工方式能加强学生词汇学习的参与度，在提高记忆保持效果的同时也利于形成个性化的词汇学习策略。这是训练思辨能力的过程，因为个性化词汇学习策略的形成要求清楚地认识到对自己有效的学习方法，而这个认识又依赖于反思、自我监控、自我调整等高层次的认知技能的使用。

表 28-3　以课文为依托的词表

Topic 3-Facing the future		*Pushing the envelope*, *pp. 45－48*
Word/phrase	Usage/memory aid	Translation
to set sth. in train	The economical changes set in train by the new tax law did not come as a surprise.	
trailblazer		Wegbereiter; Bahnbrecher
	■ complex; planned or executed with care and exactness ■ an elaborate plan; elaborate detail; elaborate decoration ■ → to elaborate (*v*)	durchdacht; aufwändig

表 28-4　主题词表

G　Space exploration		
Word/phrase	Usage/memory aid	Translation
field research	■ field work; field study ■ ↔ research that is done in a laboratory	Feldforschung
observatory	■ institution or building specially designed and equipped for studying meteorological and astrological phenomena ■ → to observe (v), observer (n), observation (n)	Sternwarte
zero gravity	＝weightlessness	Schwerelosigkeit

28.4　对我国高校英语专业教材编写的启示

虽然编写把获取知识、训练语言和提高思辨能力融为一体的语言教材对教材编写者来说是一个巨大的挑战，但是 *Science and Technology* 教材较好地向我们展示了如何将三者有机结合。

第一，在教材的编写思路上，可以采用"内容与语言相融合"或"内容依托"（content-based）的综合技能训练法。两者的共同之处是以话题或知识内容组织教学，让学生在用目的语学习、讨论新知识的过程中习得语言、掌握知识。语言是思想的载体，语言学习需要各类知识的支撑，为了避免学生在用英语说话或写文章时泛泛而谈、言之无物，英语教材要尽可能地提供不同学科领域带有普遍性的知识。李莉文（2010）建议可以尝试把英语专业的精读课变成专题阅读课，按专题阅读的方式编写精读教材。我们认为这个思路是可行的，因为这样做并不意味着只重视训练阅读能力，而忽视听、说、写技能的发展。事实上，*Science and Technology* 教材很好地为我们展示了如何通过精心设置的任务引导学生在专题阅读中做到听、说、读、写四种技能的自然融合。

第二，英语教材要真正起到促进学生思辨能力发展的作用，必须同时关注以下方面：①话题要有挑战性与争议性；②选材要有真实性与多角度性，信息含量要高；③任务要基于批判性阅读与独立探究；④阅读-讨论-写作应成为英语专业技能课程培养学生思辨能力的主要活动形式；⑤要重视语言和思想多种形式的输出，除了最常见的口头陈述和写作之外，还可以采用本例教材中的一些方法，如演讲、辩论、戏剧表演、制作小册子、录制视频，等等；⑥要引导学生学习并运用学习策略，重视提高学生自主学习能力，实现思辨能力与自主学习能力共同提高的目标。

28.5　结　　语

思辨能力的培养已经成为我国英语专业本科教学改革的核心目标，其重要性不言而喻。近几年随着研究的深入，关注课堂操作层面的研究相对增多，但教材建设仍落后于教改实践的需要。目前培养思辨能力的英语专业教材还很少，探讨教材建设与思辨能力培养的高质量研究论文也非常少。这两方面的相对滞后不利于英语专业学生思辨能力的培养。我们希望本章研究结果能对我国英语专业教材改革有所借鉴，同时也希望本章研究能引起国内英语教材编写者和广大教师对国外优秀教材的关注和研究，学习并借鉴他们的经验，结合我国教学实际编出更多高质量的教材以切实提高我国英语专业学生的思辨能力。

第三部分

回顾展望篇

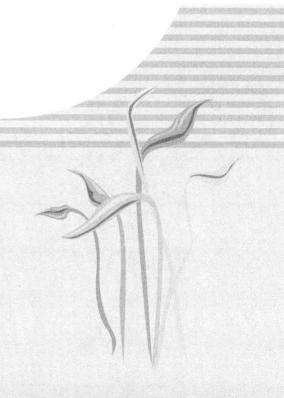

第 29 章 外语课堂研究回顾与展望

29.1 引　　言

　　课堂研究可以分为非正式研究和系统性研究。前者是指教师对自己的教学进行批判性审查（经验性的），而后者是指那些依据一定原则进行的研究，并且通常显性报告研究结果。根据埃利斯（Ellis）（1990）的观点，系统性研究就是提出一个问题、收集用于解决此问题的相关数据、进行恰当的分析和解释，并且公开发表研究报告以接受公众审查。课堂研究具有应用性特征，因为它使研究和教学之间有了更直接的联系。课堂研究还具有跨学科性质，因为对研究结果或者课堂里发生某种现象的分析与讨论需要涉及心理学、教育学以及社会学等其他学科的知识。外语课堂研究涉及大量议题，它可以是以增加学生二语知识为导向的教学研究，即教学怎样促进中介语发展，也可以是考查教学怎样帮助学生发展语言技能，如怎样帮助学习者成为熟练的二语阅读者和写作者，等等。

　　国外很多学者针对课堂研究的目的与意义发表了看法。埃利斯（Ellis）（1990）认为，课堂研究的目的是详细描述课堂行为，以加强对于真实情况的精确记录。比如，如实记录课堂里发生的一切，从而对课堂教与学的过程有深层次的理解。在我国这样典型的外语环境下，外语课堂无疑是外语教与学实践的重要场所。为了揭开我国外语课堂这个"黑匣子"（Long，1980）之谜，我们有必要对外语课堂进行系统深入研究。本书的第一和第二部分展示了作者及其研究团队长期以来从事外语课堂理论和实践研究的部分成果。然而，总体来说，相对于我国外语学习的人数，国内外语课堂研究成果仍然非常稀少，而且研究内容缺乏创新，某些领域的重复性研究过多（龚苗，2012）。为了推动我国外语课堂研究朝更加系统化、层次化方向发展，本章首先对外语课堂研究内容进行历史性梳理，然后介绍外语课堂研究常用方法，最后结合当前形势展望未来研究趋势。

29.2 外语课堂研究内容的历史性回顾

29.2.1 20 世纪的外语课堂研究

根据埃利斯（Ellis）（1994），课堂研究主要包括：①中介语的本质和发展；②课堂互动在学习中扮演的角色；③课堂里的策略运用；④课堂里学习风格的变化；⑤课堂评估问题；⑥纠错问题；⑦教师话语（即教师对学习者讲话方式的形式特征和功能特征）；⑧学习者语言（如学习者在课堂上用来解决交际问题的交际策略及语码转换（code-switching）的使用等）；⑨教学话语（pedagogic discourse）和自然话语（natural discourse）之间的差异等。

肖德龙（Chaudron）（2001）对发表在 *The Modern Language Journal*（MLT）上关于二语课堂研究的文章进行了综述（1916—2000 年），MLT 初次发表于 1916 年，因此有着最长的历史。结果显示，二语课堂研究主要记录了项目、方法、技巧和其他课堂互动过程的本质，以及它们改变学习者行为和态度的成果。具体来讲，21 世纪之前的课堂研究内容呈现以下特点。

1) 早期（1916—1935 年）的特点主要是方法比较研究。例如，比较使用翻译作为教学技巧的两种方法：L1 到 L2 和 L2 到 L1。

2) 战争年代（1936—1950 年），几乎没有能满足肖德龙（Chaudron）筛选标准的课堂研究出现。肖德龙（Chaudron）推测这可能是因为编辑偏好有政治倾向的文章。即使在 20 世纪 50 年代，课堂研究也相对较少，仅有的少量研究涉及更多方法比较的研究，几乎没有实证调查。

3) 20 世纪 60 年代有一系列课堂研究在期刊上发表，这在某种程度上反映了这一时期教学的创新本质。不过，这一时期的研究特点依然是没有关注当一种方法在课堂中实施时随之发生的实际教学行为，一般只是调查学生对教学方法的态度。

4) 20 世纪 70 年代持续教学方法比较研究。但这些比较的焦点转向考查个性化教学和更加传统的全班教学的比较。这种对个性化教学的兴趣意味着越来越关注课堂学习者。

5）20 世纪 80 年代关注教师对自身课堂实践的报告，以考查教师在课堂中的实际行为。除了这些新发展外，方法比较研究还在持续，但数量在减少。

6）20 世纪 90 年代真正突破了对方法比较的研究。课堂研究明显受到二语习得研究的影响。例如，考查基于任务的互动对二语表现和学习影响的研究，考查特定类型的基于形式的教学对习得语法特征影响的实验研究，研究教师话语特征和学习者对课堂互动的贡献。20 世纪 90 年代还见证了课堂研究的另一重大进步，即基于"社会文化理论"的研究，最著名的是阿尔贾夫雷（Aljaafreh）和兰托夫（Lantolf）（1994）基于一位学生和他的教师一对一互动中的纠正性反馈片段的详细研究。

总体来说，20 世纪 60 年代关注教学方法比较，20 世纪 70 年代的焦点是个性化教学，20 世纪 80 年代关注个体学习者因素，20 世纪 90 年代关注课堂过程，对课堂上教师实际教学行为的研究有显著的拓展和深化。

29.2.2　21 世纪以来的外语课堂研究

进入 21 世纪以来，二语课堂研究主要涉及哪些内容呢？根据埃利斯（Ellis）（2014）的综述，21 世纪二语课堂研究内容主要集中在以下 7 个领域：①语言教学方法比较（如显性教学与隐性教学）；②二语课堂话语；③关注教师与学习者；④探索任务；⑤互动与二语习得；⑥重形式的教学；⑦个体不同因素的调节作用。由于篇幅限制，我们无法对上述 7 个领域逐一展开论述。鉴于互动和重形式教学是近年来的研究热点（徐锦芬、寇金南，2014），显性教学和隐性教学一直是课堂研究者的关注热点，我们以这三个领域为例展开讨论。

首先，随着外语界越来越强调外语课堂必须以培养学生交际能力为目标，课堂互动研究越来越得到广大学者和教师的重视，而小组互动作为一种典型的课堂互动形式更是得到了广泛提倡。概括来讲，近年来国内外课堂小组互动研究主要侧重以下三个方面内容：①小组互动的作用，如为学习者提供更多使用目标语的机会，促进学习自主性和自我导向学习（Philp et al.，2014；李丹丽等，2014）；②小组互动的影响因素，如学习者语言水平（Iwashita，2001；Kim，McDonough，2008）、任务类型（庞继贤、吴薇薇，2000）、任务难度

（Kim，2009）以及其他社会语言因素（海春花，2014）；③小组互动中的语码转换，学者们对此持有不同看法，有些学者认为外语课堂中只能说目标语（如 DaSilva Iddings，McCafferty，2007），有些则认为语码转换是语言教学和学习的一种至关重要的交际手段（如 Ellwood，2008）。还有学者从不同角度探讨小组互动中的语码转换对拓展思维、提高交际能力等方面的效果（Sampson，2012；Bahouset al.，2014）。国内相关研究大多集中在教师话语中的语码转换，而对学习者同伴互动中的语码转换研究很少（王晓燕、王俊菊，2012）。另外，纠正性反馈作为外语课堂中教师和学生互动的一种重要形式，从 2000 年至今受到国际二语课堂研究者的持续关注。国际著名期刊 *Studies in Second Language Acquisition* 在 2010 年针对纠正性反馈推出了一期专刊，可见学术界对其的重视度。

其次，重形式教学研究关注的核心问题主要有三个：重形式教学对二语发展的作用如何；如何注重语言形式以及哪些因素影响重形式教学；如何处理语言形式和意义的关系。由于在以意义交流为主的互动课堂中开展关注形式的教学活动已经得到了外语界的广泛认同，因此 21 世纪以来的研究基本上侧重采取何种方式开展此类互动才能收到更好的效果，以期既不影响学生在课堂上的意义交际互动，又使他们关注语言形式，最终促进学生语言能力的发展。

最后，长期以来对显性教学和隐性教学的讨论大多针对语法习得，近几年相关研究内容有所拓展，如戴炜栋、杨菊仙（2005）探讨了显性/隐性教学在语用习得中的作用；齐藤（Saito）（2011）考查了显性教学对语音习得的作用。该研究涵盖了 20 名以英语为二语的日本学习者，把参与者分为实验组和参照组，让实验组的参与者接受 4 小时的语音教学，然后请 4 位母语为英语的人来评价参与者的口头产出的可理解度和外国口音。结果显示，显性教学对可理解度有显著的作用，但是没有显著减少外国口音。纵观国内外二语课堂研究文献，关注显性教学的研究多于隐性教学，而且更多实证研究证明显性教学更有效。例如，斯巴达（Spada）和富田（Tomita）（2010）选取 41 项比较显性教学和隐性教学的研究进行了元分析，得到了显性教学比隐性教学对语法特征有更大影响的结论。国内学者戴炜栋、任庆梅（2006）对内隐/外显学习进行了多角度阐释和重要理论假设以及实证研究的综述，提出重视内隐学习与外显学习的协同作用是提高外语教学的关键。戴运财（2011）的实证研究分别采用显性和隐性教学方式进行 4 种关系从句知识的教学，得知，显性教学方式下的习得效果显著优于隐性教学方式下的习得效果。

另外，2001—2010 年间，MLJ 出版了两期专门针对课堂研究的专刊，第 88 卷第 4 期的"课堂话语"报告了使用多种方法记录发生在课堂中的口语互动的研究；第 89 卷第 3 期的"课堂环境下的二语习得研究的方法论、民族志和道德"，证明了课堂研究者越来越需要解决在调查课堂时的方法论问题和更广义的道德问题。这两个专刊的出版体现了"课堂研究"越来越重要的地位。目前国际期刊上大部分文章都是记录对二语课堂某一方面的实证研究，同时出现了一个新的研究领域——信息和交流技术（ICT）。需要指出的是，20 世纪 90 年代的很多研究主题（如教师话语、任务类型）依然是这一时期的主要研究内容之一。

柯林斯（Collins）和慕诺兹（Munoz）（2016）基于 MLJ（2001—2014 年）的 97 篇文章，从外语课堂的地理位置（不同的国家）、所教的外语语种、课堂教学时间的数量和分配、学习者的年龄和学习者的语言背景等 5 个方面进行了综述。结果发现，外语课堂分布 23 个国家，美国是外语课堂分布最集中的地区。所教的外语语种，英语（35％）始终居于外语的主导地位，紧跟其后的分别是西班牙语（20％）、法语（14％）和德语（13％）。非英语国家的学生学习英语，英语国家的学生学习以上三种之一。关于教学时间的数量和分配，37 项提供了可利用教学时间分配的相关信息，大多数对外语环境的报告（90％）显示，学生的外语课堂时间平均为每周 2 到 3 个小时，大学外语课程通常持续一个学期（12 到 16 周）。学习者的年龄以大学生为主，小学生占比例最小。

总体而言，现在的课堂研究话题越来越广，如，教师和学习者对不同教学实践（如纠正性反馈）的感知和信念；焦虑和交际意愿等个体差异变量如何影响学习者对教学的反应；工作记忆与输入、输出处理过程的关系；很多描述性研究记录过程，如在课堂互动中对形式的注意和语码转换；实验性的过程-结果研究，如考查具体教学过程和学习成果之间的关系；研究整个项目（如国外学习）的实施情况及效果，等等。这些研究涵盖了二语的所有方面（语音，词汇，语法等），以及所有的语言技能（听、说、读、写、译），并从各个理论视角比如认知互动理论和社会文化理论进行解释。

29.3　外语课堂研究方法概述

一般而言二语课堂研究必须经历 5 个阶段：①选择问题；②形成假设；③选择研究策略和开发测量工具；④收集和分析数据；⑤报告结果。研究者要力求使每一个阶段清晰化（通过文献阅读和分析得出研究问题）全程记录研究过程周全考虑数据收集步骤全面客观评价研究目标。

鉴于课堂研究以实证研究为主，本章重点介绍课堂环境下实证研究采取的主要方法，具体有：①描述性（Descriptive），研究在课堂环境下教师和学习者产出的不同类型的语言；②实验性（Experimental），给学习者实施教学干预，并测量不同教学干预带来的学习效果；③民族志（Ethnographic），基于课堂实地观察，以及来自教师和学习者的回顾和内省报告的研究；④相关性（Correlational），寻求在不同变量间建立联系的研究。

外语课堂中教与学的过程非常复杂，为了揭示这一复杂性，我们不仅需要考查通常情况下学习是怎样发生的，或者什么因素会影响学习，而且要更加深入调查和了解个体学习者以及他们的学习行为及经验。而描述性研究的目的就是描述一个现象及其特征，这类研究更关注"发生了什么"，而不是"怎样"或者"为什么"发生，因此非常适合用于外语课堂研究。描述性研究通常是定性收集数据，再进行定量分析，分析方法包括频率、百分比和平均数等。例如，中司（Nakatsukasa）和洛文（Loewen）（2015）进行的一项描述性研究调查了语言教师在二语课堂中的母语使用情况。通过 12 小时的课堂互动录像数据收集，并将互动数据切分为不同的聚焦形式的片段（FFE），根据使用的语言类别（母语、目的语，或混合两种语言）和语言焦点（语法、词汇、发音）将这些片段编码，然后计算频率，并使用卡方检验考查语言使用类别与语言焦点之间的关系。为了更深入了解教师使用母语和目的语的情形，作者还对原有数据进行定性分析。结果显示，教师在授课中两种语言都会使用，但使用程度取决于 FFE 中的语言焦点。

实验性研究通常被用来检验某种教学方法的有效性。真正的实验性研究需要满足下列要求：①提出并清晰定义自变量和因变量；②通过某种形式的介入（即"训练/干预"）调查自变量对因变量的效应；③形成实验组和控制组；④受试者被随机分布到不同的小组；⑤通过前测和后测（即时后测与延时后测）求出两组测试分数是否有显著性差异。但实际上大多数基于课堂的研究都不是真正的实验，而是准实验研究。因为随机将受试分配至各个小组通常是不可能的，大多数实验性研究是在常规课堂环境下进行的。近年来，随着学者们越来越意识到教与学之间关系的复杂性，不同学习者从某一种教学方式中受益的程度可能会不一样，因此在研究设计中融入了中介变量（mediating variables），如胡（Hwu）等（2014）对两种显性语法教学进行对比研究时，引入了语言学能作为中间变量。结果显示，接受不同教学方法的两组学生的学习结果总体上没有差异，但值得注意的是，低学能学习者接受演绎教学法的学习效果却好得多。

民族志研究是对自然发生的、不间断环境中的人类行为的研究，专注于对行为的文化解释，它强调从多维视角收集多样性数据（如课堂观察、问卷调查、访谈等）的重要性，以及使用这些数据去描述和理解行为的常规模式。民族志研究有三个主要特征：历时调查、综合性、从文化方面观察人类行为。此外，对课堂参与者的日记或备课笔记等进行研究也是民族志研究者经常使用的方法。民族志研究也使用互动分析系统或录音以进行课堂观察，还可能用田野调查以补充这些方法。例如，丁（Tin）（2014）采用民族志方法（课堂观察和访谈）探究了尼泊尔公立大学英语课堂发生的事件，使人们更好地了解适合尼泊尔本土的课堂教学实践。

相关性研究是指对两个或多个具备相关性的变量进行研究，从而衡量两个或多个变量的相关密切程度。比如，吉约托（Guilloteaux）和德涅（Dörnyei）（2008）调查了三个变量之间的关系：教师激励性行为，学生被激励的行为，及学生在课堂中学习英语的动机。前两个变量的测量是通过观察教师和学生在实际课堂中的表现；第三个变量的测量是通过一份问卷；最后考查三个变量之间关系的强度。

研究方法会随着研究的进展而不断变化。以互动研究为例，早期互动研究主要是描述性的（描述互动特征），大部分定量研究都是在实验室环境下采用观察或事后设计的方法，尽管研究了各种新的变量，但研究方法具有同质性。霍金斯（Hawkins）（1985）关于外国人话语的可理解性研究首次使用了刺激性回忆（stimulated recall）方法，该方法后来被广泛应用于该领域。20世纪90年代早期，研究人员开始不仅描述互动特征，还检验它们对习得的影响。这一时期的研究在方法论上有几个重大贡献。首先，课堂互动研究（相对于实验室研究）数量增加，说明了该领域理论的成熟（Oswald，Plonsky，2010），其次，更多研究者开始将前后测（如 Fotos，Ellis，1991）和对照组纳入研究设计。后来，研究者又开始关注互动对语言发展的影响以及这些影响的持久性。因此，延迟后测被引入相关研究（如 Mackey，1999）。再如，早期的纠正性反馈（Corrective Feedback，CF）研究也大多是描述性的，研究者主要通过观察并记录自然课堂中教师的纠错行为、课堂录音与录像等数据收集方式，细致描写课堂中教师使用的 CF，对 CF 策略进行分类并考查各种 CF 的效果（如 Lyster，Ranta，1997）。随着研究主题的扩展，研究者越来越关注学习者对 CF 的注意/感知、态度以及教师对 CF 的信念、教师对学习者领会/修正的感知等研究主题，为避免单一地依赖观察性数据，刺激性回忆（Stimulated re-call）以及提示性即时回忆方法（Cued-immediate recall）在 CF 研究中得到了广泛应用（Junqueira，Kim，2013）。

国外的实证研究在方法上曾出现过"钟摆现象"，定量研究于20世纪80年代中期达到最大比例，而定性研究于20世纪90年代后期达到最大比例，现在越来越倾向于定量与定性相结合。我们认为，在研究方法的选择上要避免走极端，因为，一方面，定量研究到定性研究是一个延续体，并没有清楚明确的界限；另一方面，研究方法本身无好坏之分，每一种方法都有自己的局限性，研究者要根据自己的研究范畴和目的选择相应方法。外语教学过程非常复杂，涉及的因素很多，要全面、深入认识外语课堂教学的本质，就需要多种方法的有机结合。

最后需要强调的是，外语课堂实证研究不是简单的数据收集，或者进行一个实验。重要的是，实证研究必须以理论为指导，教师要知道在课堂调查中或在实验过程中采用什么样的步骤和方法、怎样进行研究设计、怎样解释研究结果以及从中得出怎样的启示。这意味着研究人员必须具备相关专业理论知识和实际操作技能。因此，广大一线教师要养成阅读相关理论文献的习惯，要了解外语课堂研究可借鉴的二语习得理论及其他相关理论知识。比如，认知视角下的二语习得理论有输入假说、输出假说和互动假说等；社会文化视角下的二语习得理论有社会文化理论、语言社会化理论和对话理论等。

29.4　外语课堂研究展望

我国外语课堂研究无论在内容的整体性、系统性还是在研究设计的严谨性上都存在不足，尤其在研究方法上缺乏严密的论证过程（为何要进行这项研究），缺乏对课堂教学过程和结果有效测量的工具。

我们认为，未来我国外语课堂研究可以从宏观和微观两个层面展开。宏观层面上可以涉及三大领域。首先，现代教育技术下的外语课堂创新研究，如对新兴的慕课、微课与翻转课堂等教学模式从宏观上进行全面深入的理论探讨以及实践操作层面的系统设计研究。其次，现代外语课堂的功能及教学内容研究，以我国大学英语教学为例，一方面，当前全国很多高校的大学英语纷纷进入了压缩学分的时期，不仅范围越来越大，而且势头越来越猛；另一方面，随着网络技术的不断发展，学生接触外语的途径越来越多样化。束定芳（2011b）曾专门探讨并提出了外语课堂教学的五大基本功能，那么在目前外语课堂学时大大减少并且学生接触外语途径多元化的情况下，外语课堂的功能较之前会有怎样的变化？就教学内容而言，洛奇（Lodge）（2000）曾指出，高等教育领域的外语教学既要把语言视为一种工具，也要把语言视为一门学科。这就是说，外语课堂的教学内容不仅仅是基本的语言技能训练，还必须培养学生反思、分析所接触语言的能力，即思辨能力。最后，外语课堂的有效性评价研究。课堂评价是一项非常复杂的系统工程，不仅因为课堂本身涉及到很多因素，如教师、学生、教材和课堂环境等，而且教学效果的体现呈现出多元性、间接性、长期性等特点。王蓓蕾、安琳（2012）从"外教社杯"全国大学英语教学大赛评分标准探讨了大学英语课堂教学评价标准，但教学比赛与外语课堂常态教学有很大区别，因此如何科学客观地评价常规的外语课堂有效性应成为未来研究的重点之一。

宏观研究为外语课堂的改革与发展指明方向，而所有宏观的理论和政策只有通过微观的教学过程才能够进入人才培养的实践，也就是说，宏观研究成果只有通过微观研究才能转化为实践。因此，除宏观研究外，广大一线教师应重视微观课堂教学过程的应用研究。我们认为，未来研究应该注重以下几个方面。第一，将教学作为互动过程来研究（教学不再只是一套教学技巧和程序）。学习者通过课堂互动或交际学习语言，即许多教育家广泛提倡的"从做中学"（learning by doing）。在互动教学中仅仅给学生布置一个任务是不够的，我们应该关注三个方面：任务性质（教师想让学生做什么）、预期结果和教学目的（教师想通过任务实现什么）以及参与度（教师和学习者在多大程度上参与到了完成任务的过程中）。因此围绕"任务"就有很多话题值得研究，比如，系统考查任务要求、语言能力和语言学习之间的相互作用。第二，课堂语言（教师与学生）始终是课堂研究需要关注的热点。学生在课堂上接触到的语言主要来自教师、教材和同伴。教师语言包括教师提问、母语使用情况、教师纠错等；学习者语言包括师生互动和同伴互动中的学习者语言、同伴之间的纠错以及自我纠错、同伴互动中学习者使用母语的情况等。第三，学习者个体差异研究。国内外语学习者个体差异实证研究的主题主要集中在学习策略、动机、观念等几个方面。未来研究应该更多关注个性、认知风格、学习方式、学能等方面。比如，探究工作记忆是如何调解学习者对于不同类型纠错性反馈的回应以及从不同类型纠错性反馈中获益的。总之，课堂教学对语言学习的作用受到学习者个体差异影响这一观点已得到教师们的普遍认同，但我们还缺乏大量相应的研究成果来展示在实际课堂过程中教学是如何与学习者个体差异相互作用的。第四，教材研究（教材编写、教材使用、教材评估）。我国对英语教材/教学内容的关注程度明显不够，根据赵永青等（2014）对2004—2013年10年间我国大学英语教学研究述评，教材研究只占 6.2%。未来研究可以围绕教材中的练习形式、活动形式、词汇或语法结构在教材中的呈现，以及教师对教材的处理方式等方面展开，还可以探讨怎样在 SCT 或者 PBLT 理念指导下编纂外语教材、如何开发教材之外的学习调节工具以增加内化手段等。最后，鉴于信息技术与外语教学的融合已成为必然趋势，我们要积极开展信息技术背景下的外语创新教学研究，例如，怎样充分利用多媒体的多模态特征营造能够涌现出更多"给养"的课堂学习环境，除了关注学习者语言能力的提升，还要培养学习者的跨文化交际能力、数字化素养（digital literacy）以及多元化素养（multiliteracies）等等。

29.5　结　　语

本章通过历史性地回顾外语课堂相关研究内容及当前研究热点，介绍了课堂实证研究主要方法，最后从宏观和微观两个层面对未来研究提出展望。我们希望本章能为有兴趣从事课堂研究的教师和学者提供一些研究思路以及相关研究方法，从整体上提升我国外语课堂研究水平。最后特别需要强调两点，第一，外语课堂研究离不开相关理论的引导和支持；第二，微观层面的研究内容涉及面非常广泛，研究者可以根据自己所在的具体教学语境结合个人兴趣确定研究领域。

参 考 文 献

别敦荣，陈艺波，2006. 论学术职业阶梯与大学教师发展 ［J］. 高等工程教育研究（6）：
17－23.

蔡基刚，2011. CBI 理论框架下的分科英语教学 ［J］. 外语教学（5）：35－38.

蔡基刚，2011. 传统大学英语教材编写理念的一次新突破 ［J］. 外语电化教学（5）：3－9.

蔡基刚，2012. 制约我国大学英语词汇要求发展的主要因素及其对策研究 ［J］. 解放军外国
语学院学报（1）：48－53.

蔡基刚，2015. 再论我国大学英语教学发展方向：通用英语和学术英语 ［J］. 浙江大学学
报，（4）：83－93.

陈吉棠，1999. 文化因素与英语听力 ［J］. 外语电化教学（2）：6－10，42.

陈吉棠，2002. 再论记忆与听力理解 ［J］. 外语界（3）：36－40.

陈坚林，2007. 大学英语教材的现状与改革——第五代教材研发构想 ［J］. 外语教学与研究
（5）：374－378.

陈俭贤，2015. 新课程理念下高中英语阅读策略的培养 ［J］. 基础英语教育（3）：96－101.

陈琳，2014. 语言学习中的性别差异：表现、原因与思考 ［J］. 解放军外国语学院学报
（3）：36－43.

陈向明，2000. 质的研究方法与社会科学研究 ［M］. 北京：教育科学出版社.

陈向明，2009. 对教师实践性知识构成要素的探讨 ［J］. 教育研究（10）：66－73.

陈向明，2013. 从教师"专业发展"到教师"专业学习"［J］. 教育发展研究（8）：1－7.

程晓唐，孙晓慧，2011. 英语教材分析与设计 ［M］. 北京：外语教学与研究出版社.

崔敏，田平，2010. 大学英语教学新型评价体系的研究与实践 ［J］. 中国外语（2）：8－
12，37.

戴炜栋，任庆梅，2008. 语法教学的新视角：外显意识增强式任务模式 ［J］. 外语界（1）：
7－15.

戴炜栋，杨凡，2002. 构建具有中国特色的英语教学"一条龙"体系 ［J］. 中国高等教育，
（11）：10－12.

戴炜栋，杨菊仙，2005. 第二语言语用习得的课堂教学模式 [J]. 外语界 (1)：2-8.

戴运财，2011. 工作记忆与教学方式在英语关系从句习得中的作用 [J]. 外语学刊 (2)：96-100.

邓昭春，曾中平，1998. 本科生英语词汇量调查与教学思考 [J]. 外语与外语教学 (10)：19-20.

丁刚，2008. 声音与经验：教育叙事探究 [M]. 北京：教育科学出版社.

段春云，王军，1998. 试论外语课堂教学中的自我评价 [J]. 山东外语教学 (4)：83-86.

范烨，2009. 有关注意在二语习得中的作用研究综述 [J]. 外语界 (2)：56-65.

方平，李改，刘金秀，2007. 大学生情绪调节方式的调查与分析 [J]. 教师教育研究 (5)：60-65.

傅梦夏，李少峰，2017. 任务完成过程中的认知行为及其与工作记忆的关系 [J]. 现代外语 (1)：114-124，147.

甘正东，2000. 反思性教学：外语教师自身发展的有效途径 [J]，外语界 (4)：12-16.

高强，张洁，2010. 大学英语教师语法教学信念研究 [J]. 中国外语 (5)：77-84.

高瑞阔，唐胜虹，2014. 中国大学生的英语学习同伴资源运用状况调查 [J]. 现代外语，(5)：668-678，730-731.

高翔，王蔷，2003. 反思性教学：促进外语教师自身发展的有效途径 [J]. 外语教学 (2)：87-90.

高艳，2010. 项目学习在大学英语教学中的应用研究 [J]. 外语界 (6)：42-48，56.

高一虹，陆小娅，2001. 大学生心理帮助与求助方式的性别差异 [J]. 妇女研究论丛 (2)：9-16.

高一虹，赵媛，程英，等，2003. 英语学习动机类型与动机强度的关系 [J]. 外语研究 (1)：60-64，80.

龚苗，2012. 外语课堂教学研究：状况与启示 [J]. 浙江工商大学学报 (3)：82-88.

顾佩娅，陶伟，古海波，等，2016. 外语教师专业发展环境研究综述 [J]. 外语教学与研究 (1)：99-108，161.

顾佩娅，2008. 解析优秀外语教师认知过程与专业成长 [J]. 外语研究 (3)：39-45.

顾佩娅，2009. 优秀外语教师成长案例研究 [M]. 外语教学与研究出版社.

桂诗春，1983. 中国学生英语词汇量调查 [A]//公共外语教学研究文集 [C]. 上海：上海外语教育出版社.

桂诗春，1985. 我国英语专业学生英语词汇量的调查和分析 [J]. 现代外语 (1)：1-6.

郭燕，徐锦芬，2013. 我国大学英语教材使用情况调查研究 [J]，外语学刊 (6)：102 - 108.

郭燕，徐锦芬，2014. 非英语专业大学生英语学习焦虑多维度研究 [J]. 外语界 (4)：2 - 11.

郭燕，徐锦芬，2015. 我国大学英语教师专业发展共同体建设研究 [J]. 外语界 (5)：79 - 87.

郭燕，徐锦芬，2016. 专业学习共同体对外语教师教学能力发展的影响研究. 解放军外国
    语学院学报，39 (1)：104 - 112.

郭燕，2007. 大学英语师生学习策略教授与使用的相关性实证研究 [J]. 外语界 (2)：65 -
    72，81.

郭燕，2011. 大学英语写长法对写作焦虑和写作能力影响作用的实验研究 [J]. 外语界
    (2)：73 - 81，96.

国红延，战春燕，2011. 一项关于大学英语教材对教师专业发展作用的调查研究 [J]. 外语
    界 (4)：67 - 74.

海春花. 2014. 影响 EFL 大学生课堂互动的因素：学习者情感之实证研究 [J]. 外语教学
    (2)：67 - 71.

郝玫，郝若平. 2001. 英语成绩与成就动机、状态焦虑的相关研究 [J]. 外语教学与研究
    (2)：111 - 115，160.

何克抗，2017. Web 2.0 应用的理论基础及多样化实践 [J]. 现代远程教育研究 (1)：3 - 12.

何祖佳. 2005. 英语听力教学中元认知策略培训的实验研究 [J]. 外语电化教学 (2)：56 - 61.

胡开宝，谢雨欣，2014. 我国大学英语教学的未来发展方向研究 [J]. 外语界 (3)：12 -
    19，36.

黄纪针，2013. 大学入校新生质量调查研究———一项基于新课标综合语言运用能力七级标
    准的调查分析 [J]. 外语教学 (5)：65 - 69.

黄建玲，2004. 听力理解中信息加工理论及其实践描述 [J]. 外语电化教学 (4)：31 - 35.

黄人杰，冯玉柱. 1984. 高校文理工科新生英语水平调查分析 [J]. 外国语 (5)：62 - 66.

黄源深，1998. 思辨缺席 [J]. 外语与外语教学 (7)：1，19.

黄源深，2010. 英语专业课程必须彻底改革———再谈思辨缺席 [J]. 外语界 (1)：11 - 16.

贾光茂，2015. 争议与应对：二语习得涌现论研究的进展与启示 [J]. 外语教学理论与实践
    (2)：13 - 16，12，94.

贾凌玉，章国英，施称，2016. 基于微信公众平台和微社区的医学英语阅读翻转课程的设
    计与实践 [J]. 外语电化教学 (2)：65 - 69，34.

江庆心，2006. 论教师介入学生自主学习的重要性 [J]，外语界 (2)：10 - 15.

姜琳，涂孟玮，2016. 读后续写对二语词汇学习的作用研究 [J]. 现代外语 (6)：819 -

829，874.

蒋荣，2013. 调控理论视角下汉语学习者词汇习得的认知机制研究 [J]. 语言教学与研究
（1）：9 - 15.

蒋银健，2016. 微信公众平台支持英语阅读教学的实验研究 [J]. 外语电化教学（3）：
58 - 63.

教育部高等教育司，2007.《大学英语课程教学要求》[Z]. 上海：上海外语教育出版社.

解放军外国语学院英语测试中心，1987. 建立分级词汇库，调查学生词汇量 [J]. 外语教学
与研究（3）：42 - 46.

靳涵身，1999. 语用推理对听力理解思路的启示 [J]. 四川外语学院学报（1）：82 - 88.

鞠玉翠，2004. 走近教师的生活世界：教师个人实践理论的叙事探究 [M]. 复旦大学出版社.

孔蕾，秦洪武，2013. 语料库在词汇教学中的应用：词汇分层和教学设计 [J]. 外语教学理
论与实践（4）：58 - 63，95.

寇金南，2016. 中国大学英语课堂小组互动模式研究 [M]. 世界图书出版公司.

赖定来，2004. 中学英语教师的中介作用调查 [J]. 基础教育外语教学研究（4）：58 - 64.

李斑斑，徐锦芬，2011. 中国高校英语教师反思量表构建 [J]. 现代外语（4）：405 - 412.

李宝敏，宫玲玲，2018. 基于工作坊的混合式研修中教师学习现状及支持对策研究. 教师
教育研究（2）：49 - 58.

李丹丽，2012. 二语课堂互动话语教师"支架"的构建 [J]. 外语教学与研究（4）：572 -
584，641.

李丹丽，2014. 二语协作任务中同伴支架对语言输出的影响 [J]. 中国外语（1）：43 - 50.

李炯英，2002. 中国学生二语学习策略的观念与运用——一项实证研究 [J]. 外语教学
（1）：42 - 49.

李炯英，2004. 外语学习焦虑的心理学和神经生物学分析 [J]. 天津外国语学院学报（4）：
46 - 51.

李炯英，秦智娟，2005. 第二语言阅读策略研究 30 年：回顾与展望 [J]. 国外外语教学
（4）：43 - 49，56.

李兰霞，2011. 动态系统理论与第二语言发展 [J]. 外语教学与研究（3）：409 - 421，
480 - 481.

李莉文，2010. 试析英语专业技能课程与批判性思维能力培养的关系 [J]. 中国外语（6）：
68 - 73.

李茜，2013. 任务后语言形式聚焦对英语学习者口语产出的影响 [J]. 外语教学与研究

（2）：214 – 226，319.

李晓，2007. 词汇量、词汇深度知识与语言综合能力关系研究 ［J］. 外语教学与研究（5）：352 – 359，400 – 401.

李晓博，2010. 叙事探究的"事实"、价值和评价基准"［J］. 中国外语（5）：85 – 91，99.

李晓博，2011. 有心流动的课堂：教师专业知识的叙事探究 ［M］. 外语教学与研究出版社.

李秀英，王义静，2000."互动"英语教学模式 ［J］. 外语与外语教学（12）：22 – 24.

李昇飞，2014. 我国外语教学课堂互动研究回顾及发展趋势分析 ［J］. 外语界（4）：47 – 53.

梁文花，秦洪武，2009. 我国近十年"体裁理论"研究概观 ［J］. 外语教学（1）：44 – 48.

林崇德，2006. 思维心理学研究的几点回顾 ［J］. 北京师范大学学报（5）：35 – 42.

林娟，战菊，2015."活动"中的英语写作教材评估与使用——来自高校英语教师的声音 ［J］. 现代外语（6）：790 – 801，873.

刘慧君，2004. 元认知策略与英语阅读的关系 ［J］. 外语与外语教学（12）：24 – 26.

刘建达，2002. 学生英文写作能力的自我评估 ［J］. 现代外语（3）：241 – 249.

刘润清，2010. 论一堂课的 5 个境界 ［J］. 英语教师（12）：10 – 15.

刘润清，2015. 外语教学中的科研方法 ［M］. 北京：外语教学与研究出版社.

刘润清，戴曼纯，2003. 中国高校外语教学改革现状与发展策略研究 ［M］. 北京：外语教学与研究出版社.

刘润清，吴一安，2000. 中国英语教育研究 ［M］. 外语教学与研究出版社.

刘学惠，2005. 课堂环境下的第二语言习得——理论框架与分析单位 ［J］. 外语与外语教学（10）：54 – 58.

刘学惠，钱薇薇，2007. 协商互动与即时输出：课堂语言学习探微 ［J］. 外语与外语教学（11）：25 – 29.

刘岩，2009. PPP 教学及两种任务式教学的二语课堂词汇习得效果之比较 ［J］. 天津外国语学院学报（5）：72 – 80.

刘熠，2011. 叙事视角下的大学公共英语教师职业认同建构研究 ［M］. 外语教学与研究出版社.

刘熠，2012. 叙事视角下的外语教师职业认同研究综述 ［J］. 外语与外语教学（1）：11 – 15.

刘莺，2009. 大学英语阅读低分者元认知策略培训的有效性研究 ［J］. 外语与外语教学（10）：38 – 41.

楼荷英，2005. 自我评估同辈评估与自主学习能力之间的关系 ［J］. 外语教学（4）：60 – 63.

鲁俐，李芳媛，2015. 输出驱动假设理论视角下大学英语听说教学改革思路探析 ［J］. 教育评论（1）：120 - 122.

陆国君，吴兴东，2007. 语篇结构图式与语调范式对英语听力理解的影响 [J]. 外语教学与
研究（2）：117 - 122，161.

吕笋，董晓秋，2010. 职前外语教师学科教学知识研究 [J]. 外语教学理论与实践（4）：
64 - 70.

吕长竑，2004. 词汇量与语言综合能力，词汇深度知识之关系 [J]. 外语教学与研究（2）：
116 - 123，161.

马广惠，1997. 高分组学生与低分组学生在学习策略上的差异研究 [J]. 外语界（2）：
38 - 40.

马广惠，黄文，苗娟，等，2006. 大学非英语专业新生英语入学水平测试与分析 [J]. 南京
师大学报（社会科学版）（1）：82 - 88.

马红亮，2003. 合作学习的内涵、要素和意义 [J]. 外国教育研究（5）：16 - 19.

马宁，罗仁家，刘江燕，2015. 英语阅读学习与训练中词汇处理策略调查研究 [J]. 外国语
文（2）：151 - 56.

毛齐明，2013. 教师有效学习的机制研究——基于"社会文化-活动"理论的视角 [M]. 武
汉：华中师范大学出版社.

孟臻，须文瑜，2005. 反思外语教学法研究——谈外语教师自身发展 [J]. 外语界（6）：
23 - 29，81.

倪清泉，2008. 外语学习策略研究四十年 [J]. 四川外语学院学报（6）：134 - 138.

庞鹤峰，2006. 我国高校教师绩效评价研究现状初探 [J]. 中国高校师资研究（6）：32 - 37.

庞继贤，吴薇薇，2000. 英语课堂小组活动实证研究 [J]. 外语教学与研究（6）：424 -
430，478.

彭邵东，2010. 从面对面的协作学习、计算机支持的协作学习到混合式协作学习 [J]. 电化
教育研究（8）：42 - 50.

秦丽莉，戴炜栋，2013. 活动理论框架下的大学英语学习动机自我系统模型构建 [J]. 外语
界（6）：23 - 31.

秦丽莉，戴炜栋，2015. 生态视阈下大学英语学习环境给养状况调查 [J]. 现代外语（2）：
227 - 237，292.

秦晓晴，2009. 外语教学问卷调查法 [M]. 北京：外语教学与研究出版社.

曲卫国，陈流芳，2017. 谈谈英语本科专业阅读教学指导理论选择出现的偏颇——兼议人
文阅读教学的重要性 [J]. 外语教学理论与实践（3）：34 - 41，17.

曲文婕，2004. 大学英语教师课堂中介作用调查分析 [J]. 陕西师范大学继续教育学报 (S1)，242-244.

任庆梅，2006. 个案研究反思性教学模式在外语教师专业发展中的作用 [J]. 外语界 (6)：57-64.

阮全友，2012. 构建英语专业学生思辨能力培养的理论框架 [J]. 外语界 (1)：19-26.

沈昌洪，吕敏，2008. 动态系统理论与二语习得 [J]. 外语研究 (3)：65-68.

石运章，2008. 外语阅读焦虑性别差异与四级英语成绩的关系探讨 [J]. 中国外语 (2)：46-49，53.

石运章，刘振前，2006. 外语阅读焦虑与英语成绩及性别的关系 [J]. 解放军外国语学院学报 (2)：59-64.

束定芳，2008. 大学生英语阅读能力培养目标与阅读教材编写——写在《快速阅读》出版之际 [J]. 外语界 (1)：15-19.

束定芳，2011a. 德国的英语教学及其对我国外语教学的启发 [J]. 中国外语 (1)：4-10.

束定芳，2011b. 论外语课堂教学的功能与目标 [J]. 外语与外语教学 (1)：5-8.

束定芳，2012. 中国特色外语教学模式的探索——基础阶段外语教学改革实验的一次尝试 [J]. 外语与外语教学 (5)：1-5.

束定芳，2014. 外语课堂教学中的问题与若干研究课题 [J]，外语教学与研究 (3)：446-455.

束定芳，庄智象，2008. 现代外语教学：理论、实践与方法 [M]. 上海：上海外语教育出版社.

苏静，2002. 句法简化对大学英语专业学生听力理解的作用 [J]. 外语教学与研究 (2)：125-130.

孙钦美，郑新民，2015. 共同体视域下高校英语教师个性化学习的个案研究 [J]. 外语界 (5)：88-96.

孙有中，2011. 突出思辨能力培养，将英语专业教学改革引向深入 [J]. 中国外语 (3)：49-58.

谭顶良，1995. 学习风格论 [M]. 江苏教育出版社.

陶丽，顾佩娅，2016. 选择与补偿：高校英语教师职业能动性研究 [J]. 外语界 (1)：87-95.

王涛，2014. 动态系统思想：理论和语言研究 [M]. 南京：东南大学出版社.

王蓓蕾，安琳，2012. 大学英语课堂教学评价标准探微 [J]. 外语界 (3)：42-50.

王初明，2014. 内容要创造，语言要模仿——有效外语教学和学习的基本思路 ［J］. 外语界
　　（2）：42－48.

王初明，2016. 以"续"促学 ［J］. 现代外语（6）：784－793，873.

王冬兰，黄雪祥，2009. 初中英语阅读策略指导的缺失及建议 ［J］. 山东师范大学外国语学
　　院学报（基础英语教育）（3）：53－57.

王栋，2007. 叙事探究——外语教师教育研究的新视角 ［J］. 山东外语教学（3）：54－57.

王静萍，2013. 资源指引型的任务复杂度对二语写作语言表现的影响 ［J］. 外语教学（4）：
　　65－68，104.

王俊菊，朱耀云，2008. 师生关系情境中的教师学习——基于叙事日志的个案研究 ［J］. 外
　　语教学与研究（4）：287－292，321.

王立非，孙晓坤，2005. 国外第二语言写作研究的现状与取向 ［J］. 外语界（5）：10－16.

王天剑，2010. 焦虑和效能感与口语和写作技能关系的 SEM 研究 ［J］. 外语与外语教学
　　（1）：27－30.

王晓燕，王俊菊，2015. 同伴互动语码转换研究 ［J］. 解放军外国语学院学报（3）：60－
　　66，128.

王瑛，2013. 认知风格对二语词义猜测影响的实证研究 ［J］. 外语研究（3）：59－63.

王宇，2002. 关于中国非英语专业学生听力策略的调查 ［J］. 外语界（6）：5－12.

王子颖，2014. 词汇量测试对语言水平的预测性的实证研究 ［J］. 外语教学理论与实践
　　（2）：71－75，96.

魏晶，陈慧，2008. 课堂环境的生态学思考 ［J］. 现代远距离教育（2）：30－32.

文灵玲，徐锦芬，2014. 国外教师专业身份研究综述 ［J］. 教师教育研究（6）：93－100.

文秋芳，刘艳萍，王海妹，等，2010. 我国外语类大学生思辨能力量具的修订与信效度检
　　验研究 ［J］. 外语界（4）：19－26，35.

文秋芳，2016. "一带一路"语言人才的培养 ［J］. 语言战略研究（2）：26－32.

文秋芳，任秋梅，2010. 大学英语教师专业发展研究的趋势、特点、问题与对策 ［J］. 中国
　　外语（4）：77－83.

文秋芳，王海妹，王建卿，等，2010. 我国英语专业与其他文科类大学生思辨能力的对比
　　研究 ［J］. 外语教学与研究（5）：350－355，400.

文秋芳，王建卿，赵彩然，等，2009. 构建我国外语类大学生思辨能力量具的理论框架
　　［J］. 外语界（1）：37－43.

吴刚平，2001. 课程资源的理论构想 ［J］. 教育研究（9）：59－63，71.

吴静，2006. 英语阅读策略与效果的试验分析 [J]. 语言研究（1）：123-25.

吴一安，2005. 优秀外语教师专业素质探究 [J]. 外语教学与研究（3）：199-205，241.

吴一安，2008. 外语教师专业发展探究 [J]. 外语研究（3）：29-38，112.

吴增强，2001. 学习心理辅导 [M]. 上海：上海教育出版社.

武继红，2003. 英语教师反思型教学实践初探 [J]. 外语界（1）：60-66.

夏甘霖，2008. 普通工科高校新生英语阅读策略使用状况因素分析 [J]. 外语教学理论与实践（1）：64-69.

项茂英，郑新民，邹易平，2016. 国外语言教师信念研究回顾与反思——基于对6种应用语言学期刊的统计分析（1990—2014）[J]. 外语界（1）：79-86，95.

刑加新，罗少茜，2016. 任务复杂度对中国英语学习者语言产出影响的元分析研究 [J]. 现代外语，（4）：528-538，584-585.

熊川武，1999. 反思性教学 [M]. 上海：华东师范大学出版社.

熊欣，2008. 中学生英语阅读策略 [J]. 山东师范大学外国语学院学报（基础英语教育）（3）：101-103.

徐飞，2017. "一带一路"背景下外语高等教育改革研究 [J]. 教育理论与实践（12）：45-46.

徐锦芬，2012. 论外语教学中的批判性合作自主学习 [J]. 外语教学（3）：51-55.

徐锦芬，2014. 中国大学生英语自主学习能力发展规律及影响因素研究 [M]. 北京：外语教学与研究出版社.

徐锦芬，2016. 大学英语课堂小组互动中的同伴支架研究 [J]. 外语与外语教学（1）：15-23，146.

徐锦芬，曹忠凯，2010. 国内外外语/二语课堂互动研究 [J]. 外语界（3）：51-59.

徐锦芬，曹忠凯，2012. 不同结对模式对大学英语课堂生生互动影响的实证研究 [J]. 中国外语（5）：67-77.

徐锦芬，陈聪，2017. 任务的认知要求对学习者语言产出的影响——有限注意力模型与多注意力资源模型 [J]. 外语学刊，（1）：91-96.

徐锦芬，寇金南，2011. 大学英语课堂小组互动策略培训实验研究 [J]. 外语教学与研究（1）：84-95，159.

徐锦芬，寇金南，2014. 基于词频的国外互动研究热点及趋势分析（2000—2012）[J]. 外语教学（3）：15-19.

徐锦芬，李斑斑，2014. 学习者可控因素对大学生英语自主学习能力的影响 [J]. 现代外语，（5）：647 - 656，730.

徐锦芬，李昶颖，2018. 任务前后语言形式聚焦对英语学习者语法习得影响的对比研究 [J]. 外语教学理论与实践（1）：74 - 80.

徐锦芬，李霞，2018. 国内外二语教师研究的方法回顾与反思（2000—2017）[J]. 解放军外国语学院学报（4）：87 - 95，160.

徐锦芬，聂睿，2016. 我国重点院校新生英语能力综合调查与分析——以 2014 级新生为例 [J]. 外语界，（1）：18 - 26.

徐锦芬，彭仁忠，吴卫平，2004. 非英语专业大学生自主性英语学习能力调查与分析 [J]. 外语教学与研究（1）：64 - 68.

徐锦芬，文灵玲，秦凯利，2014. 21 世纪国内外外语/外语教师专业发展研究对比分析 [J]. 外语与外语教学（3）：29 - 35.

徐锦芬，徐丽，2004. 自主学习模式下大学英语教师角色探析 [J]. 高等教育研究（3）：77 - 79.

徐锦芬，朱茜，杨萌，2015. 德国英语教材思辨能力的体现及对我国英语专业教材编写的启示 [J]. 外语教学（6）：44 - 48.

徐柳明，刘振前，2014. 非英语专业大学新生入学词汇水平调查与分析 [J]. 外语教学（1）：49 - 54.

许宏晨，高一虹，2011. 英语学习动机与自我认同变化——对五所高校跟踪研究的结构方程模型分析 [J]. 外语教学理论与实践，（3）：63 - 70.

许琪，2016. 读后续译的协同效应及促学效果 [J]. 现代外语（6）：830 - 841，874.

许悦婷，刘永灿，2008. 大学英语教师形成性评估知识的叙事探究 [J]. 外语教学理论与实践（3）：61 - 67.

寻阳，郑新民，2014. 十年来中外外语教师身份认同研究述评 [J]. 现代外语（1）：118 - 126，147.

颜奕，杨鲁新，2017. 英语教师专业学习共同体中的主要矛盾分析：活动理论视角 [J]. 外语教学理论与实践（2）：39 - 49.

杨超美，1999. 英语学习者性别差异的研究与对策 [J]，解放军外国语学院学报（2）：58 - 61.

杨芳，王芳，赵晓英，2013. 英语学习者阅读策略对比研究 [J]. 教育理论与实践（21）：44 - 46.

杨华堂，2006. 英语教师的中介作用调查 [J]. 外语界（2）：23 - 29，34.

杨惠中，2004. 从四、六级考试看我国大学生英语语言能力现状 [J]. 中国外语（1）：56 - 60.

杨惠中，2008. 怎样提高英语听说能力 [J]. 外语界（1）：7-10.

杨鲁新，2013. 应用语言学中的质性研究与分析 [M]. 北京：外语教学与研究出版社.

杨鲁新，2016. 中小学英语教师发展新模式研究 [M]. 北京：外语教学与研究出版社.

袁本涛，赵伟，王孙禹，2007. 我国研究生教育质量现状的调查与研究 [J]. 高等工程教育研究（4）：105-110.

袁凤识，肖德法，2003. 课堂表现性别差异与四级成绩的关系研究 [J]. 外语与外语教学（8）：22-25.

张蓓，马兰，2004. 关于大学英语教材的文化内容的调查研究 [J]. 外语界（4）：60-66.

张海峰，江帆，2005. 利用网络资源进行英语阅读教学的探索 [J]. 外语电化教学（2）：28-31.

张敏，2008. 教师学习策略结构研究 [J]. 教育研究（6）：84-90.

张蔚磊，2011. 大学英语教师绩效评估研究 [D]. 上海外国语大学博士论文.

张煜，徐世昌，2011. 基于语料库的体裁分析法英语专业写作教学实证研究 [J]. 外语界（6）：49-55，78.

张正厚，谭霞，吕磊，2013. 国内外学习策略与英语成绩关联性研究的元分析 [J]. 外语与外语教学（5）：40-45.

张紫屏，2015. 国外课堂师生互动研究：热点问题与未来趋势 [J]. 外国中小学教育（4）：42-48，41.

赵雷，2015. 任务型口语课堂汉语学习者协商互动研究 [J]. 世界汉语教学（3）：362-376.

赵凌珺，2009. 反思性外语教学理论及课堂模式与教师专业发展 [J]. 外语教学（1）：75-78.

赵明仁，黄显华，2011. 建构主义视野中教师学习解析 [J]. 教育研究（2）：83-86，109.

赵庆红，雷蕾，张梅，2009. 学生英语学习需求视角下的大学英语教学 [J]. 外语界（4）：14-22.

赵蓉，陈坚林，2010. 从二语习得视角分析语言学习游戏设计的关键因素——以经验学习模型为依据 [J]. 外语电化教学，（2）：52-57.

赵永青，李玉云，康卉，2014. 近十年我国大学英语教学研究述评 [J]. 外语与外语教学（1）：27-35.

郑咏滟，2015. 基于动态系统理论的自由产出词汇历时发展研究 [J]. 外语教学与研究，（2）：276-288，321.

中华人民共和国教育部，2001. 全日制义务教育普通高中英语课程标准（实验稿）[Z]. 北京：北京师范大学出版社.

中华人民共和国教育部，2003. 普通高中英语课程标准（实验）[Z] 北京：人民教育出版社.

中华人民共和国教育部，2012. 义务教育英语课程标准（2011 年版）［Z］. 北京：北京师范
　　大学出版社．

中华人民共和国教育部，2018. 普通高中英语课程标准（2017 年版）［Z］. 北京：人民教育
　　出版社．

仲丽娟，2010. 教师专业发展的叙事研究———一位中学教师的亲历亲闻［M］. 北京大学出
　　版社．

周大军，文渤燕，陈莉，等，1999. 大学英语学生 4 级阶段词汇量状况调查［J］. 外语与外
　　语教学（12）：34 - 36.

周相利，2002. 图式理论在英语听力教学中的应用［J］. 外语与外语教学（10）：24 - 26.

周艳琼，2017. 大学生英语阅读理解策略调查研究［J］. 解放军外国语学院学报（3）：86 - 94.

周燕，张洁，2013. 外语教师的课堂角色———重要他者［J］. 中国外语（6）：96 - 102.

周燕，2008. 中国高校英语教师发展模式研究［J］. 外语教学理论与实践（3）：41 - 47，67.

周玉忠，王辉，王奕文，2004. 外教与中国师生在外语教学有关问题上的分歧探析［J］. 外
　　语教学（6）：77 - 80.

朱茜，徐锦芬，2014. 国外优秀英语教材词汇和语法的布局、复现及练习方式［J］. 外语教
　　学理论与实践（4）：25 - 33，93.

ADAMS R，2007. Do second language learners benefit from interacting with each other?
　　［A］// A Mackey，Conversational Interaction in Second Language Acquisition：A Collection
　　of Empirical Studies［C］. Oxford：Oxford University Press：29 - 51.

ADAMS R，ROSS-FELDMAN L，2008. Does writing influence learner attention to form?
　　The speaking-writing connection in second language and academic literacy development
　　［A］// D Belcher，A Hirvela，The Oral/Literate Connection：Perspectives on L2
　　Speaking，Writing，and Other Media Interactions［C］. Ann Arbor：University of
　　Michigan Press：210 - 225.

AHMADIAN M J，TAVAKOLI M，2014. Investigating what second language learners do
　　and monitor under careful online planning conditions［J］. The Canadian Modern Language
　　Review，70（1）：50 - 75.

AHN T Y，2016. Learner agency and the use of affordances in language-exchange interactions
　　［J］. Language and Intercultural Communication，16（2）：164 - 181.

AIDA Y，1994. Examination of Horwitz and Cope's construct of foreign language anxiety：
　　The case of students of Japanese［J］. The Modern Language Journal，78（2）：155 - 168.

AINLEY M，AINLEY J，2011. Student engagement with science in early adolescence：The contribution of enjoyment to students' continuing interest in learning about science [J]. Contemporary Educational Psychology，36（1）：4－12.

AKBARI R，2007. Reflections on reflection：a critical appraisal of reflective practice in L2 teacher education [J]. System，35（2）：192－207.

ALCÓN E，2002. Relationship between teacher-led versus learners' interaction and the development of pragmatics in the EFL classroom [J]. International Journal of Educational Research，37（3－4）：359－377.

ALCÓN-SOLER E，2009. Focus on form，learner uptake and subsequent lexical gains in learners' oral production [J]. International Review of Applied Linguistics in Language Teaching，47（3－4）：347－365.

ALDERSON J C，HUDSON R，2013. The metalinguistic knowledge of undergraduate students of English language or linguistics [J]. Language Awareness，22（4）：320－337.

ALEGRÍA de la COLINA A.，GARCÍA MAYOM P，2007. Attention to form across collaborative tasks by low-proficiency learners in an EFL setting [A]//M P García Mayo，Investigating Tasks in Formal Language Learning [C]. Clevedon：Multilingual Matters：91－116.

ALFALLAY I，2004. The role of some selected psychological and personality traits of the rater in the accuracy of self-and peer-assessment [J]. System，32（3）：407－425.

ALJAAFREH A，LANTOLF J P，1994. Negative feedback as regulation and second language learning in the Zone of Proximal Development [J]. The Modern Language Journal，78（4）：465－483.

ALLWRIGHT D，BAILEY K M，1991. Focus on the Language Classroom：An Introduction to Classroom Research for Language Teachers [M]. Cambridge：Cambridge University Press.

ALLWRIGHT D，1988. Observation in the Language Classroom [M]. London：Longman.

ALLWRIGHT R L，1984. The importance of interaction in classroom language learning [J]. Applied Linguistics，5（2）：156－171.

AMER A A，KHOUZAM N，1993. The effect of EFL students' reading styles on their reading comprehension performance [J]. Reading in a Foreign Language，10（1）：967－977.

ANDERSON L W，KRATHWOHL D R，2001. A Taxonomy for Learning，Teaching and

Assessing: A Revision of Bloom's Taxonomy of Educational Objectives (Complete Editition) [M]. New York: Longman.

ANDON N, ECKERT J, 2009. Chacun à son gout? Task-based L2 pedagogy from the teacher's point of view [J]. International Journal of Applied Linguistics, 19 (3): 286 – 310.

ANDREWS S, SVALBERG A M L, 2017. Teacher language awareness [A]//J Cenoz, D Gorter, M Stephen, Language Awareness and Multilingualism [C]. Cham: Springer. 219 – 231.

ANDREWS S, 1999. Why do L2 teachers need to 'knowledge about language'? Teacher metalinguistic awareness and input for learning [J]. Language and Education, 13 (3): 161 – 177.

ANDREWS S, 1999. 'All these like little name things: A comparative study of language teachers' explicit knowledge of grammar and grammar terminology [J]. Language Awareness, 8 (3 – 4): 143 – 159.

ANDREWS S, 2001. The language awareness of the L2 teacher: Its impact upon pedagogical practice [J]. Language Awareness, 10 (2 – 3): 75 – 90.

ANDREWS S, 2003. Teacher language awareness and the professional base of the L2 teacher [J]. Language Awareness, 12 (2): 81 – 95.

ANDREWS S, 2006. The evolution of teachers' language awareness [J]. Language Awareness, 15 (1): 1 – 19.

ANDREWS S, 2007. Researching and developing teacher language awareness: Developments and future directions [A]//J Cummins, C Davison, International Handbook of English Language Teaching [C]. Boston: Springer: 945 – 959.

ANDREWS S, 2007. Teacher Language Awareness [M]. Cambridge: Cambridge University Press.

ANTÓN M, 1999. The discourse of a learner-centered classroom: Sociocultural perspectives on teacher-learner interaction in the second-language classroom [J]. The Modern Language Journal, 83 (3): 303 – 318.

APPEL G, LANTOLF J P, 1994. Speaking as mediation: A study of L1 and L2 text recall tasks [J]. The Modern Language Journal, 78 (4): 437 – 452.

APPLETON J J, Christenson S L, Kim D, Reschly A L, 2006. Measuring cognitive and psychological engagement: Validation of the Student Engagement Instrument [J]. Journal of School Psychology, 44 (5): 427 – 445.

APPOVA A，ARBAUGH F，2018. Teachers' motivation to learn：Implications for supporting professional growth [J]. Professional Development in Education，44（1）：5 – 21.

ARNOLD J，BROWN H D，2000. A map of the terrain [A]//J Arnold，Affect in Language Learning [C]. Beijing：Foreign Language Teaching and Research Press. 1 – 24.

ATKINSON D，2002. Toward a sociocognitive approach to second language acquisition [J]. The Modern Language Journal，86（4）：525 – 545.

AUBREY S，2017. Inter-cultural contact and flow in a task-based Japanese EFL classroom [J]. Language Teaching Research，21（6）：717 – 734.

BACHMAN L F，Palmer A S，1989. The construct validation of self-ratings of communicative language ability [J]. Language Testing，6（1）：14 – 29.

BAECHER L，FARNSWORTH T，EDIGER A，2014. The challenges of planning language objectives in content-based ESL instruction [J]. Language Teaching Research，18（1）：118 – 136.

BAHOUS R N，NABHANI M B，BACHA N N，2014. Code-switching in higher education in a multilingual environment：A Lebanese exploratory study [J]. Language Awareness，23（4）：353 – 368.

BAKKENES I，VERMUNT J D，WUBBELS T 2010. Teacher learning in the context of educational innovation：Learning activities and learning outcomes of experienced teachers [J]. Learning and Instruction，20（6）：533 – 548.

BANDURA A，1977. Self-efficacy：Toward a unifying theory of behaviorl change [J]. Psychological Review，84（2）：191 – 215.

BANDURA A，1986. Social Foundations of Thought and Action：A Social Cognitive Theory [M]. Englewood Cliffs，NJ：Prentice – Hall.

BARALT M，GÓMEZ J M，2017. Task-based language teaching online：A guide for teachers [J]. Language Learning，Technology，21（3）：28 – 43.

BARTRAM M，WALT R，1991. Correction：Mistake management：A Positive Approach for Language Teachers [M]. Hove：Language Teaching Publications.

BASTURKMEN H，LOEWEN S，ELLIS R，2004. Teachers' stated beliefs about incidental focus on form and their classroom practices [J]. Applied Linguistics，25（2）：243 – 272.

BASTURKMEN H，LOEWEN S，ELLIS R，2002. Metalanguage in focus on form in the communicative classroom [J]. Language Awareness，11（1）：1 – 13.

BATSTONE R, 1994. Grammar (Language Teaching: A Scheme for Teacher Education) [M]. Oxford: Oxford University Press.

BATSTONE R, 2010. Sociocognitive perspectives on language use and language learning [C]. Oxford: Oxford University Press.

BECKETT D, HAGER P, 2000. Making judgments as the basis for workplace learning: towards an epistemology of practice [J]. International Journal of Lifelong Education, 19 (4): 300 – 311.

BEHROOZIZAD S, NAMBIAR R, AMIR Z, 2014. The emergence and development of language learning strategies through mediation in an EFL learning context [J]. Procedia-Social and Behavioral Sciences, 118: 68 – 75.

BEIJAARD D, MEIJER P C, Verloop N, 2004. Reconsidering research on teachers' professional identity [J]. Teaching and Teacher Education, 20 (2): 107 – 128.

BERGSLEITHNER J M, 2010. Working memory capacity and L2 writing performance [J]. Science and Cognition, 15 (2): 2 – 20.

BERRY R, 1997. Teachers' awareness of learners' knowledge: The case of metalinguistic terminology [J]. Language awareness, 6 (2 – 3): 136 – 146.

BERRY R, 2009. EFL majors' knowledge of metalinguistic terminology: A comparative study [J]. Language Awareness, 18 (2): 113 – 128.

BITAN T, LIFSHITZ A, BREZNITZ Z, Booth J R, 2010. Bidirectional connectivity between hemispheres occurs at multiple levels in language processing but depends on sex [J]. The Journal of Neuroscience, 30 (35): 11576 – 11585.

BITCHENER J, 2008. Evidence in support of written corrective feedback [J]. Journal of Second Language Writing, 17 (2): 102 – 118.

BLOCK E, 1986. The comprehension strategies of second language readers [J]. TESOL Quaterly, 20 (3): 463 – 494.

BLOCK E, 1992. See how they read: Comprehension monitoring of L1 and L2 readers [J]. TESOL Quarterly, 26 (2): 319 – 343.

BLOOM B S, 1956. Taxonomy of Educational Objectives [M]. Boston, MA: Allyn, Bacon.

BOERS F, WARREN P, GRIMSHAW G, SiYANOVA-CHANTURIA A, 2017. On the benefits of multimodal annotations for vocabulary uptake from reading [J]. Computer Assisted Language Learning, 30 (7): 709 – 725.

BONANNO G A, 2001. Emotion self-regulation [A]//T J Mayne, G A Bonanno, Emotions: Current Issues and Future Directions [C]. New York: Guilford Press. 251 – 285.

BORG M, 2004. The apprenticeship of observation [J]. ELT Journal, 58 (3): 274 – 276.

BORG S, Burns A, 2008. Integrating grammar in adult TESOL classrooms [J]. Applied Linguistics, 29 (3): 456 – 482.

BORG S, 1999. Studying teacher cognition in second language grammar teaching [J]. System, 27 (1): 0 – 31.

BORG S, 2001a. Second language grammar teaching: Practices and rationales [J]. Ilha do Desterro, (41): 157 – 185.

BORG S, 2001b. Self-perception and practice in teaching gramamr [J]. ELT Journal, 55 (1): 21 – 29.

BORG S, 2003a. Teacher cognition in language teaching: A review of research on what language teachers think, know, believe, and do [J]. Language Teaching, 36 (2): 81 – 109.

BORG S, 2003b. Teacher cognition in grammar teaching: A literature review [J]. Language Awareness, 12 (2): 96 – 108.

BORG S, 2006. Teacher Cognition and Language Education: Research and Practice [M]. London: Continuum.

BORG S, 2010. Language teacher research engagement [J]. Language Teaching, 43 (4): 391 – 429.

BORG S, 2011. The impact of in-service education on language teachers' beliefs [J]. System, 39 (3): 370 – 380.

BREEN M P, 1987. Learner contributions to task design [A]//C N Candlin, D Murphy, Language Learning Tasks, Lancaster Practical Papers in English Language Education (Vol. 7) [C]. Englewood Cliffs, NJ: Prentice-Hall Internationa. 23 – 46.

BROWN J D, 2014. Mixed Methods Research for TESOL [M]. Edinburgh: Edinburgh University Press.

BRUFFEE K A, 1984. Collaborative learning and the "conversation of mankind" [J]. College English, 46 (7): 635 – 652.

BUCK G, 1991. The testing of listening comprehension: An introspective study [J]. Language, 8 (1): 67 – 91.

BURDEN P R, 1979. Teacher's Perceptions of the Characteristics and Influences on Their Personal and Professional Development [D]. Columbus, Ohio: The Ohio State University.

BURNS A，RICHARDS J C，2009. Cambridge Guide to Second Language Teacher Education [C]. New York：Cambridge University Press.

BUTLER Y G，2011. The implementation of communicative and task-based language teaching inthe Asia-Pacific region [J]. Annual Review of Applied Linguistics，31：36 – 57.

CAINES A，M McCarthy，Keeffe A O，2016. Spoken language corpora and pedagogical applications [A]//F Farr，L Murray，The Routledge Handbook of Language Learning and Technology [C]. London：Routledge. 348 – 361.

CAMPBELL-SILLS L，BARLOW D H，BROWN T A，HOFMAN S G，2006. Acceptability and suppression of negative emotion in anxiety and mood disorders [J]. Emotion，6 (4)：587 – 595.

CAO Y，2014. A Sociocognitive perspective on second language classroom willingness to communicate [J]. TESOL Quarterly，48 (4)：789 – 814.

CARLESS D，2007. The suitability of task-based approaches for secondary schools：Perspectives from Hong Kong [J]. System，35 (4)：595 – 608.

CARLESS D，2012. TBLT in EFL settings-looking back and moving forward [A]//A Shehadeh，C A Coombe，Task-Based Language Teaching in Foreign Language Contexts：Research and Implementation [C]. Amsterdam/Philadelphia：John Benjamins Publishing Company. 345 – 358.

CARRELL P L，1989. Metacognitive awareness and second language reading [J]. TheModern Language Journal，73 (2)：121 – 134.

CARRIER M，DAMEROW R M，BAILEY K M，2017. Digital Language Learning and Teaching：Research，Theory，and Practice [C]. New York：Routledge.

CARROLL J B，1981. Twenty-five years of research on foreign language aptitude [A]//K Diller，Individual Differences and Universals in Language Learning Aptitude [C]. Rowley，MA：Newbury House Publishers. 83 – 118.

CASH A H，PAINTA R C，2014. The role of scheduling in observing teacher-child interactions [J]. School Psychology Review，43 (4)：428 – 449.

CHAMBERS J K，1995. Sociolinguistic Theory：Linguistic Variationand Its Social Significance [M]. Cambridge：Blackwell.

CHAUDRON C，1977. A descriptive model of discourse in the corrective treatment of learners' errors [J]. Language Learning，27 (1)：29 – 46.

CHAUDRON C，2001. Progress in language classroom research：Evidence from The Modern

Language Journal，1916—2000 [J]. The Modern Language Journal，85 (1)：57 - 76.

CHEN C，2006. CiteSpace II：Detecting and visualizing emerging trends and transient patterns in scientific literature [J]. Journal of the American Society for Information Science and Technology，57 (3)：359 - 377.

CHIK A，2014. Digital gaming and language learning：Autonomy and community [J]. Language Learning，Technology，18 (2)：85 - 100.

CHILDS S S，2011. Language Teacher Cognition：Tracing the Conceptulizations of Second Language Teachers [D]. University Park，PA：Pennsylvania State University.

CHRISTENSON S，RESCHLY A，WYLIE C，2012. Handbook of research on student engagement [M]. New York：Springer.

CHUN D M，2016. The role of technology in SLA research [J]. Language Learning，Technology，20 (2)：98 - 115.

CHUN D，KERN R，SMITH B，2016. Technology in language use，language teaching，and language learning [J]. The Modern Language Journal，100 (S)：64 - 80.

CLANDININ D J，CONNELLY F M，2000. Narrative Inquiry：Experience and Story in Qualitative Research [M]. San Francisco：Jossey - Bass Jossey-Bass.

CLANDININ D J，1985. Personal practical knowledge：A study of teachers' classroom images [J]. Curriculum Inquiry，15 (4)：361 - 385.

CLANDININ D J，CONNELLY F M，1986. Rhythms in teaching：The narrative study of teachers' personal practical knowledge of classrooms [J]. Teaching and Teacher Education，2 (4)：377 - 387.

CLANDININ D J，CONNELLY F M，1987. Teachers' personal knowledge：What counts as 'personal' in studies of the personal [J]. Journal of Curriculum Studies，19 (6)：487 - 500.

CLANDININ D J，CONNELLY F M，1996. Teachers' professional knowledge landscapes：Teacher stories-stories of teachers-school stories-stories of schools [J]. Educational Researcher，25 (3)：24 - 30.

CLARK S K，BYRNES D，SUDWEEKS R R，2015. A comparative examination of student teacher and intern perceptions of teaching ability at the preservice and inservice stages [J]. Journal of Teacher Education，66 (2)：170 - 183.

CLARKE A，1995. Professional development in practicum settings：Reflective practice under scrutiny [J]. Teaching and Teacher Education，11 (3)：243 - 261.

COHEN A D，1998. Strategies in Learning and Using a Second Language [M]. London: Longman.

COHEN J，1988. Statistical Power Analysis for the Behavior Science [M]. Hillsdale，NJ: Lawrence Erlbaum Associates.

CONIAM D，1997. A practical introduction to corpora in a teacher training language awareness programme [J]. Language Awareness，6 (4): 199 - 207.

CONIAM D，2002. Technology as an awareness-raising tool for sensitising teachers to features of stress and rhythm in English [J]. Language Awareness，11 (1): 30 - 42.

CONNELLY F M，CLANDININ D J，1990. Stories of experience and narrative inquiry [J]. Educational Researcher，19 (5): 2 - 14.

CONNELLY F M，CLANDININ D J，1984. Teachers' personal practical knowledge [A]//R Halkaes，J K Olson，Teacher thinking: A New Perspective on Education [C]. Heirewig，Holland: Swets Publishing Service. 134 - 148.

CONWAY P F，CLARK C M，2003. The journey inward and outward: a re-examination of Fuller's concerns-based model of teacher development [J]. Teaching and Teacher Education，19 (5): 465 - 482.

COPELAND W D，BIRMINGHAM C，DE LA Cruz E，LEWIN B，1993. The Reflective Practitioner in Teaching: towards a research agenda [J]. Teaching and Teacher Education，9 (4): 347 - 359.

COTOS E，LINK S，HUFFMAN S R，2017. Effects of DDL technology on genre learning [J]. Language Learning, Technology，21 (3): 104 - 130.

COUGHLAN P，DUFF P A，1994. Same task，different activities: Analysis of SLA task from an activity theory perspective [A]//J P Lantolf，G Appel，Vygotskian Approaches to Second Language Research [C]. Norwood，NJ: Ablex. 173 - 193.

CRESWELL J W，2014. Research Design: Qualitative，Quantitative，and Mixed Methods Approaches (Fourth Edition) [M]. Thousand Oaks，CA: Sage Publications.

CROME K，FARRAR R，O' CONNOR P，2009. What is autonomous learning? [J]. Discourse，9 (1): 111 - 125.

CUNNINGSWORTH A，1995. Choosing Your Coursebook [M]. Oxford: Heinemann.

CROSS R，2010. Language teaching as sociocultural activity: Rethinking language teacher practice [J]. TheModern Language Journal，94 (3): 434 - 452.

CSIKSZENTMIHALYI M, 1975. Beyond Boredom and Anxiety [M]. San Francisco: Jossey-Bass Publishers.

CSIKSZENTMIHALYI M, 1990. Flow: The Psychology of Optimal Experience [M]. New York: Harper, Row.

CSIZÉR K, DÖRNYEI Z, 2005. The internal structure of language learning motivation and its relationship with language choice and learning effort [J]. The Modern Language Journal, 89 (1): 19 - 36.

D'AMICO M L, 2013. Approaching the direct object pronouns: How much grammatical form is necessary in instruction? [J]. Open Journal of Modern Linguistics 3 (4): 319 - 329.

DABARERA C, RENANDYA W A, Zhang L J, 2014. The impact of metacognitive scaffolding and monitoring on reading comprehension [J]. System, 42: 462 - 473.

DAIUTE C, DALTON B, 1993. Collaboration between children learning to write: can novices be masters? [J]. Cognition and Instruction, 10 (4): 281 - 333.

DAIUTE C, 1986. Do 1 and 1 make 2? Patterns of influence by collaborative authors [J]. Written Communication, 3 (3): 382 - 408.

DAMON W, PHELPS E, 1989. Critical distinctions among three approaches to peer education [J]. International Journal of Educational Research, 13 (1): 9 - 19.

DASILVAIDDINGS A C, MCCAFFERTY S G, 2007. Carnival in a mainstream classroom: A Bakhtinian analysis of second language learners' off-task behaviors [J]. The Modern Language Journal, 91 (1): 31 - 44.

de BOT K, LOWIE W, VERSPOOR M, 2007. A dynamics systems theory approach to second language acquisition [J]. Bilingualism Language and Cognition, 10 (1): 7 - 21.

de BOT K, LARSEN-FREEMAN D, 2011. Researching second language development from a dynamic system theory perspective [A]//M H Verspoor, K de Bot, W Lowie, A Dynamic Approach to Second Language Development [C]. Amsterdam, John Benjamins. 5 - 24.

DEKEYSER R M, 1998. Beyond focus on form: Cognitive perspectives on learning and practicing second language grammar [A]//C Doughty, J Williams, Focus on Form in Classroom Second Language Acquisition [C]. New York: Cambridge University Press. 42 - 63.

DEKEYSER R, 2015. Skill acquisition theory [A]//B VanPatten, J Williams, Theories in Second Language Acquisition: An Introduction (Second Edition) [C]. New York: Routledge. 94 - 112.

DEKEYSER R, 2007. Skill acquisition theory [A]//B VanPatten, J Williams, Theories in Second Language Acquisition: An Introduction [C]. Mahwah, NJ: Lawrence Erlbaum. 97 – 113.

DERAKHTI F M, SHARIFIFAR M, Moghimizade R P, 2015. The study on the role of reading comprehension strategy instruction on English reading comprehension among intermediate students [J]. Modern Journal of Language Teaching Methods, 5 (3): 75 – 87.

DEWEY J, 1933. How We Think: A Restatement of the Relation of Reflective Thinking to the Education Process [M]. Boston: D C Heath, Co.

DILANS G, 2010. Corrective feedback and L2 vocabulary development: Prompts and recasts in the adult ESL classroom [J]. Canadian Modern Language Review, 66 (6): 787 – 816.

DILLENBOURG P, 1999. Introduction: What do you mean by 'collaborative learning'? [A]//P Dillenbourg, Collaborative Learning: Cognitive and Computational Approaches [C]. Amsterdam: Pergamon. 1 – 19.

DOBAO A F, BLUM A, 2013. Collaborative writing in pairs and small groups: Learners' attitudes and perceptions [J]. System, 41 (2).

DONATO R, 1994. Collective scaffolding in second language learning [A]//J Lantolf, G Appel, Vygotskian Approaches to Second Language Research [C]. Norwood, NJ: Ablex. 33 – 56.

DONATO R, MACCORMICK D, 1994. A sociocultural perspective on language learning strategies: The role of mediation. The Modern Language Journal, 78 (4): 453 – 464.

DOOLY M, O'DOWD R, 2012. Researching Online Foreign Language Interaction and Exchange: Theories, Methods and Challenges [C]. Bern: Peter Lang.

DÖRNYEI Z, USHIODA E, 2009, Motivation, language identity and the L2 self [M]. Bristol: Multilingual Matters.

DÖRNYEI Z, 2014. Researching complex dynamic systems: 'Retrodictive qualitative modelling' in the language classroom [J]. Language Teaching, 47 (1): 80 – 91.

DÖRNYEI Z, 2000. Motivation in action: Towards a process-oriented conceptualisation of student motivation [J]. British Journal of Educational Psychology, 70 (4): 519 – 538.

DÖRNYEI Z, RYAN S, 2015. The Psychology of the Language Learner Revisited [M]. New York: Routledge.

DÖRNYEI Z, MACINTYRE P, HENRY, A. 2015. Motivational dynamicsin Language Learning [C]. Bristol, UK: Multilingual Matters.

DOUGHTY C, VARELA E, 1998. Communicative focus on form [A]//C Doughty, J Williams, Focus on Form in Classroom Second Language Acquisition [C]. Cambridge: Cambridge University Press. 114 – 138.

DOUGHTY C, WILLIAMS J, 1998. Focus on Form in Classroom Second Language Acquisition [C]. New York: Cambridge University Press.

DREYER C, NEL C, 2003. Teaching reading strategies and reading comprehension within a technology-enhanced learning environment [J]. System, 31 (3): 349 – 465.

DUFF P A, 2012. Identity, agency, and second language acquisition [A]//S M Gass, A Mackey, The RoutledgeHandbook of Second Language Acquisition [C]. London: Routledge. 410 – 426.

EBSWORTH M E, SCHWEERS C W, 1997. What researchers say and practitioners do: Perspectives on conscious grammar instruction in the ESL classroom [J]. Applied Language Learning, 8 (2): 237 – 260.

EDE L, LUNSFORD A A, 1990. Singular Texts/Plural Authors: Perspectives on Collaborative Writing [M]. Carbondale: Southern Illinois University Press.

EDGE J 1989. Mistakes and Correction [M]. New York: Longman.

EDWARDS E, BURNS A, 2016. Language teacher action research: Achieving sustainability [J]. ELT Journal, 70 (1): 6 – 15.

EHRMAN M, LEAVER B L, 2003. Cognitive styles in the service of language learning [J]. System, 31 (3): 393 – 415.

ELBAZ F, 1983. Teacher Thinking: A Study of Practical Knowledge [M]. London: Croom Helm.

ELBAZ F, 1981. The teacher's "practical knowledge": Report of a case study [J]. Curriculum Inquiry, 11 (1): 43 – 71.

ELGÜN-GÜNDÜZ Z, AKCAN S, BBYYURT Y, 2012. Isolated form-focused instruction and integrated form-focused instruction in primary school English classroom in Turkey [J]. Language, Culture and Curriculum, 25 (2): 157 – 171.

ELLIS R, 1990. Instructed Second Language Acquisition [M]. Oxford: Basil Blackwell.

ELLIS R, 1992. Second Language Acquisition and Language Pedagogy [M]. Clevedon: Multilingual Matters.

ELLIS R, 1994. The Study of Second Language Acquisition [M]. Oxford: Oxford University

Press.

ELLIS R, 1997. SLA research and language teaching [M]. Oxford: Oxford University Press.

ELLIS R, 2000. Task-based research and language pedagogy [J]. Language Teaching Research, 4 (3): 193 – 220.

ELLIS R, 2001. Introduction: Investigating form-focused instruction [J]. Language Learning, 51 (S1): 1 – 46.

ELLIS R, 2003. Task-based Language Learning and Teaching [M]. Oxford: Oxford University Press.

ELLIS R, 2007. The differential effects of corrective feedback on two grammatical structures [A]//A Mackey, Conversational Interaction in Second Language Acquisition: A Collection of Empirical Studies [C]. Oxford: Oxford University Press. 339 – 360

ELLIS R, 2008. The Study of Second Language Acquisition (2nd edition) [M]. Oxford: Oxford University Press.

ELLIS R, 2010. Cognitive, social, and psychological dimensions of corrective feedback [A]//R Batstone, Sociocognitive Perspectives on Language Use and Language Learning [C]. Oxford: Oxford University Press. 151 – 165.

ELLIS R, 2012. Language Teaching Research and Language Pedagogy [M]. Oxford: Wiley Blackwell.

ELLIS R, 2013. The Study of Second Language Acquisition (2nd edition) [M]. Shanghai: Shanghai Foreign Language Education Press.

ELLIS R, 2016. Focus on form: A critical review [J]. Language Teaching Research, 20 (3): 405 – 428.

ELLIS R, BARKHUIZEN G, 2013. Analysing Learner Language [M]. Shanghai: Shanghai Foreign Language Education Press.

ELLIS R, SHEEN Y, 2006. Reexamining the role of recasts in second language acquisition [J]. Studies inSecond Language Acquisition, 28 (4): 575 – 600.

ELLIS R, SHINTANI N, 2014. Exploring Language Pedagogy through Second Language Acquisition Research [M]. New York: Routledge.

ELLWOOD C, 2008. Questions of classroom identity: What can be learned from codeswitching in classroom peer group talk? [J]. The Modern Language Journal, 92 (4):

538 - 557.

ELY C M, 1986. An analysis of discomfort, risk-taking, sociability and motivation in the L2 classroom [J]. Language Learning, 36 (1): 1 - 25.

ENGESTRÖM Y, 1987. Learning by expanding: An Activity Theoretical Approach to Developmental Research [M]. Helsinki: Orienta-Konsultit.

ESCUDERO P, Boersma P, 2004. Bridging the gap between L2 speech perception research and phonological theory [J]. Studies in Second Language Acquisition, 26 (4): 551 - 585.

ESTAIRE S, J ZANON, 1994. Planning Class Work: A Task-Based Approach [M]. Oxford: Heinemann.

FACIONE P A, 1990. Critical Thinking: A Statement of Expert Consensus for Purposes of Educational Assessment and Instruction [R]. Millbrae: The California Academic Press.

FAJARDO G R, Torres-Guzmán M E, 2016. 'Now I see how my students feel': Expansive learning in a language awareness workshop [J]. Language Awareness, 25 (3): 222 - 240.

FALCHIKOV N, 1986. Product comparisons and process benefits of collaborative peer-and self-assessment [J]. Assessment and Evaluation in Higher Education, 11 (2): 146 - 166.

FARJON D, SMITS A, VOOGT J, 2019. Technology integration of pre-service teachers explained by attitudes and beliefs, competency, access, and experience [J]. Computers, Education, 130: 81 - 93.

FARRELL T S C, 1999. Reflective practice in an EFL teacher development group [J]. System, 27 (2): 157 - 172.

FARRELL T S C, 2007. Reflective language Teaching from Research to Practice [M]. London: Continuum.

FERRIS D, 1999. The case for grammar correction in L2 writing classes: A response to Truscott [J]. Journal of Second Language Writing, 8 (1): 1 - 11.

FERRIS D, 2004. The "grammar correction" debate in L2 writing: Where are we and where do we go from here [J]. Journal of Second Language Writing, 13 (1): 49 - 62.

FERYOK A, 2012. Activity theory and language teacher agency [J]. TheModern Language Journal, 96 (1): 95 - 107.

FERYOK A, 2017. Sociocultural theory and task-based language teaching: The role of praxis [J]. TESOL Quarterly, 51 (3): 716 - 727.

FEUERSTEIN R, KLEIN P S, TANNENBAUM A J, 1991. Mediated Learning Experience: Theoretical Psychological and Learning Implication [M]. London: Freund.

FEUERSTEIN R, RAND Y, HOFFMAN M, MILLER R, 1980. Instrumental Enrichment [M]. Baltimore: University Park Press.

FEUERSTEIN R, RAND Y, RYNDERS J E, 1988. Don't Accept Me as I Am: Helping "Retarded" People to Excel [M]. New York: Plenum.

FIELD J, 2008. Revising segmentation hypotheses in first and second language listening [J]. System, 36 (1): 35 – 51.

FILE K A, Adams R, 2010. Should vocabulary instruction be integrated or isolated? [J]. TESOL Quarterly, 44 (2): 222 – 249.

FINKBEINER C, SCHLUER J, 2017. Developing prospective teachers' diagnostic skills through collaborative video analysis: focus on L2 reading [J]. Language Awareness, 26 (4): 282 – 303.

FINN J D, 1989. Withdrawing from school [J]. Review of Educational Research, 59 (2): 117 – 142.

FLETCHER, SARCH, 2000. A role for imagery in mentoring [J]. Career Development International, 5 (4 – 5): 235 – 243.

FORMAN R, 2014. How local teachers respond to the culture and language of a global English as a Foreign Language textbook [J]. Language, Culture and Curriculum, 27 (1): 72 – 88.

FOSTER P, 1998. A classroom perspective on negotiation of meaning [J]. Applied Linguistics, 19 (1): 1 – 23.

FOSTER P, OHTA A S, 2005. Negotiation for meaning and peer assistance in second language classrooms [J]. Applied linguistics, 26 (3): 402 – 430.

FOSTER P, SKEHAN P, 1996. The influence of planning and task type on second language performance [J]. Studies in Second Language Acquisition, 18 (3): 299 – 323.

FOSTER P, SKEHAN P, 1999. The influence of source of planning and focus of planning on task-based performance [J]. Language Teaching Research, 3 (3): 47 – 215.

FOSTER P, TONKYN A, WIGGLESWORTH G, 2000. Measuring spoken language: A unit for all reasons [J]. Applied Linguistics, 21 (3): 354 – 375.

FOTOS S, ELLIS R, 1991. Communicating about grammar: A task-based approach [J]. TESOL Quarterly, 25 (4): 28 – 605.

FOWLER W J, Walberg H J, 1991. School size, characteristics, and outcomes [J]. Educational

Evaluation, Policy Analysis, 13 (2): 189 – 202.

FRAWLEY W, LANTOLF J P, 1985. Second language discourse: A Vygotskyan perspective [J]. Applied Linguistics, 6 (1): 19 – 44.

FREDERICK P J, 1986. The lively lecture-8 variations [J]. College Teaching, 34 (2): 43 – 50.

FREDRICKS J A, Blumenfeld P C, Paris A H, 2004. School engagement: Potential of the concept, state of the evidence [J]. Review of Educational Research, 74 (1): 59 – 109.

FREEMAN D, 2016. Educating Second Language Teachers [M]. Oxford: Oxford University Press.

FUKUTA J, Yamashita J, 2015. Effects of cognitive demands on attention orientation in L2 oral production [J]. System, 53: 1 – 12.

FUKUTA J, 2015. Effects of task repetition on learners' attention orientation in L2 oral production [J]. Language Teaching Research, 20 (3): 321 – 340.

FULLAN M, Hargreaves A, 1996. What's Worth Fighting for in Your School [M]. New York: Teachers' College Press.

FULLER F F, BOWN O H, 1975. Becoming a teacher [A]//K. Ryan, Teacher education (74th Yearbook of theNational Society of Education) [C]. Chicago: University of Chicago Press. 25 – 52.

FULLER F F, 1969. Concerns of teachers: A developmental characterization [J]. American Educational Research Journal, 6 (2): 207 – 226.

FULLER C, SKINNER E, 2003. Sense of relatedness as a factor in children's academic engagement and performance [J]. Journal of Educational Psychology, 95 (1): 148 – 162.

GAGNÉ N, PARKS S, 2013. Cooperative learning tasks in a Grade 6 intensive ESL class: Role of scaffolding [J]. Language Teaching Research, 17 (2): 188 – 209.

GALLGAN C, 1982. In a Different Voice [M]. Cambridge: Harvard University Press.

GÁNEM GUTIÉRREZ A, 2008. Microgenesis, method and object: A study of collaborative activity in a Spanish as foreign language classroom [J]. Applied Linguistics, 29 (1): 120 – 148.

GAO XUESONG, 2008. You had to work hard 'cause you didn't know whether you were going to wear shoes or straw sandals!' [J]. Journal of Language Identity and Education, 7 (3 – 4): 169 – 187.

GAO Y H, LI L, LÜ J, 2001. Trends in research methods in applied linguistics: China and the West [J]. English for Specific Purposes, 20 (1): 1 – 14.

GARCÍA MAYO M P, PICA T, 2000. L2 learner interaction in a foreign language setting: Are learning needs addressed? [J]. International Review of Applied Linguistics inLanguage Teaching, 38 (1): 35 – 58.

GARCÍA O, 2017. Critical multilingual language awareness and teacher education [A]//J Cenoz, D Gorter, M Stephen, Language Awareness and Multilingualism [C]. Cham: Springer International Publishing, 263 – 280.

GARDNER R C, LAMBERT W E, 1972. Attitudes and motivation in second language learning [M]. Rowley, MA: Newbury House Publishers.

GARTON S, GRAVES K, 2014. Identifying a research agenda for language teaching materials [J]. TheModern Language Journal, 98 (2): 654 – 657.

GASS S M, 2003. Input and interaction [A]//C J Doughty, M H Long, The handbook of second language acquisition [C]. Malden, MA: Blackwell. 224 – 255.

GASS S, MACKEY A, 2000. Stimulated Recall Methodology in Second Language Research [M]. Mahwah: Lawrence Erlbaum Associates.

GASS S, MACKEY A, ROSS-FELDMAN L, 2005. Task-based interaction in classroom and laboratory settings [J]. Language Learning, 55 (4): 575 – 611.

GIEBLER R, 2012. Teacher language awareness and cognitive linguistics (CL): Building a CL-inspired perspective on teaching lexis in EFL student teachers [J]. Language Awareness, 21 (1 – 2): 113 – 135.

GILABERT R, 2007. Effects of manipulating task complexity on self-repairs during L2 oral production [J]. International Review of Applied Linguistics inLanguage Teaching, 45 (3): 215 – 240 .

GILABERT R, 2007. The simultaneous manipulation of task complexity along planning time and (＋/－here-and-now): Effects on L2 oral production [A]//M P GarcíaMayo, Investigating Tasks in Formal Language Learning [C]. Clevedon: Multilingual Matters. 44 – 68.

GILABERT R, BARÓN J, LLANES À, 2009. Manipulating cognitive complexity across task types and its impact on learner's interaction during oral performance [J]. International Review of Applied Linguistics inLanguage Teaching, 47 (3 – 4): 367 – 395.

GILABERT R, BARÓN J, LEVKINA M, 2011. Manipulating task complexity across task types and modes [A]//P Robinson, Second Language Task Complexity: Researching the Cognition

Hypothesis of Language Learning and Performance [C]. Amsterdam: John Benjamins. 105 – 138.

GLASER B G, A L STRAUSS, 1967. The Discovery of Grounded Theory: Strategies for Qualitative Research [M]. Chicago, IL: Aldine.

GLASER B G, STRAUSS A L, 1967. The Discovery of Grounded Theory: Strategies for Qualitative Research [M]. Chicago: Aldine.

GODWIN-JONES R, 2015a. The evolving roles of language teachers: Trained coders, local researchers, global citizens [J]. Language Learning, Technology, 19 (1): 10 – 22.

GODWIN-JONES R, 2015b. Contributing, creating, curating: Digital literacies for language learners [J]. Language Learning, Technology, 19 (3): 8 – 20.

GOH C, TAIB Y, 2006. Metacognitive instruction in listening for young learners [J]. ELT Journal, 60 (3): 222 – 232.

GOH C C M, 2000. A cognitive perspective on language learners' listening comprehension problems [J]. System, 28 (1): 55 – 75.

GOLOMBEK P R, 1998. A study of language teachers' personal practical knowledge [J]. TESOL Quarterly, 32 (3): 447 – 464.

GOLOMBEK P R, JOHNSON K E, 2004. Narrative inquiry as a mediational space: examining emotional and cognitive dissonance in second-language teachers' development [J]. Teachers and Teaching: Theory and Practice, 10 (3): 307 – 327.

GOLOMBEK P R, 1998. A Study of Language Teachers' Personal Practical Knowledge [J]. TESOL Quarterly, 32 (3): 447 – 464.

GRAHAM S, 2003. Learner strategies and advanced level listening comprehension [J]. Language Learning Journal, 28 (1): 64 – 69.

GRAHAM S, SANTOS D, VANDERPLANK R, 2008. Listening comprehension and strategy use: A longitudinal exploration [J]. System, 36 (1): 52 – 68.

GRAUS J, COPPEN P A, 2015. Defining grammatical difficulty: A student teacher perspective [J]. Language Awareness, 24 (2): 101 – 122.

GRAUS J, COPPEN P A, 2016. Student teacher beliefs on grammar instruction [J]. Language Teaching Research, 20 (5): 571 – 599.

GREEN J M, OXFORD R, 1995. A closer look at learning strategies, L2 proficiency, and gender [J]. TESOL Quarterly, 29 (2): 261 – 297.

GRESALFI M S, BARNES J, CROSS D, 2012. When does an opportunity become an opportunity? Unpacking classroom practice through the lens of ecological psychology [J]. Educational Studies in Mathematics, 80 (1-2): 249-267.

GRIFFITHS C, 2008. Strategies and good language learners [A]//C Griffiths, Lessons from Good Language Learners [C]. Cambridge: Cambridge University Press. 83-98.

GROSS J J, 2002. Emotion regulation: affective, cognitive, and social consequences [J]. Psychophysiology, 39 (3): 281-291.

GROSS J J, JOHN O P, 1997. Revealing feelings: Facets of emotional expressivity in self-reports, peer ratings, and behavior [J]. Journal of Personality and Social Psychology, 72 (2): 435-448.

GROSS J J, LEVENSON R W, 1993. Emotion suppression: Physiology, self-report and expressive behavior [J]. Journal of Personality and Social Psychology, 64 (6): 970-986.

GUERRETTAZ A M, JOHNSTON B, 2013. Materials in the classroom ecology [J]. TheModern Language Journal, 97 (3): 779-796.

GUICHON N, MCLORMAN S, 2008. The effect of multimodality on L2 learners: Implications for CALL resource design [J]. System, 36 (1): 85-93.

GUILLOTEAUX M J, DÖRNYEI Z, 2008. Motivating language learners: A classroom-oriented investigation of the effects of motivational strategies on student motivation [J]. TESOL Quarterly, 42 (1): 55-77.

GUK I, KELLOGG D, 2007. The ZPD and whole class teaching: Teacher-led and student-led interactional mediation of tasks [J]. Language Teaching Research, 11 (3): 281-299.

HALL E T, 1976. Beyond Culture [M]. New York: Doubleday.

HALL J K, 2007. Redressing the roles of correction and repair in research on second and foreign language learning [J]. The Modern Language Journal, 91 (4): 511-526.

HALL J K, WALSH M, 2002. Teacher-student interaction and language learning [J]. Annual of Review of Applied Linguistics, 22: 186-203.

HAMMAN D, GOSSELIN K, ROMANO J, BUNUAN R, 2010. Using possible-selves theory to understand the identity development of new teachers [J]. Teaching and Teacher Education, 26 (7): 1349-1361.

HAMPEL R, 2010. Task design for a virtual learning environment in a distance language course [A]//M Thomas, H Reinders, Task-based Language Learning and Teaching with Technology [C]. London: Continuum. 131-153.

HARFITT G J, 2008. Exploiting transcriptions of identical subject content lessons. ELT Journal 62 (2): 173 - 181.

HARGREAVES A, DAWE R, 1990. Paths of Professional Development: contrived collegiality, collaborative culture, and the case of peer coaching [J]. Teaching and Teacher Education, 6 (3): 227 - 241.

HARKLAU L, 2002. The role of writing in classroom second language acquisition [J]. Journal of Second Language Writing, 11 (4): 329 - 350.

HARLEY B, 1992. Patterns of second language development in French immersion [J]. French Language Studies, 2 (2): 159 - 183.

HARMER J, 1983. The Practice of English Language Teaching [M]. London: Longman.

HARRIS M, 1997. Self-assessment of language learning in formal settings [J]. ELT Journal, 51 (1): 12 - 20.

HARWOOD N, 2010. English language teaching materials: theory and practice [C]. Cambridge: Cambridge University Press.

HATTON N, SMITH D, 1995. Reflection in teacher education: Towards a definition and implementation [J]. Teaching and Teacher Education, 11 (1): 33 - 49.

HAWKINS B, 1985. Is an 'appropriate response' always so appropriate? [A]//S M Gass, C G Madden, Input in Second Language Acquisition [C]. Rowley, MA: Newbury House. 162 - 178.

HEDGE T, 2000. Teaching and Learning in the Language Classroom [M]. Oxford: Oxford University Press.

HEIFT T, SCHULZE M, 2015. Tutorial computer-assisted language learning [J]. Language Teaching, 48 (4): 471 - 490.

HELGESON V S, 2005. Psychology of Gender (3rd edition) [M]. Upper Saddle River, NJ: Pearson-Prentice Hall.

HENDRICKSON J, 1978. Error correction in foreign language teaching: Recent theory, research, and practice [J]. The Modern Language Journal, 62 (8): 387 - 398.

HENSON K T, ELLER B F, 2005. Educational Psychology for Effective Teaching [M]. Beijing: Foreign Language Teaching and Research Press.

HEWITT E, STEPHENSON J, 2011. Foreign language anxiety and oral exam performance: A replication of phillips's MLJ study [J]. The Modern language Journal,

96 (2): 170 – 189.

HILLEBRAND R P, 1994. Control and cohesion: Collaborative learning and writing [J]. TheEnglish Journal, 83 (1): 71 – 74.

HINKEL, E, 2011. Handbook of Research in Second Language Teaching and Learning: Volume II [C]. New York: Routledge.

HIRVELA A, 2007. Connecting Reading and Writing in Second Language Writing Instruction [M]. Ann Arbor: The University of Michigan Press.

HOBAN G, 2000. Using a reflective framework to study teaching-learning relationships [J]. Reflective Practice, 1 (2): 165 – 182.

HOLEC H, 1981. Autonomy in Foreign Language Learning [M]. Oxford: Pergamon.

HORGAN I, 2003. Lecturing for learning [A]//H Fry, S Ketteridge, S Marshall, A Handbook for Teaching and Learning in Higher Education (2nd edition) [C]. London: Kogan Page. 75 – 90.

HORWITZ E K, 1986. Prelininary evidence for the reliability and validity of a Foreign Language Anxiety Scale [J]. TESOL Quarterly, 20 (3): 559 – 562.

HORWITZ E K, Horwitz M D, Cope J, 1986. Foreign language classroom anxiety [J]. The Modern Language Journal, 70 (2): 125 – 132.

HOSENFELD C, 1977. A preliminary investigation of the reading strategies of successful and non-successful language learners [J]. System, 5 (2): 23 – 110.

HU S, MCCORMICK A C, 2012. An engagement-based student typology and its relationship to college outcomes [J]. Research in Higher Education, 53 (7): 738 – 754.

HWU F, PAN W, SUN S, 2014. Aptitude-treatment interaction effects on explicit rule learning: A latent growth curve analysis [J]. Language Teaching Research, 18 (3): 294 – 319.

HYLAND K, 2007. Genre pedagogy: Language, literacy and L2 writing instruction [J]. Journal of Second Language Writing, 16 (3): 148 – 164.

ISHIKAWA T, 2007. The effect of manipulating task complexity along the [＋/－ here-and-now] dimension on L2 written narrative discourse [A]//M P GarcíaMayo, Investigating Tasks in Formal Language Learning [C]. Clevedon: Multilingual Matters. 136 – 156.

IWASHITA N, 2001. The effect of learner proficiency on interactional moves and modified output in nonnative-nonnative interaction in Japanese as a foreign language [J]. System, 29 (2): 267 – 287.

IWASHITA N, MCNAMARA T, ELDER C, 2001. Can we predict task difficulty in an oral proficiency test? Exploring the potential of an information-processing approach to task design [J]. Language Learning, 51 (3): 401 – 436.

JACKSON D O, SUETHANAPORNKUL S, 2013. The Cognition Hypothesis: A synthesis and meta-analysis of research on second language task complexity [J]. Language Learning, 63 (2): 330 – 367.

JANESICK V J, 1999. Journal writing as a qualitative research technique: History, issue, reflection [J]. Qualitative Inquiry, 5 (4): 505 – 524.

JANG H, KIM E J, REEVE J, 2012. Longitudinal test of self-determination theory's motivation mediation model in a naturally occurring classroom context [J]. Journal of Educational Psychology, 104 (4): 1175 – 1188.

JANG H, REEVE J, RYAN R M, KIM A, 2009. Can self-determination theory explain what underlies the productive, satisfying learning experiences of collectivistically oriented Korean students? [J]. Journal of Educational Psychology, 101 (3): 644 – 661.

JANSSEN-VAN DIETEN, A. 1989. The development of a test of Dutch as a second language: The validity of self-assessments by inexperienced subjects [J]. Language Testing, 6 (1): 30 – 46.

JANTARSKA J, 2006. On the role of individual learner differences in the teaching/learning of foreign languages: The dimensions of field dependence/field independence [J]. Respectus Philologicus, 9 (14): 51 – 138.

JARVIS J, 1996. Using diaries for teacher reflection on in-service courses [A]//T Hedge, N Whitney, Power, Pedagogy and Practice [C]. Oxford: Oxford University Press. 23 – 307.

JAY J K, JOHNSON K L, 2002. Capturing complexity: a typology of reflective practice for teacher education [J]. Teaching and Teacher Education, 18 (1): 73 – 85.

JENSEN P, HANSEN C, 1995. The effect of prior knowledge on EAP listening-test performance [J]. Language Testing, 12 (1): 99 – 119.

JIN L, ZHU W, 2010. Dynamic motives in ESL computer-mediated peer response [J]. Computers and Composition, 27 (4): 284 – 303.

JOHNSON K E, 2009. Second Language Teacher Education: A Sociocultural Perspective [M]. New York: Routledge.

JOHNSON K E, GOLOMBEK P R, 2011. The transformative power of narrative in second language teacher education [J]. TESOL Quarterly, 45 (3): 486 – 509.

JOHNSON K E, GOLOMBEK P R, 2016. Mindful L2 Teacher Education——A Sociocultural Perspective on Cultivating Teachers' Professional Development [M]. London: Routledge.

JOHNSON K, JOHNSON H, 1998. Encyclopedic Dictionary of Applied Linguistics: A Handbook for Language Teaching [M]. New York: Blackwell Publishers Ltd.

JU M K, 2000. Overpassivization errors by second language learners: The effect of conceptualizable agents in discourse [J]. Studies in Second Language Acquisition, 22 (1): 85 – 111.

JUNG E H, 2003. The Role of Discourse Signaling Cues in Second Language Listening Comprehension [J]. The Modern Language Journal, 87 (4): 562 – 577.

JUNQUEIRA L, 2013. A genre-based investigation of applied linguistics book reviews in English and Brazilian Portuguese [J]. Journal of English for Academic Purposes, 12 (3): 203 – 213.

JUNQUEIRA L, KIM Y, 2013. Exploring the relationship between training, beliefs, and teachers' corrective feedback practices: A case study of a novice and an experienced ESL teacher [J]. The Canadian Modern Language Review, 69 (2): 181 – 206.

JURASAITE-HARBISON E, REX L A. 2010. School cultures as contexts for informal teacher learning [J]. Teaching, Teacher Education, 26 (2): 267 – 277.

KALAITZIDIS T J, LITTS B, HALVERSON E R, 2017. Designing collaborative production of digital media [A]//C M, Reigeluth B J Beatty, R D Myers, Instructional Design Theories and Models [C]. London: Routledge. 189 – 220.

KANG Y S, PYUN D O, 2013. Mediation strategies in L2 writing processes: a case study of two Korean language learners [J]. Language, Culture and Curriculum, 26 (1): 52 – 67.

KARATEPE Ç, 2001. Pragmalinguistic awareness in EFL teacher training [J]. Language Awareness, 10 (2 – 3): 178 – 188.

KATZ L G, 1972. Developmental stages of preschool teachers [J]. Elementary School Journal73 (1): 50 – 54.

KEEFE J W, 1979. Learning Style: An Overview [A]//J W Keefe, Student learning styles: diagnosing and prescribing programs [C]. Reston, VA.: National Association of Secondary School Principals. 1 – 17.

KELCHTERMANS G, 2009. Who I am in how I teach is the message: Self-understanding, vulnerability and reflection [J]. Teachers and Teaching: Theory and Practice, 15 (2): 257 – 272.

KESSLER G, 2012. Language teacher training in technology [A]//C A, Chapelle, The Encyclopedia of Applied Linguistics [C]. Oxford: Wiley-Blackwell. 3174 – 3179.

KESSLER G, BIKOWSKI D, BOGGS J, 2012. Collaborative writing among second language learners in academic web-based projects [J]. Language Learning, Technology, 16 (1): 91 – 109.

KHEZRLOU S, ELLIS R, SADEGHI K, 2017. Effects of computer-assisted glosses on EFL learners' vocabulary acquisition and reading comprehension in three learning conditions [J]. System, 65: 104 – 116.

KIM Y, 2008. The contribution of collaborative and individual tasks to the acquisition of L2 vocabulary [J]. TheModern Language Journal, 92 (1): 114 – 130.

KIM Y, 2009. The effects of task complexity on learner-learner interaction [J]. System, 37 (2): 254 – 268.

KIM Y, MCDONOUGH K, 2008. The effect of interlocutor proficiency on the collaborative dialogue between Korean as a second language learners [J]. Language Teaching Research, 12 (2): 211 – 234.

KIRBY J R, 1988. Style, strategy, and skill in reading [A]//R R Schmeck, Learning Strategies and Learning Styles [C]. New York: Plenum Press. 229 – 274.

KORMOS J, SÁFÁR A, 2008. Phonological short-term memory, working memory and foreign language performance in intensive language learning [J]. Bilingualism: Language and Cognition, 11 (2): 261 – 271.

KORMOS J, TREBITS A, 2012. The role of task complexity, modality, and aptitude in narrative task performance [J]. Language Learning, 62 (2): 439 – 472.

KORMOS J, 2006. Speech Production and Second Language Acquisition [M]. Mahwah: Lawrence Erlbaum Associates.

KORMOS J, 2011. Speech production and the Cognition Hypothesis [A]//P Robinson, Second Language Task Complexity: Researching the Cognition Hypothesis of Language Learning and Performance [C]. Amsterdam: John Benjamins. 39 – 60.

KORMOS J, 2012. The role of individual differences in L2 writing [J]. Journal of Second Language Writing, 21 (4): 390 – 403.

KORTHAGEN F A J, KESSELS J, KOSTER B, LAGERWERF B, WUBBELS T, 2001. Linking Practice and Theory: the Pedagogy of Realistic Teacher Education [M]. Mahwah, NJ: Lawrence Erlbaum Associates.

KRAUSERT S R, 1992. Determining the Usefulness of Self-assessment of Foreign Lnguage Skills: Post-secondary ESL Students Placement Contribution [D]. University Park, CA: University of Southern California.

KUIKEN F, VEDDER I, 2007. Task complexity and measures of linguistic performance in L2 writing [J]. International Review of Applied Linguistics in Language Teaching, 45 (3): 261 - 284.

KUIKEN F, I VEDDER, 2007. Cognitive task performance and linguistic performance in French L2 writing [A]//M P GarcíaMayo, Investigating Tasks in Formal Language Learning [C]. Clevedon: Multilingual Matters. 117 - 135.

KULLMAN J, 1998. Mentoring and the development of reflective practice: Concepts and context [J]. System, 26 (4): 471 - 484.

KUMARAVADIVELU B, 1994. The postmethod condition: Emerging strategies for second/ foreign language teaching [J]. TESOL Quarterly, 28 (1): 27 - 48.

KWAN T, LOPEZ-REAL F, 2010. Identity formation of teacher-mentors: An analysis of contrasting experiences using a Wengerian matrix framework [J]. Teaching and Teacher Education, 26 (3): 722 - 731.

LAM S F, JIMERSON S, WONG B P H, KIKAS E, et al, 2014. Understanding and measuring student engagement in school: The results of an international study from 12 countries [J]. School Psychology Quarterly, 29 (2): 213 - 232.

LAMBERT C, PHILP J & NAKAMURA S, 2017. Learner-generated content and engagement in second language task performance [J]. Language Teaching Research, 21 (6): 665 - 680.

LANTOLF J P, 2000. Sociocultural Theory and Second Language Learning [C]. Oxford: Oxford University Press.

LANTOLF J P, 2006. Language emergence: implications for applied linguistics—a sociocultural perspective [J]. Applied Linguistics, 27 (4): 717 - 728.

LANTOLF J P, 2012a. Sociocultural theory and L2: State of the Art [J]. Studies in Second Language Acquisition, 28 (1): 67 - 109.

LANTOLF J P, 2012b. Sociocultural theory: a dialectic approach to L2 research [A]// S. M. Gass, A. Mackey, The Routledge handbook of second language acqusition [C]. London: Routledge. 57 – 72.

LANTOLF J P, 2013. Sociocultural theory and the dialectics of L2 learner autonomy/agency [A]//P Benson, L Cooker, The Applied Linguistic Individual: Sociocultural Approaches to Identity, Agency and Autonomy [C]. London: Equinox. 17 – 31.

LANTOLF J P, JOHNSON K E, 2007. Extending Firth and Wagner's (1997) ontological perspective to L2 classroom praxis and teacher education [J]. The Modern Language Journal, 91 (focus issue): 877 – 892.

LANTOLF J P, PAVLENKO A, 2001. Second langauge activity theory: understanding second language learners as people [A]//M P Breen, Learner Contributions to Language Learning [C]. Harlow: Pearson Education. 141 – 158.

LANTOLF J P, POEHNER M E, 2014. Sociocultural Theory and the Pedagogical Imperative in L2 Education: Vygotskian Praxis and the Theory/Research Divide [M]. New York: Routledge.

LANTOLF J P, THORNE S L, 2006. Sociocultural Theory and the Genesis of Second Language Development [M]. Oxford: Oxford University Press.

LARSEN-FREEMAN D, 1997. Chaos/ Complexity science and second language acquisition [J]. Applied Linguistics, 18 (2): 141 – 165.

LARSEN-FREEMAN D, 2006. The emergence of complexity, fluency, and accuracy in the oral and written production of five Chinese learners of English [J]. Applied Linguistics, 27 (4): 590 – 619.

LARSEN-FREEMAN D, 2015. Research into practice: Grammar learning and teaching [J]. Language Teaching, 48 (2): 263 – 280.

LARSEN-FREEMAN D, CAMERON L, 2008a. Complex Systems and Applied Linguistics [M]. London: Oxford University Press.

LARSEN-FREEMAN D, CAMERON L, 2008b. Research methodology on language development from a Complex Systems perspective [J]. The Modern Language Journal, 92 (2): 200 – 213.

LAVE J, WENGER E, 1991. Situated Learning: Legitimate Peripheral Participation [M]. Cambridge: Cambridge University Press.

LECHELER L, HOSACK B, 2014. Seven design considerations for mobile learning applications [A]//C Miller, A Doering, The New Landscape of Mobile Learning: Redesigning Education in App-based World [C]. Now York: Routledge. 85 – 102

LEE I, 2014. Revisiting Teacher feedback in EFL writing from sociocultural Perspectives [J]. TESOL Quarterly, 48 (1): 201 – 213.

LEE P, LIN H, 2019. The effect of the inductive and deductive data-driven learning (DDL) on vocabulary acquisition and retention [J]. System, 81: 14 – 25.

LEE S K, 2007. Effects of textual enhancement and topic familiarity on Korean EFL students' reading comprehension and learning of passive form [J]. Language Learning, 57 (1): 87 – 118.

LENHARD W, BAIER H, ENDLICH D, SCHNEIDER W, HOFFMANN J, 2013. Rethinking strategy instruction: Direct reading strategy instruction versus computer-based guided practice [J]. Journal of Research in Reading, 36 (2): 223 – 240.

LEONT'EV A N, 1978. Problems of the Development of Mind [M]. Moscow: Progress Publisher.

LEONT'EV A N, 1981. The Problem of Activity in Psychology [A]//J V Wertsch, The concept of activity in Soviet Psychology [C]. Armonk, NY: M. E. Sharpe. 37 – 70.

LEUNG C, MOHAN B, 2004. Teacher formative assessment and talk in classroom contexts: assessment as discourse and assessment of discourse [J]. Language Testing, 21 (3): 335 – 359.

LEVELT W J M, 1989. Speaking: From Intention to Articulation [M]. Cambridge: MIT Press.

LI L, 2017. New Technologies and Language Learning [M]. London: Palgrave.

LI M, ZHU, W, 2013. Patterns of computer-mediated interaction in small writing groups using wikis [J]. Computer Assisted Language Learning, 26 (1): 61 – 82.

LI S, 2010. The effectiveness of corrective feedback in SLA: A meta-analysis [J]. Language Learning, 60 (2): 309 – 365.

LI S, ELLIS R, ZHU Y, 2016. The effects of the timing of corrective feedback on the acquisition of a new linguistic structure [J]. The Modern Language Journal 100 (1): 276 – 295.

LIM J M H, 2014. Formulating research questions in experimental doctoral dissertations on

Applied Linguistics [J]. English for Specific Purposes, 35: 66 – 88.

LIM J M H, 2012. How do writers establish research niches? A genre-based investigation into management researchers' rhetorical steps and linguistic mechanisms [J]. Journal of English for Academic Purposes, 11 (3): 229 – 245.

LITTLETON K, MERCER N, 2013. Interthinking: Putting Talk to Work [M]. London: Routledge.

LIU H, LIN C, ZHANG D, 2017. Pedagogical beliefs and attitudes toward information and communication technology: A survey of teachers of English as a foreign language in China [J]. Computer Assisted Language Learning, 30 (8): 745 – 765.

LIU M H. & KLEINSASSER R C, 2015. Exploring EFL teachers' CALL knowledge and competencies: In-service program perspectives [J]. Language Learning, Technology, 19 (1): 119 – 138.

LODGE A, 2000. Higher education [A]//S Green, New Perspectives on Teaching and Learning Modern Languages [C]. Clevedon: Multilingual Matters. 105 – 123.

LOEWEN S, 2006. Incidental focus on form and second language learning [J]. Studies in Second Language Acquisition, 27 (3): 361 – 386.

LOEWEN S, 2015. Introduction to Instructed Second Language Acquisition [M]. New York: Routledge.

LONG D R, 1990. What you don't know can't help you: An exploratory study of background knowledge and second language listening comprehension [J]. Studies in Second Language Acquisition, 12 (1): 65 – 80.

LONG M H, 1980. Inside the "black box": methodological issues in classroom researchon language learning [J]. Language Learning, 30 (1): 1 – 42.

LONG M H, 1985. Input and second language acquisition theory [A]//S M Gass, C G Madden, Input in Second Language Acquisition [C]. Rowley, MA: Newbury House. 377 – 393.

LONG M H, 1991. Focus on form: a design feature in language teaching methodology [A]// K de Bot, R B Ginsberg and C. Kramsch, Foreign Language Research in Cross-cultural Perspective [C]. Amsterdam: John Benjamins. 39 – 52.

LONG M H. 1996. The role of the linguistic environment in second language acquisition [A]// W Ritchie, T Bhatia, Handbook of Second Language Acquisition [C]. San Diego, CA: Academic Press. 413 – 468.

LONG M H, 2007. Problems in SLA [M]. Mahwah, NJ: Lawrence Erlbaum.

LONG M H, Robinson P, 1998. Focus on form: Theory, research and practice [A]//C Doughty, J Williams, Focus on Form in Classroom Second Language Acquisition [C]. New York: Cambridge University Press. 15 – 41.

LORI A A, Al-ANSARI S H, 2001. Relations of some sociocultural variables and attitudes and motivations of young Arab students learning English as a second language [J]. Psychological Reports, 88 (1): 91 – 101.

LORTIE D C, 1975. Schoolteacher: A Sociological Analysis [M]. Chicago: University of Chicago.

LOUWS M L, MEIRINK J A, VAN VEEN K, VAN DRIEL J H, 2017. Teachers' self-directed learning and teaching experience: What, how, and why teachers want to learn [J]. Teaching and Teacher Education, 66: 171 – 183.

LYSTER R, 1987. Speaking immersion [J]. The Canadian Modern Language Review, 43 (4): 697 – 713.

LYSTER R, 1998. Recasts, repetition, and ambiguity in L2 classroom discourse [J]. Studies in Second Language Acquisition, 20 (1): 51 – 81.

LYSTER R, 2004. Differential effects of prompts and recasts in form-focused instruction [J]. Studies in Second Language Acquisition, 26 (3): 399 – 432.

LYSTER R, RANTA L, 1997. Corrective feedback and learner uptake: Negotiation of form incommunicative classrooms [J]. Studies in Second Language Acquisition, 19 (1): 37 – 66.

LYSTER R, SAITO K, SATO M, 2013. Oral corrective feedback in second language classrooms [J]. Language Teaching, 46 (1): 1 – 40.

MACARO E, 2006. Strategies for language learning and for language use: Revising the theoretical framework [J]. TheModern Language Journal, 90 (3): 320 – 337.

MACARO E, Graham S, Vanderplank R, 2007. A review of listening strategies: focus on sources of knowledge and on success [A]//A D Cohen, E Macaro, Language Learner Strategies: Thirty Years of Research and Practice [C]. Oxford: Oxford University Press. 165 – 185.

MACLNTYRE P D, GARDNER R C, 1991. Methods and results in the study of anxiety and language learning: A review of the literature [J]. Language Learning, 41 (1): 85 – 117.

MACINTYRE P D, GARDNER R C, 1994. The subtle effects of language anxiety on cognitive processing in second language [J]. Language Learning, 44 (2): 283 – 306.

MACKEY A, 1999. Input, interaction, and second language development: An empirical study of question formation in ESL [J]. Studies in Second Language Acquisition, 21 (4): 557 – 587.

MACKEY A, 2012. Input, Interaction, and Corrective Feedback in L2 Learning [M]. Oxford: Oxford University Press.

MACKEY A, GOO J, 2007. Interaction research in SLA: A meta-analysis and research synthesis [A]//A Mackey, Conversational Interaction in Second Language Acquisition: A Collection of Empirical Studies [C]. Oxford: Oxford University Press. 407 – 452.

MACKEY A, OLIVER R, 2002. Interactional feedback and children's L2 development [J]. System, 30 (4): 459 – 477.

MACKEY A, SILVER R, 2005. Interactional tasks and English L2 learning by immigrant children in Singapore [J]. System, 33 (2): 239 – 260.

MAK B, CONIAM D, 2008. Using wikis to enhance and develop writing skills among secondary school students in Hong Kong [J]. System, 36 (3): 437 – 455.

MAK P, LEE I, 2014. Implementing assessment for learning in L2 writing: An activity theory perspective [J]. System, 47: 73 – 87.

MANOLI P, PAPADOPOULOU M, METALLIDOU P, 2016. Investigating the immediate and delayed effects of multiple-reading strategy instruction in primary EFL classrooms [J]. System, 56: 54 – 65.

MARCOS-LLINÁ M, MARAU M J, 2009. Effects of language anxiety on three proficiency level courses of Spanish as a foreign language [J]. Foreign Language Annals, 42 (1): 94 – 111.

MARKS H M, 2000. Student engagement in instructional activity: Patterns in the elementary, middle, and high school years [J]. American Educational Research Journal, 37 (1): 153 – 184.

MARKUS H, NURIUS P, 1986. Possible Selves [J]. American Psychologist, 41 (9): 954 – 969.

MARSH D, 2002. CLIL/EMILE: The European Dimension: Actions, Trends, and Foresight Potential [C]. Jyväskylä: UniCOM, University of Jyväskylä.

MASUHARA H, 1998. What do teachers really want from coursebooks? [A]//B Tomlinson (ed). Materials Development in Language Teaching [C]. Cambridge: Cambridge University Press. 239 – 260.

MAUSS I B, GROSS J J, 2004. Emotion suppression and cardiovascular disease: Is hiding feelings bad for your heart? [A]//I Nyklíček, L Temoshok, A Vingerhoets, Emotional Expression and Health: Advances in Theory, Assessment and Clinical Applications [C]. New York: Brunner-Routledge. 60 - 80.

MCDONOUGH K, 2004. Learner-learner interaction during pair and small group activities in a Thai EFL context [J]. System, 32 (2): 207 - 224.

MCGARRELL H, Verbeem J, 2007. Motivating revision of drafts through formative feedback [J]. ELT Journal, 61 (3): 228 - 236.

MCNEILL A, 2005. Non-native speaker teachers and awareness of lexical difficulty in pedagogical texts [A]//E Llurda, Non-Native Language Teachers: Perceptions, Challenges and Contributions to the profession [M]. New York: Springer. 107 - 128.

MEHNERT U, 1998. The effects of different lengths of time for planning on second language performance [J]. Studies in Second Language Acquisition 20 (1): 83 - 108.

MEIRINK J A, MEIJER P C, VERLOOP N, 2007. A closer look at teachers' individual learning in collaborative settings [J]. Teachers, Teaching, 13 (2): 145 - 164.

DECKER M L, TURK C L, HESS B, MURRAY C E, 2008. Emotion regulation among individuals classified with and without generalized anxiety disorders [J]. Journal of Anxiety Disorders, 22 (3): 485 - 494.

MENDELSOHN D J, RUBIN J, 1995. A Guide for the Teaching of Second Language Listening [C]. San Diego, CA: Dominie Press.

MENNIM P, 2003. Rehearsed oral L2 output and reactive focus on form [J]. ELT Journal, 57 (2), 130 - 138.

MERRIAM S B, 2002. Qalitative Research in Practice: Examples for Discussion and Analysis [M]. San Francisco, CA: Jossey - Bass.

MIGUEL N M, 2015. Textbook consumption in the classroom: Analyzing a classroom corpus [J]. Procedia-Social and Behavioral Sciences, 198: 309 - 319.

MILLARD D J, 2000. Form-focused instruction in communicative language teaching: Implications for grammar textbooks [J]. TESL Canada Journal, 18 (1): 47 - 57.

MITCHELL R, MARTIN C, 1997. Rote learning, creativity and "understanding" in classroom foreign language teaching [J]. Language Teaching Research, 1 (1): 1 - 27.

MIYAZOE T, ANDERSON T, 2010. Learning outcomes and students' perceptions of online writing: Simultaneous implementation of a forum, blog, and wiki in an EFL blended learning setting [J]. System, 38 (2): 185 - 199.

MIYAZOE T, ANDERSON T, 2011. Anonymity in blended learning: who would you like to be? [J]. Educational Technology, Society, 14 (2): 175 - 187.

MOK J, 2013. A case study of developing student-teachers' language awareness through online discussion forums [J]. Language Awareness, 22 (2): 161 - 175.

MOKHTARI K, SHEOREY R, 2002. Measuring ESL students' awareness of reading strategies [J]. Journal of Developmental Education, 25 (3): 2 - 10.

MOMPEAN J A, FOUZ-GONZÁLEZ J, 2016. Twitter-based EFL pronunciation instruction [J]. Language Learning, Technology, 20 (1): 166 - 190.

MORTON T, GRAY J, 2010. Personal practical knowledge and identity in lesson planning conferences on a pre-service TESOL course [J]. Language Teaching Research, 14 (3): 297 - 317.

MURRAY C, 2009. Parent and teacher relationships as predictors of school engagement and urban Youth [J]. Journal of Early Adolescence, 29 (3): 376 - 404.

NAKAHAMA Y, TYLE A, VAN LIER L, 2001. Negotiation of meaning in conversational and information gap activities: a comparative discourse analysis [J]. TESOL Quarterly, 35 (3): 377 - 405.

NAKATSUKASA K, LOEWEN S, 2015. A teacher's first language use in form-focused episodes in Spanish as a foreign language classroom [J]. Language Teaching Research, 19 (2): 133 - 149.

NASSAJI H, TIAN J, 2010. Collaborative and individual output tasks and their effects on learning English phrasal verbs [J]. Language Teaching Research, 14 (4): 397 - 419.

NASSAJI H, WELLS G, 2000. What's the use of "triadic dialogue": An investigation of teacher-student interaction [J]. Applied Linguistics, 21 (3): 376 - 406.

NIU R, 2009. Effect of task-inherent production modes on EFL learners' focus on form [J]. Language Awareness, 18 (3 - 4): 384 - 402.

NORRIS J M, ORTEGA L, 2000. Effectiveness of L2 instruction: A research synthesis and quantitative meta-analysis [J]. Language Learning, 50 (3): 417 - 528.

NUNAN, D, 1987. Communicative language teaching: Making it work [J]. ELTJournal, 41 (2): 136 - 145.

NUNAN D, 1989. Designing Tasks for the Communicative Classroom [M]. New York: Cambridge University Press.

NUNAN D, BAILEY K, 2009. Exploring Second Language Classroom Research: A Comprehensive Guide [M]. Beijing: Foreign Language Teaching and Research Press.

OGA-BALDWIN W L Q, NAKATA Y, 2017. Engagement, gender, and motivation: A predictive model for Japanese young language learners [J]. System, 65: 151 – 163.

OHTA A S, 2001. Second Language Acquisition Processes in the Classroom: LearningJapanese [M]. Mahwah, NJ: Lawrence Erlbaum Associates.

OLSON M R, 1995. Conceptualizing narrative authority: Implications for teacher education [J]. Teaching and Teacher Education, 11 (2): 119 – 135.

ORLAND-BARAK L, YINON H, 2007. When theory meets practice: What student teachers learn from guided reflection on their own classroom discourse [J]. Teaching and Teacher Education, 23 (6): 957 – 969.

ORSMOND P, MERRY, S, REILING K, 1997. A study in self-assessment: tutor and students' perceptions of performance criteria [J]. Assessment and Evaluation in Higher Education, 22 (4): 357 – 368.

ORSMOND P, MERRY S, REILING K, 2000. The use of student derived marking criteria in peer and self-assessment [J]. Assessment and Evaluation in Higher Education, 25 (1): 23 – 38.

ORTEGA L, 2005. What do learners plan? Learner-driven attention to form during pre-task planning [A]//R Ellis, Planning and Task Performance in a Second Language [C]. Amsterdam: John Benjamins. 77 – 109.

ORTEGA L, 2012. Epilogue: Exploring L2 writing-SLA interfaces [J]. Journal of Second Language Writing, 21 (4): 405 – 415.

OSCARSON M, 1989. Self-assessment of language proficiency: Rationale and Applications [J]. Language Testing, 6 (1): 1 – 13.

OSWALD F L, PLONSKY L, 2010. Meta-analysis in second language research: Choices and challenges [J]. Annual Review of Applied Linguistics, 30: 85 – 110.

OTWINOWSKA A, 2014. Does multilingualism influence plurilingual awareness of Polish teachers of English? [J]. International Journal of Multilingualism, 11 (1): 97 – 119.

OTWINOWSKA A, 2017. English teachers' language awareness: away with the monolingual bias? [J]. Language Awareness, 26 (4): 304 – 324.

OUWENEEL E, SCHAUFELI W B, LE BLANC P M, 2013. Believe, and you will achieve: changes over time in self-efficacy, engagement, and performance [J]. Applied Psychology: Health and Well-Being, 5 (2): 225 – 247.

OXFORD R L, 1990. Language Learning Strategies: What Every Teacher Should Know [M]. New York: Newbery House Publishers.

OXFORD R L, 1997. Cooperative learning, collaborative learning, and interaction: Three communicative strands in the language classroom [J]. The Modern Language Journal, 81 (4): 443 – 456.

OXFORD R L, BURRY-STOCK J A, 1995. Assessing the use of language learning strategies worldwide with the ESL/EFL version of the Strategy Inventory for Language Learning [J]. System, 23 (1): 1 – 23.

OXFORD R L, CROOKALL D, 1989. Research on language learning strategies: Methods, findings, and instructional issues [J]. The Modern Language Journal, 73 (4): 404 – 419.

PAJARES F, 2003. Self-efficacy beliefs, motivation, and achievement in writing: A review of the literature [J]. Reading & Writing Quarterly, 19 (2): 139 – 158.

PALINCSAR A S, 1998. Social constructivist perspectives on teaching and learning [J]. Annual Review of Psychology, 49: 345 – 375.

PAPI M, 2010. The L2 motivational self system, L2 anxiety, and motivated behavior: A structural equation modeling approach [J]. System, 38 (3): 467 – 479.

PARK J H, DE COSTA P, 2015. Reframing graduate student writing strategies from an Activity Theory perspective [J]. Language and Sociocultural Theory, 2 (1): 25 – 50.

PARK S, 2010. The influence of pretask instructions and pretask planning on focus on form during Korean EFL task-based interaction [J]. Language Teaching Research, 14 (1): 9 – 26.

PARSONS R D, BROWN K S, 2002. Teacher as Reflective Practitioner and Action Researcher [M]. Belmont, CA: Wadsworth/Thomson Learning.

PATRI M, 2002. The influence of peer feedback on self-and peer-assessment of oral skills [J]. Language Testing, 19 (2): 109 – 131.

PEACOCK M, 2001. Pre-service ESL teachers' beliefs about second language learning: A longitudinal study [J]. System, 29 (2): 177 – 195.

PEKRUN R, LINNENBRINK-GARCIA L, 2012. Academic emotions and student engagement [A]//S L Christenson, A L Reschly, C Wylie, Handbook of research on student engagement [C]. New York: Springer. 259 – 282.

PENNINGTON M C, 1992. Reflecting on teaching and learning: a developmental focus for the second language classroom [A]//J Flowerdew, M N Brock& S Hsia, Perspectives on Second Language Teacher Education [C]. Kowloon: City Polythenic of Hong Kong. 47 – 65.

PERDUE C, 1993. Adult Language Acquisition: Cross-linguistic Perspectives [C]. Cambridge: Cambridge University Press.

PHAKITI A, 2003. A closer look at the relationship of cognitive and metacognitive strategy use to EFL reading achievement test performance [J]. Language Testing, 20 (1): 26 – 56.

PHILLIPS E M, 1991. Anxiety and oral competence: Classroom dilemma [J]. The French Review, 65 (1): 1 – 14.

PHILP J, DUCHESNE S, 2016. Exploring engagement in tasks in the language classroom [J]. Annual Review of Applied Linguistics, 36: 50 – 72.

PHILP J, REBECCA A, IWASHITA N, 2013. Peer Interaction and Second Language Learning [M]. New York: Routledge.

PHILP J, WALTER S, BASTURKMEN H, 2010. Peer interaction in the foreign language classroom: What factors foster a focus on form? [J]. Language Awareness, 19 (4): 261 – 279.

PHIPPS S, BORG S, 2009. Exploring tensions between teachers' grammar teaching beliefs and practices [J]. System, 37 (3): 380 – 390.

PHUNG L, 2017. Task preference, affective response and ESL Learners engagement in L2 use at a US university [J]. Language Teaching Research, 21 (6): 751 – 766.

PICA T, 2002. Subject-matter content: How does it assist the interactional and linguistic needs of classroom language learners? [J]. TheModern Language Journal, 86 (1): 1 – 19.

PIENEMANN M, 1989. Is language teachable? Psycholinguistic experiments and hypotheses [J]. Applied Linguistics, 10 (1): 52 – 79.

PIERCE B N, SWAIN M, HART D, 1993. Self-assessment, French immersion, and locus of control [J]. Applied linguistics, 14 (1): 25 – 42.

POEHNER M E, LANTOLF J P, 2005. Dynamic assessment in the language classroom [J]. Language Teaching Research, 9 (3): 233 – 265.

POLIO C, ZYZIK E, 2009. Don Quixote meets 'ser' and 'estar': Multiple perspectives on language learning in Spanish literature classes [J]. The Modern Language Journal 93 (4):

550 – 569.

QIAN D，1999. Assessing the roles of depth and breadth of vocabulary knowledge in reading comprehension [J]. Canadian modern language review，56（2）：282 – 308.

QIN J，2008. The effect of processing instruction and dictogloss tasks on acquisition of the English passive voice [J]. Language Teaching Research 12（1）：61 – 82.

QIU X，LO Y Y，2017. Content familiarity，task repetition and Chinese EFL learners' engagement in L2 use [J]. Language Teaching Research，21（6）：681 – 698.

RANALLI J，2008. Learning English with The Sims：Exploiting authentic computer simulation games for L2 learning [J]. Computer Assisted Language Learning，21（5）：441 – 455.

RANALLI J，2018. Automated written corrective feedback：How well can students make use of it? [J]. Computer Assisted Language Learning，31（7）：653 – 674.

RASSAEI E，2014. Scaffolded feedback，recasts，and L2 development：A Sociocultural Perspective [J]. The Modern Language Journal，98（1）：417 – 431.

REEVE J，2012. A self-determination theory perspective on student engagement [A]//S L Christenson，A L Reschly，C Wylie，Handbook of research on student engagement [C]. New York：Springer. 149 – 172.

REEVE J，LEE W，2014. Students' classroom engagement produces longitudinal changes in classroom motivation [J]. Journal of Educational Psychology，106（2）：527 – 540.

REEVE J，TSENG C M，2011. Agency as a fourth aspect of students' engagement during learning activities [J]. Contemporary Educational Psychology，36（4）：257 – 267.

REID J M，1987. The learning style preferences of ESL students [J]. TESOL Quarterly，21（1）：87 – 111.

REINDERS H，2009. Learner uptake and acquisition in three grammar-oriented production activities [J]. Language Teaching Research，13（2）：201 – 222.

REINHARDT J，2019. Gameful Second and Foreign Language Teaching and Learning [M]. Palgrave.

REINKING D，WATKINS J，2000. A formative experiment investigating the use of multimedia book reviews to increase elementary student's independent reading [J]. The Reading Research Quarterly，35（3）：384 – 419.

RESCHLY A L，CHRISTENSON S L，2006. Prediction of dropout among swith mild disabilities: A case for the inclusion of student engagement variables [J]. Remedial, Special Education [J]. 27 (5): 276 - 292.

REUTLINGEN K K, BISINGEN H W, 2008. Science and Technology [M]. Stuttgart: Ernst Klett Verlag GmbH.

RÉVÉSZ A, 2014. Towards a fuller assessment of cognitive models of task-based learning: investigating task-generated cognitive demands and processes [J]. Applied Linguistics, 35 (1): 87 - 92.

REYES M R, BRACKETT M A, RIVERS S E, WHITE M, SALOVEY P, 2012. Classroom emotional climate, student engagement, and academic achievement [J]. Journal of Educational Psychology, 104 (3): 700 - 712.

RICHARDS J C, 2006. Second Language Listening: Theory and Practice [M]. Cambrige: Cambridge University Press.

RICHARDS J C, 2008. Teaching Listening and Speaking: From Theory to Practice [M]. Cambridge: Cambridge University Press.

RICHARDS J C, FARRELL T S C, 2005. Professional Development for Language Teachers: Strategies for Teacher Learning [M]. Cambridge: Cambridge University Press.

RICHARDS J C, LOCKHART C, 1994. Reflective Teaching in Second Language Classrooms [M]. Cambridge: Cambridge University Press.

RICHARDS J C, NUNAN D, 1990. Second Language Teacher Education [M]. Cambridge: Cambridge University Press.

RICHARDS J C, TUNG P, NG P, 1992. The culture of the English language teacher: A Hong Kong example [J]. RELC Journal, 23 (1): 81 - 102.

ROBERTS J, 1998. Language Teacher Education [M]. London: Arnold.

ROBINSON P, 2001a. Task complexity, cognitive resources, and syllabus design: A triadic framework for examining task influences on SLA [A]//P Robinson, Cognition and Second Language Instruction [C]. Cambridge: Cambridge University Press. 287 - 318.

ROBINSON P, 2001b. Task complexity, task difficulty, and task production: Exploring interactions in a componential framework [J]. Applied Linguistics, 22 (1): 27 - 57.

ROBINSON P, 2003. The Cognition Hypothesis, task design, and adult task-based language learning [J]. Second Language Studies, 21 (2): 45 - 105.

ROBINSON P, 2005. Cognitive complexity and task sequencing: Studies in a componential framework for second language task design [J]. International Review of Applied Linguistics in Language Teaching, 43 (1): 1 – 32.

ROBINSON P, 2007a. Criteria for classifying and sequencing pedagogic tasks [A]//M P GarcíaMayo, Investigating Tasks in Formal Language Learning [C]. Clevedon: Multilingual Matters. 7 – 26.

ROBINSON P, 2007b. Task complexity, theory of mind, and intentional reasoning: Effects on L2 speechproduction, interaction, uptake and perceptions of task difficulty [J]. International Review of Applied Linguistics in Language Teaching, 45 (3): 193 – 213.

ROBINSON P, 2011a. Task-based language learning: A review of issues [J]. Language Learning, (Suppl. 1): 1 – 36.

ROBINSON P, 2011b. Second language task complexity, the Cognition Hypothesis, language learning, and performance [A]//P Robinson, Second Language Task Complexity: Researching the Cognition Hypothesis of Language Learning and Performance [C]. Amsterdam: John Benjamins. 3 – 38.

ROBINSON P, TING S C, URWIN J J, 1995. Investigating second language task complexity [J]. RELC Journal, 26 (2): 62 – 79.

ROLIN-IANZITI J, 2010. The organization of delayed second language correction [J]. Language TeachingResearch, 14 (2): 183 – 206.

ROSENHOLTZ S J, 1989. Workplace conditions that affect teacher quality and commitment: Implications for teacher induction programs [J]. Elementary School Journal, 89 (4): 39 – 421.

ROSS S, 1998. Self-assessment in second language testing: a meta-analysis and analysis of experiential factors [J]. Language Testing, 15 (1): 1 – 20.

ROST M, 1990. Listening in Language Learning [M]. New York: Longman.

ROWE M B, 1986. Wait time: slowing down may be a way of speeding up! [J]. Journal of Teacher Education, 37 (1): 43 – 50.

SAILORS M, PRICE L R, 2010. Professional development that supports the teaching of cognitive reading strategy instruction [J]. Elementary School Journal, 110 (3): 32 – 301.

SAITO K, 2011. Examining the role of explicit phonetic instruction in native-like and comprehensible pronunciation development: An instructed SLA approach to L2 phonology [J]. Language Awareness, 20 (1): 45 – 59.

SAITO K, AKIYAMA Y, 2017. Video-based interaction, negotiation for comprehensibility, and second language speech learning: A longitudinal study [J]. Language Learning, 67 (1): 43 - 74.

SAITO K, LYSTER R, 2012. Effects of form-focused instruction and corrective feedback on L2 pronunciation development of /r/ by Japanese learners of English [J]. Language Learning, 62 (2): 595 - 633.

SAITO K, WU X, 2014. Communicative focus on form and second language suprasegmental learning [J]. Studies in Second Language Acquisition, 36 (4): 647 - 680.

SALWA A H, 2016. Are Saudi Girls Motivated to Learn English? [J]. Arab World English Journal, 7 (4): 379 - 421.

SAMIMY K K, TABUSE M, 1992. Affective variables and a less commonly taught language: A study in beginning Japanese classes [J]. Language Learning, 42 (3): 377 - 398.

SAMPSON A, 2012. Learner code-switching versus English only [J]. ELT Journal, 66 (3): 293 - 303.

SAMPSON R J, 2015. Tracing motivational emergence in a classroom language learning project [J]. System, 50: 10 - 20.

SANCHEZ H S, 2014. The impact of self-perceived subject matter knowledge on pedagogical decisions in EFL grammar teaching practices [J]. Language Awareness, 23 (3): 220 - 233.

SANGSTER P, ANDERSON C, O' HARA P, 2013. Perceived and actual levels of knowledge about language amongst primary and secondary student teachers: do they know what they think they know? [J]. Language Awareness, 22 (4): 293 - 319.

SASAKI M, 2011. Effects of varying lengths of study-abroad experiences on Japanese EFL students' L2 writing ability and motivation: A longitudinal study [J]. TESOL Quarterly, 45 (1): 81 - 105.

SASAYAMA S, 2016. Is a 'complex' task really complex? Validating the assumption of cognitive task complexity [J]. The Modern Language Journal, 100 (1): 231 - 254.

SATO M, BALLINGER S, 2012. Raising language awareness in peer interaction: A cross-context, cross-method examination [J]. Language Awareness, 21 (1 - 2): 157 - 179.

SATO, M, BALLINGER S, 2016. Peer interaction and second language learning: Pedagogical potential and research agenda [C]. Amsterdam: John Benjamins.

SATO M, BALLINGER S, 2012. Raising language awareness in peer interaction: a cross-context, cross-methodology examination [J]. Language Awareness, 21 (1 – 2): 157 – 179.

SATO M, VIVEROS P, 2016. Interaction or collaboration? Group dynamics in the foreign language classroom [A]//M Sato, S Ballinger, Peer interaction and second language learning: Pedagogical potential and research agenda [C]. Amsterdam: John Benjamins. 91 – 112.

SCARVAGLIERI C, 2017. 'Educational Landscaping': a method for raising awareness about language and communication [J]. Language Awareness, 26 (4): 325 – 342,

SCHMECK R R, 1988. An introduction to strategies and styles of learning [A]//R R Schmeck, Learning Strategies and Learning Styles [C]. New York: Plenum Press. 3 – 20.

SCHMID M S, VERSPOOR M, MACWHINNEY B, Coding and extracting data [A]//M H Verspoor, K De Bot, W Lowie, A Dynamic Approach to Second Language Development [C]. Amsterdam, John Benjamins. 39 – 54.

SCHMIDT R, 1990. The role of consciousness in second language learning [J]. Applied Linguistics, 11 (2): 129 – 158.

SCHMIDT R, 1994. Deconstructing consciousness in search of useful definitions for applied linguistics [A]//J H Hulstijn, R Schmidt, Consciousness in Second Lnanguage Learning [C]. Vrije Universiteit Amsterdam, The University of Hawai'i at Manoa. 11 – 26.

SCHMIDT-RINEHART B C, 1994. The effects of topic familiarity on second language listening comprehension [J]. Modern Language Journal, 78 (2): 179 – 189.

SCHÖN D A, 1983. The Reflective Practitioner: How Professionals Think in Action [M]. New York: Basic Books Inc.

SCHRAGE M, 1994. Writing to collaborate: collaborating to write [A]//J S Leonard, C E Wharton, R M Davis, J Harris, Authority and Textuality: Current Views of Collaborative Writing [C]. West Cornwall, CT: Locus Hill Press. 17 – 24.

SCHUMANN J, 1998. The Neurobiology of Affect in Language [M]. Oxford: Blackwell.

SCHWARTZ M, GORBATT N, 2017. There is no need for translation: she understands": teachers' mediation strategies in a bilingualpreschool classroom [J]. The Modern Language Journal, 101 (1): 143 – 162.

SELIGER H W, 1983. Learner interaction in the classroom and its effect on language acquisition [A]//H W Seliger, M H Long, Classroom Oriented Research in Second Language Acquisition [C]. Rowley, MA: Newbury House. 246 – 267.

SELIGER H W, SHOHAMY E, 1990. Second Language Research Methods [M]. Oxford

University Press.

SHEEN R, 2005. Focus on formS as a means of improving accurate oral production [A]//A Housen, M Pierrard, Investigations in instructed second language acquisition [C]. Berlin: Mouton de Gruyter. 271 – 310.

SHEEN Y, 2007. The effect of focused written corrective feedback and language aptitude on ESL learners' acquisition of articles [J]. TESOL Quarterly, 41 (2): 255 – 283.

SHEEN Y, 2008. Recasts, language anxiety, modified output, and L2 learning [J]. Language Learning, 58 (4): 835 – 874.

SHEEN Y, 2010. Differential effects of oral and written corrective feedback in the ESL classroom [J]. Studies in Second Language Acquisition, 31: 203 – 234.

SHEEN Y, 2011. Corrective Feedback, Individual Differences and Second Language Learning [M]. New York: Springer.

SHEEN Y, ELLIS R, 2011. Corrective feedback in language teaching [A]//E Hinkle, Handbook of Research in Second Language Teaching and Learning [C]. New York: Routledge. 593 – 610.

SHEEN Y, WRIGHT D, MOLDAWA A, 2009. Differential effects of focused and unfocused written correction on the accurate use of grammatical forms by adult ESL learners [J]. System, 37 (4): 556 – 569.

SHEHADEH A, 2011. Effects and student perceptions of collaborative writing in L2 [J]. Journal of Second Language Writing, 20 (4): 286 – 305.

SHULMAN L S, 1999. Foreword [A]//L Darling-Hammond, G Sykes, Teaching as the Learning Profession: Handbook of Policy and Practice [C]. San Francisco: Jossey – Bass, xi – xiv.

SIRIN S R, ROGERS-SIRIN L, 2005. Components of school engagement among African American adolescents [J]. Applied Developmental Science, 9 (1): 5 – 13.

SIU O L, BAKKER A B, JIANG X, 2014. Psychological capital among university students: Relationships with study engagement and intrinsic motivation [J]. Journal of Happiness Studies, 15 (4): 979 – 994.

SKEHAN P, 1996. A framework for the implementation of task-based instruction [J]. Applied Linguistics, 17 (1): 38 – 62.

SKEHAN P, 1998. A Cognitive Approach to Language Learning [M]. Oxford: Oxford

University Press.

SKEHAN P, 2009. Modelling second language performance: Integrating complexity, accuracy, fluency, and lexis [J]. Applied Linguistics, 30 (4): 510 – 532.

SKEHAN P, FOSTER P, 1997. Task type and task processing conditions as influences on foreign language performance [J]. Language Teaching Research, 1 (3): 185 – 211.

SKEHAN P, FOSTER P, 2001. Cognition and tasks [A]//P Robinson, Cognition and Second Language Instruction [C]. Cambridge: Cambridge University Press. 183 – 205.

SKINNER E A, KINDERMANN T A, CONNELL J P, WELLBORN J G, 2009. Engagement and disatisfaction as an organizational construct in the dynamics of motivational development [A]//K R Wentzel, A Wigfield, Handbook of motivation in school [C]. New York: Routledge. 223 – 245.

SKINNER E, FURRER C, MARCHAND G, KINDERMANN T, 2008. Engagement and disaffection in the classroom: Part of a larger motivational dynamic? [J]. Journal of Educational Psychology, 100 (4): 765 – 781.

SOLER-MONREAL C, CARBONELL-OLIVARES M, GIL-SALOM L, 2011. A contrastive study of the rhetorical organisation of English and Spanish PhD thesis introductions [J]. English for Specific Purposes, 30 (1): 4 – 17.

SONGHORI M H, 2012. Exploring the congruence between teachers' and students' preferences for form-focused instruction: Isolated or integrated? [J]. Asian EFL Journal, 61 (special CEBU issue): 4 – 23.

SOUTO-MANNING M, DICE J, 2007. Reflective teaching in the early years: A case for mentoring diverse educators [J]. Early Childhood Education Journal, 34 (6): 425 – 430.

SPADA N, 1997. Form-focussed instruction and second language acquisition: A review of classroom and laboratory research [J]. Language Teaching, 30 (2): 73 – 87.

SPADA N, 2006. Communicative language teaching: Current status and future prospects [A]//J Cummins, C Davis, The international Handbook of English Language Teaching [C]. Boston, MA: Springer. 271 – 288.

SPADA N, 2011. Beyond form-focused instruction: Reflections on past, present and future research [J]. Language Teaching, 44 (2): 225 – 236.

SPADA N, BARKAOUI K, PETERS C, SO M, VALEO A, 2009. Developing a questionnaire to investigate second language learners' preferences for two types of form-focused instruction [J]. System, 37 (1): 70-81.

SPADA N, JESSOP L, TOMITA Y, SUZUKI W, VALEO A, 2014. Isolated and integrated form-focused instruction: Effects on different types of L2 knowledge [J]. Language Teaching Research, 18 (4): 453-473.

SPADA N, LIGHTBOWN P M, 1993. Instruction and the development of questions in the L2 classroom [J]. Studies in Second Language Acquisition, 15 (2): 205-224.

SPADA N, LIGHTBOWN P M, 2008. Form-focused instruction: Isolated or integrated? [J]. TESOL Quarterly, 42 (2): 181-207.

SPADA N, TOMITA Y, 2010. Interactions between type of instruction and type of language feature: A meta-analysis [J]. Language Learning, 60 (2): 263-308.

SPARKS R L, HUMBACH N, PATTON J, GANSCHOW L, 2011. Subcomponents of Second-Language Aptitude and Second—Language Proficiency [J]. The Modern Language Journal, 95 (2): 253-273.

SPIRO R, 1979. Etiology of reading comprehension style [A]//M Kami, A Moe, Reading Research Studies and Applications [C]. Clemson: SC National Reading Conference. 118-122.

SPROUSE J, WAGERS M, PHILLIPS C, 2012. A test of the relation between working-memory capacity and syntactic island effects [J]. Language, 88 (1): 82-123.

STAHL G, 2006. Group Cognition: Computer Support for Building Collaborative Knowledge [M]. Michigan: MIT Press.

STEFANI L A J, 1998. Peer, self, and tutor assessment: Relative reliabilities [J]. Studies in Higher Education, 19 (1): 69-75.

STILLWELL C, CURABBA B, ALEXANDER K, KIDD A, KIM E, STONE P, WYLE C, 2010. Students transcribing tasks: noticing fluency, accuracy, and complexity [J]. ELT Journal, 64 (4): 445-455.

STORCH N, 1999. Are two heads better than one? Pair work and grammatical accuracy [J]. System, 27 (3): 363-374.

STORCH N, 2001. How collaborative is pair work? ESL tertiary students composing in pairs [J]. Language Teaching Research, 5 (1): 29-53.

STORCH N, 2002. Relationships formed in dyadic interaction and opportunity for learning [J]. International Journal of Educational Research, 37 (3-4): 305-322.

STORCH N, 2005. Collaborative writing: product, process, and students' reflections [J].

Journal of Second Language Writing, 14 (3): 153 – 173.

STORCH N, 2008. Metatalk in a pair work activity: Level of engagement and implications for language development [J]. Language Awareness, 17 (2): 95 – 114.

STORCH N, 2011. Collaborative writing in L2 contexts: processes, outcomes, and future directions [J]. Annual Review of Applied Linguistics, 31: 275 – 288.

STORCH N, 2013. Collaborative Writing in L2 Classrooms [M]. UK: Multilingual Matters.

STORCH N, WIGGLESWORTH G, 2010. Students' engagement with feedback on writing: The role of learner agency/beliefs [A]//R Batstone, Sociocognitive perspectives on language use and language learning [C]. Oxford: Oxford University Press. 166 – 185.

STRAUSS A, CORBIN J, 1998. Basics of Qalitative Research: Procedures and Techniques for Developing Grounded Theory [M]. Thousand Oaks, CA: Sage.

STRONG-KRAUSE D, 2000. Exploring the effectiveness of self-assessment strategies in ESL placement [A]//G Ekbatani, H Pierson, Learner-Directed Assessment in ESL [C]. Mahwah, NJ: Lawrence Erlbaum Associates, Publishers. 49 – 74.

SULLIVAN K, HALL C, 1997. Introducing students to self-assessment [J]. Assessment and Evaluation in Higher Education, 22 (3): 289 – 305.

SVALBERG A M-L, 2009. Engagement with language: interrogating a construct [J]. Language Awareness, 18 (3 – 4): 242 – 258.

SVALBERG A M-L, 2015. Understanding the complex processes in developing student teachers' knowledge about grammar [J]. The Modern Language Journal, 99 (3): 529 – 545.

SVALBERG A M-L, ASKHAM J, 2014. Student teachers' collaborative construction of grammar awareness: the case of a highly competent learner [J]. Language Awareness, 23 (1 – 2): 123 – 137.

SWAIN M, 1985. Communicative competence: Some roles of comprehensible input and comprehensible output in its development [A]//S M Gass, C G Madden, Input in Second LanguageAcquisition [C]. Rowley, MA: Newbury House. 235 – 257.

SWAIN M, 1993. The output hypothesis: Just speaking and writing aren't enough [J]. The Canadian Modern Language Review, 50 (1): 158 – 164.

SWAIN M, 1995. Collaborative dialogue: Its contribution to second language learning [R]. Paper presented at American Association of Applied Linguistics Conference, Long Beach,

CA, March.

SWAIN M, 1998. Focus on form through conscious reflection [A]//C Doughty and J Williams. Focus on Form in Classroom Second Language Acquisition [C]. Cambridge: Cambridge University Press. 64 – 81.

SWAIN M, 2000. The output hypothesis and beyond: Mediating acquisition through collaborative dialogue [A]//J P Lantolf, Sociocultural Theory and Second Language Learning [C]. Oxford: Oxford University Press. 97 – 114.

SWAIN M, 2006. Languaging, agency and collaboration in advanced second language learning [A]//H Byrnes Advanced Language Learning: The Contributions of Halliday and Vygotsky [C]. London: Continuum. 95 – 108.

SWAIN M, 2010. 'Talking-it-through': Lanuaging as a source of learning [A]//R Batstone, Sociocognitive Perspectives on Language Use and Language Learning [C]. Oxford: Oxford University Press. 112 – 130.

SWAIN M, KINNEAR P, STEINMAN L, 2015. Sociocultural Theory in Second Language Education: An Introduction through Narratives [M]. Bristol: Multilingual Matters.

SWAIN M, LAPKIN S, 1998. Interaction and second language learning: Two adolescent French immersion students working together [J]. The Modern Language Journal, 82 (3): 320 – 337.

SWALES J M, 1990. Genre Analysis: English in Academic and Research Settings [M]. Cambridge: Cambridge University Press.

SYDORENKO T, SMITS T F H, EVANINI K, RAMANARAYANAN V, 2019. Simulated speaking environments for language learning: insights from three cases [J]. Computer Assisted Language Learning, 32 (1 – 2): 17 – 48.

TAGUCHI T, MAGID M, PAPI M, 2009. The L2 motivational self system among Japanese, Chinese and Iranian learners of English: A comparative study [A]//Z Dörnyei, E Ushioda, Motivation, Language Identity and the L2 Self [C]. Bristol: Multilingual Matters. 66 – 97.

TARAS M, 2001. The use of tutor feedback and student self-assessment in summative assessment tasks: towards transparency for students and for tutors [J]. Assessment and Evaluation in Higher Education, 26 (6): 605 – 615.

TASKER T, 2011. Teacher learning through critical friends groups: Recontexualizing professional development in a K-5 School [A]//K E Johnson，P R Golombek，Research on Second Language Teacher Education [C]. New York：Routlege. 189 – 203.

TAVAKOLI P，FOSTER P，2011. Task design and second language performance：The effect of narrative type on learner output [J]. Language Learning，61 (Suppl. 1)：37 – 72.

THE "FIVE GRACES GROUP"，2009. Language Is a Complex Adaptive System：Position Paper [J]. [J]. Language Learning，59 (Suppl. 1)：1 – 26.

THELEN E，SMITH L B，1994. A Dynamic Systems Approach to the Development of Cognition and Action [M]. Cambridge：The MIT Press.

THOMPSON K D，2013. Representing language，culture，and language users in textbooks：A critical approach to swahili multiculturalism [J]. The Modern Language Journal，97 (4)：947 – 964.

THORNBURY S G，1997. About Language：Tasks for Teachers of English [M]. Cambridge：Cambridge University Press.

THORNDIKE E L，LORGE I，1944. The Teacher's Word Book of 30，000 Words [M]. New York Teacher's College，Columbia University.

TIN T B，2014. A look into the local pedagogy of an English language classroom in Nepal [J]. Language Teaching Research，18 (3)：397 – 417.

TISON E B，BATEMAN T，CULVER S M，2011. Examination of the gender-student engagement relationship at one university [J]. Assessment and Evaluation in Higher Education，36 (1)：27 – 49.

TOBIAS S，1986. Anxiety and cognitive processing of instruction [A]//R Schwarzer，Self-Related Cognitions in Anxiety and Motivation [C]. Hillsdale，NJ：Erlbaum. 45 – 64.

TOCAIMAZA-HATCH C C，2015. An analysis of Spanish L2 learners' orientation through Activity Theory [J]. Foreign Language Annals，48 (3)：491 – 510.

TOGNINI R，2008. Interaction in languages other than English classes in Western Australian primary and secondary schools：Theory，practice and perceptions [D]. Ph. D. Dissertation. Perth：Edith Cowan University.

TOTH P D，2008. Teacher-and learner-led discourse in task-based grammar instruction：providing procedural assistance for L2morphosyntactic development [J]. Language Learning，58 (2)：237 – 83.

TOUR E，2015. Digital mindsets：Teachers' technology use in personal life and teaching [J].

Language Learning, Technology, 19 (3): 124 – 139.

TRUSCOTT J, 2007. The effect of error correction on learners' ability to write accurately [J]. Journal of Second Language Writing, 16 (4): 255 – 272.

TRUSCOTT J, 1999. The case for "the case against grammar correction in L2 writing classes": A response to Ferris [J]. Journal of Second Language Writing, 8 (2): 111 – 122.

TRUSCOTT J, 1996. The case against grammar correction in L2 writing classes [J]. Language learning, 46 (2): 327 – 369.

TSUI A B M, 1996. Reticence and anxiety in second language learning [A]//K Bailey, D Nunan, Voices from the Language Classroom: Qualitative Research in Second Language Acquisition [C]. New York: Cambridge University Press. 145 – 167.

TSUI A B M, FULLILOVE J, 1998. Bottom-up or top-down processing as a discriminator of L2 listening performance [J]. Applied Linguistics, 19 (4): 432 – 451.

TSUI A B M, 2007. Complexities of identity formation: A Narrative Inquiry of an EFL Teacher [J]. TESOL Quarterly, 41 (4): 657 – 680.

TSUI A B M, 2003. Understanding Expertise in Teaching: Case Studies of ESL Teachers [M]. Cambridge: Cambridge University Press.

TÜZWL A E B, AKCAN S, 2009. Raising the language awareness of pre-service English teachers in an EFL context [J]. European Journal of Teacher Education, 32 (3): 271 – 287.

UPSHUR J, 1971. Objective evaluation of oral proficiency in the TESOL classroom [J]. TESOL Quarterly, 5 (1): 47 – 59.

UR P, 1996. A Course in Language Teaching [M]. Cambridge: Cambridge University Press.

USHER E L, PAJARES F, 2008. Self-efficacy for self-regulated learning: A validation study [J]. Educational and Psychological Measurement, 68 (3): 443 – 463.

USHIODA E, 2001. Language learning at university: Exploring the role of motivational thinking [A]//Z Dörnyei, R Schmidt, Motivation and Second Language Acquisition [C]. Honolulu, HI: University of Hawaii at Manoa, Second Language Teaching and Curriculum Center. 93 – 126.

VALEO A, SPADA N, 2016. Is there a better time to focus on form? Teacher and learner views [J]. TESOL Quarterly, 50 (2): 314 – 339.

VALLI L, 1990. Moral imperatives in reflective teacher education programs [A]//R T Clift, W R Houston, M Pugach, Encouraging Reflective Practice: An Examination of Issues and Exemplars [C]. New York: Teachers College Press. 39 – 56.

VALSINER J, VAN DER VEER R, 2000. The Social Mind: Construction of the Idea [M].
Cambridge: Cambridge University Press.

VAN COMPERNOLLE R A, 2011. Developing second language sociopragmatic knowledge
through concept-based instruction: A microgenetic case study [J]. Journal of Pragmatics,
43 (13): 3267 – 3283.

VAN DEN BRANDEN K, 2016. The Role of teachers in task-based language education [J].
Annual Review of Applied Linguistics, 36: 164 – 181.

VAN DEN BRANDEN K, 2009. Mediating between predetermined order and chaos: the role
of the teacher in task-based language education [J]. International Journal of Applied
Linguistics, 19 (3): 264 – 285.

VAN DEN BRANDEN K, 2006. Task-based Language Teaching: From Theory to Practice
[M]. Cambridge: Cambridge University Press.

VAN DIJK M, VERSPOOR M, LOWIE W, 2011. Variability and DST [A]//M Verspoor
K de Bot, W Lowie, A Dynamic Approach to Second Language Development [C].
Amsterdam: John Benjamins. 55 – 84.

VAN GEERT P, 1998. We almost had a great future behind us: The contribution of non-
linear dynamics to developmental-science-in-the making [J]. Developmental Science, 1
(1): 143 – 159.

VAN GEERT P, 2008. The dynamic systems approach in the study of L1 and L2 acquisition:
An introduction [J]. The Modern Language Journal, 92 (2): 179 – 199.

VAN GEERT P, VAN DIJK M, 2002. Focus on variability: New tools to study intra-
individual variability in developmental data [J]. Infant Behavior and Development 25 (4):
340 – 375.

VAN LIER L, 2001. Constraints and Resources in Classroom Talk: Issues of Equality and
Symmetry [A]//C Candlin, N Mercer, English Language Teaching in its Social Context:
A Reader [C]. London: Routledge. 90 – 107.

VAN LIER L, 2000. From input to affordance: Social-interactive learning from an ecological
perspective [A]//J. P. Lantolf, Sociocultural Theory and Second Language Learning [C].
Oxford: Oxford University Press. 245 – 259.

VAN LIER L, 1996. Interaction in the Language Curriculum: Awareness, Autonomy and

Authenticity [M]. London: Longman.

VAN MANEN M, 1977. Linking ways of knowing with ways of being practical [J]. Curriculum Inquiry, 6 (3): 205 – 228.

VANDERGRIFT L, 2003. Orchestrating strategy use: towards a model of the skilled L2 listener [J]. Language Learning, 53 (3): 463 – 496.

VANDERGRIFT L, 1997. The comprehension strategies of second language (French) listeners: A descriptive study [J]. Foreign Language Annals, 30 (3): 387 – 409.

VÉLEZ-RENDÓN G, 2010. From social identity to professional identity: issues of language and gender [J]. Foreign Language Annals, 43 (4): 635 – 649.

VERSPOOR M, LOWIE W, VAN DIJK M, 2008. Variability in L2 development from a dynamic systems perspective [J]. The Modern Language Journal, 92 (2): 214 – 231.

VESCIO V, ROSS D, ADAMS, A. 2008. A review of research on the impact of professional learning communities on teaching practice and student learning [J]. Teaching and Teacher Education, 24 (1): 80 – 91.

VYGOTSKY L S, 1981. The genesis of higher mental functions [A]//J V Wertsch, The Concept of Activity in Soviet Psychology [C]. Armonk, NY: M. E. Sharpe. 144 – 188.

VYGOTSKY L S, 1978. Mind in Society: The Development of Higher Psychological Processes [M]. Cambridge: Harvard University Press.

VYGOTSKY L S, 1963. Thought and Language [M]. Cambridge: MIT Press.

WAJNRYB R, 1990. Grammar Dictation [M]. Oxford: Oxford University Press.

WALDRIP B G, Fisher D L, 2003. Identifying exemplary science teachers through their classroom interactions with students [J]. Learning Environments Research: An International Journal, 6 (2): 157 – 174.

WALLACE M, 1991. Training Foreign Language Teachers: A Reflective Approach [M]. Cambridge: Cambridge University Press.

WALSH S, 2006. Developing interactional awareness in the second language classroom through teacher self-evaluation [J]. Language Awareness, 12 (2): 124 – 142.

WALSH S, 2002. Construction or obstruction: Teacher talk and learner involvement in the EFL classroom [J]. Language Teaching Research, 6 (1): 3 – 23.

WANG A, 2015. Facilitating participation: Teacher roles in a multi-user virtual learning environment [J]. Language Learning, Technology, 19 (2): 156 – 176.

WANG C, WANG M, 2015. Effect of allignment on L2 written production [J]. Applied Linguistics, 36 (5): 503-526.

WANINGE F, DÖRNYEI Z, DE BOT K, 2014. Motivational Dynamics in Language Learning: Change, Stability, and Context [J]. The Modern Language Journal, 98 (3): 704-723.

WARREN M, 2016. Introduction to data-driven learning [A]//F Farr, L Murray, The Routledge Handbook of Language Learning and Technology [C]. London: Routledge. 337-347.

WEBER A, CUTLER A, 2006. First-language phonotactics in second-language listening [J]. Journal of the Acoustical Society of America, 119 (1): 597-607.

WEIR C, 2005. Language Testing and Validation: An Evidence-based Approach [M]. Palgrave Macmillan.

WEIR C, 1995. Understanding, Developing Language Tests [M]. London: Prentice Hall.

WEISSBERG R, 2006. Connecting Speaking and Writing [M]. Ann Arbor: University of Michigan Press.

WEISSBERG R, 2000. Developmental relationships in the acquisition of English syntax: Writing versus speech [J]. Learning and Instruction, 10 (1): 37-53.

WEN Q, JOHNSON R K, 1997. L2 learner variables and English achievement: A study of tertiary-level English majors in China [J]. Applied linguistics, 18 (1): 27-48.

WENGER E, 2002. Communities of practice and social learning systems [A]//F Reeve, M Cartwright, R Edwards, Supporting Lifelong Learning: Organizing Learning [C]. London: RoutledgeFalmer. 160-179.

WENGER E, 1998. Communities of Practice: Learning, Meaning, and Identity [M]. Cambridge University Press.

WIGGLESWORTH G, STORCH N, 2012. What role for collaboration in writing and writing feedback [J]. Journal of Second Language Writing, 21 (4): 364-374.

WIGGLESWORTH G, STORCH N, 2009. Pairs versus individual writing: Effects on fluency, complexity and accuracy [J]. Language Testing, 26 (3): 445-466.

WILLIAMS E, 1992. Student attitude towards approaches to learning and assessment [J]. Assessment and Evaluation in Higher Education, 17 (1): 45-58.

WILLIAMS J, 2012. The potential role (s) of writing in second language development [J]. Journal of Second Language Writing, 21 (4): 321-331.

WILLIAMS J, 2010. Constructing a new professional identity: Career change into teaching [J]. Teaching and Teacher Education, 26 (3): 639 - 647.

WILLIAMS K, 1991. Anxiety and formal second/foreign language learning [J]. RELC journal, 22 (2): 19 - 28.

WILLIAMS M, Burden R L, 1997. Psychology for Language Teachers [M]. Cambridge University Press.

WILLING K, 1987. Learning Styles and Adult Migrant Education [M]. Adelaide: National Curriculum Resource Center.

WILLIS J, 1996. A Framework for Task-Based Learning [M]. Halow: Longman.

WITTGENSTEIN L, 1953. Philosophical Investigations (3rd edition) [M]. New York: Macmillan.

WUBBELS T, BREKELMANS M, DEN BROK P, VAN TARTWIJK J. 2006. An interpersonal perspective on classroom management in secondary classrooms in the Netherlands [A]//C M Evertson, C S Weinstein (eds.), Handbook of Classroom Management: Research, Practice and Contemporary Issues [C]. Mahwah, NJ: Lawrence Erlbaum. 1161 - 1192.

YAN, J X, HORWITZ E K, 2008. Learners' perceptions of how anxiety interacts with personal and instructional factors to influence their achievement in English: A qualitative analysis of EFL learners in China [J]. Language Learning, 58 (1): 151 - 183.

YOSHIDA R, 2008. Learners' perception of corrective feedback in pair work [J]. Foreign Language Annals, 41 (3): 525 - 541.

YU K W, 2018. Structural relationships between second-language future self-image and the reading achievement of young Chinese language learners in Hong Kong [J]. System, 72: 201 - 214.

YU S, LEE I, 2015. Understanding EFL students' participation in group peer feedback of L2 writing: A case study from an activity theory perspective [J]. Language Teaching Research, 19 (5): 572 - 593.

ZACHARIAS N T, 2005. Teachers' Beliefs about Internationally-Published Materials: A Survey of Tertiary English Teachers in Indonesia [J]. RELC Journal, 36 (1): 23 - 37.

ZEICHNER K M, LISTON D P, 1996. Reflective Teaching: An Introduction [M]. Mahwah, NJ: Lawrence Erlbaum.

ZHANG L, SEEPHO S, 2013. Metacognitive strategy use and academic reading achievement: Insights from a Chinese context [J]. Electronic Journal of Foreign Language Teaching, 10 (1): 54 - 69.

ZIELINSKI B W, 2008. The listener: No longer the silent partner in reduced intelligibility [J]. System, 36 (1): 69 - 84.

附　　录

附录 1　大学生英语学习焦虑量表

亲爱的同学：

您好。这是一项科学研究，目的是了解大学生英语学习焦虑情况。您的回答将直接影响调查结果的准确性和真实性，请您认真阅读每个句子，并在符合您个人情况的相应数字上画"√"。衷心感谢您的合作！

第一部分：基本信息

首先，请如实填写您的基本情况，您的个人信息绝对不会被泄露。

性别：1. 男　　2. 女

专业：＿＿＿＿＿＿＿＿＿＿＿

第二部分：英语学习焦虑量表

请认真阅读下面的每个句子，判断句中的描述与您个人英语学习焦虑情况的符合程度。请在符合您情况的选项上画"√"。

1. 我一般不惧怕在英语课上犯错误。

（1）完全不符合　　（2）基本不符合　　（3）有时符合　　（4）基本符合　　（5）完全符合

2. 当我知道在英语课上将被提问时，我会紧张。

（1）完全不符合　　（2）基本不符合　　（3）有时符合　　（4）基本符合　　（5）完全符合

3. 当听不懂老师在英语课上所讲的内容时，我很不安。

（1）完全不符合　　（2）基本不符合　　（3）有时符合　　（4）基本符合　　（5）完全符合

4. 我不介意多上英语课。

（1）完全不符合　　（2）基本不符合　　（3）有时符合　　（4）基本符合　　（5）完全符合

5. 上英语课时，我常发现自己在想与课程无关的东西。

（1）完全不符合　　（2）基本不符合　　（3）有时符合　　（4）基本符合　　（5）完全符合

6. 英语课后学习中，我总认为别人的学习效果比我好。

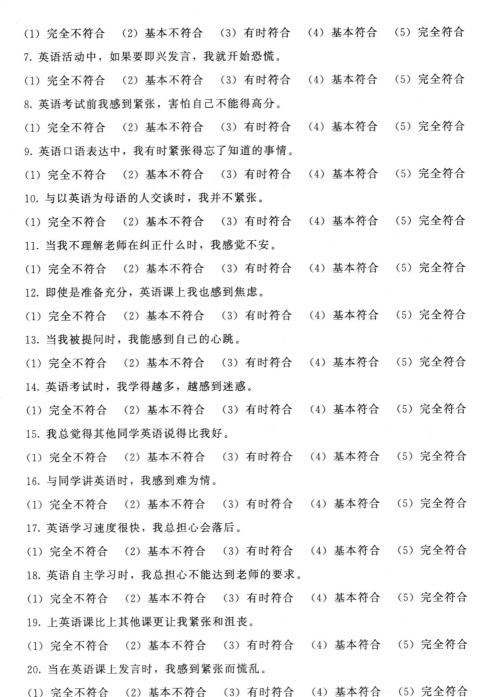

(1) 完全不符合 　(2) 基本不符合 　(3) 有时符合 　(4) 基本符合 　(5) 完全符合

7. 英语活动中，如果要即兴发言，我就开始恐慌。

(1) 完全不符合 　(2) 基本不符合 　(3) 有时符合 　(4) 基本符合 　(5) 完全符合

8. 英语考试前我感到紧张，害怕自己不能得高分。

(1) 完全不符合 　(2) 基本不符合 　(3) 有时符合 　(4) 基本符合 　(5) 完全符合

9. 英语口语表达中，我有时紧张得忘了知道的事情。

(1) 完全不符合 　(2) 基本不符合 　(3) 有时符合 　(4) 基本符合 　(5) 完全符合

10. 与以英语为母语的人交谈时，我并不紧张。

(1) 完全不符合 　(2) 基本不符合 　(3) 有时符合 　(4) 基本符合 　(5) 完全符合

11. 当我不理解老师在纠正什么时，我感觉不安。

(1) 完全不符合 　(2) 基本不符合 　(3) 有时符合 　(4) 基本符合 　(5) 完全符合

12. 即使是准备充分，英语课上我也感到焦虑。

(1) 完全不符合 　(2) 基本不符合 　(3) 有时符合 　(4) 基本符合 　(5) 完全符合

13. 当我被提问时，我能感到自己的心跳。

(1) 完全不符合 　(2) 基本不符合 　(3) 有时符合 　(4) 基本符合 　(5) 完全符合

14. 英语考试时，我学得越多，越感到迷惑。

(1) 完全不符合 　(2) 基本不符合 　(3) 有时符合 　(4) 基本符合 　(5) 完全符合

15. 我总觉得其他同学英语说得比我好。

(1) 完全不符合 　(2) 基本不符合 　(3) 有时符合 　(4) 基本符合 　(5) 完全符合

16. 与同学讲英语时，我感到难为情。

(1) 完全不符合 　(2) 基本不符合 　(3) 有时符合 　(4) 基本符合 　(5) 完全符合

17. 英语学习速度很快，我总担心会落后。

(1) 完全不符合 　(2) 基本不符合 　(3) 有时符合 　(4) 基本符合 　(5) 完全符合

18. 英语自主学习时，我总担心不能达到老师的要求。

(1) 完全不符合 　(2) 基本不符合 　(3) 有时符合 　(4) 基本符合 　(5) 完全符合

19. 上英语课比上其他课更让我紧张和沮丧。

(1) 完全不符合 　(2) 基本不符合 　(3) 有时符合 　(4) 基本符合 　(5) 完全符合

20. 当在英语课上发言时，我感到紧张而慌乱。

(1) 完全不符合 　(2) 基本不符合 　(3) 有时符合 　(4) 基本符合 　(5) 完全符合

21. 在去上英语课的路上，我感到自信而轻松。

(1) 完全不符合 　(2) 基本不符合 　(3) 有时符合 　(4) 基本符合 　(5) 完全符合

22. 当不能逐字理解别人的英语表达时，我感到紧张。

（1）完全不符合　　（2）基本不符合　　（3）有时符合　　（4）基本符合　　（5）完全符合

23. 英语表达中需遵循的大量规则让我感到惶恐不安。

（1）完全不符合　　（2）基本不符合　　（3）有时符合　　（4）基本符合　　（5）完全符合

24. 当我说英语时，我怕别人会取笑我。

（1）完全不符合　　（2）基本不符合　　（3）有时符合　　（4）基本符合　　（5）完全符合

25. 与以英语为母语的外国人相处时，我感到舒服。

（1）完全不符合　　（2）基本不符合　　（3）有时符合　　（4）基本符合　　（5）完全符合

26. 英语学习中别人纠正我时，我会觉得不安。

（1）完全不符合　　（2）基本不符合　　（3）有时符合　　（4）基本符合　　（5）完全符合

27. 我不积极参与某些英语活动，因为担心我的英语表达能力太差。

（1）完全不符合　　（2）基本不符合　　（3）有时符合　　（4）基本符合　　（5）完全符合

28. 学习英语时，遇到不熟悉的单词和语法会影响我的情绪。

（1）完全不符合　　（2）基本不符合　　（3）有时符合　　（4）基本符合　　（5）完全符合

附录 2 听力风格测试

姓名：　　　　　　　专业：

Passage 1

1.

a. cooking food for the restaurant.　　b. Showing guests into the restaurant.

c. Driving in the parking lot.　　d. Bringing food to the dining table

2.

a. He was surprised by so many companies that Larry mentioned.

b. He was pleased by Larry's service.

c. He was amused by Larry's clever answer.

d. He thought Larry was lying.

3.

a. How Larry found a job in a restaurant in Hollywood.

b. How Larry managed to make a living in Hollywood.

c. How Larry started his career in Hollywood.

d. How Larry met an important film director in Hollywood.

4.

a. Larry was an idealistic dreamer.

b. Larry had a sense of humor.

c. Larry was going to be great movie star.

d. Larry was broke when he met the film director.

5. 请详细描述一下你在听这篇文章、理解这篇文章过程中的思维过程。（请把答案写在反面）

6. Dash，nil，fascinated，keep body and soul together，是生单词或者新短语吗？听出来了吗？在听文章的过程中你是怎么处理的？请详细说明。（请把答案写在反面）

Passage 2

1.

a. There are more than radio broadcast stations than television.

b. You cannot see pictures while listening to radio.

c. The technique for radio is less advanced than television.

d. The radio has a larger audience than television does.

2.

a. Because listeners can ring up a radio station and express their views.

b. Because radio signal covers a wider area than television does.

c. Because radio station schedule their programs more flexibly.

d. Because radio stations broadcast news report at regular hourly intervals.

3.

a. The advantages of radio over television.

b. The difference between radio and television.

c. The changes made to radio programs.

d. The reasons for the unpopularity of TV programs.

4.

a. The invention of television is a failure.

b. The invention of television has had a great impact on radio.

c. Radio definitely has a larger audience than television does.

d. Radio will not easily be replaced by television.

5. 请详细描述一下你在听这篇文章、理解这篇文章过程中的思维过程。（请把答案写在反面）

6. Imaginative，visual，flexible，portable，interval，interactive 是生单词吗？在听力过程中你是怎么处理的？请详细说明。（请把答案写在反面）

附录 3 　访谈问题

1. 今天听短文时你是怎样理解文章的？请具体说明。

2. 在理解文章过程中你使用了哪些听力策略？请举例说明。

3. 你是怎样得出后面问题的答案的？用了什么方法？请具体说明。

4. 在××这篇文章中，听到了××这个单词没有？是生单词吗？你当时是怎么处理的呢？

5. 平时在练听力过程中通常是怎样理解一篇文章的？什么步骤？

6. 通常会用一些什么策略来理解文章，一些什么手段来完成短文后的练习呢？

7. 你觉得你在听短文过程中有什么困难？为什么这些对你来说比较困难？

附录 4　Selected Examples of Students'Description of Their Mental Processing and Listening Strategies and Skills

Student No. 1（综合型 Synthetic listening style）

1.5 听力开始之前，我在阅读选项后，猜测文章的内容，第一题选项全都是各种工作的描述，下面一题描述了某个人对 Larry 说的话的反应，惊奇、开心、怀疑，可以直接排除 b 选项。根据第三题的选项，因为都是和好莱坞相关的，b，c 很接近，一个是讲如何在好莱坞生存，一个是讲如何在好莱坞开始事业，结合第一道题猜想，这篇文章是讲 Larry 怎么样开始在好莱坞展开事业的，这样可以推断出文章的大致内容。

录音开始播放以后，我带着自己的想象和猜测认真地听短文的内容。短文的一开头就说了 Larry 一直以来都想成为一个电影明星，就明确了我的预测是正确的，即肯定不是如何在好莱坞生存，而是如何在好莱坞创业。听的过程中，我比较注重抓住文章的主线，很多时候短文段的开头是段落的中心思想，当然也注意听这些关键词，听力过程中有些单词和句子没有听清晰，我没有停留思考，而是接着听下去。一方面没有时间停留下来去思考，另一方面大多都能听懂，偶尔一个单词没有听懂，到后来听着听着也能明白，比如说第二段一开始听到 To keep body and soul together，稍微愣了一秒，但是后来注意到下文说 Larry 找到一份在好莱坞大旅馆停车的工作，薪水一般，但是因为有些顾客很慷慨，所以也能 manage to make a living，这样一听完，前面那个目的状语的意思就自然而然地明白了，就是指维持生活，不用多想。文章的后面就讲述了 Larry 如何遇到一个好莱坞的大人物，并且给他留下深刻的印象，比较有创意，说："不知道你们公司需不需要我来参加演出，但是我想告诉你，many companies are after me."这样，使那个大人物对他刮目相看并且感到很诧异：一个停车的小伙子怎么可能有很多公司想要他去拍片呢？其实，Larry 还有很多账单还没有支付，如电力公司的、煤气公司的、电信公司的等，他没有撒谎，但是说话的方式很聪明，故意引起了那位大人物的好奇心，使他觉得 Larry 很聪明、很风趣，这个细节我听得很清楚。然后，Larry 就获得了一个小的角色，从此开始了演员的生涯。

1.6 是生词，Dash 听到了但是没有管它，不影响理解。Nil 听到了，也不懂，但是根据上下文，当时 Larry refuse to admit that his chances...were nil，我想 Larry 应该不相信没有机会，所以才会不断地努力。Fascinate 这个单词也不懂，但是根据 Larry 的话，和那个大人物的反应，以及自己对 Larry 的感受猜测，那个大人物也许觉得 Larry 挺风趣，觉得很有趣吧。

2.5 录音开始之前，我根据后面的选项猜测，文章是在对比电视和录音机。根据常识我们都知道电视和录音机的特征，我想肯定是电视机比录音机要先进很多的吧，至少电视机的图像功能录音机是没有办法比的。

开始播放录音，我认真听取短文信息，一开始果然就提到了收音机和电视的difference：一个是听，一个是看和听。后面一句没怎么听懂，但是好像是说录音机更加怎么样，并且解释了原因。In addition，录音机更加 flexible，也不太明白这个词，但是通过下文的举例知道录音机可以在不同的房间听，而电视只能在同一个房间听。紧接着作者还进一步说明了录音机比电视机听起来更加方便，随时随地都可以听。接下来又讲了 one of the main advantage of radio，即新闻更加及时，而且话题多样化，最后还说了收音机更加personal。慢慢地发现，作者的观点跟大多数人不一样，他觉得录音机比电视机更好。整篇文章都在通过跟电视机的对比突出录音机的好处。

2.6 这些生单词，在上面都讲过了，imaginative 没有听出来，也不懂什么意思。根据上下文，并且根据电视提供的是图像，估计 visual 这个单词应该是图像的意思。后面几个生词其实不用太考虑他们是什么意思，因为整段话大概都在讲某一个优点，所以几个生单词不怎么影响文章的理解。

Student No. 2（分析型 Analytic listening style）

1.5 先将选项通读一遍，注意到 Hollywood，Larry，restaurant 等词，听的时候捕捉到了 parking lot，director，以及 director 叫 Larry 去见他等，感觉 Larry 无意中成功了，做听力过程中注意力有点不集中，所以丢了一些信息。还有，听的时候好像听懂了，但听到后面的时候前面的又忘了，因此感觉听到的信息是零零碎碎的，最后只能通过听到的这些零碎信息去猜测了，找到一个最有可能的答案。

1.6 好像听到了 "nil" 这个音，但是不知道什么意思，似曾相识，想了一下没有想出来，就放弃了，没有深究它的意思，似乎对后面的听力理解也没有什么大的影响。我只听到了 keep body and soul together，我想就是把身体和灵魂保持一致的意思了。其他几个都没有听到。

2.5 通过题干知道文章主要讲 television 和 radio，于是听的时候就比较注意两种东西的对比。我用笔把部分关键词都记下来了，如 radio 可以 for images in mind，不在它周围听，更加 personal，时间比较固定等等。感觉文章是在讲 radio 相对于 television 的优点，television 虽然有很多优点，但是仍然有人钟爱传统的 radio，可以看到文章的主题是 radio will not easily be replaced by television，这样就了解到了文章的主旨了。

2.6 我听到了 imaginative 这个单词，我知道它是动词 imagine 加了一个后缀变成了形容词，应该就是想象的或有想象力的意思。我好像听到了一个 portable 这个音，当时我就在想，这个词听起来很熟，但是一下子没有想出来什么意思，这个词的词根 port 好像是港口的意思，但是这个词不知道什么意思，而且速度很快，一下子就过去了，后面讲的什么就都没有听到。后面几个词我根本都没有听到，好像也没有什么用。

Students No. 3 （整体型 Global listening style）

1.5 我首先看题目中的选项，看到好莱坞我就来劲了，因为我很喜欢好莱坞，很喜欢看电影，很喜欢看明星，也了解很多好莱坞的信息，比如好莱坞某个明星的生平事迹等。听的时候，果然听到 Larry，job，restaurant，但是不清楚 Larry 是哪个，没有听说过。听文章的内容，发现似乎不是讲某个大明星的，而是一个无名小卒在好莱坞找工作的事情，但是我只能听到个大概，有些细节没有听清楚，只能通过听到的语句、词汇以及文章的大致内容即 Larry 找工作的经历去猜一些细节题的答案。

1.6 大部分都是生单词，如果下面没有给出，我估计一个也不能听出来，就是听出来也不知道是什么意思。由于我在听的时候不可能把每一个单词都听清楚（不论我是否认识它），所以往往意识不到这个生单词，而只是忽略过去，我想这也是我把握不了细节的原因。

2.5 我还是先分析了选项中的内容，知道了文章的大概主题——与电视机和收音机有关，这两种东西的特征我们都很熟悉。所以，我猜测文章肯定会对 TV 和 Radio 进行对比。凭以往经验以及上下题之间的联系，有些题目的答案已经基本上可以确定，比如第三题，我想就应该是 "The difference between radio and television."。再听内容，实际上是一个补充和确认的过程，我努力去寻找能确认或者否定我想法的细节，与此同时会忽略一些细节，如果能听出来的话就能很准确地做。但是，因为只念一遍，我经常不能抓住所需的细节，第二题的原因我就没有听到，我只能凭着自己的想象和对作者感情倾向的揣摩去选择答案。

2.6 有些是，根本就没有注意到，有几个听的时候只听到了词根，这样就根据上下文的意思去理解。

附录5　Reading Ability Questionnaire
（阅读能力自我评价）

Purpose：The purpose of this questionnaire is to find about your ability to read in English. There is no one correct answer. The questionnaire will not be graded. Please answer as best you can.

Name：　　　　　　　　　Class：　　　　　　　　Number：

Section 1（Global Task）：

Circle the letter of the description that best matches how difficult it is for you to read in English：

A. It is very hard. I can read and understand a few words or phrases in English，but I don't understand most of what I read.

B. It is hard. I can read and understand some parts of what I read，especially if I'm familiar with the topic，but I don't understand all of it.

C. It is quite easy. I generally understand most of what I read although there are many words I don't know.

D. It is easy. I can read and basically understand everything I read in English.

Section 2（Context–specific Task）：

How difficult would it be for you to read the following in English? Circle the number that best describes what you think.

	Very Hard	Hard	Quite Easy	Easy
A 1–paragraph description of what a person looks like	1	2	3	4
A short paragraph about someone's daily activities	1	2	3	4
A very short humorous story	1	2	3	4
A 1–page story about a short vacation you took	1	2	3	4
A magazine article about something you are interested in	1	2	3	4
The international news in a newspaper	1	2	3	4
A 2–page story about a very famous person	1	2	3	4
A chapter chosen from the novel "The Adventures of Tom Sawyer"	1	2	3	4

Section 3（Actual task）*：

Read the following passages. Then choose the description that best describes how difficult it is for you to understand.

Passage 1

Beijing was chosen as the host city for the 2008 Summer Olympic Games at the 112th conference of the International Olympic Committee（IOC）in Moscow on July 13.

Beijing beat out four other candidate cities-Toronto, Paris, Osaka and Istanbul-with 56 votes from the IOC members in the second voting round, bringing the first ever Olympic Games to China. It is believed that the steady and quick development in China, a broad Olympic vision（理念）and the country's extraordinary sports achievements, which saw Chinese athletes take 28 gold medals in the 2000 Sydney Games, helped the city together to win the hearts of the IOC members.

The success is undoubtedly a great compensation for the city, which narrowly lost to Sydney in 1993 for the 2000 Olympic Games, although many considered Beijing a top favorite at that time. This historic victory not only threw the nation into great joy and week-long celebrations but also brings a huge challenge to the city's ability to host such a grand sports meeting.

A. It is very hard. I can read and understand a few words and phrases, but I don't understand most of the passage.

B. It is hard. I can read and understand some parts of the passage, but I don't understand all of it.

C. It is quite easy. I generally understand most of the passage although there are some words I don't know.

D. It is easy. I can read and understand the entire passage.

Passage 2

Habits, whether good or bad, are gradually formed. When a person does a certain thing again, he is driven by some unseen force to do the same thing repeatedly; then a habit is formed. Once a habit is formed, it is difficult, and sometimes impossible, to get rid of. It is therefore very important that we should pay great attention to the formation of habits. Children often form bad habits, some of which remain with them as long as they live. Older persons also form bad habits as long as they live, and sometimes become ruined by them.

There are other habits which, when formed in early life, are of great help. Many successful men say that much of their success has something to do with certain habits in early life, such as early rising, honesty and so on.

Among the habits which children should not form are laziness, lying, stealing and so on. They are all easily formed habits. Unfortunately older persons often form bad habits which should have been avoided.

We should keep from all these bad habits, and try to form such habits as will be good for ourselves and others.

A. It is very hard. I can read and understand a few words and phrases, but I don't understand most of the passage.

B. It is hard. I can read and understand some parts of the passage, but I don't understand all of it.

C. It is quite easy. I generally understand most of the passage although there are some words I don't know.

D. It is easy. I can read and understand the entire passage.

＊**There are 6 passages of this kind in the questionnaire.**

附录 6 学生对自我评价过程的反应和看法

Name：　　　　　　　Class：　　　　　　　Number：

Put yourself by using the scale：

1. 非常同意　　　　2. 同意　　　　　3. 不同意也不反对

4. 不同意　　　　　5. 非常不同意

1）自我评价过程可以使我更加独立地阅读。

2）自我评价过程可以使我思考更多。

3）自我评价过程可以使我学到更多的东西。

4）自我评价过程可以使我增强学习的自信心。

5）自我评价过程能够使我增强运用策略的意识，使我知道如何提高英语阅读能力。

6）自我评价过程有助于促进学习，提高英语阅读能力。

7）自我评价过程有助于使我了解自己的水平，了解自己在阅读方面的优势与不足。

8）自我评价过程有助于我找到今后提高阅读能力的途径。

9）自我评价过程有助于我积极参与学习英语，增强学习动机。

10）自我评价过程有助于提高我对英语学习的兴趣。

11）自我评价过程对学习有激励作用。

12）自我评价过程浪费时间。

13）自我评价过程枯燥。

14）自我评价过程有意思。

15）自我评价过程容易。

16）自我评价过程有挑战性。

附录 7   阅 读 文 章

Do you know when basketball was invented?

Basketball is a much-loved and active sport that is enjoyed by many for fun and exercise. It is over 100 years old and is played by more than 100 million people in over 200 countries. It is believed that the first basketball game in history was played on December 21, 1891. Then in 1936 in Berlin, it became an event at the Olympics.

Basketball was invented by a Canadian doctor named James Naismith, who was born in 1861. When he was a college teacher, he was asked to think of a game that could be played in the winter. Dr. Naismith created a game to be played inside on a hard floor. Dr. Naismith divided the men in his class into two teams and taught them to play his new game.

Today, basketball is popular all over the world. In china, you can sometimes see people playing basketball in parks, schools and even factories.

附录 8 改错题（样题）

题　　目	时　　态		动　　词		错　　误		
	现在时	过去时	规则动词	不规则动词	使用了现在分词	缺 be 动词	使用了动词原形
Children under 18 are not allow (allowed) to watch this show without their parents.	√		√				√
Last year a large number of trees (were) cut down		√		√		√	
The old man is ill. He must be sending (sent) to the hospital.	√			√	√		
Vegetables，eggs and fruits are selling (sold) in this shop.	√			√	√		
The stars can't (be) seen in the daytime.	√			√		√	
Anxi and Hangzhou （are） widely known for their tea.	√			√		√	
The room is cleaning (cleaned) every day.	√		√		√		
The game is call （called） "Lianliankan" by us.	√		√				√
Metal is using （used） for making machines.	√		√		√		
Basketball was invent (invented) by a Canadian doctor named James Naismith.		√	√				√

附录 9　图片描述题

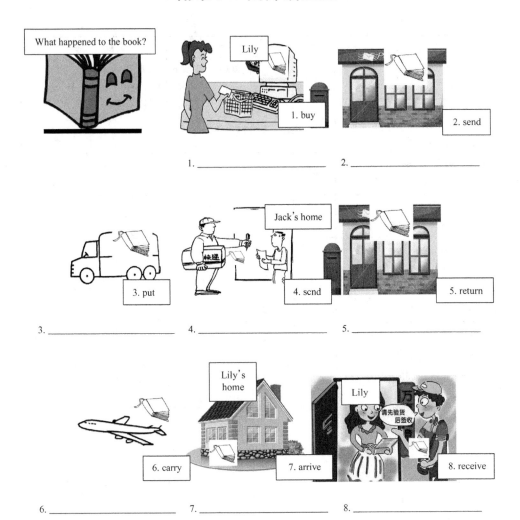

What happened to the book?

Lily

1. buy

2. send

1. _____ 2. _____

Jack's home

3. put

4. scnd

5. return

3. _____ 4. _____ 5. _____

Lily's home

Lily

请先验货后签收

6. carry

7. arrive

8. receive

6. _____ 7. _____ 8. _____

附录 10　中国高校英语教师反思量表

敬爱的老师：

　　您好，本问卷调查的目的是想了解您作为英语教师的实际教学情况。您的回答将为我们提供第一手真实材料，并成为我们找到精确的研究结果的关键。因此请从表格中选择最能描述您实际教学情况的选项，并用√表示。我们保证，调查信息一定保密，并且只作研究之用。非常感谢您的合作。

性别：男　　　女

年龄：23～30 岁　　31～40 岁　　41～50 岁　　51～60 岁　　60 岁以上

教学年限：1～5 岁　　6～10 岁　　11～15 岁　　16～20 岁　　21～25 岁

　　　　　26～30 岁　　31～35 岁　　35 岁以上

教学对象：非英语专业　　　英语专业

所在院校类型（复选）：985　　211　　综合类　　师范类　　理工类　　一本

　　　　　　　　　二本　　三本

英语专业学位：无　　　本科　　　硕士　　　博士

职称：助教　讲师　　副教授　教授

描　　述	选　　项
1. 我在笔记本或日记中记录我的教学情况。	1. 从不 2. 很少 3. 有时候 4. 经常　5. 总是
2. 我用专门记录教学情况的文件做教学记录。	1. 从不 2. 很少 3. 有时候 4. 经常　5. 总是
3. 每堂课结束后我会记录课堂教学的成功和不足之处。	1. 从不 2. 很少 3. 有时候 4. 经常　5. 总是
4. 我在课堂中尝试新的教学技巧。	1. 从不 2. 很少 3. 有时候 4. 经常　5. 总是
5. 我阅读与教学相关的书籍和文章以改进我的课堂教学。	1. 从不 2. 很少 3. 有时候 4. 经常　5. 总是
6. 我会根据我的课堂经历撰写论文。	1. 从不 2. 很少 3. 有时候 4. 经常　5. 总是
7. 我在课堂上进行一些小型研究活动以更好地了解教与学的过程。	1. 从不 2. 很少 3. 有时候 4. 经常　5. 总是
8. 我把课堂中出现的一些问题看作是潜在的研究课题，并进行研究。	1. 从不 2. 很少 3. 有时候 4. 经常　5. 总是

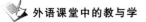

续表

描 述	选 项
9. 当发现某学生情绪低落或被其他同学疏离时,我会花较多的时间与他/她交流。	1. 从不 2. 很少 3. 有时候 4. 经常 5. 总是
10. 我要求学生口头或笔头陈述他们对我授课的感受,以及课堂中他们喜欢和不喜欢的部分。	1. 从不 2. 很少 3. 有时候 4. 经常 5. 总是
11. 我跟学生交流以了解他们的学习风格和喜好。	1. 从不 2. 很少 3. 有时候 4. 经常 5. 总是
12. 我跟学生交流以了解他们的家庭背景、爱好、兴趣以及能力。	1. 从不 2. 很少 3. 有时候 4. 经常 5. 总是
13. 我询问学生是否喜欢某一种课堂活动。	1. 从不 2. 很少 3. 有时候 4. 经常 5. 总是
14. 作为教师,我会思考我的教学理念及教学方式。	1. 从不 2. 很少 3. 有时候 4. 经常 5. 总是
15. 我思考自己的个人经历或背景如何影响我对教师的定义。	1. 从不 2. 很少 3. 有时候 4. 经常 5. 总是
16. 我思考教师职业的意义。	1. 从不 2. 很少 3. 有时候 4. 经常 5. 总是
17. 我试图找到我的教学中哪些方面能带给我满足感。	1. 从不 2. 很少 3. 有时候 4. 经常 5. 总是
18. 我思考自己作为教师的优势和劣势。	1. 从不 2. 很少 3. 有时候 4. 经常 5. 总是
19. 我回顾自己学生时期的正面教师典范和负面教学实例,并考虑他们对我的教学产生的影响。	1. 从不 2. 很少 3. 有时候 4. 经常 5. 总是
20. 我考虑在我课堂实践中的不尽人意之处。	1. 从不 2. 很少 3. 有时候 4. 经常 5. 总是
21. 我思考发生在身边的社会不公平的实例,并试图在课堂中讨论。	1. 从不 2. 很少 3. 有时候 4. 经常 5. 总是
22. 我会让学生通过与贫困和性别歧视等现象作斗争来改善他们的社会生活。	1. 从不 2. 很少 3. 有时候 4. 经常 5. 总是
23. 在教学中我涵盖老龄化、性别歧视、种族歧视以及贫富差距等话题。	1. 从不 2. 很少 3. 有时候 4. 经常 5. 总是
24. 我思考我教学中体现的政治观点,并考虑这些观点对学生政治观点的影响。	1. 从不 2. 很少 3. 有时候 4. 经常 5. 总是
25. 我考虑如何在课堂乃至整个社会中推广宽容和平等的价值观。	1. 从不 2. 很少 3. 有时候 4. 经常 5. 总是
26. 我考虑性别和家庭背景以及地域对我学生成绩的影响。	1. 从不 2. 很少 3. 有时候 4. 经常 5. 总是
27. 我考虑会影响我课堂内教学的社会事件。	1. 从不 2. 很少 3. 有时候 4. 经常 5. 总是
28. 我觉得关心和爱护学生是我的工作职责。	1. 从不 2. 很少 3. 有时候 4. 经常 5. 总是
29. 我把自己看作学生的榜样,所以力争起道德模范作用。	1. 从不 2. 很少 3. 有时候 4. 经常 5. 总是
30. 我相信正义,并在课堂实践中尽量体现公平。	1. 从不 2. 很少 3. 有时候 4. 经常 5. 总是
31. 我在课堂出勤以及期末课程评估等方面给学生制定一系列明确的要求。	1. 从不 2. 很少 3. 有时候 4. 经常 5. 总是
32. 我要求所有学生(无论英语水平高低)积极参与课堂活动。	1. 从不 2. 很少 3. 有时候 4. 经常 5. 总是
33. 我有一套明确的学生应该遵守的课堂行为规范。	1. 从不 2. 很少 3. 有时候 4. 经常 5. 总是

附录 11 Foreign Teachers' Mediation Questionnaire（外教中介作用问卷调查表）

Dear teachers,

We are interested in your English teaching background and your views on the following activities that you might use in your classroom teaching. The purpose is to get your feedback so that we can improve our English teaching in the future. Thank you very much for your time and cooperation! May you enjoy your English teaching!

Background

Your gender:　M　　F　　Age:　　　　Nationality:

How long have you been teaching English?

Subjects you have been teaching:

Part I　Please circle the number that best describes your views.

How important do you think it is to（1＝not at all important, 2＝not very important, 3＝somewhat important, 4＝quite important, 5＝very important）

Make your instructions clear when you give a task to your learners　1 2 3 4 5

Tell your learners why they are to do a particular activity.　1 2 3 4 5

Explain to your learners how carrying out a learning activity will help them in the future　1 2 3 4 5

Help your learners to develop a feeling of confidence in their ability to learn

1 2 3 4 5

Teach your learners the strategies they need to learn effectively　1 2 3 4 5

Teach your learners how to set their own goals in learning　1 2 3 4 5

Help your learners to set challenges for themselves and to meet these challenges　1 2 3 4 5

Help your learners to monitor changes in themselves　1 2 3 4 5

Help your learners to see that if they keep on trying to solve a problem, they will find a solution　1 2 3 4 5

Teach your learners to work cooperatively　1 2 3 4 5

Help your learners to develop as individuals　1 2 3 4 5

Foster in your learners a sense of belonging to a classroom community　1 2 3 4 5

Part II　Please circle the number.

How often do you (1＝never, 2＝rarely, 3＝sometimes, 4＝often, 5＝ always)

Make your instructions clear when you give a task to your learners　1 2 3 4 5

Tell your learners why they are to do a particular activity　1 2 3 4 5

Explain to your learners how carrying out a learning activity will help them in the future　1 2 3 4 5

Help your learners to develop a feeling of confidence in their ability to learn

1 2 3 4 5

Teach your learners the strategies they need to learn effectively　1 2 3 4 5

Teach your learners how to set their own goals in learning　1 2 3 4 5

Help your learners to set challenges for themselves and to meet these challenges　1 2 3 4 5

Help your learners to monitor changes in themselves　1 2 3 4 5

Help your learners to see that if they keep on trying to solve a problem, they will find a solution　1 2 3 4 5

Teach your learners to work cooperatively　1 2 3 4 5

Help your learners to develop as individuals　1 2 3 4 5

Foster in your learners a sense of belonging to a classroom community　1 2 3 4 5

附录 12　中国教师中介作用问卷
调查表（教师用表）

您的性别：男（　　）　　　女（　　）

您的年龄：

您的教龄：

您所教的专业及科目：

第一部分：由于研究需要，我们想了解您对课堂教师中介作用的看法。请选择一个最符合您的看法的数字填在括号里。从 5～1 分别表示"非常重要""很重要""重要""不太重要"和"不重要"。即：5＝非常重要（absolutely essential），4＝很重要（（very important），3＝重要（important），2＝不太重要（less than important），1＝不重要（not at all important）

（　　）1. 呈现某个学习任务时让学生清楚了解任务意图和指令。

（　　）2. 告诉学生为什么要做这个任务或活动。

（　　）3. 告诉学生执行该活动对他们的将来会有什么帮助。

（　　）4. 帮学生树立有能力学习的自信心。

（　　）5. 教学生有效制定学习的策略。

（　　）6. 教学生如何制定自己的学习目标。

（　　）7. 帮学生创造挑战并迎接挑战。

（　　）8. 帮学生监控发生在自己身上的变化。

（　　）9. 帮学生认识到只要不断努力，最终是能解决问题的。

（　　）10. 让您的学生理解和学会合作。

（　　）11. 帮您的学生发展个性。

（　　）12. 帮学生培养集体归属感。

第二部分：以下 12 个句子与上面的表述是一样的，但是为了了解您在实际课堂教学中实施中介的情况，请选择一个最符合您的日常做法的数字填在括号里。从 5～1 分别表示"最经常做""经常做""较常做""不常做"和"基本不做"。即：

5＝最经常做（always） 4＝经常做（often） 3＝较常做（less than often）

2＝不常做（occasionally） 1＝基本不做（rarely）

（　）1. 呈现某个学习任务时让学生清楚了解任务意图和指令。

（　）2. 告诉学生为什么要做这个任务或活动。

（　）3. 告诉学生执行该活动对他们的将来会有什么帮助。

（　）4. 帮学生树立有能力学习的自信心。

（　）5. 教学生有效制定学习的策略。

（　）6. 教学生如何制定自己的学习目标。

（　）7. 帮学生创造挑战并迎接挑战。

（　）8. 帮学生监控发生在自己身上的变化。

（　）9. 帮学生认识到只要不断努力，最终是能解决问题的。

（　）10. 让您的学生理解和学会合作。

（　）11. 帮您的学生发展个性。

（　）12. 帮学生培养集体归属感。

附录 13　访　　谈

中国教师访谈问题：

根据各位教师的看法和实践的配对样本 t 检验调查结果显示，中国教师在"培养胜任感、行为自控、树立目标、创造挑战、认识变化、相信积极的结果、共享、个性、归属感"等 9 个方面实践水平显著低于意识水平。"重要性"方面却是实践水平显著高于意识水平，我们的访谈将主要围绕这 10 个方面进行。

1. 您如何看待帮助学生培养自信心？课堂上您通常采取什么措施？可以举例说明吗？

2. 您觉得教给学生有效的学习策略重要吗？您是怎样实施的呢？效果如何？

3. 您觉得教学生如何制定学习目标、学习计划重要吗？实践中有困难吗？为什么？

4. 您认为您的学生在课堂上喜欢从事挑战性的活动吗？您是如何看待帮助学生创造和迎接挑战的呢？课堂上您是怎么做的？有效吗？

5. 您觉得帮助学生监控发生在自己身上的变化重要吗？您通常是怎么做的呢？效果如何呢？为什么？

6. 您觉得"帮助学生认识到只要不断努力，最终是能解决问题的"这一点重要吗？在课堂中您是怎么做的呢？效果如何呢？为什么？

7. 您觉得让学生理解和学会合作重要吗？课堂上您是怎样做的？有什么困难吗？

8. 您觉得帮助学生发展个性重要吗？课堂中您是怎么做的呢？效果如何呢？为什么？

9. 您觉得帮助学生培养集体归属感重要吗？您通常是怎么样做的呢？效果如何呢？为什么？

10. 您认为有必要告诉学生每个课堂活动的意义和重要性吗？问卷调查结

果显示教师在课堂实践中的平均值要高于看法平均值，您认为造成这一现象的原因是什么呢？

11. 在课堂实践中，您有没有遇到什么其他方面的困难？

外国教师访谈问题：

The paired-sample t-test of your views and practice of the mediation shows that the means of your views about the following 9 features: 'shared intention', 'significance', 'purpose beyond here and now', 'a sense of competence', 'control of behavior', 'goal-setting', 'challenge', 'awarenessof change' and 'individuality' are significantly lower than those of practices, so our interview will focuse on these 9 features of mediation.

1. Do you think it is important to give a clear instruction to your students in presenting a task? Why? Would you give some comments?

2. Do you think it is important to tell your students the significance of a particular activity? How do you usually do it? Is it effective?

3. Do you usually explain to your students how carrying out a learning activity will help them in the future? Why? Does it work well?

4. Do you think it is important to help your students to develop a feeling of confidence in their ability to learn? How do you do it? How well does it work?

5. Do you think it is important to teach your students how to learn? How do you usually do? Do you have any difficulties in doing this? Why?

6. Do you think it is important to teach students how to set their own objectives and plans to achieve them? Would you give me some examples to show me how you do it? Are those measures effective?

7. How do you think about helping your students to set challenges for themselves and meet those challenges? How do you usually do to help them? Any difficulties?

8. Do you think it is important to help your students to monitor changes in

themselves? Do you have any difficulties when you are trying to do so in classroom?

9. Do you think it is important to help your students to develop as individuals? How do you do it?

10. Do you have any other difficulties preventing you from performing better on mediation in your classroom?